西方政治思想史

第版

[新西兰] 约翰·莫罗（John Morrow） 著

李 浩 译

HISTORY OF WESTERN POLITICAL THOUGHT

THIRD EDITION

中国人民大学出版社
·北京·

图书在版编目（CIP）数据

西方政治思想史：第 3 版/（新西兰）约翰·莫罗
（John Morrow）著；李浩译 . -- 北京：中国人民大学
出版社，2024.8

（人文社科悦读坊）

书名原文：History of Western Political Thought，
3rd Edition

ISBN 978-7-300-32243-8

Ⅰ.①西… Ⅱ.①约… ②李… Ⅲ.①政治思想史-
西方国家 Ⅳ.①D091

中国国家版本馆 CIP 数据核字（2024）第 060178 号

人文社科悦读坊

西方政治思想史（第三版）

［新西兰］约翰·莫罗（John Morrow） 著

李 浩 译

Xifang Zhengzhi Sixiang Shi

出版发行	中国人民大学出版社				
社　　址	北京中关村大街 31 号		**邮政编码**	100080	
电　　话	010 - 62511242（总编室）		010 - 62511770（质管部）		
	010 - 82501766（邮购部）		010 - 62514148（门市部）		
	010 - 62515195（发行公司）		010 - 62515275（盗版举报）		
网　　址	http://www.crup.ccm.cn				
经　　销	新华书店				
印　　刷	天津中印联印务有限公司				
开　　本	787 mm×1092 mm　1/16		**版　　次**	2024 年 8 月第 1 版	
印　　张	20.75 插页 1		**印　　次**	2024 年 8 月第 1 次印刷	
字　　数	425 000		**定　　价**	98.00 元	

译者导言

　　西方政治思想史是政治学理论学科的重要分支，学习西方政治思想史，能够为理解世界政治历史发展提供重要帮助。我国自近代以来逐渐重视了解和学习西方政治思想，最早在北京大学和清华大学就设置了西洋政治思想史的课程，也产生了一批介绍西方政治思想史的优秀教材，如浦薛凤先生的《西洋近代政治思潮》、张金鉴的《西洋政治思想史》。改革开放以来，党和国家非常重视政治学学科的建设，西方政治思想史研究也随之复兴。40多年来，国内学者编撰了一大批有关西方政治思想史的著作，其中徐大同先生编写的《西方政治思想史》和马啸原先生的《西方政治思想史纲》长期以来作为高校政治学相关专业的教材而为大家所熟知。相比而言，国内对西方著名政治思想家的著作的翻译已经蔚为大观，但对国外西方政治思想史的教材和著作引入的不多，其中只有约翰·麦克里兰的《西方政治思想史》和萨拜因的《政治学说史》影响比较大。

　　与上述著作相比，约翰·莫罗的《西方政治思想史》可谓独树一帜。本书最大的特点是，没有按照传统的国别分类介绍不同思想家的政治思想，而是按照政治学的基本主题，并以古代、中世纪、现代早期和现（当）代的时间线索，抽取不同思想家对该主题的观点、理论展开论述。作者将全书主题按照政治学的基本原理，划分为政治的目的、政治权力的归属、政治权力的行使、挑战政治权力等方面，每个主题下进一步划分类别，从而清晰地呈现每个主题在西方政治思想史脉络中的演化。作者对奠定本书架构的政治学主题的选取匠心独运，其中，政治的目的围绕秩序、美德、自由、社会、幸福等内容展开；政治权力的归属，包括一人之治、少数人统治、多数人统治等方面；政治权力的行使，涉及自然法和自然权利的约束、混合政体与权力分立、专制政府、法治等方式；挑战政治权力，包括各种反抗理论、革命理论、公民不服从理论和非暴力反抗理论；等等。本书的另一大特点是，西方政治思想史上传统的非常重要的思想家都有涉猎，同时作者还注意到了许多不常见但对西方政治思想演变具有重要影响的思想家，特别是中世纪和现代早期的一些思想家。这不仅丰富了我们对西方政治思想家及其思想的了解，而且有助于我们理解思想史演变的关键环节。因此，学人无论是重视对政治学主题的思考，还是偏重于关注政治思想家，都可以从本书中有所收获。

进入新时代以来，我国政治发展取得了更加辉煌的成就，正朝着国家治理体系和治理能力现代化稳步迈进，日益彰显中国特色社会主义政治道路、政治理论、政治制度和政治文化的优越性。在这一背景下，重新理解西方政治思想，不能简单地将西方政治思想史所讲述的政治思想等同于西方统治阶级尤其是资产阶级的思想，这既不利于中西政治思想和政治文化的比较研究，也不利于从多个角度研究和总结中国发展取得的成就。事实上，西方政治思想史上的许多伟大思想家的政治思想，并不一定在西方国家得到了真正的践行，反而是在世界上其他国家与本国的实际情况相结合以后结出了硕果。比如，为柏拉图、亚里士多德、波利比乌斯以及马基雅弗利等众多思想家所推崇的混合政体理论、均衡政制学说，就能够为解释当代一些国家的政治体制提供有益的视角。我国已故著名政治学家、开创了西方政治思想史研究"重镇"的徐大同先生指出，"为中国而研究西方"。因此，我们越是强大，越是创造出辉煌灿烂的政治文明，就越应当谦虚谨慎，知晓人类历史本就是互相交融借鉴的历史。西方政治思想史如同中国政治思想史一样，是人类历史上熠熠生辉的思想宝库，阅读这些伟大的思想，能够为我们的思考、研究和发展提供助益，对于读者而言，也是人生中的一大乐事。

本书的翻译得到东北大学张继亮副教授的指点和帮助，在此表示感谢！本书翻译难免存在错讹，希望能够得到同行专家的宽容和指正。

李浩
2022 年夏

第三版序言

在准备这一版本时，我对原来的文本进行了大量的修订，以剔除在早期表达中不明确或绕弯子的内容。在新版本中，我在当代主题的材料上形成了总的结论，对第二版和各实质性章节的结语部分进行了修订。在第 3 章增加了有关黑人解放和女权主义思想的内容，这使之有必要分成两个章节，一章是关于个人自由的理论，另一章是关于自由的社会理论。为了拓宽此书的讨论范围，并对西方传统的政治思想史有一个更完整的认识，我介绍了思想家们关于国际关系的讨论，以与此书主题保持一致。此外，这一版还作了一个结语，概述有关后现代主义和后殖民主义对西方政治思想史的回应。这些想法构成了这本书的主题。

数年前，史蒂文·肯尼迪（Steven Kennedy）建议我考虑出版这本书的第三版，但直到他从 Palgrave 出版社——现在更名为 Red Globe 出版社——退休后，我才着手进行。很感谢他的鼓励以及接替他的劳埃德·朗曼（Lloyd Langman）。三位审稿人对较早的修订版草稿提供了全面、慷慨和非常有帮助的审稿意见。非常感谢我的妻子黛安娜·莫罗（Diana Morrow）对新材料的检查。我的行政助理苏珊·麦克道尔-瓦特（Susan Mcdowell-Watt）对打印稿提供了宝贵的帮助。

约翰·莫罗
新西兰奥克兰大学

思想家索引

目　　录

第一部分　政治的目的

第三部分　政治权力的行使

第四部分 挑战政治权力

引　言

本书旨在对西方传统政治思想中占据核心地位的思想家、问题与争论提供简明而全面的分析。该主题的许多入门读物大多是从一批"伟大的思想家"的思想入手，这些思想家被认为代表了一种被戏称为"从柏拉图到北约（Nato）"① 的传统的制高点。这种方法提供了一种按时间顺序的方式来概述特定思想家的思想，并且可以关注到思想家的生平和作品产生的历史背景。然而，与之相随的是这种方法难以兼顾一些不常见但在历史中重要的思想家，而且妨碍了对政治思想史中的专题进行考察。

为了克服上述困难，本书围绕那些延伸并贯穿于广阔的欧洲历史中的主题进行写作。这些主题突出那些在西方政治思考中占据重要而持久位置的政治问题，并且在历史长河中这些政治问题被提出并被回答，这种方式展现了这些主题的连续和变化。

经济与社会结构、政治组织形式、宗教信仰和看待人类世界的方式不断变化，意味着将西方政治思想看作一个同质化的整体是不符合时代的。然而，与此同时，西方政治思想家至少已经意识到了他们历史的某些方面，并且他们经常参照前辈的思想来阐述他们自己的思想。这解释了为什么讨论变化和连续的模式是有意义的，同时也解释了为什么本书只是略微提及非西方的政治思想。在很大程度上，西方政治思想家并没有反思在其他文化中形成的有关政治的系统性陈述。

◇ 历史分期

本书所涉及的 2 500 年跨度的欧洲历史，按惯例可以分为若干时段。这种历史分期并非

---

① "从柏拉图到北约"，意指从古代希腊到今天西方世界的文明历史，这是一种略带戏谑的说法。1998 年，丹麦著名历史学家戴维·格雷斯出版《西方的敌与我：从柏拉图到北约》，他在书中重新梳理世界历史的逻辑，指出"西方文明"这种说法只是现代早期以来自由主义者的建构，真实的西方世界，其身份认同是变动不居的，应当破除对"西方"及其价值观的概念化的认知。——译者注

意味着绝对独立的历史分割，但它有助于把握西方发展的各个阶段，以及与之相对应的知识、宗教和政治信仰。首个 1 000 年，也就是从公元前 500 年到公元 500 年，被称为"古代"时期。在这 1 000 年中，西方政治思想着重论述希腊各城邦，以及罗马共和国和接踵而至的帝国。希腊各城邦的政府与罗马共和国历史上所出现的政府之间有近似之处，这表明罗马时期的思想家熟稔希腊前辈们的政府理念，但在古代末期，他们不得不面对基督教思想在罗马帝国日益增长的影响力。

中世纪时期从 6 世纪延续到 15 世纪末。中世纪的政治思想反映了当时西方文化的基督教基础——神圣罗马帝国权力的逐渐丧失，被称为"封建主义"的复杂的经济、政治和社会组织体系的出现，以及该时期即将结束时日益统一的"民族国家"的出现。这些"民族国家"主导了从 16 世纪初到 18 世纪末的现代早期政治史。1517 年德国宗教改革开始后的两个世纪里，西方基督教世界分裂为新教和罗马天主教，对政治思想产生了重大影响。这些发展伴随着以城市国家为中心的政府形式的出现，特别是在意大利，同时古代世界的哲学著作也得到复兴。有时这些著作宣扬的政治思想与基督教传统的教导背道而驰。

在现代，尽管不完全，但现代政治思想不仅变得越来越世俗化，而且还将焦点放在西方社会经验以及受西方影响的世界其他国家的独特问题上。这些社会的经济生活出现了前所未有的发展，通常被归纳为第一次工业革命，同时社会和政治关系的民主化，对人们思考政治的方式产生了显著影响。现代早期以来，出现了一系列复杂的政治理论，其中一些内容被纳入属于社会中不同群体或阶级利益的政治意识形态中。因此，虽然现当代世界的政治思想与早期的政治思想有一定的连续性，但它仍以大众政治理论的出现和那些促进深思熟虑的、革命性变革的理论为标志。

◆ 本书重点

在很大程度上，这本书关注的是统治的观点，并将其置于国家的框架内。这一政治概念的核心议题是一系列关于政治的目的、谁应当掌握政治权力，以及政治权力如何被行使的问题。西方政治思想主要关注政治的内部层面，而不是现在所谓的"国际关系"，这种不平衡在本书所讨论的思想中得到了反映。但是，许多章节涉及历史思想家关于战争和国际关系的观点，这些观点提供了与本书结构性的主题相关的有趣见解。因此本书提供了对柏拉图、亚里士多德、西塞罗、波利比乌斯、阿奎那、马基雅弗利、格劳秀斯、霍布斯、普芬道夫、卢梭、康德、伯克、黑格尔、约翰·斯图尔特·穆勒、托马斯·希尔·格林、马克思和列宁等人的国际政治思想的讨论。

从本书中能够明显看出，政治思想总是带有一种强烈的预设倾向。它几乎总是引起赞成某些政治制度、思想和实践的争论，并质疑它们的替代方案。以下各章探讨的主题确立了与政治统治的目的和性质，以及政治统治发生的结构相关的一系列规则（prescriptions）。本书

第一部分考察了对以下问题的一些回应：政治权力应该指向什么目的？在第二部分和第三部分中，重点转移到关于谁应该行使最高权力以及如何行使这种权力的争论上。最后，第四部分考察了一些理论，这些理论证明促进对统治者和他们所处的政府系统的革命性变革的正当性。

这些主题的内容分为若干章，探讨对第一部分到第四部分提出的一般问题的不同回答。尽管每章中讨论的立场显得很相似，但它们仍有很大变化。这些变化可以借由以下两个方面来解释：一是针对问题的理论所产生的特定背景；二是思想家们普遍倾向于以前人的思想为出发点，从中发展出新的方法来处理他们所思考的问题。每章都以粗略的时间顺序为线索，它们的历史范围反映出可用素材的丰富性和特定主题在历史长河中的持续性。主要的思想家出现在许多章节中，他们的思想与一系列具有历史意义但不太著名的思想家的思想一起被论述。因此，本书呈现了一系列那些传统上被视为"伟大思想家"的思想，同时本书也讨论了那些不属于这个群体，但在他们的时代意义重大的思想家的论点。

正如我们将看到的那样，思想家对西方政治思想史的贡献很大程度上受到他们对自身社会所面临问题的理解，以及他们对其他处理方法的优缺点的认识，还有基于基本宗教或元伦理假设的有关人性和社会生活的预设的影响。最近对政治思想史的学术研究强调了这些语境和情境因素的重要性。他们提醒有必要避免时代性错误，从各个时代的独特性方面思考问题。有人说，过去是一个异域：他们在那里做的事情不同。在认识到这些局限的同时，我们还必须注意，历史上的思想家很少考虑这些限制。他们常常借鉴或反对前人的论点来阐述自己的观点，他们把过去当作一个可以为自己的目的汲取财富的宝藏。

◇　西方政治思想：概述

希腊思想家柏拉图和他的学生亚里士多德在公元前 4 世纪写出了形式相对完整且保存至今的最早的、系统的政治理论著作。这些著作关注的是那个时期希腊世界常见的国家类型：城邦（*polis*）或"城市国家"。城邦不仅是一个行政单位，更是维护安全与富足生活的源头。对希腊人来说，城邦很大程度上是一种生活方式。它作为艺术、经济、知识、道德、政治和宗教信仰汇聚的中心，包容和反映了共同体的文化，而且为个人实现志向提供基础。

虽然古代政治理论关注的是城邦，抑或按照古罗马思想家西塞罗的观点，关注的是公元前 2 世纪和公元前 1 世纪出现的更为广泛的共和政体，但中世纪的政治理论家不得不面对的是一个包含一系列政治制度的环境。尽管这些思想家了解城邦，而且从 13 世纪起，他们可以接触到相当完整的古代政治著作，但他们对帝国和君主国的讨论不亚于城邦。他们也研究政治制度与思想之间的关系，以及基督教的人生观。例如，希波的圣奥古斯丁（St. Augustine of Hippo）在公元 5 世纪的著作中，对希腊和罗马关于政治制度的终极价值的假设提出了强烈的批评，并严格区分了"地上之城"（例如罗马帝国）和拥抱基督徒命运的"上帝之城"。
4 然而，在中世纪晚期，对亚里士多德的兴趣日益增长，促使人们重新评估古典遗产。许多思想家，其中最重要的是 13 世纪的哲学家和神学家圣托马斯·阿奎那，发现政治制度与基督教价值的实现之间有着密切而积极的联系。阿奎那的理论大多聚焦于君主国而不是帝国或城邦。他试图将政治权力的行使与使人类的需求服从政治规则系统联结起来，这些规则体现源于宇宙神圣统治的基本原则。在展开这一理论时，阿奎那借鉴了亚里士多德政治和道德哲学的许多细节，但他坚持认为，关于国家重要性的主张必须建立在基督教的框架内。

中世纪晚期和现代早期意大利出现了一批富强的城邦，促使政治思想家重新关注这种政治组织形式所遇到的问题。这些城邦面临的主要问题是稳定与生存，引发了对共和国的价值体系、共和国的内部组织和对外关系的思考。在此背景下出现的最具原创性和影响力的思想家是尼科洛·马基雅弗利，他创作了许多重要作品。马基雅弗利借鉴古代历史，特别是罗马共和国的历史，为受欢迎的共和国发展出一套规范。马基雅弗利作品的一个显著特点是，他将政治与独特的政治道德联系起来，并且公开批判基督教思想对政治实务的影响。这些重要议题在他对共和国的描述中，以及在他处理一人统治或君主所面临的问题时，都起到重要作用。

年表*：古代和中世纪（约公元前 400—公元 1500 年）

死亡年份	思想家	著作	历史事件
公元前			前 431—前 404 年：伯罗奔尼撒战争 前 404—前 403 年：雅典三十僭主统治
前 399 年	苏格拉底	没有著作	
约前 441 年	普罗塔哥拉		
约前 370 年	德谟克里特		前 333 年：亚历山大大帝击败希腊军队
前 347 年	柏拉图	《理想国》（约前 380 年） 《法律篇》（未完成）	
前 322 年	亚里士多德	《伦理学》 《政治学》	
前 264 年	芝诺	没有著作	前 146 年：希腊城邦陷入罗马统治 前 133 年：罗马尝试格拉古土地改革 前 123 年：第二次尝试格拉古土地改革 前 88—前 82 年：罗马内战 前 63 年：西塞罗当选为执政官 前 44 年：恺撒大帝遭暗杀 前 27 年—公元 14 年：奥古斯都统治，罗马共和国终结
约前 121 年	波利比乌斯	《通史》（约前 146 年）	
前 43 年	西塞罗	《论共和国》 《论法律》	

---

* "引言"中的年表部分，年份及时间英文原书有误，译者根据实际情况已修改。书稿中其他英文原书错讹同此处理。——编者注

续表

死亡年份	思想家	著作	历史事件
公元后			306—337 年：君士坦丁大帝统治 312 年：君士坦丁皈依基督教
397 年	安布罗斯 （Ambrose）	《论执事礼拜》 （*De Officiis Ministrorum*）	
430 年	圣奥古斯丁	《上帝之城》（413—427 年）	410 年：亚拉里克（Alaric）劫掠罗马
496 年	格拉修斯一世 （Gelasius）	《演说》（494 年）	527—565 年：查士丁尼一世统治 约1000 年：建立主要的海军和贸易港口威尼斯
565 年	查士丁尼一世	《查士丁尼学说汇纂》（533 年） 《查士丁尼法典》（533 年）	
1085 年	格列高利七世 （Gregorius Ⅶ）	禁止非专业人员任职法令 （1075 年）	1066 年：诺曼人征服英格兰
1180 年	索尔兹伯里的约翰	《论政府原理》（1159 年）	1075—1122 年：君权与教权争夺基督教世界最高统治权 1215 年：《自由大宪章》 1240 年：西方流传亚里士多德著作的拉丁文本
1268 年	亨利·布雷克顿	《论英国的法律和习惯》（1268 年）	
1274 年	阿奎那	《神学大全》（约 1266—1273 年）	
1342 年	帕多瓦的马西利乌斯	《和平的保卫者》（1324 年）	
1349 年	奥卡姆的威廉	《僭主政体短论》（1346 年）	
1357 年	萨索费拉托的巴尔托鲁	《市政府契约》（*Tract on City Government*）	
约 1430 年	克里斯蒂娜·德·皮桑	《论政治体》（1406 年）	1337—1453 年：百年战争 1450—1550 年：意大利文艺复兴 1494—1495 年：法国入侵意大利 1517 年：新教改革开始

年表：现代早期（约公元 1500—公元 1800 年）

死亡年份	思想家	著作	历史事件
1520 年	克洛德·德·赛斯尔	《法国君主制度》（1519 年）	1512 年：美第奇家族在佛罗伦萨复位 1527 年：佛罗伦萨共和国重新建立
1527 年	尼科洛·马基雅弗利	《君主论》（1513 年） 《论李维》（1513—1519 年）	
1540 年	弗朗切斯科·圭恰迪尼	《关于佛罗伦萨政府的对话》（*Dialogue on the Government of Florence*，1523 年）	

续表

死亡年份	思想家	著作	历史事件
1546 年	马丁·路德	《论世俗权威》（1523 年） 《反对杀人越货的农民暴徒》 （*Against the Murderous Thieving Hordes of Peasants*，1525 年）	1517 年：新教改革开始 1524—1525 年：德国农民战争
1560 年	菲利普·梅兰希通 （Melanchthon，Philippe）	《道德哲学缩影》（*Philosophiae Moralis Epitome*，1550 年）	
1564 年	约翰·加尔文	《基督教要义》（1559 年）	1536 年：加尔文在日内瓦
1572 年	约翰·诺克斯 （Knox，John）	《致平民的信》（*Letter to the Commonalty*，1558 年）	1562—1598 年：法国宗教战争
1590 年	弗朗索瓦·奥特芒	《论法兰西宪政》（1573 年）	1572 年：圣巴托罗缪大屠杀
1605 年	西奥多·贝萨	《治安官的权利》（1574 年）	
1596 年	让·博丹	《国家论六卷集》（1576 年）	
1600 年	理查德·胡克	《教会组织法》（1593—1597 年）	
1623 年	莫奈	《论反抗暴君之权》（1579 年）	1625 年：查理一世，英国国王，与议会的冲突开始
1617 年	弗朗切斯科·苏亚雷斯	《立法委员会》（*Tractates de Legibus ac Deo Legislatore*，1611 年）	
1645 年	雨果·格劳秀斯	《战争与和平法》	
1653 年	罗伯特·菲尔默爵士	《父权制》（1632—1642 年）	1642—1646 年：英国内战
约 1663 年	理查德·奥弗顿 （Richard Overton）	《对人民的呼吁》（*An Appeal to the People*，1647 年）	1649 年：处决查理一世
1679 年	托马斯·霍布斯	《利维坦》（1651 年）	1649—1660 年：英格兰共和国（English Commonwealth）
1677 年	詹姆斯·哈林顿	《大洋国》（1656 年）	1660 年：查理二世复辟
1674 年	塞缪尔·普芬道夫	《论自然法和国际法》（1672 年）	
1704 年	约翰·洛克	《政府论（上、下篇）》（1689 年）	1688 年：英国光荣革命
1776 年	大卫·休谟	《道德和政治论文集》（1741 年，1742 年）	
1755 年	查理·孟德斯鸠	《论法的精神》（1748 年）	
1771 年	爱尔维修	《精神论》（1758 年）	
1778 年	让-雅克·卢梭	《论科学与艺术》《论人类不平等的起源和基础》（1749—1755 年）《社会契约论》（1762 年）	1775—1783 年：美国独立战争
1794 年	切萨雷·贝卡里亚	《论犯罪与刑罚》（1764 年）	
1780 年	威廉·布莱克斯通	《英国法释义》（1769 年）	

续表

死亡年份	思想家	著作	历史事件
1784 年	德尼·狄德罗	《科学、美术与工艺百科全书》（1776 年）（及其他）	
1832 年	杰里米·边沁	《政府片论》（1776 年）《道德与立法原理导论》（1789 年）	
1836 年	詹姆斯·麦迪逊	《联邦党人文集》（1787—1788 年）	
1836 年	阿贝·西耶斯	《什么是第三等级？》（1789 年）	1789 年：法国大革命
1797 年	埃德蒙·伯克	《法国革命感想录》（1790 年）《呼吁从新辉格回归老辉格》（Apeal from the New to the Old Whigs，1792 年）	1793 年：路易十六被送上断头台
1809 年	托马斯·潘恩	《人的权利》（1791 年，1792 年）	
1797 年	玛丽·沃斯通克拉夫特	《人权辩护》（1790 年）《女权辩护》（1792 年）	1793—1794 年：雅各宾专政
1836 年	威廉·戈德文	《政治正义论》（1793 年）	1795—1799 年：法国督政府时期
1797 年	弗朗索瓦·巴贝夫	《人民论坛报》（1795 年）	1799—1804 年：法国执政府
1821 年	约瑟夫·德·迈斯特	《论法国》（1796 年）	
1804 年	伊曼努尔·康德	《道德形而上学》（1797 年）	

马基雅弗利的著作写于 1500 年左右，当时许多城邦正被更强大的民族国家所侵蚀。从 16 世纪初开始，西方政治思想的重心最终无可逆转地转向这种形式的国家，但这是在新教改革及天主教对其回应所引起的激烈的宗教争论的背景下完成的。16、17 世纪是政治理论新的重大变革的时期。一方面，一些重要的现代早期思想家主张绝对主权制度，这使统治者或多或少完全控制他们的臣民。另一方面，这些趋势受到那些担心绝对主权理论会对臣民履行宗教义务产生影响的人的抵制。

专制主义是在回应新的民族国家中臣民与统治者的关系不确定的情况下发展起来的。这些不确定性是由于担心传统（"习惯"）管理制度和那些源自神谕（"自然法"）的管理制度可能对那些在国家（"主权国家"）中掌握最高权力的人或人们制定的法律的影响而产生的。有人认为，生产性的政治组织形式应当服从专制统治者的无可置疑的权力。该理论前期曾吸收中世纪政治理论的思想。例如，16 世纪晚期法国重要思想家让·博丹仍然坚持自然法理念，并试图调和绝对主权与法国国家的传统宪制结构。相反，继他之后 17 世纪英国人托马斯·霍布斯将这些思想视为理论与实践相混淆（intellectual and practical confusion）的主要根源，并试图构建一个"科学的"政治解释。霍布斯摒弃以往的政治思想，并且尤为批判亚里士多德的影响。他意图向他的读者提供对政治的清晰和无可争辩的理解，使他们能够看到，他们的安全和福祉只能由一个专制的君主来保障。绝对主权理论剥夺了臣民挑战统治者行为的权利，从而拒绝模棱两可而又固执地坚持政治权力的行使应受到制约的观点。

但是，尽管博丹和霍布斯的思想受到了严峻挑战，但他们的地位仍丝毫不受影响。与之相反，现代早期专制政府理论的发展促使人们对传统观点进行重新阐述和修改，从而将它们推向新的、激进的方向。伴随一些现代早期国家的出现而带来的混乱，至少部分原因是宗教改革期间统一的基督教观念的瓦解。从 16 世纪末到 17 世纪末，一些思想家对绝对政府理论提出了挑战，他们认为这与人类对上帝的基本义务相冲突。这些挑战的一个重要结果是发展出了一种充满活力的反抗理论传统（tradition of resistance theory）。为了试图证明反抗不公正统治者是正当的，一些思想家复兴了传统的政治思想，例如那些认为统治者应该受到法律规定的约束（的政治思想），或是那些体现在规则体系（"自然法"）中的（政治思想），这些规则体系源自上帝，其约束力是因为上帝的至高无上的权力超越了他自己的创造物。

上述立场非常强调这样的假设，即人类被赋予的"自然权利"对政治权力的建构和行使方式具有重要影响，例如与霍布斯同时代但更为年轻的约翰·洛克就持此观点。在 17 世纪中叶和 18 世纪晚期，自然权利的观念在政治权力分配的论证中起了重要作用。例如，自然权利理论被用来为 18 世纪 70 年代英属北美殖民地和 1789 年之后法国的革命辩护。在这一时期，激进的英美（Anglo-American）思想家托马斯·潘恩（Thomas Paine）发展了以自然权利为基础的彻底的民主理论（thorough-going democracy）。潘恩和他的一些同时代人的主张被认为是普遍的有关男性权利的观点，然而这些权利并没有延伸及女性。不过，从 18 世纪 90 年代初开始，许多女思想家就开始反对任意将女性排斥在社会和政治权利之外，并把她们自身的处境比作奴隶。从 19 世纪 40 年代起，数百万非裔美国人实际处于被奴役的地位，这成为黑人思想家写作的焦点，他们呼吁人权思想，正是人权思想奠定了共和国的基石。

社会主义思想家认为民主对于促进共同体所有成员的利益是必要的这一假设赋予了鲜明的特征。社会主义者关注的是民众对政治制度的控制与消除现代资本主义经济发展的不平等和压迫性后果。但也应注意，社会主义者对这些问题的认识存在很大不同。当一些理论家指望民主国家通过调节经济活动产生普遍利益时，另一些理论家——尤其是那些受到 19 世纪现代共产主义创始人卡尔·马克思和弗里德里希·恩格斯的著作影响的理论家——坚持认为资本主义与真正的民主不相容，他们推动那种可以摧毁资本主义和资本主义所依赖的政治组织形式的革命性变革。

年表：现代时期（约公元 1800—　）

死亡年份	思想家	著作	历史事件
1858 年	罗伯特·欧文	《新社会观》（1813 年）	1804—1814 年：法国皇帝拿破仑一世 1815 年：拿破仑兵败滑铁卢
1830 年	邦雅曼·贡斯当	《适用于所有代议制政府的政治原则》（1815 年）	
1848 年	弗朗索瓦·夏多布里昂	《根据宪章建立的君主立宪体制》（*Monarchy According to the Charter*，1816 年）	1815 年：法国君主和许多在革命时期被废除的统治者的复辟
1831 年	格奥尔格·威廉·弗里德里希·黑格尔	《法哲学原理》（1821 年）	
1836 年	詹姆斯·穆勒	《论政府》（1820 年）	
1848 年	安娜·道尔·惠勒	《女性的申诉》（*Appeal*，1825 年）	
1833 年	威廉·汤普森	《女性的申诉》（*Appeal*，1825 年）	
1834 年	塞缪尔·泰勒·柯勒律治	《政教宪法》（1831 年）	
1859 年	阿历克西·德·托克维尔	《论美国的民主》（1835 年）	
1881 年	托马斯·卡莱尔	《宪章运动》（1839 年） 《现代短论》（1850 年）	1848 年：欧洲各国的革命；法兰西第二共和国建立
1895 年	弗雷德里克·道格拉斯	演讲和文章（约 1840 年—　）	
1858 年	哈丽雅特·泰勒	《妇女的特权》（*Enfranchisement of Women*，1851 年）	1861—1865 年：美国内战；美国废除奴隶制，1865 年
1862 年	亨利·梭罗	《论公民不服从》（1849 年）	
1865 年	皮埃尔-约瑟夫·蒲鲁东	《什么是财产？或关于法和权力的原理的研究》（1840 年） 《贫困的哲学》（1846 年） 《无政府主义》（1863 年）	1870 年：巴黎公社；法兰西第三共和国建立
1873 年	约翰·斯图尔特·穆勒	《论自由》（1859 年） 《论代议制政府》（1861 年） 《妇女的屈从地位》（1869 年）	
1876 年	米哈伊尔·巴枯宁	《国家制度和无政府状态》（1873 年）	
1882 年	托马斯·希尔·格林	《政治义务原则讲演集》（1882 年）	
1883 年 1895 年	卡尔·马克思与 弗里德里希·恩格斯	《德意志意识形态》（1845—1847 年） 《共产党宣言》（1848 年）	
1883 年	卡尔·马克思	《资本论》（1867—1883 年）	
1933 年	克拉拉·蔡特金	各种文章和演讲（1880 年—　）	
1900 年	弗里德里希·尼采	《善恶的彼岸》（1886 年）	

10

续表

死亡年份	思想家	著作	历史事件
1900 年	亨利·西季威克	《政治的要素》（1891 年）	1914—1918 年：第一次世界大战
1938 年	卡尔·考茨基	《阶级斗争》（The Class Struggle，1892 年）	1917 年：俄国革命
1947 年	西德尼·维伯	《工业民主》（1897 年）	1922 年：墨索里尼成为意大利的独裁者
1921 年	彼得·克鲁泡特金	《互助论》（1897 年）	1927 年：巩固斯大林在苏共中的地位
1923 年	伯纳德·鲍桑葵	《关于国家的哲学理论》（1899 年）	1918 年：德意志皇帝退位；德意志共和国建立
1932 年	爱德华·伯恩施坦	"进化社会主义"（1899 年）	1919 年：德意志共和国通过魏玛宪法
1919 年	罗莎·卢森堡	《论革命》（Revolution，1899 年）	1933 年：希特勒成为德国元首
1952 年	查尔斯·莫拉斯	《论君主制》（Enquiry into Monarchy，1900 年）	
1923 年	维弗雷多·帕累托	《社会主义体制》（Socialist Systems，1902 年）	
1940 年	埃玛·戈德曼	"无政府主义"（Anarchism，1910 年）	1936—1939 年：西班牙内战
1929 年	L. T. 霍布豪斯	《自由主义》（1911 年）	1937 年：日本发动全面侵华战争
1924 年	弗拉基米尔·列宁	《国家与革命》（1917 年）	
1963 年	W. E. B. 杜波依斯	《黑人的灵魂》（1903 年）《黑暗水域》（1920 年）《黑人的重建》（1935 年）	
1920 年	马克斯·韦伯	《论文集》（约 1919 年）	
1938 年	尼古拉·布哈林	《共产主义 ABC》（1921 年）	
1941 年	加埃塔纳·莫斯卡	《统治阶级》（1923 年）	1943 年：意大利法西斯政权与德意志第三帝国垮台
1945 年	阿道夫·希特勒	《我的奋斗》（1925 年）	1947 年：印度独立
1953 年	约瑟夫·斯大林	《列宁主义的几个问题》（1925 年）	
1940 年	列昂·托洛茨基	"不断革命论"（1928 年）	1939—1945 年：第二次世界大战
1945 年	贝尼托·墨索里尼	"法西斯主义"（1930 年）	1949 年：中华人民共和国成立
1948 年	M. 甘地	"非暴力反抗"（1935 年）	1950 年：朝鲜战争
1973 年	汉斯·凯尔森	《法与国家的一般理论》（1945 年）	
1937 年	安东尼奥·葛兰西	《狱中札记》（1947 年）	约 1950 年：美国民权运动

续表

死亡年份	思想家	著作	历史事件
1992 年	弗里德里希·奥古斯特·冯·哈耶克	《自由秩序原理》（1960 年）	
1961 年	弗朗茨·法农	《全世界受苦的人》（1961 年）	
1968 年	小马丁·路德·金	《从伯明翰市监狱发出的信》（1963 年）	
2002 年	约翰·罗尔斯	《正义论》（1971 年）	
2002 年	罗伯特·诺齐克	《无政府、国家和乌托邦》（1974 年）	

19 世纪的民主运动引起了各种各样的反应。一些思想家〔如 18 世纪末与 19 世纪初的埃德蒙·伯克和约瑟夫·德·迈斯特（Joseph de Maistre）〕支持传统的君主制政府。另一些人则质疑在当时社会条件下引入民主的道德和切实可行性。对于约翰·斯图尔特·穆勒这样的思想家而言，民主政府似乎很可能产生一种以法律形式和以大众"公共舆论"表达的道德和文化上的多数人的愚昧的"暴政"。对此，穆勒强调了个人自由在保护那些在智力和独创性方面有助于社会与道德进步的人免受大众舆论在道德和智识上的愚蠢影响方面的作用。穆勒也赞成那种使开明精英在为实现民主铺平道路方面发挥重要作用的政府体制。

虽然穆勒认为民主对个人自由和人类进步构成威胁，但一些 19 世纪和 20 世纪的思想家拒绝接受民主，因为民主与他们关于人类生活需要权力的观点相冲突。对他们而言，权力是维持社会和政治秩序的必需品，并且弥补普通民众在智识和道德上的缺陷。在古代，国家权力的法则已经植根于君主制中，但在现代世界，有必要确定新的精英，他们能够在无法继续维持传统政体的文化中发挥领导作用。精英统治的一些概念与民主政治制度共存，但其他一些思想流派，如法西斯主义和国家社会主义，则寻求适合于大众社会的新的威权结构。法西斯主义和国家社会主义的某些方面与君主专制政府的传统观念有着略微的相似之处，但这些观念是他们所反对的民主和现代文化的产物。

◆ **本书主题**

本书以讨论政治的目的开始，考察了对这个问题的一系列回答：政治制度，特别是国家的首要目标是什么？思考这个问题使我们去探讨构成政治生活基础性价值的相关观念。尽管对政治目的的描述差别很大，但几乎所有政治理论家都从秩序的含义与维持来界定国家。他们认为，无论国家实现何种具体目的，其权威地位都是确保人类事务得到有效协调和规范的必要条件。

在考察了这些观点之后，第一部分的其余章节将审视那些规定政治制度要实现特定价值的理论。一些理论家认为政治应当为培养人的美德提供路径，另一些理论家则主要关注保护以及促进个人自由或幸福，并用这些目标来评价特定的政治形式和政治行为模式。

第二部分研究有关政治权力归属的争论。呈现了对该问题的一系列回答：谁应当统治？思考这个议题引起的问题是，对于政治目的的主张是否对共同体内政治权力的分配有任何影响？第二部分的章节探讨了将权力交给一个人、一个受约束的群体或整个共同体的可取性的相关争论。对这些主题的讨论都是以君主制、贵族制或民主制的倾向为框架的。尽管如此，一个人统治和一个受约束群体统治的思想，并不局限于在传统君主政体和贵族政体形象中所塑造的政府类型；它们扩展而包括了对独裁和精英统治的现代理解。

有关谁应当统治的主张，在概念上不同于那些阐明行使政治权力方式的主张。第三部分讨论了该议题的一些内容。通常要考虑的问题是：如果为了促进政治的目的，那么应该如何行使权力？许多对该问题的回答都是基于这样一种假设，即使那些最适于行使权力（也因此有权这样的做）的人，也未必常常以为了促进政治权力存续的方式来行事。在认识到这种可能性之后，一些政治理论家试图确立标准的以及（或者）制度性的评估方法，从而在必要时规范政治权力的行使。第三部分讨论了解决这个问题的三种理论。各种思想家都相信自然法和自然权利的观念，而另一些人则信任宪制，以防止官员单方面行事。此外，有人认为那些行使政治权力的人必须在独立于他们控制的法律规范体系内这样做。这些规范提供了一个框架，以防止执政者的行为与政府存在的目的相背离。所有这些理论都强调约束统治者的必要性，因此与那些把最高统治者（或主权者）视为法律之源并且依靠统治者自身执行自我监管制度的理论形成对比，这种自我监管制度是为了使统治者对被统治者负责。

最后，第四部分探讨的理论涉及对统治者持续滥用政治权力的回应。这些理论解决了这个问题：在何种程度上，以何种方式，政治权力的行使和掌握有可能受到被统治者的挑战？对这个问题的回答可以分为两类。第一类回答以反抗不公正统治者和公民不服从理论为背景展开讨论，对特定的行为准则或公共政策的特定方面提出了挑战；他们不质疑特定形式的政府的普遍合法性。反抗和公民不服从是为了确保政治权力的行使能够支持特定政治体制所确认的价值。这些理论与革命理论（无论是以暴力还是非暴力手段进行）形成对比，因为它们试图摧毁固有的不公正的政府形式，并以能够促进人类繁荣的可替代的形式重建政府。本书第四部分的章节考察了中世纪和现代早期的反抗理论，各种重要的无政府主义和社会主义革命政治理论的论述，以及一系列19世纪和20世纪思想家发展起来的公民不服从理论和非暴力反抗理论。本书的结尾部分讨论了后现代主义和后殖民主义对西方政治思想史主要叙述的回应。

PART ONE

政治的目的

纵观西方政治思想史，人们一直致力于建立标准，以评估制度和统治者行为的道德合法性。一般认为，人类服从政治上层的义务与统治者的合法性密切相关。当政治理论家试图解释和证明政治权力的行使以及体现政治权力的制度时，他们参照了对政治目的的论述，即那种只能借由政治手段实现或接近的根本性的目的。

接下来的四章论述了历史上一系列重要的理论，这些理论将秩序、美德、自由和幸福作为政治的目的。长期以来，这些主题一直是政治理论家们关注的中心议题，并且它们足够普遍地包含着一系列重要的次一级价值。这一点能够通过思考可替代的价值比如"正义"或"平等"来得到说明。"正义"基于一种公正的概念，这种概念与社会的正常秩序、个人自由或者公正的制度相关，公正制度能够促进受其约束的人们的福祉。同样，平等的概念（平等地承认社会所有成员的需求和利益）也被认为是重要的，因为它促进幸福，保护自由，是追求人类完美或美德的必要条件。

第一部分首先对政治与秩序的一系列论述进行了考察。这些理论详述了如何实现秩序，并确立了理想秩序的核心特征。随后的章节涉及美德、自由、社会自由和幸福，讨论了一些关注政治目的的思想，该政治目的不再局限于秩序的获得。虽然讨论的重点主要在于这些思想如何在共同体里得到应用，但也分析了一些案例，从而说明考虑国家间关系时这些思想是如何被运用的。

1　政治与秩序

政治理论家们对于秩序和政治之间的关系已经提出三个一般性的论点。秩序与具有强制力的监管机构的必要性有关，这种监管机构能够管制威胁社会稳定和危及人类友好交往的行为。它还被更为积极地看作人类能够从合作中获得物质的、道德的和精神的益处的基础。这些理论大多将政治权力视为判定和维持利益秩序的关键的必要条件。然而，马克思主义者和无政府主义者认为只有因为强烈的压迫和剥削破坏了自然和谐的社会关系时国家才是必要的。马克思主义者和无政府主义者相信，一旦使社会和经济结构得到变革，基于自愿合作的有益的秩序就会出现。这个条件是社会性的而不是政治性的，因为它将不再需要国家和强制性监管机构这些政治的核心要素。

本章首先考察德谟克里特、普罗塔哥拉、柏拉图、亚里士多德和西塞罗提出的希腊和罗马的各种政治理论。古代政治理论的焦点是城邦或城市国家。古典思想家认为，一个管理得当的城邦形成了一种秩序，这种秩序是为了城邦成员的公共福祉，并使他们能够合作追求对人类而言至关重要的理想。尽管古代思想家认识到国家起着调节和必要的压制作用，但他们的政治思想强调政治的积极意义。

圣托马斯·阿奎那在中世纪晚期的著作表明，希腊和罗马政治思想的各个方面是如何被融入基督教的框架之内的，并且在中世纪向现代世界早期的过渡时期，马基雅弗利和其他文艺复兴时期的思想家，在对城市国家秩序的适当类型作出大体上积极的描述时借鉴了古典模型。阿奎那和马基雅弗利的观点不同于那些强调国家的压制作用的观点。圣奥古斯丁的著作有力地说明了这一立场，他是中世纪早期的思想家，他的影响力可以从现代早期的新教改革者如马丁·路德（Martin Luther）和约翰·加尔文（John Calvin）的政治观念中看到。在 16 世纪末和 17 世纪，法国和英国长期而剧烈的政治动荡促使一些重要的思想家阐明政治和秩序之间的关系，并强调一个不屈从于国家内部任何权力的统一的机构或"主权"的必要性。我们将通过让·博丹、雨果·格劳秀斯和托马斯·霍布斯的著作来讨论这种秩序观。

由于这些思想家坚持国家需要一个单一的权力来源，他们有时被视为实际上的或潜在的独裁主义者。然而，必须指出的是，博丹和他的继任者强调政府的合理逻辑，而非提倡权力行使的残酷与专制，后者是传统独裁统治的特点。独裁主义意味着对人民政府的厌恶，对大多数人的智识和道德品质的蔑视，以及对与主权理论无关的强人领导的推荐。这种强势镇压的秩序观可以在 19 世纪和 20 世纪一系列政论家的著作中看到，这些政论家包括托马斯·卡莱尔（Thomas Carlyle）、查尔斯·莫拉斯（Charles Maurras）、贝尼托·墨索里尼（Benito Mussolini）和阿道夫·希特勒（Adolf Hitler）。其他现代思想家提出了更积极的政治观点，反映了早期关于秩序与合作的理论假设。从 18 世纪中叶的卢梭到 19 世纪末的自由主义思想家 T. H. 格林，本章倒数第二节将讨论这些思想家。本章最后对马克思主义和无政府主义思想家进行了简单的初步讨论，他们在非政治的情境下构建了积极的秩序观。

◇ 古代政治理论中的合作秩序：普罗塔哥拉、德谟克里特、柏拉图和亚里士多德

现存最早的希腊政治理论来自公元前四五世纪的雅典思想家，当时雅典拥有一种民主结构，所有自由、土生土长的男性成年人都参与共同体的政治生活。从柏拉图的《普罗塔哥拉》中对普罗塔哥拉政治思想的描述，以及德谟克里特著作中幸存下来的片段中可以看出，雅典民主政治倡导者将个人幸福与合作的机运联系起来。普罗塔哥拉认为，共同的尊严感（aidos）和正义感（dike）使得通过合作来弥补个人弱点成为可能（Plato，1991，pp. 13 - 14）。由于所有人都拥有这些品质，它们为民主秩序提供了基础，民主秩序由其成员的独特品质所维持，并且也培育这种独特品质（Farrar，1992，p.23）。

普罗塔哥拉（公元前 481—约前 411）

普罗塔哥拉出生于色雷斯，是一位成功的修辞学教师。他周游希腊世界。据说他是德谟克里特的学生，但这个说法存在争议。柏拉图有一篇以普罗塔哥拉命名的对话录，即是在陈述他的政治思想。

关键阅读：Havelock，1964；Kierstead，2018.

和普罗塔哥拉一样，德谟克里特将国家的起源追溯到保护或安全的需要。起初，这个目标是通过个体行为的基本而简单的规则来实现的，这些规则用以反对那些对其他所有人构成威胁的自私行为。

> 凡伤害权利之事物，
> 必须被肃清。

所有情形下都应如此。

某人若能如此，

他将增加他在任何（社会）秩序中所共享的权利与安全（Havelock，1964，p. 128）。

　　从这种完全消极的秩序观念中，人们越来越意识到，基本规则的执行促进了一种"共同体"意识或共同利益，这种意识最终体现在民主城邦之中。德谟克里特和普罗塔哥拉都认为，参与城邦的政治生活促进了整个共同体富有成效的合作，并且有助于使其在成员眼中合法化。如此一来，那些城邦中因具有卓越品质而成为领导者的个人，和参加城邦公众大会的公民，都会拥戴城邦。

19

德谟克里特（公元前 460—约前 370）

　　和普罗塔哥拉一样，德谟克里特也是色雷斯人。作为一名重要的科学家和政治思想家，他的伦理和政治思想被保存在一些不完整的

陈述中。

关键阅读：Havelock，1964.

　　柏拉图赞同城邦促进满足人类基本需求的观点，但他认为，一个合法的政治秩序必须具有等级结构。柏拉图从所有人类社会所体现出的分工原则中推断出这一要求。为了满足人们的基本需求，人们通过从事专业化生产和交换商品与服务来相互合作。这些安排反映了柏拉图所认为的关于人类的一个基本事实，即他们具有不同的自然能力，这些自然能力使他们只具备满足他们的基本物质需求所需要的某一些能力。通过把自己限制在这些职能范围内，以便向其他人提供其活动的基本产品，人们便能够以最有效的方式满足他们的需求。柏拉图认为，分工不仅适用于社会职能，而且也适用于政治职能，并坚持认为只有有限的一部分人具备参与城邦政治生活的必要属性。柏拉图的理想国有一个等级结构，基于两个不同的和互相排斥的阶层：从事经济活动的"生产者"阶层，以及"监护者"阶层。后者分成两组：执行军事和行政职能的"辅助人员"和执行统治职能的"真正的监护者"（guardians proper）。统治职能是监护者的唯一专享权力，因为只有他们具备行使政治权力所必需的智识和道德素养。

　　柏拉图把理想的共和国看作一种秩序，它将人与其同伴结合起来，使个人的和集体的愿望的实现相互依存。然而，他对职能的严格而排他性分工的坚持，意味着大多数人被排除在政治秩序之外，或者至少只能作为一种外部调节（external regulation）的形式来参与。因此，确保社会合作所必需的秩序类型，并不适用于共同体所有成员之间的政治合作。这种理念被柏拉图的坚持所强化，他坚持认为若职能的严格分工受到侵蚀，理想的共和国也将腐化，并且开始滑向解体和无政府状态，也就是走向长期的混乱。

　　尽管柏拉图似乎使个人的意愿屈从于他认为是一个公正的政治秩序的要求，但他的理想

国实际上建立在对个体心理的假设之上。职责的分配反映了柏拉图所思考的一系列独特的个体属性，通过这种方式，他能够声称个体通过在城邦中获得应该有的位置来实现他们自己的本质（Farrar，1992，pp. 30 - 31）。换句话说，柏拉图认为等级秩序满足城邦及其成员的需要。

柏拉图（公元前 427—前 347）

柏拉图出身雅典的上层社会。他是苏格拉底的追随者，苏格拉底是一位有影响力的教师，他是柏拉图哲学对话中的主要人物。公元前 380 年，柏拉图创立了学院，一个致力于为雅典上层社会的年轻人提供适当的、以哲学为基础的教育机构。柏拉图对西西里岛的锡拉库萨统治者狄奥尼修斯二世（Dionysius Ⅱ）的权力印象深刻，他于公元前 367—前 366 年和公元前 361—前 360 年访问了这座城市，希望鼓励他通过集权和知识来完善他的统治。这个愿望没有实现。狄奥尼修斯对哲学的兴趣并不像柏拉图所希望的那样强烈或专一，在这两次访问中，他都或多或少地被公开拘留。

柏拉图对雅典民主失败的认识，对其政治思想的形成起了重要作用。因此，在《高尔吉亚》中，他对修辞在民主政体中的作用提出了尖锐的批评，修辞术为肆无忌惮地煽动家提供了通过迎合广大民众的偏见和激情以获取不正当利益的手段。在《理想国》中，柏拉图论证了建立在绝对的和无条件的道德真理基础之上的无私的专家统治的理由，就是使统治者（"监护者"）能够获得善的知识。其他阶层的人被排除在政治活动之外。统治者的道德品质和他们的受严格控制的生活方式是为了确保他们把自己和他们的专业知识奉献给城邦的福祉。柏拉图对专制的敌意正如他对民主制的非理性和无法无天的敌意一样。不受规制的权力的危险在《法律篇》中得到承认，该书在柏拉图去世时尚未完成。在这部著作中，柏拉图分析了一个比《理想国》所描述的要求更低的城邦的主要特征，这个城邦为普通公民提供政治角色，优先将法律作为共同体稳定和公正的基础，并且承认有智识的人担任法律的守护者。

柏拉图把亚里士多德算作他所在学院的学生。在西方政治哲学史上，他是最早接触吸引无数追随者和批判家的那些思想的思想家之一。

关键阅读：Cross & Woozley，1971；Kraut，1992；Reeve，1988；White，1979.

柏拉图在《理想国》中的分析侧重于如何建立一个理想的城邦，他的学生亚里士多德则考察了不同形式的政治秩序与各种共同体的不同社会经济基础之间的关系。亚里士多德认为，在某些情况下，严格排他性的等级秩序可能是合适的，但在关于这种统治的形式获得普遍的接受方面，他远没有柏拉图那么乐观。亚里士多德把重点放在确定政府的最佳实践形式上，这与经验主义的考虑密切相关。他认为，在阶层混合的城邦，"政体"是最合适的政府形式。政体对各种主张予以重视，从而降低了革命和长期失序的风险。它还通过混合贵族、寡头和民主政体形式等要素，将滥用权力的风险降到最低。

尽管柏拉图和亚里士多德的秩序观有所不同，但他们都强调其积极作用，并试图找出能够满足这一政治基本目标的政治结构。他们在这个问题上的一般立场得到了罗马执政官马尔库斯·图利乌斯·西塞罗的赞同。在《论共和国》（公元前54）中，西塞罗将城邦（或共和国）与"人类以任意方式聚集在一起的集合体"区分开来，并将其定义为"众多人民一致同意尊重正义和为了共同福祉而协议组成的集合体"（Cicero，1970，p. 65）。对西塞罗及其希腊前辈而言，通过政治手段建立并体现在城邦中的秩序具有根本意义，因为它产生了一种共同生活的形式，这是人类发展的核心所在。

◇ 中世纪政治理论中的消极与积极秩序观：圣奥古斯丁和圣托马斯·阿奎那

基督徒最初拒绝接受关于政治生活终极意义的古典思想，因为他们寄期望于来世。尽管如此，但他们仍然必须面对这样一个问题：他们应该如何与他们日常接触的政治机构建立联系？在基督教时代的前四个世纪里，对这个问题的思考产生了两种不同的秩序观。一些思想家对基督教罗马帝国的政治秩序持有的非常积极的观点（Markus，1991，pp. 94 - 102）受到了强有力的相反观点的挑战，这种观点认为所有政治制度在很大程度上都起着消极和压制的作用。

大约从公元390年起，希波的圣奥古斯丁开始激烈反对他最初的支持基督教式的古希腊-罗马关于政治秩序的观点。这个变化归因于两个方面的发展。首先，圣奥古斯丁在公元391年被授予圣职之后，他的观点受圣保罗（St. Paul）关于自堕落以来人类含有不可消除的和根深蒂固的罪恶本质的思想的影响而改变。圣奥古斯丁认为堕落和冲突是人类生活中不可改变的特征，虽然它们在某种程度上可以缓和，但在人类最终被拯救进入上帝永恒的王国之前，它们是无法克服的。

圣奥古斯丁（354—430）

圣奥古斯丁出生于罗马帝国北非塔加斯特地区的一个中产阶级家庭，在迦太基和罗马接受教育。后来他在米兰教授修辞学。公元387年接受洗礼后，圣奥古斯丁回到非洲。他于391年被任命为牧师，395年被任命为希波主教。他的政治思想体现在《上帝之城》中，这是一部广泛论及罗马帝国晚期异教与基督教关系的著作。

圣奥古斯丁将国家视为一种制度，这种制度有必要应对人类从文明状态堕落到无可避免的罪恶境地的后果。尽管他承认政治制度能够为基督徒和异教徒提供和平、秩序和正义的益处，但他坚持认为，这些都与最终的道德价值没有积极性的关联。在这方面，圣奥古斯丁对政治生活的看法与他的罗马和希腊前辈有很大不同。

关键阅读：Deane，1963；Markus，1970；Markus，1991.

这些神学观念的政治影响是通过罗马帝国当时的发展而传播至圣奥古斯丁的故乡的。公元 406 年起，罗马西部各省遭受哥特人的一系列袭击，最终哥特人于 410 年洗劫罗马。这些事件引起民众对基督教在帝国内日益增长的重要性的分歧。异教徒声称罗马正因忽视其传统的神而受到惩罚，而基督徒对他们所认为的神命定的帝国秩序的脆弱性感到震惊，这促使他们重新审视他们的信仰与政治制度之间的关系。圣奥古斯丁在《上帝之城》中探讨了这个问题。

圣奥古斯丁关于政治秩序的成熟思想既各自独立又相互联系。他在神定的"自然"秩序与人类生活的秩序之间划了明显的界限，后者被烙上不可消灭的人类罪恶之果的印记。虽然自然秩序是理性的和不变的，但人类世界不断地屈服于与基督教价值相冲突的任性行为（Markus，1991，pp. 109 - 112）。正如圣奥古斯丁所言，政府是且只能是人类的产物，他拒绝东正教所向往的那种基督教共和国。国家必然反映其成员非常多元的道德品质，永远无法体现真正的正义。它们是由"许多理性的人类通过在他们所爱的目标上达成共同的协议而组成"的联合体（Augustine，1972，p. 890）。圣奥古斯丁强调人类的罪恶本性，他认为没有一个地上的共同体可以建立在上帝的爱的基础上，也不能被视为通往上帝的自然秩序的一部分。

这种政治秩序观是圣奥古斯丁关于"两种城"理论的基础："上帝之城"和"地上之城"。他将两种城视为不同的实体，每一个都以其"所爱之对象"来区分。上帝之城是永恒的，与任何地上的王国都不一样，并为人类最高目标的实现提供了积极的信仰。此城与"地上之城"的归宿相同（co-terminus），圣奥古斯丁将这个术语应用于所有的政治实体，当然包括罗马帝国。虽然圣奥古斯丁坚持认为地上之城不是通往上帝秩序的组成部分，但他指出，由于基督徒必须且有必要在这个世界度过他们被分配的时间，这对他们有着有限的和暂时的益处。尽管圣奥古斯丁认为政治是非自然的，但他认为社会生活是由上帝安排的，基督徒不应自外于他们同伴的行列。然而，由于罪恶，即使是确保社会性所必需的最低程度的秩序，也需要国家的控制和引导作用。政治制度通过惩罚罪恶的行为在一定程度上限制了罪恶，而地上之城的成员资格有助于确保其享受圣奥古斯丁所谓的"世俗事物"。综上，国家可以确保一定程度的和平与安全，这是社会存续的先决条件。因此，地上之城间接地促进了基督教价值的实现，尽管它与上帝之城没有积极性的关联：

> 在这种生命有限的条件下，作为颛圣的［天上之城］的一部分……需要利用这种和平……直到这个对于此种和平是必要的道德国度消逝。因此，它引导着如同在异乡一样的地上之城中我们称之为被掳的生活，虽然它已经收到救赎的许诺（ibid.，p. 877）。

虽然地上之城所维持的秩序是消极意义上的，因为它专注于压制冲突和罪恶的其他破坏性后果，圣奥古斯丁强调，这对两种城的成员都是必要的，并坚持基督徒必须"毫不犹豫地遵守地上之城的律法，通过律法，那些被设计以支持此种道德生活的事物得到了规范……"（ibid.，p. 877）。即使残酷和专横的统治者，也应当服从，因为他们暴虐专制的统治建立了起码的秩序，因暴君的罪恶而导致的残酷统治，也是上帝旨意的一部分。因此，虽然圣奥古斯丁将政治秩序从通向上帝的自然秩序中分离开来，但他承认了政治秩序重要的辅助作用。

圣奥古斯丁对政治秩序的有限认可在中世纪以及之后都有很大影响。然而，在中世纪晚期，出现了一种替代圣奥古斯丁立场的观点，它吸收了古典传统的一些方面，这些传统为政治秩序的潜在可能性提供了一种明显积极的看法。这一发展尤其与我们所知的意大利僧侣圣托马斯·阿奎那相关。阿奎那支持亚里士多德关于人类本质上是政治动物的主张，这一点特别重要。

阿奎那认为政府是积极提高社会能力的一种手段："社会关系……对人类而言是自然的和必要的，同样必要的是，在社会中必须有某种政府原则"。政府必须在人类的群体间提供"有序的统一"，以确保"除每个人的正当的利益动机外，还必须有一些有益于多数人利益的原则"（Aquinas，1959，p.5）。关于阿奎那对政府在促进有效合作方面的作用的理解，其中的核心体现在，即使堕落没有发生，政府也是必要的：

> 因为人是天然的社会动物……即使在无知状态，人类也会过社会生活。现在很多人居住在一起，除非他们中的一些人有权力照顾公共福祉，否则社会生活就无法存在（ibid.，p.105）。

作为一个基督徒，阿奎那无法接受人类的完满能够在国家之中实现的观点，但他相信，无论如何，政治创造的秩序与通往上帝的宇宙秩序直接相关。

阿奎那的积极政治秩序观念，在中世纪晚期和现代早期的一些重要的政治著作中得到了回应。其中许多理论都与阿奎那哲学的神学观点密切相关。例如，中世纪晚期意大利帕多瓦的思想家马西利乌斯（Marsilius）强调，结构合理的城市国家带来的秩序具有合作特征，使它们对和平与安全的促进，与作为基督徒的公民的责任联系起来。城市国家也为尼科洛·马基雅弗利的著作提供了焦点，但他把政治秩序与人类发展的理念联系起来，这种理念关注现世而非来世。因此，与马西利乌斯不同，马基雅弗利坚持认为在所有成年男性公民控制下的"人民"共和国所依托的价值，在很大程度上独立于与神的旨意有关的政治观念，甚至在某些方面截然对立。

马基雅弗利除了发展了在"人民"共和国里创造的秩序体系的理论之外，还分析了"贵族"（princely）政体或一个人的统治。然而，在这方面，他强调国君必须保持他对国家的最高地位，并且确保他是这个秩序中唯一的积极力量，其他人基本上是消极被动的。例如，马基雅弗利建议国君，与其依靠臣民的爱戴，不如使他们感到害怕：

> 人们是否爱戴国君，取决于他们自己，但他们是否感到害怕则取决于统治者的所作所为。一个明智的统治者应当依靠在他自己控制之下的事物，而不是受别人控制的事物（Machiavelli，1988，pp.60-61）。

马基雅弗利通过强调一个人统治的消极方面而非积极方面，提出政治目的的思想，近似于一些现代早期重要的思想家提出的思想。法国人让·博丹、荷兰人雨果·格劳秀斯以及与他同时代的英国人托马斯·霍布斯发展了主权理论，这些理论对国家的压制作用给予了新的和独特的强调，并指出需要国家内唯一的最高权力的主权者创造和维持秩序。

24

◇ 现代早期政治理论中的秩序与主权：博丹、格劳秀斯和霍布斯

　　让·博丹最重要的著作《国家论六卷集》（*The Six Books of the Commonwealth*）是在1562年爆发的一系列持续了三十年的内战中期出版的。三十年战争是指法国新教徒（胡格诺派）、一个重要的少数派与罗马天主教、一个多数派之间的战争，在战争中，法国皇室常常与后者结盟。从1571年起，博丹与国王的弟弟阿朗松公爵（Duke of Alençon）有着密切的联系，阿朗松公爵领导了一个名为公政会（*politiques*）的组织，致力于制定对新教宽容的政策。然而，在一个武装狂热分子肆意游荡的环境里，宽容政策必须被强制施行，而在16世纪晚期的大部分时间里，法国王室不可能或不愿意这样做。当然，它的失败很大程度上是政治意愿不足和军事能力有限的结果，但这反过来又与对主权权力的性质和范围以及其存在的目的的普遍理解有关。博丹特别关注对"习惯法"（基于习惯做法的条例）的吁请，以及主张特定的官员和大公可以合法地限制王室。他也坚持认为，统治者有责任在他们的国家维持普遍有益的秩序，而如果国家内有一个以上的人类权力的来源，那么这个秩序就是不可能的。博丹最关心的内容体现在他的书中第一章（"良好秩序的国家的最终目标"）的标题和开篇第一句："一个国家可以被定义为主权能够为许多家庭和他们共同关心的那些事务确立正确秩序的政府"（Bodin，n. d.，p. 1）。

　　博丹的论点依靠家庭与国家间的相似性。与他同时代的许多人一样，博丹认为国家是自然父权秩序的一种延伸形式，这个秩序是由他们家庭的父亲通过历史上的和《圣经》上的神圣的权力所创造的（Schochet，1975）。国家与家庭相像，只有服从于单一的最高权力之源，才能统一和受益。尽管博丹赞同一种普遍的观点，即人类处于自然法体系之中，该体系规定了上帝对人类的意图，他认为有必要制定囊括事物的法规，基于此，自然法是沉默的，而且这些法规只能由人类的权力来选择，人类的权力决定什么是这个共同体的最佳利益，以及解决引起成员之间纠纷的原因。博丹将这种作用描述为主权，并界定了主权者许多排他性的"特质"，或维持一个"共和国"（commonwealth）或国家所必需的权力。

　　鉴于他的著作中给出的条件，这并不奇怪，那就是博丹优先考虑秩序混乱带来的有害影响，这甚至意味着政府的压制所造成的破坏，很可能比在脆弱的或消失的秩序中的不服从造成的冲突所带来的破坏要小得多（Bodin，n. d.，p. 14）。但同时，他也充分意识到滥用政治权力所带来的危险，并强调合法的主权必须服从自然法，对上帝负责。他也指出，一个明智的统治者将寻求官员、法人团体和"有产者"（estates）代表的建议与支持。这些措施通过促

进共和国的正当秩序来巩固主权，而且由于这些措施是自主采取的，因此它们不会损害主权的至高无上性（ibid.，pp. 79，106‑107）。

雨果·格劳秀斯（1583—1645）

格劳秀斯，荷兰法学家和哲学家，曾在荷兰政府任职，但在他的资助人奥尔登巴内费尔特（Oldenbarnevelt）下台时被监禁。格劳秀斯越狱后进入瑞典，1634 年起担任瑞典驻巴黎大使。他写了关于自然法的重要著作，包括《战争与和平法》（1625）。与许多现代早期思想家一样，格劳秀斯认为，人类拥有自然权利意味着合法的政府是由受其支配的人的同意而产生的；然而，在某些情况下，同意可能会产生所有政治权力都掌握在一个单一的、"绝对"主权的国家。

关键阅读：Haakonssen, 1985；Tuck, 1993.

有一种观点认为秩序会因臣民对其主权的统治权的挑战而受到损害，这种观点在 17 世纪中叶托马斯·霍布斯的政治理论中发展到极致，但他的分析的重要特质却在雨果·格劳秀斯的《战争与和平法》已露端倪。这些思想家都运用"自然状态"的概念，这个概念在 17 世纪和 18 世纪的现代政治思想中发挥了重要作用。自然状态理论是一种分析性的工具，而不是历史学的工具。运用没有国家的"自然的"状态理论，以识别无国家存在时的缺点，从而理解服从政治权力的益处，并明确有效的政治秩序所需的条件。因此自然状态理论以无政治来更好地理解政治的场域。

格劳秀斯指出，由于每个人拥有的"自然权利"不是由社会认可或政治制定的产物，合法的政府必须得到自然人的同意，自然人自愿服从它。这些权利包括防止其他人干涉生命、自由和身体的权利，以及要求获得维持生命所需的物质产品的权利。格劳秀斯认为，即使在"自然状态"下，那些意识到自己对上帝义务的人，也不会不顾后果地忽视他们的社会责任，即以适合人类理解的方式来关心社会的维持，这是权利正当性的基础（Grotius, 1738, p. xvii）。如果人类严格按照自己的权利行事，政府就不是必要的了，但在实践中，这种理想的道德秩序不可避免地被恶意或无知的行为所破坏，这些行为违背自然权利并引发冲突。所以，格劳秀斯指出需要有主权者管理的政治秩序，主权者颁布并强制执行法律，以防止个人不恰当地和不道德地追求自己的权利。

虽然格劳秀斯认为，主权对于消除人类在自然状态下的危险是必要的，但他认为自然法和社会性的原则足以维持一个相对安全的国际秩序。在《战争与和平法》中，格劳秀斯发展了一种基于普遍认可的自我保护的"国际法"理论，以及一种不鼓励肆意伤害和促进互惠的弱社会意识，这种意识不会损害自我保护（Tuck, 1993, p. 174）。国际法创造的秩序是权宜之计或理性私利的产物，但格劳秀斯也认为它反映了道德原则的运行。它依赖主权者的同意，并符合他们的基督教信仰和服从上帝所产生的正义感。格劳秀斯相信，这些义务使国际法律成为统治者之间交往的普遍有效的指南，尽管它不是由人类最高统治者强制执行的。

> 法律，即使没有伴随制裁，也并非完全无效。因为正义使良心安宁，而不公正在专制暴君的胸中造成烦扰和痛苦，如柏拉图所描述。正义被赞许，不公正受谴责，这是善良的人的共识。但最重要的：上帝是不公正的敌人，正义的保护者。他为以后的生活保留了自己的判断，也就是，如历史中无数的例子所教导的那样，上帝常常以这种方式使它们的影响在今生显现出来（Brown et al.，2002，p.330）。

格劳秀斯认为，在实践中，自然法和国际法的规定是通过对人类实践的理性调查与反思的反复结合而确定的。因此他认为国际法是已经存在并得到当时的统治者普遍认可的，而不是一个有远见的计划：

> 正如每个国家的法律都考虑到该国家的利益一样，经双方同意，所有国家间或许多国家间产生确定的法律就变得可能；显然这样产生的法律将利益作为目标，不是特定国家的利益，而是国际社会的利益。这就是所谓的国际法，只要我们将其与自然法区别开来（ibid.，p.329）。

由于遵守这些法律是基于受其约束的那些国家的同意，因此并不侵犯主权的优先权。

与格劳秀斯不同，霍布斯没有将国内的冲突归咎于权利的不当行使。相反，他认为，这是个人在没有最高权力的情况下根据自己的权利行事的必然结果（Haakonssen，1985，pp.239-241）。在《利维坦》一书中，霍布斯受他对英国内战的经历和导致这场战争的事件的影响，提出了他的政治见解。他直接提及当时的混乱，特别是那些源自宗教教义的政治主张所引起的混乱，以及那些主张赋予君主以外的个人或机构独立的政治角色所引起的混乱。这些反对意见中的第一条，既适用于传统教会权力的支持者，也适用于激进的宗派主义者；第二条反对意见针对的是臣服于皇室的强大贵族的大言不惭，以及那些主张英国议会有独立代表作用的人。正如霍布斯所说：

> 如果不是最早从大部分英国人那里得到一种意见，认为这是国王、上院和下院之间的分歧，人民就不会被分裂并陷入这场内战；首先是那些在政治上有分歧的人，然后是对宗教自由持不同意见的人（Hobbes，1960，p.119）。

这些观照角度是重要的，但我们也必须记住，霍布斯的《利维坦》是作为一个普遍有效的、"科学的"政治叙述而出版的。

霍布斯对自然状态的独特理解和对自然状态的政治选择，反映出他对道德真理做出任何详尽和被普遍接受的解释的可能性深表怀疑（Tuck，1984，pp.104-105）。该观点解释了他的同时代人所持宗教观点的范围和顽固性，同时也说明了为什么试图以此作为政治基础一定会产生冲突。

托马斯·霍布斯（1588—1679）

霍布斯从牛津大学学习结束之后，曾任德文郡第一伯爵之子威廉·卡文迪许（Walliam Cavendish）的家庭教师，之后成为他的秘书和他儿子的家庭教师。1640年，他移居巴黎，因为他担心他在《法律要义》（The Elements of Law）中为国王的辩护会引起议会的敌意。霍布斯在整个英国内战期间一直留在巴黎，当《利维坦》开始引起法国保皇派流亡者的尖锐批评时，他于1651年返回英国。在共和以及奥利弗·克伦威尔（Oliver Cromwell）护国期间，他在英国未受到打扰，并在1660年国王查尔斯二世（霍布斯在巴黎曾担任其私人教师）复辟时受到宫廷接待。尽管保皇党一直对霍布斯的政治哲学持敌对态度，但他仍与国王保持着良好的关系。

霍布斯最著名的政治著作《利维坦》建立在之前的《法律要义》和《论公民》（De Cive，1642）的立场之上，即毫不含糊地支持绝对政府。他认为，缺乏明确的、单一的、不受挑战的和不可能被挑战的政治权力来源的政治共同体，无法提供有益于人类交往所必需的安全度。他们不可避免地倾向于这种情况：相互猜疑使合作甚至忍让成为不可能，每个人都持续地害怕他们的同伴，而且常常成为长期不确定感所产生的暴力的受害者。霍布斯将这种状态描述为一种"战争状态"，并试图说服他的读者，这种状态对人类福祉的影响比处于绝对统治者之手所遭受的伤害要大得多。他认为，切

实可行的政治共同体是由他们的"主权者"所创造的，也就是说，统治者制定和维持法律体系的权利不受其臣民的质疑或审查。试图通过诉诸传统、上帝之言、所有或部分臣民的包含在主权之内的权利来遏制统治者的权力，会使臣民遭受"战争状态"的恐怖。

尽管霍布斯阐释的情况受到了英国内战前后逐渐蔓延开来的战争境况的影响，带有明显的战时色彩，但他自身却认为他关于政府的性质和角色、臣民有义务服从主权者的叙述在任何情况下都是普遍有效的。他的许多早期的读者则并不接受这一说法。霍布斯倾向于君主制，但他的绝对主权理论适用于所有形式的政府。结果，他的观点得罪了那些因传统理由支持君主制的人，而他拒绝混合政府以及拒绝支持任何有限政府的观点，与内战期间反对皇权的那些人的观点发生了冲突。霍布斯也被怀疑有无神论倾向，他的政治思想建立在对自然和人类的唯物主义观点之上。

尽管霍布斯的著作不怎么受欢迎，但他通常被认为是英国重要的政治思想家之一。他认为主权者是法律之源，这在19世纪和20世纪的法理学中是很重要的，而他对政治哲学中其他关键问题的处理也给他的后继者带来了持续的挑战。

关键阅读：Bamgold, 1988；Dietz, 1990；Skinner, 1996；Tuck, 1989.

霍布斯的怀疑论只允许对人类的志向做出最小的（并且他认为无可置疑）假设。他认为，由于人类对死后的认识是不确定的，死亡终结了人类的所有希望，我们便可以放心地假定，人们会同意，死亡是要被尽可能避免的一种恶。如果是这样的话，那么避免死亡就是一项作为所有人的合法目标而被普遍认可的权利。如果个人同意人类保护自己是正确的，他们也将

认识到，为了保护这个目标，他们有权做他们认为必要的事情。这项权利不包括对他人的严重伤害，因为这不是自我保护所必需的，但由于在自然状态下没有权力机构，也没有超越自然权利的行为规则，个人必须自己判断哪些行为是自我保护所必需的（Hobbes，1960，p. 84）。

在被怀疑论所困扰的道德世界里，这三项最低限度的权利（自我保护、自我保护所必需的一切，以及决定什么是必需的）是唯一确定的。在这些情况下，最佳地实现自我保护的个人判断，意味着自然状态是一种战争状态，人类生活在长期不安全中，被剥夺并且难以言喻地悲惨：

> 在人们没有都敬畏的公共权力的时期内，他们处于一种被称为战争的状态，这种战争是一切人反对一切人……在这种情况下，产业不可能出现，因为收成尚不确定；因此土地荒芜，没有文化；没有航海，也没有可能使用通过海上进口的商品；没有宽敞的建筑物；没有移动和搬运的工具，这些事物需要很多人力；没有地理知识；没有时间概念；没有艺术；没有通信；没有社会；并且，最糟糕的是，不断的恐惧和暴死的危险；以及人的一生，孤独，贫困，肮脏，野蛮和短暂（ibid.，p. 82）。

霍布斯的著作充满了对人性的冷酷狡猾的旁白，但应当指出的是，他对自然状态的分析不是以人类的堕落为前提的。即使人们追求的目标是适度的，而且总体上是善良的，对他们如何才能最好地保存他们的生命进行理性的估量，也不可避免地会把他们推向战争状态。与格劳秀斯提出的立场形成鲜明对比的是，霍布斯认为是权利的行使导致了冲突，而不是他们滥用权利或对他人权利的漠视。霍布斯认为，这种结果是不可避免的，因为每个人都有权判断他人的行为，并以他们认为对其自身安全的必要方式做出回应。因为自然人在自然状态下大体上是平等的，霍布斯认为他们会对自己从他人那里得到想要的东西的能力感到快乐，而对他人从自己那里拿走东西的能力感到痛苦。在这些条件下：

> 任何人都不可能像预期的那样合理地保护自己；也就是说，或用武力或用诡计，尽他可能控制所有的人，直到他看不到任何人的力量大到足够危及他自己：而这只不过是他自我保护所需要的，而且是被普遍许可的（ibid.，p. 81）。

霍布斯因此认为，人们的道德信念不可避免地具有主观性和相对性，因此不可能依靠它们来产生有益的人际交往。详细阐述道德和宗教观念、美德的概念等，因其千差万别，不能为人类的生活提供可靠的依据。即使，霍布斯从他关于维持人类生命的有利条件的普遍共识的基本公理中得出的那些最低限度的和无争议的道德观念也是不可能的。事实上，在自然状态下，行使权利会产生激烈的冲突和痛苦，而不是和平和有益的秩序。只有人类放弃自己的私人判断权，并将自己置于一个拥有制定和执行人类行为规则的无可置疑的权利的主权者之下，这些罪恶才可能被避免。由于人类经常试图通过公开声明来影响他人的行为，主权者也有权决定什么样的意见被公开宣传。

霍布斯的主权者是一个"抽象的"创造物（由人类创造的，而不是在自然界中被发现的），他的力量建立了一个确定的与和平的体系，以取代自然状态的不确定与不和谐。有效的人类共同体是由一个主权者创造和维持的有益秩序，他在那些关系到共同和平与安全的事情上采取行动，"个人向他提交他们的意愿，每个人都服从他的意愿，并且他们的判断都服从他的判断"（ibid.，p.112）。主权者的法律规定正义与不公，所有权利都由法律规定，并通过其权力来执行。霍布斯坚持认为，"正义"和"不公"这两个词在共和国里才有意义，在共和国里，自然状态的激进的主观性和危险的强制执行被一种秩序取代，在这种秩序中，主权者明确规定并维护规则，这些规则统治其臣民的生活并使和平与繁荣成为可能。

因为国家是人类福祉的基础，它是由那些成为国家主体的人的自愿行为创造的，霍布斯坚持认为个人有义务在这个秩序中安于自己的位置，如果不这样做，会受到公正的惩罚。值得注意的是，他相信回归自然状态的风险远比屈服于任何可以想象的主权国家要可怕得多。霍布斯认为那些抱怨行使主权的人没有考虑到：

> 人们今生的状况是不可能没有弊端的，然而任何政府形态之中最大的弊端就是对不幸与可怕的灾难缺乏远见；而酿成一场内战，这种情况若发生在一般人民身上，就是让不知节制之徒放肆妄为，目无法纪且藐视强制权力，无法使他们束手就擒而不去抢劫和报复（ibid.，p.120）。

换言之，需要秩序是人类生活的一个基本要求，只有用主权的权力和约束力取代私人判断的政治机构才能满足这一要求。

尽管霍布斯坚持认为主权者至高无上是不容置疑的，但将他的秩序观与在 20 世纪起到如此毁灭性作用的专制和极权统治体系联系在一起，便是错误的。原因是，尽管霍布斯认为主权者应该拥有最高的强制力，但他认为他们没有必要侵入臣民生活的方方面面。此外，主权的基本原理意味着，如果主权者的行为或者主权者的失败威胁到臣民的基本安全，那么臣民就无须继续服从主权者。

霍布斯认为自然状态下的个人有权做任何他们认为必要的事情来确保他们的生存，这个假设实际上适用于国际自然状态下的主权者："在所有时期，国王和拥有主权的人，因其独立性，总是处于持续的嫉妒中和角斗士的状态和姿势"（Hobbes，1960，p.83）。国际自然状态既是一种非政治的状态，也是一种非道德的状态，在这种状态下，主权国家的行为理所当然地由其主观判断决定。因此在这种情况下，不可能有正义或不正义的观念，因为正如我们所看到的，霍布斯认为这取决于规则和执行规则。这种观点的一个重要后果是，不可能把正义的与不正义的战争区分开来。

尽管对国际环境的描述明显是黯淡的，但霍布斯并没有主张建立一个跨国主权者。通过废除统治者的主权和解除臣民服从他们的义务，这个步骤将影响他关于内部秩序的思想。无

30

论如何，霍布斯似乎认为这样的步骤是不必要的，因为内部的自然状态和外部的自然状态之间的类似是形式上的而不是实质上的。实际上，对主权国家的外部威胁是有限的，他们绝不会像自然状态中的个人那样受到其他国家行为者的侵犯。自相矛盾的是，主权国家实力间的不平等意味着更强大的国家会比自然状态下的个人感到安全得多，而弱国对其挑战他国的能力也会不那么乐观。因此，不自信和希望平等，使国内的自然状态成为一种致命的不安全的环境，这些条件不适用于国际关系中几乎相同的范围。最后，虽然战争可能对某些国家的一些个体成员的生存构成威胁，但其危险远比自然状态下所有个人所面临的危险要遥远得多，更不可能具体化为对特定主体的致命威胁。主权国的角斗士姿态和他们的其他战备状态——"他们王国边界上的堡垒、要塞和枪炮；不断地监视他们的邻国"（ibid.）——反映出他们决心利用共和国的资源来保卫其成员，霍布斯指出，他们这样做大体上是成功的。因为，"他们因此维护了他们臣民的产业；随之而来的并不是那种伴随着特定的人的自由而来的不幸"（ibid.）。

然而，如果战争直接威胁到臣民的生命，或破坏其繁荣所依赖的贸易，从而对臣民的福祉产生不利影响（Boucher，1998，pp. 160-161），主权者有意愿与其他统治者达成协议，这使得战争的可能性很小。在这方面，主权的对外逻辑与其对内表现一致。在这两种情况下，主权者都有合理的义务保护他们的臣民，并促使其"生活宽裕"（commodious living）。重要的是，霍布斯关于主权者在自然法之下的义务如何反映在他们处理与其他主权国的交往中的粗略的论述，与他对主权者在建立和维护国内秩序中的作用的理解紧密相关。因此，当他注意到有某些自然法则，即使在战争期间，这些法则也会发生作用时，他举例解释说，他无法理解"酒醉的人或残忍行为（无视未来的复仇行为）能促进和平或保护任何人"（Hobbes，1983，p. 73）。

◇ 现代政治理论中的合作与秩序：卢梭、康德和格林

在《社会契约论》中，法裔瑞士哲学家让-雅克·卢梭尖锐地批评了霍布斯的政治秩序来源于无可置疑的主权者的权力的主张。卢梭是18世纪和19世纪非常重要的思想家之一，他们强调自愿合作和共同的道德价值观在维持政治秩序方面所起的作用，这种秩序为人类发展开辟了可能性，而人类发展在自然状态中和那种偏向于某部分成员利益的政治制度中会受阻碍。卢梭试图通过确定一种尊重其成员个人利益的政治合作形式来克服这些挑战，这种形式同时促进了秩序良好的共同体成员彼此分享新的、明显的合作利益。卢梭认为，当个人的特殊意愿是为了他们自身的利益，那么合法的政治共同体产生的是促进它们的成员的共同利益的"公意"（general will）。

公意思想是卢梭政治秩序的合作概念的核心。对卢梭而言，政治的首要问题是确定并维持一种秩序，这种秩序将允许人类在免于控制和操纵的同时获得相互依存的益处。卢梭相信，

人类的相互依赖使秩序成为一种必要；要在一种只为部分民众的利益服务的秩序和一种促进合作并由此产生共同利益的秩序之间做选择。卢梭认为，适当的秩序只能由自由人之间的契约或协议来产生。通过放弃他们的自然的、前政治的个人自由，可以创造：

> 要寻找出一种结合的形式，使它能从全部共同力量来维护和保障每个结合者的人身和财富，并且由于这一结合而使每一个与全体相结合的个人又只不过是在服从自己本人，并且仍然像以往一样地自由（Rousseau，1987，p. 148）。

卢梭认为，通过合法的政治制度可能实现的秩序，开辟了人类生存前景的一种新形式：对共同价值的追求意味着人类既可以是单个的存在也可以是社会性的存在。政治秩序的变革意蕴在卢梭的德国继任者所描述的受制约的环境下的潜在可能性和人们似乎可以随心所欲的情况的局限性之间的对比中也很明显。例如，18 世纪晚期的哲学家伊曼努尔·康德写道，虽然人类有义务与同伴互动以满足他们的需要，但

> 人类的自然倾向使他们无法在肆无忌惮的自由状态中长期和谐共存。然而一旦他们被置于一个像公民联合体一样的领域，同样的自然倾向就会出现最有益的效果……用于装点人类生活的所有文化和艺术，以及人类所创造的美好社会秩序，都是自然倾向中的不和气的结果。正因为陷于自己的本性，人类方能通过强制的艺术来完全发展自然所赋予的基质（Kant，1971，p. 46）。

如果人天生是社会性的，那么政治秩序就没有必要了，但既然不是，他们的倾向促使他们建立一个合理的法律秩序来满足他们的需要，并且确保他们履行道德义务而公平行事。康德将"许多个人为了他们都共享的共同目的"与为了他们"都应当共享"的共同目的而结成的联合体区分开来。他将后者与作为政治的主体事务的公共权利体系联系起来（ibid.，p. 73）。通过协作来产生并维持公共权利，人们将不公正地侵犯彼此自由的风险降到了最低。

让-雅克·卢梭（1712—1778）

卢梭是瑞士日内瓦人，1742 年移居法国之后，他的哲学声誉大振。尽管卢梭与法国启蒙运动的主要人物有着密切的联系，但他对许多思想家赞同的关于人类进步的假设持怀疑态度。卢梭的著作涉猎广泛，包括艺术、教育、科学、文学和哲学等领域的问题。他最重要的政治作品是《论人类不平等的起源和基础》（1755）与《社会契约论》（1762）。

在第一部作品中，卢梭阐述了人类不断地相互依赖在道德上的与政治上的含义，即他们

32

可能是从原始的、前社会的、无自觉意识的孤立状态发展到日益发达和复杂的社会条件。卢梭对"文明"的增长的利弊的分析是多层面的。它论述了经济发展的影响，承认财产权的重要性，人们从对自己在他人眼中的形象的认识中获得自我意识的不安倾向，以及这些发展的政治意义。在这个论述中，卢梭强调了一种危险，即社会生活的潜在利益可能会因人性的堕落、压迫性服从后的爆发和对抗的发生而丧失。在《社会契约论》中，他思考了进步与堕

落之间的悖论的政治意义，明确一种政府体制的必备条件，这种体制将允许人们在保持独立性的同时获得社会利益。这个理论确立了一个适当有序的政治共同体的积极的成员关系所带来的变革的可能性。卢梭认为合法的政府形式体现了共同体的"公意"，这吸引了后来许多对国家性质和宗旨有不同看法的思想家（黑格尔、马克思、T. H. 格林和列宁等）。

关键阅读：Cullen，1993；Hunt，2015；Masters，1968；Shklar，1969；Whatmore，2015.

因此，政治秩序的建立使人类追求康德认为是道德使命的东西成为可能。尽管康德对公法体系的强制维度给予了应有的重视，但他对秩序的看法总体上是积极的。他的一些继任者也有同样的观点。因而，在 19 世纪早期的德国，黑格尔对现代国家的详细叙述，强调它在多大程度上为实现个人和集体幸福提供了道德、心理和政治架构，而个人的和集体的幸福的理念是现代世界的特质。黑格尔认为，"现代国家的本质是，把普遍性与特殊性和个人幸福的完全自由联系起来"（Hegel，1991，p. 283）。也就是说，它形成了一种秩序，代表了人类生活的个体层面（特殊的）和社会层面（普遍的）的意志，并将这些意志整合为一个和谐的整体。

33 康德和黑格尔的政治哲学在 19 世纪末英国思想家托马斯·希尔·格林的思想中都发挥了重要的作用。在陈述他的观点时，格林明确地强调霍布斯的不足之处。他不接受霍布斯关于主权的说法，理由是它只解释了主权者对"权力"的占有，但不是其合法化的权利，而且将权利误解为纯粹的个体属性（Green，1986，pp. 44 - 45）。相比之下，对于格林而言，权利取决于社会对它们在确保个人能够为他们与同伴分享的公共福祉自由地作出贡献方面所起的作用。在明确论及霍布斯的观点时，格林坚持善的公共性质以及权利需要得到共同体所有成员的认可：

> 在普遍追求的善的目标成为一种精神状态或品质之前，每个人的成就或接近成就本身都是对其他人的成就的贡献，否则社会生活一定继续是一场战争（ibid.，p. 279）。

托马斯·希尔·格林（1836—1882）

格林在牛津大学任教，有时他被视为英国第一位职业政治哲学家。他重新阐释了自由主义价值观及其政治含义，以考虑人际交往中道德自主条件的重要性。格林的最重要的政治著作——《政治义务原则讲演集》（*Lectures on the Principles of Political Obligation*），在他去世后出版，但他对那些在牛津与他接触的人产生了深远的影响。

格林批评将自由主义与个人主义和对政府行为的敌视等同起来的观点，他引用卢梭和黑格尔为积极自由观辩护，其中国家被视为反映共同体道德意识的机构，并利用其权力为"自由"行动消除障碍。也就是说，这种行动指个人通过自由地为与共同体的其他成员共同追求的目标作出贡献，发展他们的道德能力。

关键阅读：Francis & Morrow，1994；Morrow，2017；Nicholson，1990；Vincent & Plant，1984.

因此，格林认为，对创造和维持有益秩序的政治上级的服从，是因为一种被广泛接受的观念，即主权者体现了政治共同体的公共意愿并且支撑促进被其成员所认可的公共福祉的权利体系（ibid.，p.68）。主权对格林来说和对博丹和霍布斯一样重要，但他对主权的理解与其在创造一种政治秩序中起的作用有关，这种政治秩序被生活在其中的人所珍视。因此，

> 更确切地说，法律作为维护权利的规则体系，是一种普遍意志的表达，而不是说普遍意志就是主权。主权，在最终的法律意义上，从长远和总体上来说，是被一个人或多个人强制执行的，它是普遍意志的代理人，且有助于实现该意志（ibid.，p.75）。

卢梭、康德、黑格尔和格林都认为，国家在确定和维持一种秩序方面起着中心作用，使人类合作的潜在可能性成为现实，而这种合作被认为是人类福祉的基础。这些思想家不同于那些关注国家的镇压和监管作用的思想家，他们把秩序与人类生活必需的社会维度联系起来，把政治权力视为共享利益的反映，而不是创造共享利益的原因。这种政治观念集中体现在格林的主张中，即"国家不是以武力为基础"，以及他的相关论述，即那些具有成熟的道德和社会责任感的人将法律视为人类行为的指导者和协调者，而不是强制力（ibid.，p.89ff）。

格林的政治权力理论建立在道德力量的基础之上，他把道德力量归因于公共福祉的理念及其相关的主张，即现代民族国家为实现公共福祉提供了一个中心。他认为，这一理念是所有社会交往形式和所有社会和政治机构合法性的基础。然而，随着时间的推移，公共福祉的观念经历了质的发展，从而加深了对如何算是善的理解。它们也被扩大至包括被非法排除在外的共同体的成员。因此，基督教的出现使人们对善有了比希腊城邦的那种（善）更加深刻的理解，并将其范围扩大到包括那些未被视为城邦成员的人（尤其是奴隶和妇女）。然而，它也引入了一种四海之内皆兄弟的观念，这种观念挑战了希腊人对他们自己和野蛮的外邦人的区分，并潜在地扩展到全人类（Green，1986，pp.263-273）。

虽然主权国家拥有对侵犯其政治共同体成员的权利的那些人采取有效反制行动的权力和合法性，但他们的命令并没有延伸到国际舞台。但是，即使在这里，主权国家之间的交往也受制于道德律令（ibid.，p.264），这些道德律令使主权国家有义务增进共同的福祉。格林将这一条应用于战争和其不可避免造成的死亡的正当理由。战争造成的死亡总是错的，因为它们非法地剥夺了个人自由生活的权利。然而，当为了防止对共同福祉造成更大的损害而有必要作出牺牲时，它们可能是合理的。因此，格林认为，为了保护一个国家的政治自由而进行的纯粹的防御战争可能是正当的，但他也指出，即使这是真实的，战争造成的杀戮也涉及那些错误地促成战争的人的错误行为。格林认为，几乎没有哪一个欧洲国家能够摆脱在战争中非法杀戮的道德污点。许多战争都是由君主的野心造成的，这些野心完全脱离了臣民的真正利益，而且常常与臣民的真正利益相冲突。同样的道理也适用于为了获得或占有殖民地财产，或向第三方提出领土要求而进行的战争。在另一些情况下，对政治共同体成员的不公正待遇，

无论是基于宗教理由还是其他理由，都会引起在外国定居的移民和其他外部同情者的同情，从而加剧国际紧张局势，引起干涉，并鼓励他们寻求其他国家的援助（ibid.，pp. 131 - 132）。

格林认为，不义的战争和国内系统地侵犯权利造成的不利国际影响，表明一项普遍原则：当某些或所有主要国家的政治抑或社会关系的内部组织中存在某些道德缺陷时，就会发生严重的国家间冲突。黑格尔曾指出爱国主义或民族情感更有可能使战争发生，但格林否认这种必然性。爱国主义反映出，如果要有效地指导人类的行动，就必须特别重视普遍团结的思想。它不会必然地引起对其他政治共同体成员的敌意，而且如果国家真的为了道德秩序而提供一个框架来指导对公共福祉的追求，也不会引起那样的结果（ibid.，p. 134）。实际上，格林认为，各国越是在国内维持这种秩序，外部冲突的可能性就越小：

> 在已有的多种国家类型中，国家的本质当中没有任何东西应当把一方的受益变成另一方的损失。每个国家越能完美地实现其适当的目标，即给予生活在其领土范围内的所有人的能力以自由的空间，其他国家就越容易这样做；随着它们都这样做，冲突的危险也会相应地消失（ibid.，p. 130）。

与许多 19 世纪中叶的自由国际主义者一样，格林认为国家内部和国家之间的自由贸易是一种特别强有力的方法，这种方法可以打造共同的跨国利益并提高人们对他们受到国际冲突损害的认识（Bell，2016，p. 239）。最初，这种看法可能源于贸易中断造成的个人损失的自利观点，但是格林认为，这可以为发展相互尊重他人权利和由其构成的共同利益的公正理念提供基础（Green，1986，pp. 136 - 137）。格林认为，遵守自由贸易、反军国主义和消除社会与政治中的封建影响的自由价值观的国家共同体，可以形成公正的国际秩序。由于各国的内部道德发展消除了国际冲突的许多深层次原因，它们没有理由不寻求仲裁制度，甚或国际法院，以确保争端不会引起战争（ibid.，pp. 134，137）。

尽管在国家关系中没有像主权者那样的角色，格林仍然认为道德律令可以促进这一领域追求共同利益，从而产生一个基于同样道德基础的国际秩序，使之成为正确秩序的核心。这一论点与他坚持的观点一致，即公民对共同利益的实际承诺往往不依赖法律规定，并且很少是由于国家强制力的实施。如果"意志而非武力是国家的基础"，那么它没有理由不也是一种国际道德秩序的基础，该秩序是由主权国家自愿接受的机制所产生的，这些机制实际上实现了道德律令取代法律的强制性，转而成为人类行为的协调者（ibid.，pp. 264 - 265）。

◇ **现代政治理论中的秩序、威权主义与极权主义：卡莱尔、莫拉斯、墨索里尼和希特勒**

本节讨论的内容集中于所谓的秩序需求与民主或"民主"政体之间的矛盾。随着西方国家的民主化，这种争论在 19 世纪和 20 世纪变得越来越重要。托马斯·卡莱尔和查尔斯·莫拉斯的著作中可以看到早期关于秩序的明显的威权主义观点。卡莱尔和莫拉斯是有影响力的文人，而不是系统的政治哲学家，但他们广为流传的著作包含了对政治主题的长篇而重要的论述。

托马斯·卡莱尔（1795—1881）

卡莱尔出生和受教育都在苏格兰，他是维多利亚时期的主要文学人物之一。卡莱尔是民主和议会政府的非传统批评家，他呼吁同时代的人接受新式精英领导。他的政治思想体现在《宪章运动》（*Chartism*，1839）、《过去与现在》（*Past and Present*，1843）、《现代短论》（*Latter Day Pamphlets*，1850），以及其他大量文学作品中。

关键阅读：Morrow，2006；Vanden Bossche，1991.

卡莱尔的政治思想是从对当时人们智识和精神生活充满的不确定性，以及由此带来的混乱无序所做的回应中产生的，这些又被他看作是 19 世纪 20 年代和 30 年代英国生活的特征。卡莱尔最担心的是当时流行的政府理论，这些理论使国家的指导和调节作用降到最低，而且它们倾向于寻求民主化，从而解决"英国面临的问题"。在卡莱尔看来，支持最低限度的国家和工人阶层对充分的政治权利的要求是密切相关的；在缺乏有效的精英领导的情况下，广大民众被迫寻找一个替代方案，以取代实际上已经成为"非政府"体系的情况。民主是这种趋势的典范，因为它将政治控制权交给最需要指导和规范的人的手中。卡莱尔并没有完全否认人们拥有"自然权利"，但他赋予这个理念一种独特而威权主义的含义。他们的基本权利是适当的领导，"无知的人有权被更聪明的人指导，温和地或强制地，被引导在真正的方向上"（Carlyle，1980，p. 189）。卡莱尔坚持普通民众必须被统治；也就是将其置于更有能力的少数人的控制之下。他把工人阶级的混乱状况归因于对这种必要性的直觉认识，并且归因于他们试图找到替代这种制度的办法，这种制度将解决精英的自私和失职问题，这是可以理解的，但却徒劳无功。他设想如果真正的精英担当起统治角色，工人阶级对方向的需要的意识将确保他们愿意遵守一个结构适当的等级秩序。

他认为，在瞬息万变、动荡不安的年代，社会需要由一位英雄政治家来控制，这位政治家的卓越地位得到了普通民众的认可。卡莱尔在他的后期著作中（可以追溯到 19 世纪 40 年代）赞扬了奥利弗·克伦威尔和普鲁士腓特烈大帝（Frederick the Great of Prussia）等强大而果决的统治者，并暗示征服人民的决心是政治伟大的重要标志。然而，他坚信政治权力的存在是为了被统治者的智力、物质和道德利益。

与卡莱尔一样，法国思想家查尔斯·莫拉斯也对现代欧洲文化中盛行的自由和民主的设想发起挑战。莫拉斯的主要靶子是法国激进的共和党人支持的个人自治和平等的理念。作为回应，莫拉斯重申了 18 世纪末和 19 世纪初约瑟夫·德·迈斯特首先提出的传统右翼思想。

莫拉斯坚持认为，不平等和依赖是人类不可避免的特质，他因此认为它们需要人类的等级秩序。因此，自由、平等和博爱的共和思想只是人性的浮光掠影罢了，并导致道德和实践中的无政府状态。"革命的合法化使家庭分裂，革命的中央集权扼杀了社会生活，选举制度使国家臃肿，并使之碎片化"（Maurras，1971b，p.254）。莫拉斯相信，这些潜伏的思想已经在欧洲社会的大众心中根深蒂固，以至于几乎不可能"传播秩序的观念"（Maurras，1971b，p.256）。

莫拉斯最初倾向于恢复君主专制，但在他生命的最后阶段，他表示支持贝当元帅（Marshall Pétain），后者是 1940 年德国击败法兰西第三共和国后在法国南部建立政权的领导人。因此，虽然莫拉斯的秩序观的某些方面听起来回到了迈斯特，但其他方面朝着 20 世纪 20 年代意大利和德国出现的法西斯和民族社会主义运动中常见的政治思想发展。

37

查尔斯·莫拉斯（1868—1952）

莫拉斯是一个新闻记者、作家和法国右翼运动的核心人物。他对君主制和法国天主教的热爱与他对民主、共和主义和个人主义的持续的厌恶如影随形。与法国的一些同时代的右翼分子以及欧洲其他地方的民族社会主义者和法西斯运动一致，莫拉斯的政治思想包含着强烈的反犹太主义倾向。

关键阅读：McClelland，1996.

这些运动恶毒地诋毁自由，反民主，并试图建立一种全新的公然的极权秩序的制度。这一点在意大利运动的政治领袖贝尼托·墨索里尼和学术哲学家乔瓦尼·秦梯利（Giovanni Gentile）共同撰写的法西斯主义的重要声明中十分明确。在这篇声明中，墨索里尼和秦梯利提醒说，"这不是倒退。法西斯理论没有选择迈斯特作为它的先知。君主专制主义已成为历史"（Mussolini，1935，p.25）。尽管法西斯主义者拒绝了 19 世纪的自由民主传统，但他们认为国家是"有组织的、中央集权的独裁民主，它将把人民带入一个有秩序的制度之中，这个制度是集体主义的和精神的，而不是个人主义和唯物主义的"（ibid.，p.24）。墨索里尼和秦梯利对现代民主政治文化的这些特征的排斥是非常明显的，但他们对法西斯国家的目标的积极表述是广泛而概括性的，其勾勒出一个激进的国家复兴的愿景，它将为现代意大利国家重新夺回罗马帝国的英雄精神。

贝尼托·墨索里尼（1883—1945）

墨索里尼最初是一名左翼记者，在第一次世界大战后的几年里，他领导意大利法西斯政党成功地获得控制由意大利国王正式领导的政府。墨索里尼被称为第二公爵，是意大利的独裁者。他在意大利政治中的角色反映了他对自由民主和宪制的蔑视，以及他对一种代表国家意志并使之实现的个人独裁统治的政府形式的偏爱。

关键阅读：Brooker，1991.

重新定义国家与其成员之间的关系是这一愿景的核心内容。秦梯利和墨索里尼拒绝接受任何认为国家是一种只为个人的或群体的利益服务的工具的想法。相反，国家复兴的进程要求实现国家本身的首要地位：在此之前，"个人和群体完全是次要的"（ibid., p.25）。其主要目的是通过威权领袖的努力来推行秩序："帝国需要纪律、协调一致、责任和牺牲"（ibid., p.30）。这些品质在自由民主中僵化了，意大利法西斯主义的支持者把重建秩序作为他们政治实践的首要目标和他们政治思想中的一个突出主题。

意大利法西斯主义将国家的政治和文化作为焦点时，德国的民族社会主义的核心主题是"种族"。民族社会主义思想和实践对于无论国家或是党派是其世界观的化身的主张是模棱两可的，但其意识形态理论家明确提出，政治制度应被视为民族的侍女。因此，阿道夫·希特勒声称，国家（民族社会主义）看起来原则上只是一种为了实现目的和理解目的的手段，这个目的就是保存人类的种族的存续（Hitler, 1969, p.348）。民族社会主义运动的主要意识形态理论家阿尔弗雷德·罗森堡（Alfred Rosenberg）也提出了同样的观点（Rosenberg, 1971, p.192）。然而，由于民族社会主义者坚持认为，为了维护"主体民族"的利益，有必要控制所谓的"劣等"种族群体的繁殖、领土扩张以及消除和（或）征服他们，因此极权政治制度（authoritarian political institutions）至关重要。所谓的"主体种族"高于所有其他种族，但其成员的能力多种多样，以至于他们中的绝大多数人必须被置于一种"创造精神"的控制之下，这种"创造精神"有保护他们的种族利益所需要的洞察力和决心。这些有"创造精神"的人必须控制国家，并对大众进行"训诫"（disciplined obedience）。只有当等级原则构成"最优等种族"的政治生活时，各个族群的层级差异才能得到维持。

◆ 无政府主义和马克思主义

在总结有关国家在建立有益秩序中的作用的理论思考时，有必要大体回顾一个重要的竞争传统来强调这一立场的显著性和普遍性。无政府主义者和马克思主义者是现代革命的社会主义史上激烈的敌对者，但在政治和秩序之间的关系上却持相似的观点。同卢梭的继承者一样，无政府主义者和马克思主义者认为个人的幸福在物质上、道德上和心理上依赖于合作，而且他们试图界定并促进一种秩序，在此秩序中，这些愿望能够被满足。

无政府主义者和马克思主义者为国家的存在提供了各种各样的解释，所有这些论点都指向其根本的不合法性。"社会"无政府主义者和马克思主义者相信私有财产的剥削性和反社会性的影响造成的紧张关系只能由政治权力来制约，但他们不承认这种权力是一种中立性的力量。相反，对劳工的剥削所产生的不平等反映在那些控制社会物质资源的人对国家的统治方面。虽然个人主义无政府主义者一般不反对私有财产，但他们和社会无政府主义者一样，都对所有强制性权力的思想进行了激进的批判，包括批判那些与传统的宗教表达方式、各种形式的政治方向和传统的法律观念有关的思想。

埃玛·戈德曼（Emma Goldman）对无政府主义者批判的各种目标进行了巧妙的概括：

> 宗教，是人类精神的主宰；财产，是人类生活的主宰；而政府，是人类行为的主宰，代表着人类受束缚的强大势力以及与它相关的所有恐怖（horro）（Goldman，1911，p.59）。

戈德曼将无政府主义描述为"一种新的社会秩序的哲学"（ibid.，p.56），并将其自然性的基础与政府的人为性和适得其反的结果进行了对比。政府"通过强迫屈服建立起脆弱的秩序，并由恐惧（terror）来维持"，而无政府主义则提出了"真正的社会和谐"的前景，这种和谐是"从基于利益的互相支持中自然地生长出的"（ibid.，p.65）。

埃玛·戈德曼（1869—1940）

39

戈德曼出生于立陶宛，在普鲁士接受教育，直到1885年移居美国之前，她一直住在圣彼得堡。她积极参与社会主义和无政府主义政治，并于1917年因参与反征兵运动而入狱。戈德曼被驱逐到俄国。俄国革命的进程让她的理想幻灭，1921年她离开俄国，在流亡欧洲各国中度过余生。戈德曼的部分无政府主义作品于1910年以《无政府主义及其他论文》（Anarchism and Other Essays）为名出版。

关键阅读：Shulman, 1971.

无政府主义和马克思主义的特征将在以后的章节中得到更为细致的考察。不过，现在有必要简要思考这些理论与以国家为中心的秩序观之间的关系的各个方面。首先，有一种判断认为无政府主义者和马克思主义者以回应霍布斯的理论的角度来看待国家。考虑到私有财产和其他威胁，有必要建立强制性的国家，以减轻不断威胁资本主义社会的破坏性竞争和人类的苦难。其次，考虑到国家必然的不平等和榨取，无政府主义者和马克思主义者相信，认为个人能够创造反映他们共同利益的政治结构的想法是虚假的。这些不平等仅仅是政治秩序中的一部分。无论如何，社会契约的整个思想是有缺陷的，因为它假定个体可以是社会存在之外的事物。国家的建立不但远远没有建立一个可行的社会秩序的基础，反而使之无效。正如俄国无政府主义者米哈伊尔·巴枯宁（Mikhail Bakunin）所说，这个理论中没有社会的空间，只有国家……社会完全被国家吞没（Bakunin，1973，p.137）。最后，一些马克思主义者和许多无政府主义者对黑格尔的国家概念表示间接的支持，但他们坚持认为，它只是在棘手的利益冲突之间维持一种不稳定的平衡，而不是解决这些冲突。自相矛盾的是，黑格尔对政治秩序思想的重视之所以必要，仅仅是因为社会结构中潜在的不可消除的紧张关系。

◇ 结论

本章所讨论的思想家们相信，对适当的秩序的认同和维持，是人类存续的各种制度的前提条件。除无政府主义者和马克思主义者之外，国家的强制能力和令人信服的能力被认为是创造秩序的必要条件。秩序通常与人类利益相关，但在某些情况下，对秩序的需要，被视为人类履行对上帝的义务的一项要求，或是被视为实现对人类至关重要的目标的必要条件。后者的立场在古代世界发挥了重要作用，而前者的立场一直是基督教政治思想传统的核心内容。

国家必须产生秩序的主张，催生了关于国家应采取何种形式的相关思想，即只有某些类型的政治组织才能够产生并维持道德适当的秩序。在许多情况下，对秩序的倚重导致大众对政府的排斥，并促进了政治和社会结构的等级化。正如一位现代学者对 17 世纪政治思想的评论，"秩序理论是对政治世界的不可更改的等级性质的一种描述"（Burgess，1992，p. 134）。 *40*普通人的任性及其不能自愿接受有效形式的监管证明了国家的必要性。然而，应当指出的是，秩序并不必然与大众政府不相容。博丹和霍布斯都认为，只要民主制度是法律的唯一来源，民主制度就能够产生秩序，而卢梭和他的追随者则证明合法的政治秩序是基于人人平等的原则而不是等级原则。

最后，区分"消极"的秩序观和"积极"的秩序观非常必要。正如我们所看到的那样，圣奥古斯丁、霍布斯和现代专制政府的支持者，将政治秩序视为镇压不法行为和/或补偿广大民众道德和智识缺陷的手段。相比之下，柏拉图、亚里士多德、阿奎那、卢梭、黑格尔和格林的观点要积极得多，他们把特定的秩序形式与维持人类可以追求其他基本价值的合作条件联系起来。

在西方政治思想中，国家通常被视为良好的秩序和相互促进的社会关系的关键。如上所述，无政府主义，以及在更有限的意义上的马克思主义，都是这种理论的重要例外。这些理论传统的思想家们将目光从国家转移到人们自愿形成的秩序上，这种秩序不需要政治机构的支持，也不需要它们产生和维持的强制性的监管制度。当然，真实的是，在西方政治思想的大部分历史中，帝国等跨国家组织中权力是被集中的，但就秩序问题而言，帝国政府的运作方式与民族国家采用的运作方式并无本质区别。然而，值得注意的是，当前有关"全球化"的主张引起一些重要问题，即关于秩序作为政治机构和行为者的目标。全球化的趋势涉及相互作用、相互依存和相互引导的各种形式，这些形式不仅超出任何国家的控制，而且缺乏任何可与现代早期政治理论和现代政治理论中如此突出的主权思想相匹配的制度。当代国家必须设法在它们必须做出反应的全球力量的不确定的结果所导致的情况下，建立和维持可行且有益的秩序。

2 政治与美德

本章着重讨论了一些重要思想家的观点，他们认为政治主要与促进人类的善与美德相关。虽然重点是美德，但也不意味着其他目的被忽视，其他价值如自由或幸福，也被看作与追求美德密切相关。也就是说，它们之所以受到重视，是因为它们与道德的善相关。本章首先讨论柏拉图和亚里士多德对政治和美德的观点。这两位思想家都考察了美德和城市国家的或城邦的成员身份之间独特的关系。在中世纪晚期的政治思想中，讨论的焦点扩大到民族国家，而在现代早期，它受到新教对罗马天主教权力的挑战的影响。这些激烈的宗教仇杀引发政治冲突所产生的动荡的一个后果是，17 世纪和 18 世纪的许多重要的政治思想家拒绝德性政治论（virtue politics）。然而，正如本章最后一节所示，18 世纪末的德国哲学家伊曼努尔·康德和 19 世纪末的一些英国思想家复兴了这种思考方式。因为康德的道德善的思想适用于所有人，所以它引发了关于国际权利的思想，以及适用于国家内部的政治权利体系。

◈ 古代政治理论中的政治与美德：柏拉图和亚里士多德

柏拉图出生于公元前 427 年，在伯罗奔尼撒战争爆发后不久，这场战争使雅典成为一个对抗斯巴达及其盟国和附属国的半帝国性（semi-imperial）的地区力量。到公元前 347 年柏拉图去世时，他目睹了雅典在公元前 404 年被斯巴达击败，以及雅典民主政府暂时被推翻。尽管雅典的奴隶、外邦人和妇女都没有政治权利，但雅典的政治文化相对自由和开放。自由的成年男性行使一系列的政治权利，并且有资格在城市的公共生活中发挥作用。

雅典作为一个地区性城邦的崛起，改变了城市政治活动的性质、方向和规模，而在柏拉图的一生中，这些变化带给他的影响，因战争、失败和革命的经历而加剧。柏拉图对这些变化所表现出的直觉一般是保守的。这种倾向的一个表现是他最初的热情。当时，"多数人"（民主）统治被一个由三十人组成的独裁统治所取代，这些人出身历史悠久、富裕的雅典家族，柏拉图就来自这些家族。这场发生在公元前 404 年的政变是短暂的，柏拉图对它的支持也是如此。尽管三十人统治的残酷、非法和自私使柏拉图不再支持他们，但他最初对推翻雅典民主政府的赞同，反映了他对当时民主政治和支撑它的道德态度的幻想已经彻底破灭。

柏拉图认为政治腐败的根源是美德的沦丧，这在他对雅典政治中两类后起之秀的批判中显而易见：一是"智者"、专业的职业教师，以高尔吉亚为代表，柏拉图的一篇对话以其命名；二是煽动者、有野心的政治家，常常来自暴发户（*nouveau riche*）。智者以向那些希望对城市公共生活留下印记的人传授一般性、非专业性的技能而自豪。在柏拉图的作品中，高尔吉亚和他的同事们与修辞艺术密切相关，也与一种可以被描述为道德"相对主义"的观点密切相关。道德相对主义者认为，正义的概念反映了特定群体的要求，并不是一成不变的、普遍使用的概念。由于有各种各样的此类群体，人们必须承认，基本的行为准则将因地而异，也因时而异。正如我们将要看到的那样，柏拉图对这种观点深恶痛绝，因为它暗示道德准则仅仅是一种权宜之计，而且可以相当准确地（也许更诚实地）用利己主义或权力来界定。

柏拉图对道德相对主义和修辞学对雅典民主理论与实践的影响持强烈批评态度，并对煽动者迎合公民团体中最不开明和人数最多的成员的片面狭隘的自我利益观念的方式感到震惊。在《高尔吉亚》中，柏拉图把政治演说比作虚假的烹饪艺术：

> 它不在乎听众的幸福，却以短暂的快乐为诱饵抓住愚人，诱使他们以最崇高的敬意拥抱它……现在我称这种行径为迎合，并且我认为它是可耻的……因为它使快乐代替善成为它的目的，而且，我坚持认为它只是一种技巧，而非艺术，因为它对它所提供的各种事物的性质没有合理的解释（Plato，1960，p. 46）。

演说家贬低民众（就像一个无耻的医务人员贬低一个自我放纵的病人一样）并加速城邦的毁灭。这一腐败过程是由于修辞术在政治上的有效性和在道德上潜在的软弱无力得以实现的。修辞是有说服力的；它诱导信仰，而不是建立在理性基础上的信念，并帮助肆无忌惮的煽动者，通过诉诸破坏基本道德真理的虚假的自利观念来奉承无知者。柏拉图认为，煽动者比真正致力于追求真理、以美德著称的政治家更受普通民众欢迎，这一点尤为关键。

柏拉图对智者和煽动者的批判性回应，为重新建立政治与美德之间联系的恰当的政治结构和行为的一般性理论提供了基础。他认为政治与道德分离的后果是政治根基动摇、道德沦丧和当时政治中的寡廉鲜耻，尤其是在《理想国》中，柏拉图生动地描绘了一个腐败的城邦画面。他把一个极度纵欲的个人和一个沉迷于奢侈品的城邦做了类比，他将这个城邦描写为臃肿和不健康的（Plato，1970，p. 107）。它不能满足于某种程度的放纵，而是受到各种力量的驱使（这些力量与贪婪的个体的心理躁动相平行）去寻求新的、常常是矛盾的满足手段。这些导致城邦败坏的驱动力在内部引起了残酷的竞争和为争夺资源进行的斗争，也引发了与其他国家的冲突。然后，必须指出的是，尽管柏拉图认为他轻蔑地称之为奢侈国家的弱点有道德根源（其成员缺乏内部监管或自我约束），但他明确认为只有通过激进的政治治疗才能治愈这些弱点。

美德是政治的目的，这是柏拉图政治思想的一个公理、一个基本原则：城邦是一种合作秩序，旨在实现善和实现人的完美。道德规则将人性中的欲望和非理性方面置于其理性因素之下，从而确保有道德的个体拥有健全匀称的灵魂。这一概念反映了柏拉图对城邦传统理想的依恋，但他对城邦传统理想内涵的看法，要求对政治制度进行彻底的重组，并拒绝雅典政治文化的民主价值。

《理想国》以讨论正义（或公正）的本质开始，柏拉图和其他参与对话的人都认为正义是政治生活的核心和国家的根本性特征。反驳了正义是说真话和偿还债务（理由是这些做法实际上可能有害），并给予每个人他们适得的权利（因为这意味着它只是在以牙还牙，从而进一步使卑劣之徒受到鄙夷），柏拉图论述了不同的主题，即正义仅仅是追求私利的幌子。《理想国》的第一卷以自利论的精彩见解结尾。有人说，正义仅仅是一种处理问题的方法，而这些问题是由对自身利益的自然倾向的无节制的追求所产生的。根据这种观点，正义是一个笼统的术语，它描述了为了抵消个人追求不受惩罚的不法行为所产生的利益的自然倾向所必需的监管制度。

在《理想国》第一卷中，既没有涉及这些争论，也没有涉及如何定义正义的问题，柏拉图最后提出一个挑战：

> 向我们证明：不仅正义优于不正义，而且，某人为善或另一个人为恶，不论诸神或人们是否知晓，全赖于当事者的心知肚明（ibid.，p.99）。

在回应这一挑战时，柏拉图试图为"正义"确立一个明确而全面的定义，揭示它对于不正义的优越性，并最终解释践行正义为何对人类有实质的好处。在论证的过程中，他明确指出，正义是政治的核心价值。做正义国度的正义一员，是人类能够追求的最高美德；事实上，这种境界如此之高，以至于政治被认为是追求完美的。

政治与人类美德之间的密切联系在《理想国》第二卷的开头段落中有所体现。柏拉图认为，由于个人的正义是如此难以界定，他将首先试着在一个大的范围内，即在国家中界定它。这种方式被作为一种了解相似对象的方法——我们将能够更清楚地看到国家中的正义，因为它在这里看起来是"放大了的"——但它也预示着柏拉图的结论，即国家的正义和灵魂的正义是相类似的。在得到这个结论之前，柏拉图开启考察观点之于现实实践的旅程。他阐释了一个政治共同体何以发展和败坏；然后，他定义了一个理想城邦在结构和行为上的条件，并明确了履行一系列对一个秩序良好因而也是对正义的城邦的存续至关重要的职能所必需的人格品质。重要的是，理想城邦的政治和社会结构是以这一理念为前提的，即职能必须与不同的能力相匹配且受限于该能力。尽管通过教育和训练可以培养智力和道德潜能，但柏拉图认为，不同的人具有不同的先天能力；这些能力可以发展，但它们不能被创造。

柏拉图赞同传统的观念，即作为城邦的一员，每个人都能实现其自我价值。然而，他认为，由于人类具有明显不同的能力，理性的城邦结构必须反映这一事实。一个关键要求是，政治权力必须掌握在一个由具有高度发展的道德和智力素质的人组成的"监护"阶层手中。这个团体在一个固定和排他性的等级制度中占据最高地位，垄断政治权力。监护者对国家的全权控制是合理的，因为他们具有了统治者的关键属性：什么是对国家有利的知识。这种知识是监护者认识善的"形式"的结果，也就是说，善本身是一种无条件的价值，它或多或少地反映在日常生活的思维与经验世界中（ibid.，pp. 236 - 243）。个人理解形式的能力是独特的先天能力的结果，必须通过严格的教育过程加以培养和完善，并通过无视阶层、父母或性别的选拔程序加以核实。

柏拉图立场的一个不寻常特征是，他认为男女之间的生理差异与统治的适宜性无关。性别之间的主要"自然"差异在于性别在生殖过程中的作用，柏拉图认为，不可能由此推断出女性不适合成为监护者阶层的成员。他后来在《法律篇》中阐释第二等好的城邦时重申了这一观点（ibid.，pp. 201 - 210）。鉴于雅典人生活中对女性根深蒂固的贬抑态度，以及后来西方社会的实践和政治理论，柏拉图在解决城邦成员资格问题时对相关差异的关注被认为是不同寻常的（Okin，1992，pp. 36 - 38）。

由于柏拉图认为妇女的能力低下是教育和社会条件的结果，所以可以理解的是，他坚持认为妇女必须接受与男子相同的教育和考试制度。这种制度既有知识性又有道德性：它旨在使监护者有机会获得善的知识，并赋予他们必要的坚毅和强韧的品格，以使现实世界迈向完美之境。有关监护者生活方式的严格规定加强了教育和选拔过程的有效性。他们不应拥有私人财产，也不应建立家庭或婚姻关系，以免分散他们一心一意追求美德的注意力（Plato，1970，pp. 161 - 165，211 - 223）。这最后一条规定意味着女性从家庭中的传统角色中解脱出来，从而能够在城邦内发挥自己的全部作用。

柏拉图的理想国基于人类的基本需求，并且它的组成考虑了自然属性。它是和谐的、有秩序的、稳定的，并且由于它是一个完美的城邦，它必须体现理想状态的正义，这是其独特品质的结果：勇气（辅助阶层的独特美德）、智慧（体现在监护者身上），以及纪律（贯穿于整个国家成员）。秉承这些美德并为有资格的人分配相应职责的社会是正义的（Plato，1970，p. 182）。同样的原则也适用于个人。正义者的灵魂将井然有序；它的要素将发挥其应有的功能，并将表现出适当的比例感。所涉及的要素是激情，它产生勇气；以及理性，当欲望与激情从属于它时产生智慧。灵魂只有在这三个要素和谐地合作以产生总体平衡时才能够体现正义状态。相反，灵魂中的不正义类似于城邦中的不正义。在这种情况下，构成要素都侵犯了彼此的功能，造成混乱、无序和不和谐（ibid.，p. 197）。

柏拉图理想国的结构之所以合理，是因为它内部是完美的，并使其成员有道德上良好的可能。但是，由于柏拉图认为个人自然能力的水平不同，美德的实践将采取多种形式：有些人统治，有些人在国家内部履行必要但从属的职责。尽管存在这些差异，但政治与美德之间的关系仍取决于对一项普遍条件的满足，即欲望——奢侈状态下无序的原因——受制于理性。

45　　柏拉图在不正义的灵魂、不正义的国家和不健康的有机体之间进行的类比表明他对为什么正义应该优先于不正义这一问题的回答。不正义的人被相互矛盾的紧张状态所折磨。相比之下，正义的人则享有心灵上的和谐，这是健康的结果，善与美紧密相连。美包含着和谐、适当的比例和令人满意的秩序。道德规则反映绝对价值，通过支持这个观点，这些价值观在柏拉图的政治思想中发挥了重要作用。与美一样，道德上的善（或美德的践行）是非常完满的，这是因为它反映出一种以各部分之间和谐的相互关系为特征的品性。因此，它与那些在肉体享乐或在邪念中寻求满足的人的被动和不和谐的状态，形成了鲜明对比。正如柏拉图所言，美德是一种精神健康，或美，抑或合宜，恶则是一种病态或畸形，抑或虚弱（ibid., p. 198）。对于柏拉图和其他参与对话的人来说，美德的吸引力使他们更倾向于正义而不是不正义，是不言而喻的。

　　由于美德（或正义的实现）是人类生活的目标，因此它一定有必要在政治中发挥核心作用。原因之一是，对于柏拉图和其他希腊人而言，城邦是人类生活中无所不包的焦点。尽管如此，柏拉图认为国家的正义与个人的正义之间有着直接的相似之处，这为这一传统观点增加了独特的元素，使一种特殊的政治形式成为追求美德的组成要素。柏拉图式政治是人性完善的前提，国家的正义与个人的正义相辅相成。

　　柏拉图的理想国是对奢靡城邦的一种激进的变革，并且（据此推论）对当时表现出许多奢靡特征的城邦也应如此。它的显著特点是理性、自我控制、适度以及物质欲望服从道德的支配和自私的愿望服从于共同体的利益。这种精神对于柏拉图有限地论述理想城邦与其他城邦的关系有着重要的影响。在奢靡的城邦，破坏社会凝聚力和共同目标感的紧张局势有时是血腥内战（statis）的前兆。他们还经常与邻邦产生紧张和暴力的关系，因为腐败和自我放纵的共同体试图通过掠夺邻邦来满足不断增长的物质需求，各派系从其他城邦招募同伙来帮助他们解决内部纷争。个人正义、城邦内部正义和城邦间的正义的这些相似之处，促使人们对国家间关系采取一种基本上是防御性的和消极的态度，认为国家间的互动是不可欲的，一旦解决了其有害的内部原因，其他问题也迎刃而解。

　　柏拉图的城邦监护者被希望去控制人口的增长，以确保其共同体不会承受危害其稳定的压力。他们还负责将对自然资源的需求限制在自然和合理的范围内。柏拉图认为，与其他城邦的广泛交往源于对人类需求的错误看法，这使理想国遭受腐败的侵蚀，威胁到他们的道德完整性。由于这些原因，他指出理想国应该是自给自足的，并且它与外界的联系应最小化。虽然柏拉图同意，从其他城邦夺取领土以维持人口与资源之间的平衡可能偶尔是必要的，但这种合理的必要性与因贪得无厌和自我放纵驱动的干涉和扩张的趋势是大不相同的。

　　虽然理想国通常可以承诺实行孤立主义，但它们不可能处于所有城邦都认同这一承诺的国际环境之中。结果，当与相邻的非理想城邦的交往变得必要时，柏拉图对监护者如何进行

这种交往予以了考虑。在解决这个问题时，他提出一个立场，该立场反映了关于身份认同和　*46*
"惯例"（*nomos*）在国际政治中的作用的观念，这些观念在当时希腊很常见，并且是历史学家
修昔底德（Thucydides）在《伯罗奔尼撒战争史》中的一个重要主题（Thucydides，1968）。
惯例是正式意义上的"法律"，但也扩展到与希腊分化的地区（*polei* of Hellas）有关的一系
列习惯做法，这是一个在地理、文化、民族和语言上都有明确定义的地区，在这一时期，它
与不讲希腊语的野蛮王国和帝国有着明显的区别。

　　柏拉图理想国的压倒性的正义感、稳定感和秩序感，是由于其成员中灌输的集体性以及
由此产生的对整体利益的承诺而得以实现的。显然柏拉图不认为可以在理想国的严格控制的
环境之外复制这些品质，但他认为，由希腊族裔产生的身份认同可能为有限但仍然有价值的
共同利益感提供基础。柏拉图对这一立场的表述基于希腊人与野蛮人之间的传统区别。他认
为，如果希腊人希望最大限度地减少被非希腊人打败和奴役的风险，则应避免采取妨碍他们
集体应对外部威胁的能力的方式行事。由于这个原因，柏拉图倡导的做法为希腊城邦之间的
战争提供了规范性基础，并且可以被看作对付高度破坏性风气的对策，这种风气导致修昔底
德将希腊城邦内的野蛮阶层的冲突和城邦之间的毁灭战争画上了等号。因此，柏拉图敦促
希腊人遵守禁止希腊人奴役希腊人的协议，并禁止象征性和实际的报复行为（在他们的庙
宇里放置俘虏的武器作为战利品，占领土地和焚烧房屋），这会激起进一步的暴力和长期
的敌对。

　　这些限制由特殊关系所支撑，柏拉图与他的许多同时代人一样，认为这种特殊关系应当
存在于古希腊人之间。尽管他们属于不同的政治共同体，但他们之间是由"血缘和血统纽带"
联系在一起的。与希腊人和非希腊人之间存在的"外部"关系不同，这些"内部"联系使对
立仅限于"冲突"而不是升级为"战争"。"战争"是柏拉图所谓的"自然"仇恨的产物。相比
之下，"冲突"涉及使用武力使一个共同体（在这里是希腊人的共同体）的成员恢复理智。它涉
及的是纪律，而不是战争带来的惩罚性破坏（Plato，1994，pp. 186 - 189；469a - 471b）。

　　《理想国》中关于城邦间关系的观点也出现在柏拉图的《法律篇》中。其讨论的非理想城
邦是美尼亚（Magnesia）。美尼亚必须做好充分准备以抵御外部威胁，为此，城邦维持了精心
设计的军事组织体系，并定期进行实际且致命的行动。这些措施将确保城邦准备好保卫自己，
并通过展示强大的军事能力来减少侵略的可能性。此外，由于城邦依靠自己的资源生活，并
且不从事对外贸易，因此有可能将外邦人对美尼亚价值的威胁降到最低。但是，柏拉图指出，
这种策略可能会损害城邦在邻邦中的声誉，并削弱与邻邦打交道的能力。因此，他拒绝接受
美尼亚应该是一个封闭城邦的观点，但坚持认为它应该实施严格的控制，限制公务人员出国
旅行，包括被制裁的观察员，他们被派往邦外向有道德的人学习，并小心翼翼地限制访问美
尼亚（Plato，1980，pp. 499 - 505）。

　　因此，柏拉图的国际关系概念反映了这些点（对唯物主义的敌视、自给自足的重要性以

47

及建立基于身份的共同体意识的可能性），这在他关于理想国家的结构和道德基础的论证中起着核心作用。国家间的关系将受到限制，以便消除对政治结构和实践构成威胁的思想和行动，他认为这是在理想和非理想国家追求美德的必要条件。

柏拉图关于政治与美德之间关系的解释的主要方面受到了来自亚里士多德的挑战。亚里士多德认为沉思的生活是获得最高美德的途径，但他认为这种生活方式对大多数人来说是不可能实现的，因此他对这种具体的生活方式的严格性进行了限定。因此，他提出了一种政治目的的解释，这种政治目的与追求一个重要的——如果不是完整的——人类幸福的理想有关。城邦是人类美德的焦点，但在亚里士多德的理论中，它包含了一种对个人和城邦的观点，这与为柏拉图的理想国中的成员做的规定有显著的不同。

亚里士多德（公元前 384—前 322）

亚里士多德是希腊北部斯塔基拉（Stagira）的本地人，从公元前 367 年到前 347 年在柏拉图的学院。在公元前 342 年到前 336 年之间，他担任马其顿国王菲利普二世的儿子的家庭教师，也就是后来为世人所知的亚历山大大帝。公元前 336 年，亚里士多德回到雅典，在那里一直待到公元前 323 年，担任自己的吕克昂（Lyceum）学园的负责人。亚里士多德的学术兴趣广泛，包括生物学、物理学、逻辑学和诗学，以及道德和政治哲学。他的主要政治著作《政治学》是在他死后，根据他的讲义整理出版的。它带有亚里士多德和他的学生在吕克昂学园进行的广泛研究的印记，这些研究涉及希腊世界和其他地区的不同的政府制度和政治实践。它也反映了一种信念，即关于终极价值的问题可以通过参考人类经验的世界来解决，而不是像柏拉图的理论那样，通过思考一个完美的世界来处理人类事务。

在《政治学》中，亚里士多德将国家（或城邦）视为人类交往的最高形式，这种交往包含了更多有限的交往形式，如家庭和乡村，使人类有可能追求"好的生活"。这个条件是允许人类实现他们的潜能，并且，虽然好的生活有确定的物质先决条件，它的独特的和有价值的特点，与共同体成员的一系列道德的和智识的德行的发展与践行相关。在其更完整的显现中，好的生活要求人类以公民和公职人员的身份共享共同体的公共生活。由于亚里士多德认为共享只可能在平等的人之间，他指出一个特定的共同体的成员的智识、财富和德行的品质应该决定谁有资格成为公民并担任公职。亚里士多德倾向于"少数最优秀的人"的主张，并指向本质上是贵族制的政府形式。但是，在某些情况下，民主是合理的，而且，无论如何，他认识到，让"多数人"在共同体的政治生活中发挥有限的作用是合理的。对于亚里士多德来说，就像对整个希腊人一样，许多人接受自由男性公民，但排斥妇女和奴隶。

亚里士多德的道德和政治思想在中世纪晚期非常有影响力，当时阿奎那将其中的一些方面纳入了反映基督教价值观的国家理论中。他关于国家的道德目的的广义概念在现代早期和现代仍然是政治思想家感兴趣的对象。

关键阅读：Johnson, 1980；Keyt, 1991；Mulgan, 1977.

在《尼各马可伦理学》中，亚里士多德将政治科学——城邦科学——与"人类善"的实 *48*
现联系在一起（Aristotle，1975，p. 1094a）。由于城邦是最包罗万象的人类共同体，是一个
以全体成员的利益为导向的社会，亚里士多德宣称城邦的存在是为了其成员的"好的生活"。
他将这种情况看作人类生活的主要目的，并且，考虑到它与其所指向的目的以及人类培养和
践行两种美德相关，这两种美德是"智识"和"伦理"，因此对政治采取"目的论"的研究方
法。第一种美德包含了"实践的智慧"（指导人类认识伦理目的和实现这些目的的适当的方
法），以及这样的"智慧"包含了对不变的完美的目标的沉思。而纯粹的沉思生活对于人类而
言是过高的，亚里士多德认为"智慧"在好的生活中起着重要但不完全的作用。然而，这种
生活与追求伦理美德密切相关，而政治是培养它们的核心。

这里提到的美德是勇气、正义（做生意诚信）、庄严（对朋友和城市的慷慨）、宽宏大量
（野心建立在准确估计自己对共同体的价值上）、好脾气、友好和节制（对身体欲望的自我控
制）。亚里士多德的伦理美德清单带有一种俱乐部式的味道，它与柏拉图的朴素的理想形成鲜
明对比，反映了他所认同的受过良好教育、地位稳固的雅典上层中产阶级成员的价值观
（Wood and Wood，1978，pp. 214 - 223）。然而，我们应该记住，这些美德与希腊人所熟悉的
政治共同体的类型有关。从这个角度看，伦理美德的践行离不开城邦的成员资格。

亚里士多德对城邦的描述强调了政治与美好生活之间的密切关系，城邦是其成员共享的
"共同体"。亚里士多德在他的《政治学》第一卷中区分了三种形式的联合体：家庭、邻里或
村社，以及城邦。前两种形式的联合体不同于城邦，因为它们中的生活是有限或不完整的。
尽管这些联合体对于好的生活是非常重要的，但（好的生活）这一目标只有在一个完整、自
给自足的共同体中才能实现。城邦是：

> 一个可以说已经达到了完全自给自足地高度的联合体；或者更确切地说，虽然城邦的
> *发展*仅仅是为了生活，……但它的*存在*……是为了好的生活（Aristotle，1958，pp. 4 - 5）。

城邦是最高的联合体形式；它管理其他形式的联合体，并且它的目的是其成员的最高目的。
这是一种合作的秩序，通过这种秩序，他们践行美德，从而享受美好的生活，而且这对于人
类幸福是如此的重要，因而（城邦）它可以说是"自然的"。亚里士多德相信，自然事物之所
以具有至高无上的价值，是因为它们实现了它们固有的潜能，从而达到了它们的目的。对人
类来说，最终的目的是完善他们的美德能力，既然国家是这一过程的中心，那正如智者们所
声称的那样，它就不仅仅是一个惯例的问题。因此，城邦是自然的，而人，正如亚里士多德
所说，天生就是政治动物（ibid.，p. 6）。

在亚里士多德的理论中，友谊和正义是城邦的核心特征。前者概括了共同存在的理念，
而后者则结合了对"应得"和"想得"的考虑。也就是说，它指的是正义的分配理念。这一
原则将个人对共同体的分享和贡献与他们的特质、能力联系起来；它规定平等人应当被平等
地对待，当然，这就需要确定相关的能力。当这一原则应用于城邦时，就出现了一个问题，

49 即不同成员所拥有的能力范围与对构成社会最终目标的伦理目标的追求之间的关系。然而，因为城邦是一种彼此依赖、共同存在的形式，亚里士多德认为城邦成员之间能够存在的差异是有限的。

关键在于，他们必须有足够的共同点，以便能够共享共同体中的生活。这一规定的一个重要后果是，某一特定人口中可以成为城邦正式成员（亚里士多德称之为"公民"）的比例会有所不同。如果所有人是真正平等的，那么所有人都可以是公民；但如果财富、教育、职能或前景存在重大差异，分配正义则要求公民身份仅限于适当合格的人群。亚里士多德认为，妇女和奴隶被排除在公民之外，因为他们"天生的劣等性"（natural inferiority）意味着他们不能与自由的男性平等，因此他们不能成为城邦的一员。作为家庭的重要成员，奴隶和妇女为美好的生活做出了贡献，但他们是在一家之主的指导下这样做的。正如亚里士多德所言，他们是"工具"，因此不能分享美好的生活，也不能渴望成为城邦成员所能达到的美德水平（ibid., pp. 36 - 38；Okin，1992，pp. 78 - 79）。这一论点指向那些在美德上真正平等的人。亚里士多德在对比一个真正的城邦和一个政治联盟时指出了这一点，这个政治联盟实际上不过是一个提供相互防御和促进经济活动的联盟（Aristotle，1958，pp. 118 - 119）。

然而，亚里士多德似乎没有那么极端。他认为，大多数社会都是由复杂的社会经济条件、知识和道德条件构成的，并且容许未必符合平等条件的人民以不同类型和程度参与到政治当中。这意味着，即便不是所有成年人都拥有某些特定的美德素养，但只要是拥有自由身份的男性就具备参与政治的资格。在没有构成一个真正的城邦之前，一些政治组织可能因此超越"单纯的联盟性质"，并具有城邦的某些特征；也就是说，这些组织会成为"致力于实现善的目的的组织"（ibid., p. 118）。当然，如果能够界定某项基本的平等条件以涵盖所有人，那么就有可能把一个秩序良好的政治共同体看作促进其所有成员道德的工具。虽然在漫长的时期之后，女性的政治地位才获得重视，但是在中世纪的一些源自基督教的政治理念，已经对亚里士多德所依凭的有区别的道德性的含义，如果不是政治性的话，发挥了动摇根基的显著作用。

亚里士多德不仅回避了柏拉图定义理想国和次等理想国的狭隘功能主义，他还将国际关系视为发展良好共同体的积极的一方面，而不是必要的恶。他认为，真正的城邦必须是一个政治共同体，但不是必须有边界，正如城邦的成员彼此分享一种生活方式一样，城邦也与其他城邦分享一种外部生活。这种关系的目标有限，因此可以在条约中得到具体规定，而不是要求对好的生活有共同的看法，并且满足城邦确定的道德要求。然而，亚里士多德并没有因此认为城邦之间的关系不受惯例（nomos）的约束。相反，他认为战争的进行应该受到正义观念的支配，正义观念也适用于个人的行为。例如，亚里士多德对奴役战败者的道德合理性持保留意见；这只是胜利者明显更胜他们一筹。因此，虽然希腊人认为野蛮人在本质上是他们的下等人，这似乎可以证明奴役非希腊人是合理的，但相应的，如果被奴役的是希腊人，那么这样做就会更加困难。亚里士多德指出，他的同时代人有时会对把希腊战俘描述为奴隶感到不安，即使他们就是这样被对待的（Aristotle，1958，pp. 18-19）。

这条论证思路被延伸，产生了实际上的正义战争的理论雏形。战争必然导致战败者的灭亡，只有在那些受他人控制的人拒绝服从他们的上级时，发动战争才是正当的。这一论点为希腊国家对非希腊人的侵略辩护，但也使侵略其他希腊国家变得不合理。亚里士多德对这个问题的见解来自他对国际暴力与暴政的联系，以及他对斯巴达的批评，斯巴达高度军事化的政治文化与柏拉图次等理想国有着相当的相似之处。

亚里士多德观察到，暴君经常干预邦外政治并迅速诉诸武力，以保持其臣民劳作，并给绝对权力的主张披上一种似是而非的外衣（ibid.，p. 287）。然而，由于暴政本质上是不公正的，为维持暴政而采取的策略在道德上也应受到谴责。斯巴达的情况则截然不同。在这里，整个政治文化都指向战争，矛盾的是，斯巴达人的成功对他们的国家来说是致命的。毫不夸张地说，斯巴达人无法适应和平；他们一旦建立起帝国就崩溃了。他们无法利用和平带来的闲暇；除了战争以外，他们从来没有习惯过任何纪律（ibid.，p. 97）。

斯巴达的经历反映出这个城邦的政治共同体的理念是根本不足的。亚里士多德认为，政治生活应该建立在积极的外部联系的基础上，这是一个"极端的"观点；也就是说，它建立在一个片面的、因而不平衡的城邦概念上。安全，或必要的扩张，只是达到目的的手段。它们不可能构成美好的生活，也不应该决定城邦的内部结构，或者提供城邦的规范性依据。如果像斯巴达那样，这些手段变成了目的，就会破坏发达政治社会特有的自给自足。从斯巴达人无休止地扩张城邦的过程中，看出他们以数量来看待好的生活，认为城邦更大就会更好，并因此含蓄地否定了好的生活的物质前提是工具性的和有限性的真实的观点。当扩张本身成为目的时，它鼓励不分青红皂白地严厉对待其他人，而忽视考虑他们的需求。因此，它本身是不公正的，而且，它助长了一种外部环境，在这种环境中，正义的要求被系统地忽视了。

◇ **美德、政治与基督教：阿奎那、马基雅弗利、路德、加尔文和激进的新教**

尽管柏拉图和亚里士多德对美德的本质和内涵的理解有很大的不同，但他们都认为美德与政治密切相关。他们的观点可能与犹太教-基督教传统形成对比，犹太教-基督教传统怀疑人类创造的制度，它依赖上帝来创造一个真正公正的社会，它倾向于认为国家生活充其量只是一种从应许之地流放出来的形式。圣奥古斯丁拒绝接受希腊罗马关于国家本质的概念，以及政治与其所隐含的终极价值追求的分离，代表了中世纪早期欧洲思想中普遍存在的一种政治态度。这一观点可能与一个普遍的问题（犹太人和罗马帝国的基督徒都面临的问题）有关，即信徒应该如何回应神学上有问题的或者至少是多样化的政治团体对他们提出的要求。因此，当圣奥古斯丁的地位在中世纪晚期受到挑战时，基督教国家已成为西欧政治组织的主要形式，这绝非偶然（Copleston，1975，p. 238）。这一挑战是由基督教思想家提出的，他们试图重新定义他们的信仰与最近重新发现的一些"异教徒"希腊思想家的政治思想的表述之间的关系。在12世纪末和13世纪初，圣托马斯·阿奎那对这些政治含义的发展进行了阐述，这些发展在政治思想史上具有持久的重要性。

圣托马斯·阿奎那（约 1225—1274）

阿奎那是西西里岛人，多米尼加教团成员，曾在那不勒斯、巴黎和科隆接受教育。在回到意大利之前，他在科隆教书，从1259年到1268年，他写了他的主要著作的第一部分，《神学大全》；第二部分于1269年到1274年写于巴黎，但未能完成。阿奎那的政治思想是庞大的基督教伦理体系的一部分，是由他对亚里士多德的著作的借鉴而形成的。除了《神学大全》，阿奎那还写了《论君主政治》（On Princely Government），并对亚里士多德的伦理学与政治学进行了诠释。

尽管阿奎那信奉基督教的传统观念，认为人的完美在俗世是不可能的，但他仍然认为社会生活和政治制度具有重大的道德意义。一个秩序良好的国家提供了一个框架，使其成员可以在其中享有和平与安全，相互支持，并对彼此公正行事。人类有义务按照"自然法"生活，它反映了上帝对他们的意图。人类法是一种规章制度，将自然法的要求应用于具体情况，并利用国家的权力来维护这些要求。因此，自然法为人类法提供了基础，并为衡量其形式和管理提供了标准。虽然这种法律观强调国家的道德意义，但它也对统治者对待自己的臣民和其他政治体成员的行为施加了重大的道德约束。阿奎那思想中居于主导地位的自然法思想传统，在中世纪、现代早期和现代政治思想中具有重要意义，并继续对当代关于人权的讨论产生影响。

阿奎那强调了君主制可能带来的好处，但与亚里士多德一样，他也认为，在某些情况下，君主制国家可能会通过安排精英和广大民众互为补充的政治角色而得到加强。这些观点与"混合政体"理论相关。

关键阅读：Copleston，1975；Finnis，1998.

虽然阿奎那认为希腊哲学不能被视为对人类状况的充分陈述，因为它没有被基督教启示的成果所影响，但他坚持认为基督教与希腊著作中哲学的最高峰是一致的，并因此完成了对希腊人为之奋斗的人类境况的理解。这一观点的重要结果是，阿奎那恢复了希腊罗马思想中美德与政治之间的密切联系，但将国家的成员资格扩大到几乎所有的人口。

与亚里士多德不同，阿奎那并不认为真正的政治共同体需要由平等的人组成。在他看来，不平等对人类来说是很自然的，需要由"更明智的人"来管理。但是，不平等和从属关系都不会减损人的尊严：所有人都是上帝的创造物，即使是最聪明的人也要服从上帝的指挥和控制（Aquinas，1959，p. 103）。阿奎那区分了政治从属和奴性服从，这是由原罪造成的惩罚。他辩称，只有后者才将个人排除在国家成员或参与"好的生活"之外。作为一个基督教思想家，阿奎那并不认为美好生活是人类的最终目标；这包括在神与人的和谐中，通过获得"上帝在天堂的祝福"（Copleston, 1975, p. 200）。然而，他认为，政治生活是自然的，因此，国家可以为实现最终价值作出重大和积极的贡献。阿奎那把"好的生活"与人类无限的目的联系起来，提升了政治的地位，使其在促进美德和追求完美中发挥了强烈的积极作用。这一点在他关于国王的讨论中已经非常清楚了："在地球上过'好的生活'的目的是天堂中的幸福，所以国王的职责是促进共同体的福祉，使之适合通向天堂的幸福"（Aquinas, 1959, p. 79）。

阿奎那坚持认为，国家不仅仅是人类从恩典中堕落所必需的损害限制机制。即使人类从罪恶中解脱出来，他们在追求共同的善的过程中仍然需要方向和指引（ibid., p. 105）。政治组织维护和平，确保充分供应和分配美好生活的物质必需品，并促进使社会生活利益最大化的合作行动（ibid., pp. 3 - 9）。阿奎那坚持认为，社会和政治生活在人类完美性的连续过程中，是一个重要的阶段："幸福的愿景"形成了最终目标，但它包含了通过政治路径能够达到的目标，而不是取代它们。

因此，对阿奎那来说，政治权力是宇宙秩序体系的一个重要方面，是实现基督教价值的指南。这种路径得到了中世纪晚期和现代早期政治思想家的广泛认可，但并不是完全没有疑问。佛罗伦萨共和国的公民和公仆尼科洛·马基雅弗利对政治与基督教美德的认同提出了历史上最重大的挑战。马基雅弗利对政治的理解是由美德和传统或"古典美德"之间的鲜明区别所支撑的，前者是一个道德中立的概念，指维护国家所必需的品质，后者指在政治中公然对抗基督教的影响。

《君主论》论述的是君主的安全问题，而《论李维》论述的是民主共和政制的实践和维护问题，但这两部作品的前提都是，政治是人类努力的领域，有其独特的标准。马基雅弗利的观点很好地说明了这种观点和传统美德观念之间的紧张关系，即君主慷慨行事是危险的。只有为了自身利益而慷慨才是真正的美德，并以匿名捐助那些需要帮助的人为例。因为君主应该将他们的资源用于加强王国的安全，并为此提供直接的物质支持，他们致力于一种与真正的慷慨不相容的工具式的给予方式。

> 如果你以一种被认为是慷慨的方式来践行慷慨，那么它将伤害你。如果你有道德并正当地慷慨行事而不见知于人，你就逃避不了与此相反的恶名。所以，一个人如果希望在人们当中保有慷慨之名，就必不可免地带有某些豪奢的性质，以致一个君主常常在这一类事情上把自己的财力消耗尽了，……并且如果他想保持住慷慨的名声，他就必然非同寻常地加重人民的负担，横征暴敛，只要能够获得金钱，一切事情都做得出来。这就使得他的臣民开始仇恨他，而且当他变得拮据的时候，任何人都不会敬重他（Machiavelli, 1988, p. 56）。[①]

---

① 马基雅维利. 马基雅维利全集：君主论·李维史论. 潘汉典，薛军，译. 长春：吉林出版集团有限责任公司，2011：61. 译文略有修改。——译者注

尼科洛·马基雅弗利 （1469—1527）

53

马基雅弗利是佛罗伦萨城邦的公民，他学习法律，然后在市政府开始了自己的职业生涯。他在佛罗伦萨政府中担任过许多行政和外交的职务，并一度负责某些军事政策。马基雅弗利的政治生涯在 1512 年结束，当时城市的共和政府被美第奇家族推翻。他最著名的政治著作《君主论》（1513）和《论李维》（1513—1519），直到他死后才出版。

《论李维》考察了共和政制的性质与优点、这种政制下公民必备的品质，以及确保他们存续的方法。《君主论》是献给洛伦佐·德·美第奇的，它关注的是君主国，或由一个人统治的国家。马基雅弗利的目的是向君主们展示，如果他们想要保持对国家的控制，防止国家沦为征服者、篡位者和民主政府支持者的牺牲品，他们需要采取什么样的政治方针。他的著作主要针对那些新近通过武力获得对公国的控制权的君主，因此这些君主没有悠久传统的光环，也没有人民的习惯性服从来帮助他们。马基雅弗利对现实政治中的例子的分析，为探讨君主政治政府的性质、君主与其他统治者的关系、君主与臣民的关系提供了基础。在这两部著作中，马基雅弗利详细论述了有效政府的军事要求，他还提出了一种政治道德的概念，从而将这一领域的人类活动区别于其他领域。后者标志着马基雅弗利拒绝了许多构成中世纪政治思想基础的假设。

这些思想大胆、有时是自相矛盾的陈述，使马基雅弗利主义在当时和后来的读者中成为愤世嫉俗的机会主义的代名词。但同时，他对政治的独特性的论述和对共和政府精神与实践的同情与赞赏，使他成为意大利、美国、英国现代早期政治思想中的一位有影响力的人物，成为这一时期政治思想史学家们十分感兴趣的对象。

关键阅读：Donaldson, 1988；Skinner, 1981.

尽管马基雅弗利的著作为现代早期欧洲的政治思想增添了新的、不和谐的因素，但政治与美德之间的联系在各种思想家手中获得了新生，它们在他生命最后十年开始于德国的新教改革中起到了重要作用。

马丁·路德，"宗教改革之父"，将政治与裁判权等同，并将其范围限制在维护公共秩序和支持基于《圣经》原则的教会。像圣奥古斯丁一样，路德通过提到大多数人的堕落来证明强制权力的合理性，他将这种权力所设定的政治框架归为一种消极而非积极的地位。在《论政府权力》（*On Governmental Authority*，1523）一书中，路德把属于"上帝王国"的人和属于"世界王国"的人区分开来，认为既然所有人天生都是"有罪的和邪恶的，上帝就通过法律把他们都约束起来，使他们不敢在实际行动中故意实施他们的邪恶"。在少数真正的基督徒中，基督的政府产生公义，但其余的人必须服从世俗的政府，以确保"外部的和平和防止邪恶的行为"（Hillerbrand，1968，pp.47，48）。从与路德同时代的德国思想家菲利普·梅兰希通（Philip Melanchthon）的思想中可以看出这一观点的扩展。在梅兰希通的《哲学和道德书信》（*Philosophical and Moral Epistle*，1530）中，国家不仅与好的生活相一致，而且与"永恒的美好"相一致。政府通过努力"维持、珍惜和组织共同体的宗教生活"，积极促进这

54

一目标（Allen，1951，p.33）。尽管梅兰希通对这一立场的阐述还未展开，但它预示着伟大的法国新教改革家约翰·加尔文对政治与美德之间关系的更为全面的阐述。

加尔文在他的《基督教原理》（*Institutes*）里清楚地表明，他正在提出一个替代方案，以取代他认为的两个错误的立场，其中一个可能反映了他对马基雅弗利区分君主的美德和基督徒的美德的解读。此外，加尔文还回应了当时激进新教中的无政府主义倾向，这些倾向来自那些接受神灵的人不需要服从政治权力的主张（Calvin，1950，vol.2，pp.1485-1486）。尽管加尔文和路德一样关心维持秩序，但他对政治制度的作用做了更积极的描述。针对君主在道德上是自主的或政府对于真正的基督徒来说是不必要的说法，加尔文认为，虽然人类受制于两种形式的政府——精神政府和政治政府或公民政府——但两种政府并不相互冲突。神的国度"尚未降临"，并未剥夺政治权力的道德意义。相反，既然人类作为朝圣者生活在地球上是上帝的旨意，既然政治制度在他们的旅程中起着至关重要的作用，那么它们在道德上就非常重要（ibid.，p.1487）。与圣奥古斯丁相似，对于加尔文而言，这些机构履行着重要的控制职能，特别是对不虔诚的群体。然而，他认为，即使是上帝的子民也需要人类律法的预备戒律，为了防止"要使他们承担公义的轭部分地被折断"（ibid.，vol.1，p.359）。加尔文以"公义"来描述法律的情况表明了政治与基督教美德之间的积极联系：政府在防止"动乱"的同时，也建立和维护了人类可以"神圣、光荣和有节制地"生活的条件（ibid.，p.847）。因此，对加尔文来说，政治与追求美德直接相关。所有的政治权力都来自上帝，是与尘世生活相关的无所不包的美德体系中训练人类所必需的。政府是为了基督教的美德而存在的，即使是在一个由"虔诚的"人组成的共同体里，政府也是必要的。

约翰·加尔文（1509—1564）

加尔文出生在法国，是日内瓦新教改革运动的领导人，他试图把日内瓦变成一个改革运动的模范共同体，一个新教罗马。他的政治思想集中在《基督教原理》（1536）中。加尔文的影响在他的新教同胞，即胡格诺派和苏格兰的宗教改革者中尤为突出。

关键阅读：Hopfl，1982，1991；Skinner，1978.

由于加尔文的思想是在考虑到当时日内瓦堕落和"不敬神的"人群的情况下形成的，因此他非常强调政治机构的矫正和规范作用。这些思考在接下来新教传统思想家对政治的描述中起到了重要作用。一些新教思想家希望传统的政治机构作为基督教的领导者，但其他人提倡宗教领导者超越政治权力。例如，16世纪早期的德国思想家迈克尔·扎特勒（Michael Sattler）敦促同时代的人在"牧羊人"（shepherds）的指导下建立共同体，"以确保上帝之名在我们中间得到赞美和尊重，而亵渎者是被禁止言论的"。这种管理在目的和实施方法上都不同于传统政治：它旨在通过维护共同体的精神完好，直接追求基督教的美德。扎特勒认为，在一个基督教共同体内，最恰当的纪律形式是被驱逐的威胁，并且他将这种强制与现存政府

所采取的形式区别开来："世俗的人用尖刺和铁武装，但基督徒用上帝的盔甲武装——以真理、正义、和平、信心和救赎，以及神的语言。"（Sattler，1991，p. 178）

在后宗教改革时期，基督教的美德观念有时被赋予激进的政治色彩。因此，英国共和主义思想家阿尔杰农·西德尼（Algernon Sidney）将美德定义为"理性的主宰，或者说是神圣之光的遗留，受此影响，人们变得仁慈并彼此受益"，并且，他认为那些拥有理性的人不应该受到未经他们同意的法律约束。然而，那些缺乏美德的人没有政治自由的要求，应该受到理性的和有道德的人的管理（Scott，1988，p. 39）。

有时，对人类境况的一个千年转变的更高期望会导致激进的新教思想家心存希望，希望重生的人类能够通过追寻基督教美德而建立具有合法性的政治共同体。17 世纪中叶，英国推翻了一个宗教上不可接受的君主制，并取得军事上"神圣的"成功，这些都被认为是上帝注定了他的"圣徒"将在救赎的过程中扮演特殊而有特权的角色。许多思想家构想了一个"神圣的共和国"的潜在的含义，在这个共和国中，被选中的人将确保公民的愿望和义务符合激进的基督教对于完美的看法。因此，神圣的共和国将美德与对政治生活的要求融合，以实现上帝对于地球上的统治的最终期望（Wootton，1994，p. 436）。神圣共和国的理想必须与 17 世纪各种乌托邦思想区别开来，这些乌托邦思想主张严格的管理形式，旨在将神圣的标准强加给顽固和软弱的人类。这些安排与其说是为了消除邪恶促进美德，不如说是通过制度约束和机制来消除诱惑的根源（Davis，1994，p. 343）。

认为政治可以而且确实应该与基督教关于人类完美无缺的观念完全实现相联系的信念，是激进神学教义与现代欧洲部分地区既定政治和社会权力模式崩溃的独特结合的产物。17 世纪中期，"美德政治"的危险破坏性影响，对西方政治思想中关于政治目的的其他相反观点产生了重大影响。虽然 17 世纪见证了实现神圣的共和国的重大尝试的失败，但这并不标志着美德政治传统的终结。这种观点继续被激进的新教徒所支持，他们是现代早期教派主义的意识形态和神学的继承者，其明确的基督教元素在 19 世纪和 20 世纪为"基督教社会主义者"所重申。18 世纪末，德国的康德以及 T. H. 格林和其他英国唯心主义者提出了美德政治理论中最复杂的现代构想。

◆ 美德、完美与自由：康德和英国唯心主义者

康德对政治的道德基础的理解源于动机是道德的中心这一观点，而道德行为的显著特征是它们源于对道德律的敬畏（Kant，1972，p. 65）。人类组成了一个"目的王国"，一个"在普通法之下的不同的理性存在的系统联合"。他们都遵循这样的法律："每个人对待自己和所有其他人，绝不仅仅作为一种手段，而始终同时作为目的"（ibid.，p. 95）。认为人类应该被视为目的而不是手段的观点，排除了他们仅仅被视为实现其他目的的工具。这种道德观使自由成为追求美德的一个条件：如果人们要践行道德，他们就必须为了道德自身而追求善，而

不是因为它会给他们带来任何利益，或是对其他人或机构的强制性影响做出反应。

伊曼努尔·康德（1724—1804）

康德出生在东普鲁士的柯尼斯堡，在那里度过了他的一生，他是一位学术型哲学家，他的工作涉及广泛的领域。康德是当时最著名的哲学家，他对个人道德自主的强调为政治概念奠定了基础，因为政治概念需要与过去决裂，并且大体上符合他晚年时期北美和欧洲发生的革命事件。然而，他同时认为，自由行动对于人类的道德完善是有价值的，对于确保个人尊重其同伴的道德完整是必要的。这些思想对 19 世纪和 20 世纪的自由主义思想产生了影响，特别是在 T. H. 格林和约翰·罗尔斯的著作中。康德的政治著作包括《正义的形而上学要素》（ *The Metaphysical Elements of Justice* ，1797）和《永久和平论：一项哲学性规划》（1796）。

关键阅读：Murphy，1970；Reiss，1971；Williams，1992.

但是，尽管自由是康德正确行为概念的核心，但他并没有把它视为道德或追求完美的充分条件。人类行动的目标，即根本目的，是发展人类独特的道德和身体能力，其特点是"从奴役到本能再到理性控制——总之，从自然的束缚到自由的状态……这无异于走向完美"（Kant，1975，p.60）。因此，我们可以把美德与完美联系起来理解：自由之所以有价值，是因为它在实践和发展人们的美德能力方面发挥了作用（Rosen，1993a，pp.188-189）。

这种对自由的有条件的理解为康德关于政治与美德之间关系的理论提供了基础。乍一看，政治权力把规则强加于个人这一事实似乎使它与美德的发展相抵触。康德虽然承认这种反对意见的力量，但他不认可美德和政治是对立的结论。他将"司法"立法与"伦理"立法区分开来的同时，认为只有后者才是严格的道德的（因为它基于内部的良心而非外部的行为），因此，康德认为政府可能对人类的完美做出重要贡献。如果司法立法是以主体同意为基础并以其共同利益为目标的政治制度的产物，它就为促进道德行为创造了条件。政府约束本能行为，使理性和道德更容易成为人类行为的基础。

因此，虽然政治是实践需要的产物，但它也有利于追求完美。康德强调，它的益处不仅仅来自对"野性自由"的限制。相反，他认为，司法立法产生的道德表象促进了真正的道德发展：

> 每个人都相信自己一定会维护权利概念的神圣性并忠实地遵守它，只要他能确定所有其他人也会这样做，而政府一定程度上为他保证了这一点；因此，**朝着道德迈出了一大步，朝着一个国家迈出了一大步**，在这里道德义务被认可是因为其自身之故，而不考虑任何可能的回报（Kant，1971，p.121，note）。

从这个角度看，国家的强制行为抑制了对理性自由的阻碍，因此也抑制了对道德实践和追求完美的阻碍（Murphy，1970，p.94）。

康德哲学的基本原则是普遍主义的，因此对于超越特殊共同体和文化的关联方面有影响（Orend，2000，p. 25）。康德在关于"永久"和平的论文中探讨了其中的一些含义。他指出，在 18 世纪的欧洲，由于"开明"独裁者的领土野心，他们把扩大自己王国的规模和权力视为自己的责任，血腥和代价高昂的冲突经常破坏和平（Beale，2006，p. 506）。康德讽刺了对国家真正的荣耀的错误理解，将之与墓地和平的讽刺形象联系在一起，并指出在这种情况下，常规的和平条约仅仅意味着短暂地停止敌对行动（Kant，1996，p. 317）。相比之下，康德的建议旨在为真正意义上的和平奠定基础，建立一个"国际权利"体系，这一体系与政治权利相似，但绝不相同，政治权利保障了国家个别成员追求道德良善所必需的自由。康德还提倡一种"世界性的权利"体系，适用于只是被认为属于人类成员的个人。这些权利形成了一个完整的系统，依赖于它的每一个组成部分的维护（Kleingeld，2006，p. 480）。

尽管康德认为，现实国家在界定和维持政治权利体系的能力方面各不相同，但他认为，至少在欧洲，它们在追求这一目标方面取得了有价值的进展。国家间关系的情况大不相同。国际环境没有确定的强制执行的法律以及行政和司法权力，其特点是系统性冲突而不是暂时性冲突，以及普遍存在的不安全感。在这种情况下，各国被要求对已知的威胁采取先发制人的打击，并被鼓励对那些似乎可能威胁到它们的人进行永久控制。然而，这些措施只是暂时的喘息，因为一个扩大的国家对其邻国构成了更大的威胁，它们的反应是寻求恢复现状

（*status quo*）。此外，国际关系不能满足源于同意的合法的强制要求，因此主权国家使用武力是"不正义的"。它破坏了政治权利体系，侵犯了已建立的社会成员的自由，并阻碍了国家对公民道德发展的教育作用（Kant，1971，p. 49）。康德对这种情况的回应是，敦促各国放弃无赖的野蛮状态，并加入一个由各国组成的邦联，每个国，即使最小的国家，都可以期望从其自身的权力或法律判断中获得其安全和权利，但这完全来自这个强大的邦联……来自一个统一的权力和一个统一意志的法律管辖（Kant，1971，p. 47）。

康德的论文《永久和平论：一项哲学性规划》模仿了 18 世纪的条约文件，以一系列的"预备条款"和"最终条款"的形式呈现，前者解决了冲突的特殊原因，而后者则寻求为未来的友好关系建立一个永久的基础（Kant，1996，pp. 322，325，328）。康德的条约声明旨在消除战争，而不仅仅（像常规外交交流那样）是获得暂时喘息的空间，为进一步的冲突奠定基础。

预备条款涉及的做法为不断发生冲突或促进军国主义政治文化奠定了基础，而且通常还涉及对政治权利的侵犯。因此，它们禁止带有侵略性意图，领土扩张，干涉其他国家内政和无正当理由的军事行为的秘密条款，所有这些秘密条款都使未来的冲突极有可能发生。常备军与获得贷款购买战争物资也被禁止，因为它们使各国处于永久性的战争基础上，并容易使统治者利用这些昂贵的资源。康德认为，领土扩张和强迫政权更迭在道德上是令人反感的，因为它们忽视了公民决定如何被管理的权利，而且雇佣军和常备军本身就违背了公共权利所

体现的人的尊严。他将臣民被迫从一个国家迁移到另一个国家的做法与 18 世纪统治者将臣民变成雇佣军并将其服务出售给其他统治者的普遍做法所依据的假设进行了比较。"雇用一个国家的军队到另一个国家与双方皆非敌人的军队作战"，意味着"该国的臣民成为由他人支配使用和耗尽的物品"。康德以类似的理由谴责常备军："受雇杀人或被杀似乎涉及把人仅仅当作机器和工具交给另一个人（国家），而这与我们自己作为人的权利是不能调和的。"（ibid.，p. 318）

康德决定性的文章促使共和政体成为一个永久和平的必要的积极条件而被普遍采用。他的这一观点基于这样的假设：普通公民对发动战争没有兴趣，因为战争的代价落在他们身上，他们得不到任何补偿。只有在共和宪制下，"全体人民"才能在决定战争与和平问题上发挥直接和决定性的作用（ibid.，pp. 323‑324）。共和政体认同人类尊严和自治的理念，这与军国主义君主制的工具性和指导性文化不相容。决定性条款还促进类似于通过这些条款确立政治权利的多边协定。每一个国家，

> 为了自身的安全，可以而且应当要求其他国家同它一起加入一部类似于公民宪法的宪法中，其中每个国家的权利都可以得到保障。这将是一个国际联盟，但不必要是一个多民族国家（ibid.，pp. 325‑326）。

康德的话指向一个过程——"自由国家的联邦化"——而不是强调创造的行动。因此，他提议建立一个联盟，一个比"联邦"或"国际国家"宽松得多的合作工具（Kleingeld，2006，p. 483）。联盟的作用是确保其成员国尊重基础的协定，而不是建立一个普遍的公法体系，并配备必要的强制机构来维护公法体系。康德将联盟与国际国家区分开来，认为后者需要一个合法管理的统一体系，这将取代由其组成部分维持的政治权利体系。这样做，它将形成一个全新的政治单位，不再是一个国际国家和单一民族："我们必须考虑民族之间的权利，它们组成了不同的国家并且没有融合成为单一的国家。"（Kant，1996，p. 326）

第三篇权威文章指出了一个潜在的"世界公民"权利的普遍体系，该体系协调了所有理性存在之间的关系，并假定"地球上的民族共同体已经走得如此之远，以至于地球上一个地方的权利受到侵犯，全世界都能感受到"（Kant，1996，p. 330；Wood，2006，p. 357）。然而，在这一阶段，世界公民的权利仅限于"好客"，"即外国人不因到达另一个国家而受到敌意对待的权利"（Kant，1996，p. 329）。世界公民权利对于无国籍人士或难民，以及遭遇海难的船员和其他直接接触并寻求进入其领土和资源的人都很重要。个人可以在世界公民权利中寻求这种途径，并且在提出他们的诉求时不应受到虐待。但是，他们必须接受合法占有领土者关于他们是否能够留下的决定。这个条件源于与东道主相关的安排与生活。康德将这一原则应用于欧洲人与土著居民的关系，认为欧洲人对土著居民领土的主张是没有任何正义基础的，完全来自强迫（Kant，1996，p. 329）。它们代表了战争状态的特征，这种状态忽视权利，必然与促进和平事业的价值观相抵触。

康德的政治思想与本章讨论的美德政治的最后一组倡导者的政治思想直接相关。这些思想家通常被称为"英国唯心主义者"，这个标签表明他们对 18 世纪末和 19 世纪初德国流行的思想的依恋。这群人中最重要的思想家是 T. H. 格林，他是 19 世纪 70 年代和 80 年代早期牛津大学的一位非常有影响力的人物（p.33）。英国唯心主义者的政治派别基本上是自由主义的，但他们试图将自由主义重新塑造成一种"积极的"而不是"消极的"学说。过去，自由主义者成功地抨击了保护社会特权阶层的排他性利益的制度和做法，但唯心主义者认为，是时候赋予自由主义思想更积极的一面了。传统的自由观念必须加以改进，以考虑到人类行动的社会背景，并认识到自由需要行动的能力，而不仅仅是没有限制。这些修改将使自由主义者能够促进一个积极的国家，利用其权力执行可接受的工业安全标准和市政卫生标准，消除对财产的滥用，并促进大众教育。实施这些措施的理由是，一个被剥夺的、不健康的和无知的人群在任何意义上都不是自由的，也就是说，能够作为道德、自主的人行事（Green，1986，pp. 196 - 212）。

尽管自治对英国唯心主义者而言非常重要，但他们强调自由本身并非绝对的价值。特别的自由必须与"公共福祉"相关，也就是，个人与其他共同体成员所共享的一种非排他性的合乎道德的福利（Bosanquet，1899，pp. 118 - 154；Green，1986，pp. 25 - 26）。一个认可公共福祉，并通过个人、社会团体和国家的行动寻求实现公共福祉的共同体，是在追求"良善生活"。唯心主义者从亚里士多德的著作中吸收了这个概念，但他们给这个概念注入了柏拉图式的完美色彩。例如，格林强调，国家和其他社会与政治机构是为了善而存在的，他把这一点与构成善的个人的完善直接联系起来。谈论一个国家、社会或人类的任何进步、改善或发展，除非是关系到个人的更大的价值，否则使用这些词语是毫无意义的（Green，1986，p.256）。

这个规定使人们注意到唯心主义者相信美德是一种个人品质。然而，他们坚持认为，政治制度可以在促进人的完善方面发挥重要作用。当然，由于这一目的涉及的对善的自愿追求，国家的作用是间接的，而不是直接的。在唯心主义政治思想中，国家与美德之间的关系有许多维度。首先，"古典"自由主义的经验表明，政治权力可以以一种本质上"消极"的方式来行使；也就是说，它可以被用来破坏由滥用政治权力支持的阶级特权。相比之下，体现整个社会道德愿望的国家可以利用其权力和影响，确保消除实现公共福祉的制度化障碍。其次，如上所述，国家可以采取更积极的行动，向其所有成员提供发展和实践美德的机会。此外，还有一种重要的深远意义，即对政治的唯心主义看法是与美德密切而必然地联系在一起的。对这些思想家而言，个人的完善是通过他们对"公共福祉"的主动和有意识的实现而获得的。因此，在某种程度上，国家体现了其成员的共同意识——唯心主义者认为，当它具有民主的特性时，这种意识更加可能，更少随意性——因此政治是美德实践的核心。

康德的理论适用于所有理性的存在物，但是在延续可以追溯到亚里士多德的传统时，他将女性排除在这一范畴之外（Okin，1992，p. 6）。然而，格林含蓄地拒绝了这一假设，他认为，虽然男性和女性之间存在显著差异，但这些差异与他们的教育和社会角色有关，而与理性或道德无关。在讨论过程中，格林直接提到了古希腊道德观念的缺陷，他认为所有的人都必须被视为拥有发展道德人格的平等权利。他坚持认为，现代社会必须承认"所有女性都是自我决定、自我尊重的人，这是一种恰当而平等的神圣性"（Green，1986，p. 281），他在实际参与针对女性需求的教育活动时，也一直秉持着这一观点（Anderson，1991）。

◇ 结论

许多历史上有名的西方思想家认为，作为政治共同体的一员，追求道德目标是至关重要的，道德目标是人类福祉的基础。这个观念是柏拉图和亚里士多德的城邦概念的基础，并且在基督教政治思想中起着核心作用。最后的这类观点的最成熟的表述是由阿奎那提出的，它与古代政治思想的各个方面直接相关，但它也出现在现代早期加尔文和其他新教思想家的著作中。

关于政治和美德之间积极关系的主张，产生了培养美德的制度形式的规范。本章讨论的许多理论家都假定，需要建立一种监管体系，让民众中更理性、更善良的成员处于权力地位。这个要求反映在促进各种等级制度的悠久的政治思想传统中，但必须注意的是，提出这些主张的思想家证明了政治等级制度的正当性，理由是有必要促进共同体所有或在某些情况下大多数成员的德行。政府的存在是为了被统治者的福祉，而政治思想家的主要任务是确定有助于实现这一目标的统治形式。由于这一目标的实现将受到为腐败而使用权力的统治者的威胁，因此必须建立起防止不当统治的屏障（见 pp. 235ff）。

61

在 19 世纪下半叶和随后的大部分时间里，基本上世俗化的人类福祉观念的出现，以及对道德客观性日益增长的怀疑，促使人们放弃了关于政治目的的观念，这些观念建立在关于上帝对人类意图的主张之上。然而，在 20 世纪的最后几十年，随着基督教主义在美国和西方其他地方的重新出现，以及宗教在一些伊斯兰国家中的政治作用的提升，宗教思想更加突出。除了这些传统方法的现代遗存之外，一些思想家还关注自由民主政权需要依赖于其公民美德的文化来支撑，并试图确定有助于这种文化成长和维持的态度和品质（Glaston，1992，p. 1；Macedo，1992）。

3 政治与自由

本章所讨论的理论来自现代早期和现代世界，因为只有到这一时期，关于自由的争论才在政治思想史上占据中心地位。对于古代和中世纪的思想家来说，自由是一种次要的价值，它与良善的生活或与宗教美德观念的要求相关。本章首先对文艺复兴时期意大利古典共和传统的核心，即自由这一明显的政治概念进行了思考。古典共和主义者，其中最重要的是尼科洛·马基雅弗利，认为自由与国家的需要相关，而不是将其看作属于个人的特性。马基雅弗利对自由的理解不同于约翰·洛克和托马斯·潘恩，因为这两位思想家都认为个人自由是"合乎自然的"：这是个人拥有的一项权利，用于限制政治权力的执行。本章的结论对这一思想在 18 世纪末和 19 世纪欧洲及北美的部分运用的两组批判性的论点进行了考查。第一个问题涉及妇女被排除在行使政治权利之外，潘恩等思想家认为解决这一问题是保护普遍自由权的必要条件。第二组观点聚焦于，在奴隶制持续存在的情况下，在美国南部的非裔美国人的这一权利被完全剥夺，而之后，这一权利得到非常不完整的承认。

◈ 古典共和主义传统中的自由与政治：马西利乌斯、巴尔托鲁和马基雅弗利

古典共和主义起源于中世纪晚期和现代早期意大利城市的政治经验，但它借鉴了来自古代世界的思想，并对 17 世纪和 18 世纪英美政治思想产生了重大影响。意大利城市国家占有的领土构成罗马共和国的中心，并且也是 14 世纪和 15 世纪文艺复兴或古典主义复兴的中心。古典共和主义经常被认为是马基雅弗利发现的，但他对政治自由的描述是由帕多瓦的马西利乌斯和萨索费拉托的巴尔托鲁（Bartolus of Sassoferrato）在 14 世纪上半叶提出的。

古典共和的自由思想与罗马人的自由思想大体相似。与注重个人自由的理论家不同，古

典共和主义者把个人自由与国家自由联系起来看待。当一个国家不受其他国家或统治者的外部控制，由其公民而不是"君主"统治时，它就是自由的（Skinner，1978，vol. i，pp. 157 - 158）。因此，自由是独立共和国的显著特征。马西利乌斯和巴尔托鲁都反对阿奎那关于君主制是普遍适宜的理想政体的主张（p. 132），并且正如巴尔托鲁所言，小型的、自给自足的国家最好以"建基于人民的"共和制的政府形式来为其服务（ibid.，p. 53）。他们认为，这些国家不太容易受到痛苦的派系主义的困扰，这种派系主义意味着其他种类的政制，而且对和平、安宁和公共福祉构成持续的威胁。马西利乌斯追随亚里士多德，将国家描述为一个自由人的共同体："每个公民都必须自由，不受他人的专制，即不被奴役。"（Marsilius，1956，vol. ii，p. 47）尽管这些思想家在他们的政治叙述中把自由放在了突出的位置，但他们对大众政府的最终辩护反映了这样一种信念：和平与安宁是实现基督教美德观的先决条件。

马基雅弗利拒绝了政治自由与基督教理想之间的联系。此外，虽然他认可古典共和传统的一些核心特征，但他的作品表明了他对这一传统的重要方面的背离。和他的前辈一样，马基雅弗利将自由与独立和自治联系起来，他强调自由公民在维护国家内外完整方面的作用。然而，他对人类生活中和平与安宁的前景持高度怀疑态度，且没有把道德放在首位。此外，他拒绝接受统一的公民团体是共和国的必要甚或可欲的特征的观点。

马基雅弗利政治自由观的关键在于他的德能（virtú）观念。这个词有一系列的含义，但它一般指的是维持一个国家所必需的那些积极的品质。在自由国家或共和国，公民必须对自己的城市有高度个人责任，他们必须有意愿和能力保卫它，以抵御外部敌人，他们还必须愿意并能够在其内部事务中发挥积极和谨慎的作用。他们的生活和忠心必须聚焦于国家，并且他们必须避免成为可能损害国家利益的利己的个人或派系。换言之，这种适合共和政府的德能，既保存了其外部自由，也保留了其内部的自治体系。德能与自由有着共生关系：自由产生了德能，而德能确保国家保持自由。

马基雅弗利对共和主义者的德能的理解的一个重要的结果是，他认为这使得某种程度的混乱（或"骚动"）既不可避免，又有一定的益处。德能要求人们积极致力于国家利益，并且由于共同体的不同阶层对此有不同的看法，共和国必然有必要处于一种紧张的平衡状态，这种平衡状态是由于对如何最好地服务于公共福祉的不同理解而互相牵拉产生的。马基雅弗利认为，大众共和国的混乱状况是健康的标志。这表明公民正在践行国家自由所依赖的德能（Machiavelli，1975，vol. i，p. 218）。

马基雅弗利对这一论点进行了有力的阐释，他提到了标志着罗马共和国全盛时期的有益的紧张态势（ibid.，pp. 218 - 273），以自由有利于国内和平的观点显示了他的不同寻常。这也意味着马基雅弗利抛弃了巴尔托鲁和马西利乌斯著作中出现的工具性自由观：自由、共和主义和德能密不可分地交织在一起，很难说一种价值是其他价值的附属。马基雅弗利理论的这一特点与他明确反对德能与美德是同义词这种传统观念有关，也与他对基督教政治价值是反对异教的、宗教的观点的保留意见有关（ibid.，pp. 240 - 250）。马基雅弗利的论点是，需要一种独特的政治道德标准，也就是说，行为准则与不同国家的需求有关，而不是与政治之外的普遍标准有关。马基雅弗利在《君主论》一书中敦促君主们无视传统的道德规范，并采取一切必要措施统治大众（Machiavelli，1988，pp. 55 - 71）。然而，在共和国中，政治道德要求培养与自由密切相关的德能；只有自由和活跃的人民才能维持一个自由的国家。因为共和政制要求公民努力维持他们共同的政治生活和独特的道德，马基雅弗利认为这是光荣的人类成就。

◇ 政治与"自然的"自由：洛克、潘恩、约翰·斯图尔特·穆勒

对于古典共和主义者而言，自由是个固有的政治概念；它与国家的需要有关，并且它对个人的影响是在这些需要的范畴里得到讨论的。这种关于自由的观点，与将之归于前政治的或"自然的"人的观点截然不同，并且试图理解当它们伴随着政治社会的形成之后会发生什么。在早期关于霍布斯的政治思想的某些方面的讨论中，思考了解决这一问题的办法。对霍布斯来说，政治社会的建立需要放弃自然的自由，并设立一个所有人都服从的主权者。

霍布斯的所谓没有什么比自然状态更糟糕的说法受到许多同时代人和后继者的质疑。例如，塞缪尔·普芬道夫认为，人类可以创造各种形式的政府，将他们从自然状态的危险中拯救出来，而无须服从绝对的主权者。17世纪晚期的英国思想家约翰·洛克也提出了同样的观点。虽然他的政治思想的许多核心特征——特别是他对自然状态的理解和促使人们离开这种状态并为这样做辩护的因素的理解——在欧洲政治思想中已经流行了一个多世纪，在此种意义上洛克的立场是新颖的，即他把个人自由作为政治关系的一个必要特征。在洛克之前，自然的自由是从建立政治权力的角度来讨论的，但他坚持个人即使在政治的或国家的条件下也保留了一些权利（Tuck，1979）。

约翰·洛克（1632—1704）

洛克是牛津基督教会成员，是一名哲学家和内科医生。他是沙夫茨伯里伯爵（Earl of Shaftesbury）的密友，伯爵参与了反对查尔斯二世及其兄弟（后来的詹姆士二世）的政变，迫使洛克流亡荷兰。洛克最著名的政治著作《政府论（上、下篇）》，是在17世纪80年代早期流亡时期写成的。该书于1689年修订出版，为1688—1689年"光荣革命"驱逐詹姆士做辩护。

洛克认为，政治权力是被赋予统治者的，并且合法政府是建立在同意基础之上的。政府的建立是为了提高个人践行自然法的能力，自然法体现了上帝对人类的意图，并为社会和政治生活提供了规范的基础。当统治者的行为与这一要求背道而驰时，他们侵犯了对他们的信任，伤害了他们统治的合法性，并削弱了他们对臣民服从的要求。在极端情况下，臣民可能有义务抵制不公正的统治者。

洛克政治理论的某些方面——他对自然法的理解、政府是基于对统治的同意的观点、反抗不公正统治和重建政治共同体——在 18 世纪的政治思想中和美国、法国、爱尔兰以及南美洲的革命运动中发挥了重要影响。

关键阅读: Dunn, 1984b; Grant, 1987.

尽管洛克的立场可以与霍布斯形成有益的对比，但他的主要政治著作《政府论（上、下篇）》（1689）的目标是《父权制》（*Patriarcha*）的作者罗伯特·菲尔默爵士。菲尔默认为，政治权力直接来源于至高无上的父权，由上帝赐予第一位父亲——亚当。从上帝赐予亚当父权的时候起，就没有自然的状态，也没有自然的自由，因为所有的人类出生时都服从于他们的生父和父权制君主。

洛克的第一篇论文详细地批驳了菲尔默的父权主义及其对人类自然自由的限制，第二篇论文阐发了这一点的政治含义。与许多同时代人一样，洛克利用自然状态的概念来界定人性的社会含义，为回应人性的国家提供理论基础，并具体说明合法的政治权力的主要特征。他认为，处于自然状态的人被上帝赋予自然的自由，因此他们可以为自己承担责任，从而按照"自然法"中的造物主的意图行事。自然人不受其他人的支配，但他们处于一种"自由而不是放任"的状态："人的自然自由不受地球上任何更高的权力的支配，并且不屈服于人类的意志或合法权力，却只接受自然法的统治"（Locke，1967，p.301）。自然法规定，人类必须保护自己，协助保护他人，通过判定和惩罚那些破坏者从而维护自然法（ibid.，p.289）。然而，尽管洛克否认有父权制权力，即使在家庭中孩子也要服从父母的权力，该权力由父母平等地执行并且到他们成年后终止——他后来重新认为男性对女性有统治权，声称男性拥有更高的力量和能力，并限制女性的政治权利（Okin，1992，pp.200-201）。

洛克的自然状态远没有霍布斯的可怕。他认为，个人遭受的任何暴力（更不妨碍他们履行对上帝的义务）都远比利维坦或一位全能的菲尔默式的家长所带来的危险的伤害更小。然而，虽然自然自由状态远不是可怕的，但洛克承认，这些状态带来了某些"不便"，更多的原因是无知和偏见，而非恶意。在每个人都有责任解释、应用和执行自然法的环境中，这些缺陷尤其显著。因此，洛克认为自然状态会被偶然的不公正破坏。此外，他暗示，既然人类处于理解自然法并在最大可能的范围上维护自然法的一般命令之下，那么只要能够找到一种方法，人类就必须改善自然状态。国家的成员资格满足了这一要求，因为它开辟了建立某些公正的判决和执行制度的可能性，以取代自然状态中存在的不稳定安排。

然而，既然人类天生是自由的，那么任何对他们的自由的限制都必须得到同意；换言之，他们必须同意放弃他们天生的自由，把自己置于一个政治上的上级的控制之下："人类……天然的，所有人都是自由、平等和独立的，任何人都不能被赶出这片土地，并且未经他自己的同意，不受其他的政治权力的支配"（ibid.，p.348）。在人们真正地聚集在一起形成一个政治社会的情况下，这个过程是相对不复杂的，但如果适用于一个先前存在的国家，它就产生了问题。洛克通过默许这一观念正式地解决了这个问题，默许包括确定的条件，如果条件被满足，就意味着同意。因此，当成年人选择生活在某个国家时，他们便默许了接受其政治制度和服从于主权。

对于霍布斯而言，自然状态和政治社会之间存在着尖锐的质的差别，但在洛克的理论中，自然自由给国家的影响是永久的。处于自然状态的个人有义务遵守自然法；他们的自然自由旨在使他们有责任履行这一义务。在政治社会中，这一义务依然存在；通过同意服从合法的政治当局，个人实际上是自愿对这种安排承担责任，更有效地维护自然法，并承诺按照自然法生活。这样做，他们是在认真地尝试实现上帝创造他们的目的。此外，由于人类在自然法下的基本义务在国家内部持续存在，他们有责任不容忍严重损害这一义务的政府形式或政治权力的行使。洛克理论的这一特点为规定合法政府的制度要求提供了基础，并且为正当地反对罪恶的不公正统治者提供了理论依据。政治社会的成员资格终止了自然自由，但没有废除它，它始终处于背景之中。如果它存在的目的和被终止的目的得不到实现，人类就必须开始他们的自然自由，重新担负他们确定和维护自然法的责任。

因此，对洛克而言，政府的合法性取决于它是否愿意对自然法的含义赋予有效的法律形式，并避免以威胁受自然法支配的人的生命、自由和财产的方式行事。洛克相信，当这些要求与菲尔默式的绝对统治不相容时，他认为这种绝对统治与霍布斯的利维坦或菲尔默的家长制相关，它们能够通过君主制、贵族制或民主制的政府得到满足。然而，到了18世纪末，有关自然自由的论争被用来推进共和政府，并消解君主制和贵族制的合法性，理由是它们与个人的自然自由权利不相容。关于这一立场，最著名、人们印象最深刻的说法是由英美思想家托马斯·潘恩提出的。

潘恩的共和政府观是建立在对自然自由与政治社会关系的特殊理解之上的。在《人的权利》的第一部分，他区分了"自然"权利和"公民"权利（Paine，1976，p.90）。潘恩的自然人拥有一系列的行动权和意见权（包括宗教信仰），其自由行使仅受不损害他人自然权利的条件限制；他们也有权防止干涉其权利的行使。当个人交出他们的判决权和执行权以确保这些职能得到更好的履行时，政府就产生了；因此政府就成为"公民"权利的要紧之物，需要受到公众的控制。然而，潘恩坚持认为，合法政治共同体的成员仍然保留着不受限制地行使未交付于国家的自然权利。潘恩对政府存在于先在的自然权利基础之上的论述，指明了个人在前政治条件下享有的自由和在合法政治社会中被承认和保护的自由之间的基本连续性。

尽管自然自由是洛克和潘恩等思想家的核心价值，但其政治含义并不显著。在某个层面，政治制度确保个人福祉所必需的自由不受其他个人的侵犯。然而，与此同时，洛克和潘恩都认为个人自由对政治权力的执行施加了限制。从这个角度看，自由与其说是政治的终点，不如说是决定其范围之物。

托马斯·潘恩 （1737—1809）

潘恩在英国出生和长大，移居费城，在美国独立战争期间他作为美国的支持者而声名鹊起。在 1787 年返回欧洲之前，他曾在美国担任过许多政治职务，推进他设计的单跨无墩铁桥。随着《人的权利》（两部分：1790，1791）——一部激烈反专制的作品的出版，潘恩被迫旅居巴黎逃避起诉。他活跃于法国政坛，在恐怖时期险遭极刑。

在《常识》（1776）——一部在美国和英国引起广泛关注的作品中，潘恩为美国独立提供了正当理由，包括对世袭政府的作为和原则的系统的批判。他坚持这条论点，在《人的权利》中产生了更大的影响，由于法国革命跨越海峡，在英国引起了被潘恩称为"旧"政体（世袭制）和"新"政体（代议民主制）孰优孰劣的争论，潘恩的论点是对这场争论流传最广泛的激进的贡献。在潘恩看来，政府的目的

是关注一系列非常有限的职能，这些职能不能由个人自己或通过自愿的社会互动来充分执行。个人被赋予了一系列自然权利，只要这些权利得到维护，他们就能够单独或通过与他人合作来追求其大部分合法利益。个人创建政府是为了行使少数（裁决和保护）需要集中和组织的权力的权利。潘恩认为，世袭君主制的原则和行为与这些要求直接背道而驰。相比之下，代议民主制确保了官员们对共同体利益的尊顺。

潘恩出身卑微，以自学荣身。他的作品直抒胸臆，修辞有力，语若散文，并且精辟简当。结果，它们在 18 世纪 90 年代的下层民众中广为流传，并且整个 19 世纪一直受到激进政治改革支持者的欢迎。

关键阅读：Claeys，1989b；Dyck，1988.

约翰·斯图尔特·穆勒在对政治与自由之间关系进行描述时也明显存在着类似的模糊之处。穆勒政治思想的各个方面将在本书的其他章节讨论，但这里应该指出，他的《论自由》（1859）常常被视为对这个主题的一个具有开创性的讨论。在这部作品中，穆勒为个人自由提供了强有力的辩护：

> 人类无论是个体或集体正当地干涉任何一部分人的行动自由的唯一目的是自我保护。在一个文明社会中，对任何成员正当地施加权力阻止其意愿，唯一的目标是防止其伤害其他人（Mill，1983，pp. 72 - 73）。

基于家长式的对更高级的有益知识的要求，这种观点排除了对个人自由的限制。在《妇女的屈从地位》一书中，穆勒运用了这一论点的所有内容来反驳一系列关于女性劣等的假设，这些假设被用来证明她们在法律上和社会上从属于男性，并且将她们排除于一系列权利之外。他认为，即使这个劣等的假设有充分的根据，这也不能成为严重侵犯妇女自由的理由；没有自由，妇女就像奴隶一样，缺乏发展她们的智力或为全面进步做出贡献的机会。

穆勒认为自由本身是好的，但他始终如一和明确地认为自由对于个人道德和智力品质的发展以及共同体的进步都是必要的。尽管坚持自由的原则适用于"文明"社会的所有成年成

员，但穆勒对自由的兴趣与他的信念密切相关，即天才和独创性，这些品质只存在于人群中的某些成员身上，它们对于人类的进步至关重要。因此，他关心的是保护那些有能力确立新的以及可能有价值的思想和生活方式的人，使他们不受在日益壮大的民主文化中生长起来的墨守成规的趋势的影响：自由对于保护尝试是必要的，并使得那些与众不同的人为其同类指明前进之路变得可能（Thomas，1985，p.108）。

这些对于自由和进步之间关系的评论，假定西方社会已经步入高水平"文明的"门槛。在普遍的低水平文明的地方，自由原则是不适用的，穆勒同意精英有家长式的责任去教化和开化那些人，他们通过练习行使自由从而最终可能达到获得进步的境地。因此，他认为英国对印度的控制是合理的，前提是这些社会低于文明的门槛，并且帝国确实积极帮助那些受其支配的人的智力和道德的发展。这种论点意味着一旦所讨论的社会达到必要的水平，帝国的控制就是不必要和不公正的了。然而，这也意味着，如果帝国力量不再支持当地居民的文明化，其统治就会变得暴虐和非法。之后穆勒对于帝国在印度和西印度群岛的统治提出批评，并严厉谴责澳大利亚和新西兰的欧洲移民对土著居民的残暴和榨取，这些做法完全符合上述情况。某种被穆勒所拒绝认同的假定往往为这种做法提供依据，这种假定从根本上认为种族是不平等的，这种做法抑制了当地居民的发展，而不是促进了他们的发展（Smits，2008，pp.11-12）。

尽管穆勒确定了一个自由领域，这个领域中个人的行动自由是不受法律惩罚和社会风俗的干涉的，但他并不认为自由原则是对他人漠不关心的理由，或者因此而把政府的职能范围缩小到保护个人。相反，穆勒运用对"社会和个人都有害"的概念，并且他允许政府利用其监管能力，确保个人不因其行为或未能履行社会职能而损害社会利益（Collini，1977，p.345）。正如穆勒在讨论什么是"应尽的社会责任"时所言：

> 生活在社会中，每个人都必须对其他人遵守某种行为准则，这是必不可少的。这种行为首先包括不损害彼此的利益；或者某些利益，通过法律明文规定或大家心照不宣的，应当被视为权利；其次，每个人都有自己的责任……为保护社会或其成员免受伤害和骚扰而付出劳动和牺牲（Mill，1983，p.132）。

约翰·斯图尔特·穆勒（1806—1873）

约翰·斯图尔特·穆勒，是霍布斯之后最重要的英国政治思想家，他是詹姆斯·穆勒的儿子、杰里米·边沁最亲密的弟子。他的思想被认为是去除了边沁主义的许多粗疏的地方，同时仍然致力于本质上功利主义的政治。穆勒在逻辑学、政治经济学、道德和政治哲学等方面都有重要著作，并撰写了大量论著，论述了当时经济、社会政策和政治领域的问题。1865年至1868年，他是英国议会的议员。

在《论自由》一书中，穆勒认为，对他人

的干预无论是来自个人、社会舆论的力量还是政府部门，只有在他们的行为可能直接损害到他人时，这种干预才是正当的。穆勒在这个问题上的立场是强烈反对流行的家长式论点和看法，因为这种论点和看法排除了有正当理由的干预，这种干预对于人们的利益或人们关心的利益是必要的。他的观点反映了一系列设想，这些设想是关于自力更生的价值，思想自由、行动自由和表达自由对社会和个人的好处，以及那些人给社会进步造成的威胁，这些人试图消除和遏制对宗教的、个人的和公共道德的主流思维方式的挑战。

《代议制政府》（1861）阐释了穆勒关于各种政治安排对人类文明进步的影响的观点。他强调有必要调整民主制度，使之能够为个人和社会的发展提供机会，同时尽量减少因大多数人口的受教育水平有限而带来的风险，即使是在已经极为发达的西欧社会。

关键阅读：Capaldi，2017；Collini，1977；Francis & Morrow，1994；Ten，1999；Thomas，1985.

穆勒的自由理论的一些特点，对于自由乃是政治的目的这种理念尤为重要。第一，自由为政府的行为设了限制：它不能在自由领域实行强制。第二，维护自由需要法律的约束机制，将保护个体行使他们的个人自由。第三，由于穆勒认为个人自由与人类进步有关，因此他将自由视为一种工具价值。第四，穆勒坚持认为所有成年人都必须享有自由，因此他在促进非裔美国人和西方世界妇女解放中发挥了重要作用。

◇ 性别与自由：奥兰普·德古热、玛丽·沃斯通克拉夫特、威廉·汤普森和安娜·惠勒，以及哈丽雅特·泰勒

尽管柏拉图在《理想国》中提出，女性的本性中没有东西可以妨碍她们接受成为监护者阶层所需要的训练，但直到现代早期，西方政治思想一直由男性思想家所主导，而且与亚里士多德一道，将女性视为天生地和不可弥补地次于男性（Hall，2016）。几个世纪以来，这种所谓次等的理由，被用来证明女性应当被排除在政府、选举和行使其他政治权利之外。这也使她们处于从属于男性的地位，涵盖了社会的与家庭的所有权利和职能。在随后的章节中，我们将思考，激烈的女权主义反对这种长久以来的观点，给当时民主政体理论带来的影响（见下文）。这里的讨论集中于早期对女性低等这个观念的挑战，通过考察18世纪末和19世纪一些思想家的作品，这些思想家认为自由是适用于所有人的政治目的，而不是只适用于男性。

中世纪晚期，克里斯蒂娜·德·皮桑（Christine de Pisan）曾为年幼的法国国王的母亲进行统治的权利辩护，她认为女性有能力获得阿奎那称之为"审慎"的至高无上的美德。克里斯蒂娜把这种品质描述为"所有美德的母体和向导"，使得其他美德（勇气、仁慈、智慧等）达到与政治统治的要求相适应的水准。克里斯蒂娜认为，由于女性能够在这种特殊意义

上保持审慎，她们就有能力从事政治，担任君主的顾问，并教育未来的统治者。克里斯蒂娜的著作通常表现出冷静、虔诚的理性，但她偶尔也会对男性的主张进行讽刺性的评论。因此在考虑为什么不允许妇女在法庭上申辩时，她提出了一种性别分工，这种分工并不完全是由法律规定男性承担此项工作的："上帝给予男性强壮有力的身体，让他们大步前进，大胆说话，这就解释了为什么学习法律和维护正义的是男性"（Pisan，1982，p. 20）。除了克里斯蒂娜的著作，还有 17 世纪末英国作家玛丽·阿斯特尔（Mary Astell）的作品，她如此责问诗人和激进政治家约翰·弥尔顿："如果所有男性生来都是自由的，那么为什么所有的女性生来就是奴隶呢？"她们都没有强调女性享有充分的政治权利（Wilson，2016），但在由与托马斯·潘恩的同时代女性以及法国的男性和公民权利促进者所发动的一场运动中，她们精准地打响了第一枪。

奥兰普·德古热（Olympe de Gouges）在《女性的权利》（*The Rights of Women*，1791）这本小册子中提出了阿斯特尔的问题的另一种版本，这本书模仿了两年前法国国民议会发表的《人权和公民权宣言》的结构（Zizek，2016）。她问这个宣言的受益者："是什么赋予他们压迫我的性别的权利？你的强壮？你的才华？观察造物主的智慧；审视一下大自然的宏伟壮丽，你似乎想效仿它，如果你有胆量的话，给我提供一个残暴帝国的例子……"（de Gouges，2011，p. 30）德古热将法国大革命中女性的状况与非洲奴隶的状况做了比较，她们摆脱了身体的枷锁，但却没有获得利用她们纯粹名义上的自由所需的政治和经济权利（ibid.，p. 36）。如果女性在古代政权下的性、社会和政治从属地位，被一种她们能够作为女性公民的新的角色——成为一个人人自由平等的共和国中的真正成员——所替代，那么这些权利就是必要的（ibid.，p. 31）。

奥兰普·德古热（1748—1793）

德古热在 18 世纪 80 年代获得了作家和剧作家的声誉，在革命期间成为革命的爱国者，但在 1793 年因涉嫌同情保皇派而被处决。她的《女性的权利》抨击 1791 年宪法的制定者将女性排除在新国家中的所有政治角色之外。

从 20 世纪 80 年代开始，女权主义作家开始将德古热的小册子视为对女权主义革命的重要贡献。

关键阅读：Cole，2011；Zizek，2016.

71　　　德古热通过女性的权利和利益，以及她们的解放对共和国道德风尚的影响，来证明她要求女性解放是合理的。与她同时代的英国人玛丽·沃斯通克拉夫特（Mary Wollstonecraft）也提出了相似的观点，尽管她好像并不知晓德古热的作品。沃斯通克拉夫特对女性在当代社会和政治文化中的奴性地位的批判，隐含着对潘恩赞同《圣经》中女性从属地位的理由的拒绝（Paine，1976，p. 89）。沃斯通克拉夫特在她的《人权辩护》（*Vindication of the Rights of Men*，1790）中指出，英国政府的结构和实践与她所说的"人权"之间存在差异（Wollstonecraft，1790，p. 2)。两年后，在《女权辩护》(*Vindication of the Rights of Women*，1792) 一书中，她把当时有关女性在道德和智力上的弱点的主张，与她们虽处弱势但却日益强大的地位联系起来。由于缺乏正式的权利，她们通过腐败和卑鄙的手段施加影响，这种手段更适合一个后宫的道德规范，而不是一个自由的、据称是文明的社会。与德古热一样，沃斯通克拉夫特也向法国和英国的宪法改革家提出挑战，要求将人权的逻辑扩展到其他全部人类：

> 如果男性的抽象权利能够经得起讨论和阐释，那么女性的抽象权利，通过相同的推导，也会经得起同样的考验……考虑一下……当男性为自己的自由而战，并且为了他们自己的幸福而被允许自己做出判断时，使女性处于服从地位不是前后矛盾和不公正的吗？即使你确信你的行为方式是为了增进她们的幸福。若女性与男性都具备理性，谁使男性成为独断的审判者呢？(Wollstonecraft，1995，pp. 68-69)

随后她声称，承认女性的自然权利，说明了她们行使政治权利的正当性："女性应该有代表，而不是被任意管理，在她们没有被允许直接参与代议制政府的情况下"(ibid. ，p. 237)。沃斯通克拉夫特认为女性的解放，是全体福祉的源头，"让女性享有权利，她们就会具备和男性一样的美德"(Wollstonecraft，1983，p. 319)。这样的话，男女将能够结成伙伴关系，不仅充实她们的生活，而且对她们的丈夫、她们负责养育的子女以及她们所属的更广泛的社会也是如此。

玛丽·沃斯通克拉夫特 (1759—1797)

沃斯通克拉夫特是教育、文学、宗教和政治等众多领域的著作家，她与在 18 世纪末英国智识生活中扮演重要角色的持不同政见的新教徒有联系。沃斯通克拉夫特的第一部重要政治作品《人权辩护》，是针对埃德蒙·伯克的《法国革命感想录》(*Reflections on the Revolution in France*) 而写的。她的《女权辩护》关注更广泛的文化问题，但也包括主张女性应当享有政治和公民权利，并选举她们自己的代表。

关键阅读：Coole，1988；Lokke，2016；Okin，1992.

阿斯特尔、德古热以及沃斯通克拉夫特将女性看作奴隶的隐喻，反映了她们对女性从属地位的性别根源的深刻认识。1825 年，这种观点的一种特别有力和更有文学性的表达形式出现在威廉·汤普森 (William Thompson) 和安娜·惠勒的著作中。她们的名义上的目标是詹姆斯·穆勒，他认为女性不需要拥有政治权利来保护自己的利益，因为这些权利"包含"在她们的丈夫或父亲的权利中，并且她们将受益于他们对统治者行为的监督能力所提供的保护上。矛盾的是，汤普森和惠勒将婚姻视为一种书面形式的奴役，意味着女性的利益被强行纳入她们丈夫的利益当中。然而，她们辩论道，至少在一个方面，已婚女性的地位比奴隶的地位

差，因为她们同意处于这个地位，而不是由于被俘虏或出生的结果。

在婚姻中，女性被主导性的、残忍的、偏袒的和懦弱地制定的法律所强迫，被迷信所恫吓，被假意的誓言所愚弄，而且更严重的是，女性被无情的、非理性的、无感觉的公共舆论的力量所驱使，成为那个所谓的她的丈夫的真正的奴隶。我强调的是奴隶；因为奴隶是这样一个人，他的行为和收入不在他的控制之下，不是只受平等的法律、公共舆论和他自己的考虑的控制，而是在任何其他人的任意控制之下……这就是奴隶的本质，也是它与自由的区别（Thompson & Wheeler，1970，pp. 66 - 67）。

汤普森和惠勒的论点也是独具一格的，因为他们通过反复提及男性以"大棒"（the rod of iron）在家庭领域行使专制权力，间接地暗示男性统治的性别起源（Jose，2016，p. 61）。尽管汤普森和惠勒强调男性的统治是根深蒂固的，但他们认为可以通过消除家庭中女性被奴役的法律基础来消除这种统治。为了实现这一目标，并确保女性保有自己的自由，她们必须拥有潘恩等思想家作为男性所主张的政治权利。这些权利为平等的民事和刑事法提供了唯一的保障。如果女性的自由得到保障，那么她们就能够"通过其思想、知识力量和仁爱之心的扩展"，为社会发展做出贡献（Thompson and Wheeler，1993，p. 169）。

约翰·斯图尔特·穆勒关于女性解放的观点受到了哈丽雅特·泰勒（Harriet Taylor）——他的同伴以及他的妻子的启发。在 1851 年发表的一篇文章中，泰勒赞扬由美国的女性主导的选举权运动，因为这场运动包含了女性对于政治权利和其他一些权利的诉求。因此，它表明对自由机构（free agency）的实际承诺，并促进了一个对女性解放至关重要的目标。泰勒把女性的地位与奴隶的地位做了比较，认为把女性排除在公民之外不符合美国政府的基本原则〔这与弗雷德里克·道格拉斯（Frederick Douglass）的立场相呼应〕。它也与当时英国"普选"运动的观点背道而驰（Taylor，1993，pp. 4 - 6）。由于政府早已不是谁的力量占优势的问题，在政治领域男性的统治不能因体力的相对优势而变得合理（ibid.，pp. 7 - 10）。泰勒也拒绝了当代那些坚持严格区分私人（女性）领域和公共（男性）领域的陈词滥调。这个区分对女性的行动范围和充分运用她们才能的能力施加了任意和不适当的限制："所有人的适当的领域是他们能够达到的最大和最高的领域。如果没有充分的选择自由，就无法确定那个领域能够多大和多高"（ibid.，p. 11）。即使女性不如男性——泰勒认为，所有的"不如"主要是由于社会期望和环境条件造成的——也没有理由维持女性的社会和政治从属的制度，使她们无法发展她们的品质并为人类的道德进步做出贡献。

◆ 黑人解放：弗雷德里克·道格拉斯和威廉·爱德华·伯格哈特·杜波依斯

奴隶制是对自由最极端的破坏。奴隶的整个生存依赖于其"主人"的意志，他们作为其他人财产的地位反映在他们所遭受的任意和残酷的待遇中。奴隶制存在于古代世界，正如我们从亚里士多德的论述中所看到的。在中世纪和现代早期，欧洲人继续互相奴役，并在殖民地广泛使用奴隶。他们还从非洲西海岸向美洲和加勒比的种植园殖民地残酷和广泛地贩卖奴隶。法国大革命给欧洲的奴隶制以致命的打击，结束了法国海外领土上的奴隶制，但拿破仑在 1802 年将奴隶制重新引入法国殖民地以种植甘蔗。1807 年，英国宣布整个帝国内奴隶贸易不合法，但直到 1833 年才废除奴隶制。此后，美国南部白人系统性地奴役黑人成为最引人注目和广受争议的例子。在这些州，大约有 300 万非裔美国的男人、女人和儿童世代为奴，这受到南部立法机构通过的法律的支持。尽管奴隶制在北方各州被宣布为非法，但南方奴隶主的主张在 1850 年联邦政府的《逃亡奴隶法案》（Fugitive Slave Act）中得到承认。该法案允许南方奴隶主追回那些逃往奴隶制不合法的州的奴隶。

奴隶制在美国的持续存在引起了英国和北美的世俗中和基督教中废奴主义者的广泛批评。甚至在约翰·斯图尔特·穆勒开始怀疑欧洲帝国主义不断扩张的正当性之前，他就把奴隶制度描绘成荒唐的家长式管理，这种管理方式常常导致黑人在其合法的主人的手中受到任意和残酷的虐待。穆勒否认了关于黑人天生的和不可避免的劣等的说法，否认所谓（黑人）当前的无能的情况证明这种假设的合理性，同时否认这种永久的控制和剥削的形式。奴隶制是对自由的一种严重的、适得其反的破坏，从受奴役者的发展利益来看，这种破坏永远是不合理的（Mill，1850，p. 30）。与其他白人反奴隶制倡导者一样，穆勒提倡在美国废除奴隶制，承认黑人是美国社会自由平等的成员。到 19 世纪中叶，美国的一些非裔思想家在废奴主义者圈子里留下了印记，一些黑人知识分子在 1867 年正式废除奴隶制后继续在促进美国黑人自由方面发挥积极作用。这里将集中讨论弗雷德里克·道格拉斯和杜波依斯（William Edward Burghardt Du Bois）。

道格拉斯将废奴运动描述为奴隶制与自由之间的伟大斗争，并抨击为证明白人拥有南方各州黑人奴隶而提出的种族劣等假设（Douglass，2000，p. 346）。这种控制的完全性和无限性反映在奴隶主被允许对"他们的"奴隶施加的侮辱和虐待中。声称黑人比白人劣等的种族根源意味着他们没有被承认拥有"自然权利"或没有行使公民权所依赖的权利。这种论点暗含着对潘恩的信念的拒绝，即所有人来到这个世界上都暗随着一系列完整而绝对的自然权利。南方各州的法律和联邦政府承认奴隶主对"逃亡"奴隶的追回的权利，并不是保护非裔美国人自由的手段，而是使他们受到白人主人绝对和任意的控制。

弗雷德里克·道格拉斯（1817—1895）

道格拉斯出生于马里兰州的奴隶制下，并且一直是一名奴隶，从事各种苦力劳动，直到 1838 年他逃到了纽约市。从 1841 年起，他在美国北部的废奴运动中发挥了领导作用，将他作为记者和演说家的自学的技能运用到废奴运动中。道格拉斯还写了三本自传，其中包括他作为奴隶的经历，并且表达了他关于黑人平权和赞扬黑人文化的观点。1845—1846 年，他为领导该运动，在英格兰、爱尔兰和苏格兰展开了一次广泛的旅行。内战前，他是亚伯拉罕·林肯（Abraham Lincoln）的忠实而积极的支持者，并对没有在联邦军队中获得委任而深感失望。战后，道格拉斯继续他的新闻工作和公开演讲，他还担任了一些政府任命的职务。他是第一位担任美国元帅的非裔美国人，而且被任命为海地高级外交官。

尽管道格拉斯在公众中有很高的知名度，但他仍然遭受种族歧视，这标志着后奴隶制时代非裔美国人的处境。他认为，这种歧视不符合共和国的建国原则和自然法，并强调非洲人对人类文明发展所做的贡献的重要性。

关键阅读：Andrews，1996；Blight，2018；McFeely，1991.

在强有力的演说和新闻稿中，道格拉斯通过提出与西方传统自然法思想相呼应的观点，挑战了反废奴主义者的出发点。正如我们将看到的，自然法理论家认为，政治权力和人类法服从于源自上帝的合法性的法律秩序的要求。然而，道格拉斯的方法是与众不同的，因为他认为，通过理性、情感和经验之间的互动，而不仅仅是靠理性，就可以获得自然法。这种方法拓宽了自然法的感性基础，增强了从中得出结论的权威性（Lloyd，2016，pp. 12 - 13）。它促进了一种普遍的人性的理念，这种普遍的人性被偏见、专制性法律和习俗、迷信所掩盖。它剥去这些面纱，拥抱有助于全人类的保存和繁荣的态度和行为，不分种族、宗教或国籍。对于道格拉斯和阿奎那而言，自然法是所有人类法体系的合法性基础。这个观念支撑他对美国最高法院维护奴隶主权利的判决的批判。道格拉斯指向更高一级的法庭，其判决是从属于这个法庭的，在这里自由的普遍权利是"不证自明的"。

> 来自大自然、良心、理性和启示的声音，宣告它是一切权利的基础，是一切信任和责任的基础……天空中的太阳对于视觉的作用而言，并不比人类的自由权利对于道德观念的作用更加明显。选择与权利为敌……就是选择与上帝为敌。是公开不服从上帝的管理（Douglass，2000，p. 348）。

虽然美利坚合众国建立在自由权的基础上，但道格拉斯认为，种族偏见在某些情况下由于教会的恶意影响而加剧，剥夺 300 万公民的自由权，损害了美国的根基。1852 年 7 月 4 日，道格拉斯在一次以白人听众为主的演讲中尖锐地指出，今天是"你们的国家独立日，是你们的政治自由日"（Douglass，2013，p. 25）：

> 我不属于这个光荣的周年纪念的范围之内！你们的高度的独立，只是显示了我们之间不可估量的差距。你们今天所享有的福祉并不是被共同享有的。你们父辈留下的正义、自由、繁荣和独立，是你们的，而不是我的……7 月 4 日是你们的，不是我的。你们欣喜，而我悲悼（ibid.，p. 25，30）。

他对他的非裔同胞被排除在政治共同体成员身份之外，以及建立共和国所基于的自由与平等理想实际上的被破灭而表示悲悼。

道格拉斯对《逃亡奴隶法案》的回应，使他对奴隶制的反共和含义有了清晰的认识。这个法案与自由理念不相容，而自由理念被认为是支撑美国的基础。这意味着那些致力于维护共和国法律和宪法的人也必然运用联邦政府权力惩罚那些从南方各州逃跑的奴隶，而支持（奴隶主）将奴隶视为财产，这不符合共和国最初的自由理念（ibid.，p. 22）。

在正式废除奴隶制之后，道格拉斯主张在符合共和国的建国理想的基础上，以及对其原初宪法的"通俗理解"（plain reading）之上，重建美国（ibid.，pp. 39 - 40）。"《宪法》和《独立宣言》……为我们提供了一个足够广阔、足够强大的平台，以支持最全面的计划，来实现这个国家所有人民的自由和发展，而不用考虑肤色、阶层或者地域"（Douglass，2000，p. 350）。直到黑人拥有投票权并充分获得法律保护，且州立法机构被剥夺通过歧视他们的法律的权利，共和国对"正义"和"自由"（ibid.，p. 353）的承诺才可能实现（ibid.，p. 578）。此外，道格拉斯认为，除非黑人能够摆脱根深蒂固的偏见的影响，白人只承认他们的成就，否认他们的种族，否则就不会实现完全的解放。这种潜移默化的力量（metamorphosing power）意味着，即使令人钦佩的黑人"并非是白人"，他们"也应该是白人"。白人只能承认黑人的成就："因此，种族本身缺乏高度自生和自我维持的文明的主观原始条件"（Douglass，2000，pp. 583 - 584）。为了使黑人从这些令人衰弱的错误观念中解脱出来，道格拉斯提倡由黑人经营并为黑人服务的机构推行公共教育计划，以恢复非洲和埃及文化的历史成就，并借鉴西印度群岛被解放的黑人最近的经验。这些计划将"培养男子气概……在有色人种中建立男子气概，教导他们男子汉般的独立和自尊的真正理念"（ibid.，p. 385）。

尽管杜波依斯的著作在内战之后很久才出现，但它们与道格拉斯的作品一样清楚地表明，正式的解放并没有给美国黑人带来实质性的自由。在 19 世纪 80 年代出版的一系列作品中，杜波依斯思考了现代美国黑人社区成员的发展问题，由于他们过去是奴隶，且一直受到系统的和普遍的歧视，杜波依斯呼吁非裔美国人不要否认其种族，更不要低估他们自己过去的成就和潜力，而是要发展他们与众不同的能力，这种能力能够为他们所属的民族共同体的"文明和人性"的进步做出贡献（Du Bois，1986，p. 825）。因此，在《黑人的灵魂》（*The Souls of Black Folk*，1903）一书中，杜波依斯认为，非裔美国人的目标不是要使"美国非洲化"，也不是"要在白人美国人主义的洪流中漂白黑人的灵魂"，而是"简单地要使一个人既是黑人，也是美国人，不被同伴诅咒和唾弃，机会之门不因他的种族而关闭"（Du Bois［1903］，1989，p. 5）。

76

威廉·爱德华·伯格哈特·杜波依斯（1868—1963）[①]

杜波依斯出生于马萨诸塞州农村的自由人黑人家庭，被公认为他这一代中杰出的非裔美国人知识分子。他在费斯克大学（Fisk University）接受教育，这所大学是内战后在纳什维尔为黑人建立的，之后他上了哈佛大学和柏林大学。他最初的兴趣是哲学，但在哈佛，他转向了历史和社会问题研究。他的哈佛学位论文《压制非洲向美国的奴隶贸易》（The Suppression of the African Slave-Trade to the United States，1895），在哈佛的历史研究系列中，是第一本被出版的著作。1896年，杜波依斯在宾夕法尼亚大学工作，对费城贫困黑人的生存进行了实证研究，探讨了历史和环境因素对他们贫困生活方式的影响。在《黑人的灵魂》中，他进一步叙述了奴隶制和歧视黑人对社会和心理的持续影响，这本书参考了历史学、社会学、传记和小说等资料。杜波依斯认为，未能向之前的奴隶及其后代提供有意义的自由和经济机会，从根本上说是不公正的，并剥夺了美国社会对其进步发展的重要作用。

在亚特兰大大学任教多年后，杜波依斯成了一个更加公开的活动家，他担任了全美有色人种协进会的研究和出版主任，并长期担任该协会《危机》杂志的编辑。这本出版物在推动非裔美国人艺术和文学的热潮中发挥了作用，以"哈莱姆文艺复兴"（Harlem Renaissance）而著名。杜波依斯也是泛非洲主义兴起的关键影响者，也是其走向国际社会的重要人物。从1910年左右开始，他越来越致力于社会主义，并且从20世纪20年代中期开始，在访问苏联之后，他开始认同共产主义运动。杜波依斯的左翼政治为他的职业生涯提供了新的方向，政治和思想的争议标志着他职业生涯的转向。杜波依斯在生命的最后几年加入了美国共产党，放弃了美国公民身份，并接受邀请，在刚解放的加纳生活。

关键阅读：Gooding-Williams，2009；Lloyd，2016；Reed，1997.

77　　在内战之前，黑人把解放看作通往应许之地的钥匙，那里比以往任何时候展现在疲惫的以色列人眼前的地方都更加美丽（ibid.，p.7）。当解放到来时，这些梦想并没有实现。相反，杜波依斯认为，在内战结束之后所有的破坏和悲伤中，被解放的奴隶的状况是最惨的景象。"身无分文……也无寸土……没有一口粮食，甚至衣不蔽体，这个被解放的奴隶的处境是对自由的嘲讽"（ibid.，p.120）。解放四十年后，从前的奴隶仍然不如"半自由的农奴"。无

---

① 威廉·爱德华·伯格哈特·杜波依斯，1868年出生于马萨诸塞州的大巴灵顿，毕业于费斯克大学，获哈佛大学哲学博士学位，他也是第一个获得哈佛大学博士学位的非裔美国人。1903年诞生了其最著名的著作《黑人的灵魂》，在该书中杜波依斯准确地预言道："20世纪的问题是种族歧视下的肤色界线问题。"杜波依斯批判了布克·托利弗·华盛顿对黑人进行工艺教育的主张。1909年全美有色人种协进会创建，他是创建者之一，后来由于发现社会科学不足以反抗歧视黑人的法律，为了影响公众舆论而转向政治活动。1910年至1934年一直担任全美有色人种协进会《危机》杂志的编辑。著有《约翰·布朗》（1909）、《黑人的重建》（1935）、《黑人的过去和现在》（1939）、《世界与非洲》（1947）等书。杜波依斯同情和支持中国人民的解放事业和社会主义建设。在中国抗日战争期间，他曾在美国为中国福利会筹募基金。中华人民共和国成立之后，他写信给宋庆龄，引中国为"真正的兄弟"，并为中国在世界"上升到应有的地位"而"满心欢喜"。1959年和1962年他两次访问中国。1961年，杜波依斯参加美国共产党；同年应加纳总统的邀请，迁居加纳，1963年加入加纳国籍，主持编纂《非洲百科全书》。1963年8月27日病逝。——译者注

论是解放运动本身，还是随后的投票，甚至是一些黑人为获得高等教育而进行的斗争，都没有在实现非裔美国人的愿望方面取得重大进展。相反，他们的人身自由和人身安全岌岌可危，他们陷入贫困，他们没有克服两个世纪奴隶制对家庭生活造成的破坏性和令人丧失信心的影响。在战后的几十年里，南方黑人的悲惨处境因经济制度而变得更加复杂，该制度使之前的奴隶遭受商人和地主的剥削，实际剥夺了他们依法受到保护的权利，一些州成功地剥夺了他们的政治权利。伴随着这些发展，白人和黑人之间的隔阂与日俱增。白人对共同分享优越感的诉求提高了白人工人阶层的社会地位，并为白人资本家对他们的剥削提供了心理补偿。工人阶层基于种族的诉求，还产生了一个由工人和资本家组成的跨阶层政治联盟，该联盟针对的是经济领域和黑人工人，以及社会和政治中其他阶层的黑人（Du Bois［1935］，1966，pp. 700 - 701）。

这些变化，以及歧视性地适用法律对黑人劣等的观念的强化，使得南方的黑人因白人劳工雇用者的剥削而沦为实际的奴隶。他们破坏了美国文化进步所依赖的"普遍的人性和共同的命运感"（Du Bois，1989，p. 150）。杜波依斯认为黑人被排除在美国公民福利之外的影响，以及他们持续暴露于种族偏见的影响，使他们超越了普遍人性的界限，这种评论呼应了卢梭的观点，即那些自我意识受到他人如何看待自己的比较性的意识所驱动的人，是有缺陷的。仿佛非裔美国人被一种"双重意识"所诅咒，"一种总是通过别人的眼睛来审视自己的感觉、一种用另一个世界的标准来衡量自己的灵魂的感觉，而这种标准总是带着嘲弄的轻蔑和怜悯"（ibid.，p. 5）。

尽管杜波依斯认为战后的经济关系在把之前的奴隶转变为农奴的过程中发挥了重要作用，但他强烈反对布克·T. 华盛顿（Booker T. Washington）提倡的经济改善方法，他是一位有影响力的黑人演说家、宣传家和组织者。华盛顿领导了一场运动，敦促雄心勃勃的黑人群体牺牲政治和公民权利，以及对高等教育的渴望，以专注于商业成功和获得财富。杜波依斯并不认为这种调整会真正产生广泛的经济利益，他坚决反对通过让黑人承受"工业奴役和放弃公民身份"来实现社群中黑人和白人之间的和解的观点（Du Bois，1989，p. 47）。这样的结果与美国赖以建立的平等和自由思想根本不相容（ibid.，p. 50）。取而代之的是，杜波依斯促进工作、文化和自由的融合，将追求财富置于自主发掘非裔美国人潜力的次要地位，以推进他所说的"美利坚合众国更伟大的理想"。如上所述，他没有从非裔美国人融入白人文化的角度来看待这个过程。相反，它要求两个种族的独特品质和历史文化经验对共同体的逐步发展产生影响（ibid.，pp. 9 - 11）。

◇ 结论

在《黑暗水域》（*Darkwater*）中，杜波依斯重申了早期促进女性解放的著作中提到的对女性的奴役，认为致力于普遍自由的国家的逐步发展，需要女性以及之前的奴隶群体成员的充分解放。杜波依斯的立场反映了这样一个事实，即随着许多西方社会在 19 世纪下半叶逐渐走向民主，整个欧洲的女性在社会和政治上一直处于从属地位，而且拒绝实质性地承认非裔美国人的平等权利要求，仍然是实现自由是政治的根本目的这一理念的重大障碍。此外，在这两种情况下，从生物学的角度假设黑人和女性都天然地不适合行使权利以自由生活，因而他们的从属地位隐性地和显性地都是正当的，对于这个假设，洛克、潘恩以及他们的英国、法国同时代人认为这是公正、有序的政治共同体的决定性特征。正如我们将在后面的章节中看到的那样，这些担忧并没有在 20 世纪消失，当时民主已经成为西方世界的常态。

4 自由、政治和社会

尽管穆勒承认社会的利益可能会因某些个人自由的行使而受到损害，但他认为属于个人⁷⁹的领域和属于社会的领域是分开的。在这方面，他的自由观与18世纪末、19世纪和20世纪的一些重要的政治理论家所提出的自由观有很大不同，他们声称自由是个人和社会运转相互作用的产物。这些思想家试图明确使这一独特的自由理念下的个人和社会利益最大化的政治和社会结构，他们还考虑了他们的理论对国际关系的影响。这一传统的起源见之于让-雅克·卢梭的著作中，G. W. F. 黑格尔和T. H. 格林将之发展。这些思想家认为，现代宪制国家为人类自由提供了新的重要的机会。马克思主义者和试图发展无国籍社会组织模式的无政府主义者不认可这个观点。

◇ 自由、社会与国家：卢梭、黑格尔和格林

尽管卢梭将自然状态视为完全自由，但他为之后有关自由、社会和现代国家政治特征之间的关系的讨论奠定了基础。在他的《论人类不平等的起源和基础》（*Discourse on the Inequality of Mankind*）中，卢梭追溯了社会的发展，以及农业和技术的改进对自然自由的影响。然而，卢梭警告说，这些假定的好处可能需要付出可怕的成本：书中最后描述了一个契约过程，通过这个契约，富裕和有力量但没有安全的人诱骗他们的同伴建立一个国家，加强现存的不平等并且加剧了富人对穷人的压迫。归根结底，奴役是普遍存在的：富人将权力交给专制者，以确保他们财产的安全，并确保大众继续服从。

> 这是不平等的最后一个阶段，而且是这个循环的极点，又回到了我们开始的地方。在这里，所有的个人再次变得平等，因为他们什么都没有。既然臣民除了服从主人的意志之外再无其他法律，主人除了自己的激情之外没有任何规则，那么善的概念和正义的

原则就消失了（Rousseau，1987，p.79）。

这种结果是悲剧性的，因为它集中体现了一个腐化的过程，而在其他情况下，这个过程可能总体上是有益的。社会性侵蚀了自然人的根本独立性，但它可以用支配和奴役取代这种独立性，或者用一种相互依存的形式来保护由它创造的共同体成员的身体、智力和道德的完整性。第二种可能性提供了一种希望，即自然自由可以转变为一种性质不同的自由，使人类能够从社会中获得纯粹的利益。这种自由是公民的或政治的，它只能存在于一个避免恶意、欺骗和强化前政治不平等的国家。

这些要求在卢梭最重要的政治著作《社会契约论》中得到了检视。它以一个关于文明社会中自由的两难困境的引人注目的陈述开始：

> 人生来是自由的，但却无处不身戴枷锁。自以为是其他一切的主人的人，反而比其他一切更是奴隶。这个变化是怎样产生的？我不知道。是什么原因使它成为合法的？我相信我能解答这个问题（ibid.，p.141）。[1]

与前面讨论的理论家一样，卢梭使用契约论来解释个人同意限制其自然自由并将自己置于政治上级指挥之下的过程。然而，对卢梭来说，这一过程要求完全放弃基于自然权利的主张，并将其重新定义为国家承认和保护的权利。在放弃自然权利时，每个人都回到了自然状态原初阶段的平等状态；权利的再创造表明，他们现在处于一个新的环境中，在这个环境中，必须根据他们通过形成政治社会所创造的共同利益来考虑权利需求。作为国家的一员，他们用自己的自然自由换取政治自由，换取一种既反映又促进相互依存的自由形式。

> 每个缔约者立刻就不再是单个的个人了；这一结合行为立刻就产生了一个在全体会议上有多少成员就有多少张票的有道德的共同体。通过这一行为，这个有道德的共同体便有了它的统一性，并形成了共同的我，有它自己的生命和意志（ibid.，p.148）。[2]

个人利益的范围因其与同胞共同关心的事物而扩大。这些关切是基于自由和平等的政治关系的核心，而不是由前政治存在的自然不平等所决定的。然而，对卢梭来说，社会契约的变革的含义并不适用于女性。卢梭的观点与他对人类变革可能性的总体观点大相径庭。卢梭声称，女性注定要处于一种自然的从属状态，这使她们无法享受男性通过社会契约获得的政治自由权（Okin，1992，pp.144-145）。

在追求共同或一般利益时，公民的行为是对一种不同于（但不一定排除）私人利益的共同利益的共同意志做出的反应。当卢梭明确要求国家的人民和以前一样自由时，他并不是说他们以同样的方式自由。相反，政治自由关注的是人们对他们的共同愿望的追寻。这个要求

---

① 卢梭.社会契约论.李平沤，译.北京：商务印书馆，2011：4.

② 同①20.

对国家结构和权力的行使方式具有重要意义。然而，这里需要注意的是，卢梭认为政治生活包含着一种独特的自由概念。国家成员放弃了自然的自由和独立，但他们有机会承担起相互依存与政治自由的道德的和智慧的挑战。因此，虽然卢梭以对自然自由的思考开始，但他最终确定了一种新形式的自由，这种形式的自由与个人在自然条件下所享受的自由在本质上是不同的。这种自由的观点在后来的政治思想中起了重要的作用。

卢梭认为，在国际环境中确保有益的相互依存，比在政治共同体中更具有挑战性。他把它与人类的自然状况做了不利的比较，把主权者比作那些嫉妒心强、缺乏安全感的人，他们正接近当时人们乐于称为"文明的社会"。虽然处于自然状态的个人对物质的渴望非常有限，但国家的规模或他们积累和消费的东西却没有自然的限制。因此，他们的行为总是贪婪和邪恶的。与从自然状态中脱颖而出的个人一样，国家统治者也会在比较中得到判断，因为他们的生存能力和弱点取决于他们相对于邻国的实力。因此，他们采取竞争性和压迫性的行为，以确认和培养他们的自我价值感，并威慑他人（Rousseau，2005b，p. 67）。此外，由于文明社会超越了自然状态的限制，国家间的冲突和自然人之间发生的有限的、断断续续的和无关紧要的暴力冲突大不相同。因此，国际环境在"战争状态"——一种公开的、有针对性的、旨在摧毁其目标的敌对状态——和"发动战争"，即"长期持续敌对行动"之间摇摆不定（ibid.，p. 71）。因此，对卢梭而言，国际环境中的关系类似于《论人类不平等的起源和基础》中描述的"非文明"社会的关系，而不是原始自然状态的关系。主权国家沉迷于需要在任何有机会的地方扩大其领土，对公共事业和正义漠不关心。

虽然卢梭得出结论认为，在腐败国家主导的环境中，和平共处是不可能的，但他承认，如果有关国家满足他在《社会契约论》中提出的合法性要求，那么实现这一目标可能会有一定的前景。卢梭提出了两种不同的可能性。第一个问题取决于他在该书中概述的关于规模、自给自足和阶级的观点，并在《政治经济学》（1755）中做了更详细的论述。在这些著作中，卢梭认为，财富的严重不平等侵蚀了共同利益感，使得政治权力更有可能被用来促进社会各阶层的特殊利益，而不是所有成员的共同福祉。同样，他坚持认为，拥有广泛的、因而在经济和社会上具有多样性的人口的国家，与人口较少、领土更为封闭的国家相比，维持合法政府的可能性要小得多（Rousseau，1987，pp. 124，167-168，170）。这些有关经济和地缘政治的思考表明，有益的共同体和真正的公民身份，最有可能在人口同质化、民族认同感强烈的小国蓬勃发展。公民通过限制他们的物质欲望，避免造成财富差距，从而导致压迫和恶性依赖，最大限度地减少了共同体对其邻国控制的资源的依赖，并大大减少了与他们接触的需要。因此，他们几乎没有理由卷入冲突，也不会有意外卷入冲突的风险（ibid.，pp. 130-131，169-172；Fidler，1999，pp. 128-130）。

如前所述，腐败国家相互作用的对立特征可以与卢梭在《论人类不平等的起源和基础》中所描述的不良的社会交往状态相比拟。即使通过减少合法的政治共同体之间的相互依赖来确保和平，他所主张的类似情况也会发生。但是，尽管这一论据可能表明冲突可以最小化，但它意味着，只有当国家重新创造一种缺乏积极道德意义或进步可能性的自然条件时，国际关系才能变得可以容忍。它假定缓解战争状态需要分裂和冷漠，而不是一体化、相互依存和共同承担责任的感情。

82 这一结论与卢梭关于人类自由内在含义的立场大相径庭，也许是因为认识到他探索了第二种更积极的模式，即通过联合秩序良好的国家而不是分裂的国家来缓解冲突（Fidler，1999，pp. 132–133）。然而，邦联的范围是有限的，看起来更像一个防御性联盟，它将帮助合法的政治国家抵御腐败的和掠夺性的国际行为者，而不是一个具有发展国际社会重要意义的完整统一的道德体系。

卢梭的思想引起了许多重要政治理论家的极大兴趣，其中包括黑格尔。由于黑格尔的《法哲学原理》（*Elements of the Philosophy of Right*）包含了诸如"真实是理性的""国家是自由的实现"等陈述，因此批评者很容易将他斥为绝对专制政府的辩护者。黑格尔是普鲁士政府雇员的事实有时被用来支持这种解释。然而，事实上，黑格尔是19世纪第二个十年普鲁士宪法和法律改革的坚定支持者（Wood，1991，pp. ix-x）。他认为，只有一个自由的、立宪的国家才能被视为自由。换句话说，只有现代国家（相对于古老的、封建的、绝对的或革命的国家）才能体现真正的自由。黑格尔的目的是展示自由在现代世界中意味着什么，并确定这一思想的政治含义。只有在这种特殊意义上，国家才能被描述为自由的实现。

格奥尔格·威廉·弗里德里希·黑格尔（1770—1831）

黑格尔，德国学院派哲学家，他综合了西方哲学史上出现的一系列关于人类经验的反思的重要却"片面"的概念。他写作美学、逻辑学、历史哲学、心灵哲学和科学哲学，以及政治哲学。他的主要政治著作《法哲学原理》（1821），在英语中常以《权利哲学》（*The Philosophy of Right*）而广为人知。

黑格尔的政治著作以国家为焦点，并通过对当时最先进的国家法国和英国的政治与经济发展的密切研究，呈现出对现代社会和政治生活的鲜明特征的理解。现代国家不是一个理想（柏拉图意义上的理想），但它代表了迄今为止最新和最完整的尝试，旨在创建保护个人自由的政治机构，同时认识到个人生命和意识是在与独立于特定个体的文化和社会力量的互动中形成的。黑格尔的国家以一种与亚里士多德的城邦思想相呼应的方式，将其他社会形式结合在一起，形成一个复杂、动态的整体，整合了人类经验的各个方面，使理性自由成为可能。因此《法哲学原理》讨论了家庭、"市民社会"（包括经济市场、一种明显的现代现象和从过去继承下来的集体责任机构）以及政府。

对现代国家的描述包括许多对西方政治哲学史的引用，其中柏拉图、亚里士多德和卢梭尤为突出。黑格尔的政治哲学对一系列后来的思想家都很重要，包括巴枯宁、马克思、T. H. 格林和现代"社群主义者"。

关键阅读：Avineri，1972；Wood，1991.

由于黑格尔认为人类思想是人类意识对人类经验的反映，他坚持认为哲学不能超越时代。*83* 因为哲学的作用在于理解，"自由指的是什么？"这个问题必须聚焦于现代世界中的"自由"需要什么。然而，黑格尔并不仅仅再现了关于自由的一般概念。相反，他试图在对人类愿望及其制度的表现进行哲学分析的基础上，确定"理性自由"的概念。

理性自由使有限或抽象的主张与社会、政治生活的需求和可能性相协调，促进对个人偏好的无障碍追求。当人们把自己与他人隔离开来，追随自己的任意冲动时，他们就没有自由。相反，当个人有意识地将自己的愿望和行动，与共同体其他成员的愿望和行动结合起来时，个人就在自由地行动（ibid.，pp. xiv-xvii）。通过这种方式，个人的行动是"普遍的"，因为他们超越了对外部力量的依赖，而这些外部力量是他们无法避开的又似乎完全脱离了他们的愿望和利益，而且往往明显地敌视他们的愿望和利益。"只有在这种自由中，意志才能自我完善……因为它只涉及自身，所以每一种依赖于自身以外的事物的关系都被消除。"因此，普遍性消除了对人类行动的重大限制，并开启了孤立的、不完整的个体的限制条件下所无法获得的可能性：意志"是普遍的，因为所有的限制和特定的个性……都在其中被取代"（Hegel，1991，p. 54）。这一立场的重要含义是，社会生活，或黑格尔同时代的德国人所说的社会责任，远不是人类自由的障碍。当人们对社会生活和制度的理解有助于个性（一种融入社会的自我意识），而不是被视为且在某种程度上实际构成个人自由充分行使的障碍时，自由将更加完整。

人的生命必须构成黑格尔所说的"实在的普遍性"（concrete universal）。实在的普遍性，避免了抽象的特殊性，一种将个体视为原子的观点，这种原子只能在机械的、某种程度上相互令人沮丧的组合中结合在一起（如同在霍布斯的《利维坦》中那样）。它规定了个人的主观自由（从而消除了"抽象的"或片面的普遍性，如在柏拉图的《理想国》中那样，这种普遍性只将个人视为集体的一员），并承认和体现了共同的需求。因此，它为个人提供了制定和追求反映其特殊性的目标的机会，同时也为合作的社会行动提供了空间。简言之，"实在的普遍性"既不废除个人，也不废除社会，而是有益地将两者结合起来。

在《法哲学原理》中，黑格尔将现代国家描述为一个实在的普遍性。这并不意味着它不能被改进，而仅仅意味着现代国家是黑格尔所知的理性自由的最完整的体现。在这种状态下，自由是真实的；也就是说，个人自由是有限度的，但它的行使与一种既真实又能被其成员认可的集体的善相协调（ibid.，pp. 288-289）。现代自由有三个维度："抽象自由"或个人的自由、良心或"主体道德"（subjective morality）以及"伦理"或社会生活。在第一种情况下，个体考虑他们自己是作为"单个人，不确定的选择者"（Wood，1991，p. xiv），他们将世界视为一个他们可以在简单任意的意识支配下行使自由的地方。黑格尔将这一概念描述为抽象权利的基础，通过法律制度而不顾权利用于何处从而保护权利。成年人也会根据良心的或主体道德的普遍价值观来评价自己的行为，这些价值观提供了一个内在有效的标准。然而，为了有效，这一标准必须得到集体地构成黑格尔称为"伦理生活"的社会制度的承认和保护。

84 伦理生活是自由的第三个维度，由于抽象权利和道德的不完整性与不稳定性，这一维度是必要的：

> 抽象权利和道德领域不能独立存在……；它们必须有伦理作为支撑和基础。因为权利缺乏主体性时刻（the moment of subjectivity），而主体性又完全属于道德，因此这两个时刻都不具有任何独立的现实性（Hegel，1991，p. 186）。

伦理生活通过维护人们认可其价值的制度来促进自由。黑格尔将这些制度分为三类：家庭、"市民社会"（civil society）以及"警察和同业公会"。家庭满足血缘关系产生的需求；它以爱为基础。人类生活的这一面，有助于促进理性自由，但其基础是自然而非理性。个人不能选择他们的家庭，虽然家庭成员身份是理性自由的必要条件，但这还不够。原因是单个家庭成员身份与他们各自家庭的身份融合，随着时间的推移，一个家庭分裂成多个家庭。因此，家庭生活未能充分识别其成员的特殊性，这也是一种不稳定的状况。

黑格尔界定了他关于家庭生活局限性的一般主张的一个重要的例外。他认为，女性的"职业""本质上只存在于婚姻关系中"，并通过提及他所认为的女性思想的独特类型来证明这一立场的合理性。因此，他声称，"尽管女性可能有洞察力、有品位和温柔，但她们并不拥有自由的理想"。因此，"当妇女负责政府时，国家就处于危险之中，因为她们的行动不是基于普遍性的要求，而是基于偶然的倾向和意见"（ibid.，p. 207）。这种特征是将女性的成就限制在家庭领域，并将她们排除在"市民社会"之外的结果，社会是公民身份发挥影响的领域。由此看来，（虽然黑格尔没有提出这一点）如果培养妇女在市民社会中发挥作用，她们的智力和道德倾向就会得到发展，使她能够在共同体的政治生活中充分发挥作用。

黑格尔认为，个人身份在"市民社会"中得以恢复。在某种程度上，这个词指的是一个承认并保护私人活动领域的现代"市场"社会，在这个领域，人们追求他们自己的利益。然而，与许多现代思想家不同，黑格尔并不认为市民社会可以简化为自利社会。相反，他坚持认为它具有社会层面而不仅仅是市场交易这只"看不见的手"的偶然后果（Wood，1991，p. xx）。市民社会有义务教育潜在成员，并有集体责任防止道德上的贫困（"pauperism"），因为这与它的精神不相容。此外，黑格尔认为，由于市民社会中的个人认同贸易和专业协会，他们并非纯粹自由流动和孤立。尽管这些制度为经济发展提供了一个社会层面，但黑格尔并不认为它们能够防止偶尔发生但具有破坏性的经济危机。因此，市场力量的发挥必须建立在由履行黑格尔所称的"警察职能"（police functions）的公共当局实施的一般监管框架内（Hegel，1991，pp. 260 - 270）。

因此，尽管市民社会为自由的某些表达提供了宝贵的空间，但它并不是理性自由的最终、自足的模式。现代社会需要一个政治国家来解决市民社会产生的紧张局势，并提供一个内在的、完全的，而不是部分的、在某种程度上偶然的社会共识。在他对现代国家政治层面的描

述中，黑格尔试图确定君主立宪制的理性维度。在这种国家中，君主象征着主体自由，其议 *85*
会（estates）代表着市民社会中的不同群体。由于它们是由其组成成员选举产生的，因此，
议会提供了表达其自由主体性的工具。最后，现代国家必须有一支专业的公务员队伍，致力
于共同体的普遍的或共同的利益（ibid.，pp. 282 - 359）。这些细节与黑格尔对同时代普鲁士
改革运动的兴趣密切相关。然而，重要的是要回顾，这个"政治国家"（本质上是政府机构）
只是现代国家的一个方面。现代国家这个实体包含整个共同体，因此是一个由思想、个人和
机构组成的复杂网络，共同构成理想自由并使之成为可能。

　　从自然自由的角度看待政治的思想家，将国家视为一个重要但有限的机构，能够将自然
自由的各个方面与社会生活的要求相协调。这一观点在卢梭的理论中起到了一定作用，因此
黑格尔批判卢梭试图从个人意志中得出普遍意志，并从必然基于自然人的任意意志和意见的
契约安排中推断国家（ibid.，p. 277）。针对卢梭理论的局限性，黑格尔认为，理性自由只有
在将政治理解为与特定类型的社会相关的情况下，才能包含对个人自由的可行方面。社会需
要政府，但其鲜明的特征不能仅仅通过提及自然自由的强制性社会协作的内涵来得到解释。
黑格尔的多层次的自由观支持了一种政治理论，该理论概括了现代国家的所有显著特征，并
产生了一种共同体理论，而不仅仅是一种政府理论。它还支持了一种独特的国际关系观，包
括对卢梭国际理论的含蓄批判和对康德国家理论的明确批判。

　　黑格尔在个人自由的条件和国家自由的条件之间进行了明确的对比。正如个人要想实现
自由就必须承认其他自由人一样，国家的自由也需要其他独立国家的承认：

　　　　作为这样的对其他国家而言是主权独立的国家，即获得其他国家的承认，这是它的
　　　首要的和绝对的权力诉求……一个国家的合法性，或更确切些说，在它转向对外关系的
　　　限度内，也即君主权的合法性，一方面在于一种完全是对内的关系（一个国家不应干涉
　　　其他国家的内政）。另一方面，同样是本质的，它必须通过别国的承认才变得完整。但是
　　　这种承认要求取得一项保证，它也要同样承认那些应该承认它的别国，就是说别国的独
　　　立自主性要得到尊重（ibid.，pp. 366 - 367）。①

因此，国家以一种与个人融入更为复杂的彼此不独立的市民社会和国家的相似的方式，融入
国际社会。从黑格尔的角度看，卢梭试图通过期望各国退回到类似人类自然条件的状态来缓
和现代国际环境中的非社会文明，这将是倒退和自我挫败的一步。

　　主权国家之间的关系采取基于协议的互动形式，因此类似于构成市民社会中个人互动的
契约安排。然而，它们之间的不同之处在于，前者远没有在高度相互依存的市民社会生活中
发展起来的关系复杂，而且它们不受既定权力结构的裁决和强制。它们只是一项"义务"， *86*
"应当遵守"，但仍取决于有关主权国家的积极同意（ibid.，pp. 368，367）。在这种环境下，

---

　　①　黑格尔. 法哲学原理. 邓安庆，译. 北京：人民出版社，2016：468，469.

分歧以战争告终的前景总是必然存在。黑格尔认为，康德试图通过联合欧洲各国来永久结束战争，这将剥夺主权国家成为一个政治共同体的自由成员所必需的特性。他的计划并没有废除冲突，而只是取代了冲突发生的关键点："国家是一个个体，对立面（negation）是个体特性的一个基本组成部分。因此，即使许多国家作为一个大家庭联合在一起，但这个联盟在其个性中也必然产生对手并制造敌人"（Hegel，1991，p.362）。此外，黑格尔认为，由于联盟需要国家间达成协议，它必须继续依赖于加入联盟的特定主权国家的意愿（ibid.，p.368）。因此，康德的立场被认为在原则上是错误的，并且不能在实践中有效地或一致地被应用。

当主权国家在国际舞台上采取行动时，它们这样做是为了促进其国家的福利，其他国家对它们的承认源于对它们在国际舞台上的作用的理解。他们的行动并不是指向国家以外的普遍利益，而是在于国家的具体需求。由于这些需求是构成国家整体的某些方面，黑格尔拒绝了那些认为追求国家利益是与道德相抵触的人的主张。"国家作为道德实体的直接存在，即它的权利，不是抽象的而是具体的存在……只有这种具体的存在，而不是被认为是道德戒律的那些许多普遍的想法中的任何一种，才能成为其行动和行为的原则"（ibid.，p.370）。黑格尔在这里批判的目标是康德的世界主义理念，该理念作为国际法和其他理论的原则，含蓄地贬低了国家的伦理目的。

由于主权国家致力于其本国的利益，而且没有主权者来解决它们之间的争端，战争是不可避免的，但绝不是永远存在的国际环境的特征（Hegel，1991，p.369）。黑格尔认为战争的特殊理由是不确定的，因为只有主权国家才能决定何时需要通过战争解决与其他国家的争端，或者遇到危险是否有必要采取先发制人的行动。与此同时，他注意到，欧洲国家的共同经验和价值观对它们如何应对邻国的行动和已有的意图具有重大影响。"欧洲各民族……由于其在立法、习俗和文化上的普遍原则而形成了一个大家庭，……以至于他们的行为会根据国际法适时调整，否则会被多边强加的邪恶主导"（ibid.，p.371）。这种共享国际文化的理念与伯克的理念相似，对各国的战争方式有影响。特别是，它鼓励他们将和平视为战争的结果，尊重大使，并且不要利用战争攻击敌国内公共的和私人的机构与利益（Hegel，1991，p.370）。

黑格尔坚持认为，尽管公民有义务在战争中发挥积极作用，如果有必要，他们也有义务牺牲自己的生命，但他们不应被视为在保护个体的生命和财产，因为这些必然受到战争的危害。相反，个人在战争中的责任涉及维护国家的独立和主权的道德必要性。在为国家而战的过程中，他们认识到他们的个性依赖于国家的自由，通过国家的自由，他们的自由得到了确认。从这个意义上讲，个人在战争中的牺牲体现了他们的意识，即自我依赖于融入国家。因此，黑格尔从国家的角度来考虑国际关系，以及就其在具体确认成员的自由方面的作用而言，完全符合其政治思想中强烈的以国家为中心的特点。

　黑格尔的政治理论受到了不同程度的欢迎。马克思和德国其他激进派对他的观点很感兴趣，尽管它很重要，但也被认为是极端反动的保守主义，因此外部评价褒贬不一（Wood，1991，p. viii）。他关于国际冲突和战争的观点在第一次世界大战期间也受到了尖锐的批评，理由是这些观点为战前德国军国主义文化的知识基础做出了"贡献"。可以说，这些批评是对黑格尔政治哲学的严重误解。他们当然没有充分重视那些被证明对格林及其追随者等 19 世纪自由主义思想家和当代政治理论家具有吸引力的特征。

与黑格尔一样，格林认为自由涉及个性和社会性的融合，并且提出要注意这些价值观在现代宪制国家的思想和制度中的体现。他认为，国家行为能够通过保护权利或主张自由行动来促进自由。国家制定的规则得到强制力的支撑，但也可以成为公民自由遵守的准则。良好的立法可以扩大公民自由行动的范围，消除因不当使用经济、社会或政治权力，以及因无知、恶劣的环境条件和历史原因而形成的根深蒂固的顺从习惯等带来的障碍。这些措施有助于促进格林的"积极"自由观——"一种做或者享受一些值得做或享受的事情的积极力量或能力"（Green，1986，p. 199；Morrow，2017）——这与自由政治的根本主旨相一致。

◇ 社会自由与国家批判理论：马克思

黑格尔的政治理论直到他去世近半个世纪后才对英语世界产生显著影响，但它立即受到德国激进思想家的批判性审视（scrutiny）。这些思想家对黑格尔试图调和自由个性与社会性的努力给予了认真的思考，但对黑格尔对宪法和自由经济价值的执念却给予了强烈的批评。就随后的西方政治思想史而言，对黑格尔最重要的回应是由社会主义者卡尔·马克思及弗里德里希·恩格斯提出的。

和黑格尔一样，马克思认为一个完整的自由概念必须考虑到人类人格的社会维度。然而，在马克思看来，权利哲学家未能理解人类意识、个性和社会性的真正基础。他认为，对国家的充分理解必须从人类生存基础的明确的概念开始，即人类生产生活必需品的社会条件。马克思声称，人只有自由生产才能自由；也就是说，在这种情况下，他们通过能够反映他们的本质的社会性质的合作互动，是为了满足其基本需求。

尽管马克思对这一论点的表述极其复杂（且具有争议），但他从中得出的含义相对清晰。它们来自他关于私有财产必然具有压迫性的主张。马克思认为，资本家对劳动者及其成果的控制，含有对人性和社会性至关重要的活动形式的"异化"（alienation）和丧失。异化涉及对人类行使其独特属性的能力的致命削弱，包括自由意志："工人的活动也不是他的自主活动。他的活动属于别人，这种活动是他自身的丧失"（Marx，1975，p. 327）①。

正如我们所看到的，黑格尔意识到经济不平等的潜在破坏性影响，并期待国家克服这

---

①　本书中所有涉及马克思、恩格斯、列宁等马克思主义经典作家的文献，其译文均参照使用了人民出版社出版的权威中译本。——译者注

88 些影响。然而，马克思认为，国家无法实现这一有价值的目标，因为它的结构和精神是私有财产侵入社会生产领域所带来的不平等的产物，并反映了这种不平等。这些不平等导致阶级对立，在一个阶级分层的社会中，不可能有真正的共同体意识，不可能有全体的或普遍的利益。国家也不能被视为一股无私的力量，在勇敢地努力解决阶级紧张关系或限制它们对自由的影响。相反，现代国家，就像它之前的所有国家一样，只是统治阶级利益的反映。尽管国家表面像是普遍利益的体现，但它的行为反映了（以或多或少隐蔽的形式）马克思所谓的"社会生产关系"中所蕴含的压迫倾向。马克思写道，"实际上国家不外是资产者为了在国内外相互保障各自的财产和利益所必然要采取的一种组织形式"（Marx & Engels，1968，p. 59）。

马克思的结论是，自由的实现必须等到政治制度以及支撑这些制度的经济剥削和不平等制度被推翻之后。真正和普遍的自由需要一个"共产主义的"（这意味着生产资料是集体的而不是私有的）和无国家的社会体系。马克思主义者认为，只有私有财产和国家被摧毁后，才能获得自由。这一总体立场得到了其他一些社会主义者的支持，他们从无政府主义的角度看待共产主义。

◈ 自由与无政府状态：戈德文、蒲鲁东、巴枯宁、克鲁泡特金、施蒂纳、沃伦和塔克

如果我们认为国家是政治的主要内容，那么无政府主义正如通常被理解的那样，它指的是政治的终结。无政府主义者对国家的排斥取决于一种信念，即它必然与自由和人类福祉背道而驰。所有无政府主义者都将自由视为一种基本价值，但他们对从这一观点中应得出的含义持有不同的观点。一些无政府主义者提倡自由的社会性概念，试图避免马克思主义者的革命社会主义形式的专制内涵，而另一些人则关注个人的自治，并将国家的要求视为对个人的威胁。

后一种观点首先在威廉·戈德文（William Godwin）的《政治正义论》（*Enquiry Concerning Political Justice*，1793）中得到系统的阐述。戈德文的政治思想的特点是关注理性的独立性，以及对英格兰乔治王朝（Georgian England）的政治和宗教体制的许多特点的质疑。政治正义取决于人们是否有能力公正地看待自己和他人的利益，并以最大限度地提高人类幸福的方式行事："通过正义，我理解，公正地对待每个人的幸福问题，这完全是通过考虑接受者的财产和给予者的能力来衡量的"（Godwin，1969，vol. i，p. 126）。政治正义是"理

89 性的仁爱"的产物，是一种由理性引导的、考虑他人幸福的意图的产物。戈德文认为，自由对仁爱是至关重要的，因为诉诸胁迫会以基于恐惧的计算取代理性的深思熟虑和理性的同意。因此，他拒绝敌视理性的人类能力的运用和发展的各种态度、实践与制度。许多这种强制性

的影响都与 18 世纪欧洲的君主的和贵族的文化有关，但戈德文对国家的批评是一般意义上的。国家通过法律体系运转，这些法律体系盲目地预先决定了应该如何评估和回应各种行为。此外，由于法律的最终制裁是强制而非理性，戈德文认为，政府既不能尊重理性，也不能创造一种环境，让理性成为人类行为的基础。戈德文期待着国家被小而亲密的共同体取代，在那里，个人只会受到邻居的理性和非强制性的影响（Godwin，1969，vol. ii，pp. 191－212）。

威廉·戈德文（1756—1836）

哲学家和小说家威廉·戈德文在当代享有盛誉，他是伦理学和政治学中极端理性主义的支持者。人们普遍认为，他在其名著《政治正义论》中，首次对于无政府主义立场进行了现代的和系统的论述。这部作品一问世就引起了

轰动，它系统地批判了强制（coercion）在最文明的国家中所起的作用，并质疑了所有形式的非理性的权力，包括那些在政治共同体中所行使的权力。

关键阅读：Philp，1986.

戈德文的实践的政治方案（political prescriptions）非常谨慎。例如，尽管他承认革命可能是将社会从暴政中解放出来的必要条件，但他对革命促进人类和社会进步的能力并不乐观：它们依靠暴力并制造了几乎不可能理性思考的局面（ibid.，pp. 272－273）。19 世纪的无政府主义者经常将戈德文视为发展无政府主义思想的重要人物，但那些采用这种学说的革命社会主义版本的人放弃了他的实践的谨慎，并拒绝接受他将社会的影响力视为个人自主性的威胁的倾向。对社会无政府主义最重要的论述是由法国思想家蒲鲁东及两位俄罗斯思想家巴枯宁和克鲁泡特金创作的。

蒲鲁东认为，由于权力和自由是人类存在的不可避免的、相互依存的事实，因此有必要确定以自由平衡权力的社会和政治组织形式，以便最大限度地扩大自由的范围。他认为，只有无政府状态，"这种只有交易和交换才能产生社会秩序"的制度，能够满足这个要求（Proudhon，1979，pp. 6－7，11）。无政府状态是通过一个承认参与者自治的契约进程而产生的，并生长出一个联盟（federation）而不是一个中央集权的国家：

> 联盟契约的本质和特点是什么……在这一体系中，缔约方……不仅承担双边和沟通的义务，而且使契约为他们保留比他们放弃的更多的权利、更多的自由、更多的权力和更多的财产（ibid.，p. 39）。

中央政府将被一个由地方当局和公民自己所主导的机构取代。联盟是"在任何时候通过将自身权力与中央权力减少到意识和道德水平所允许的程度来统治每个人"（ibid.，p. 49）。蒲鲁东将无政府状态所创造的秩序与中央集权国家中破坏自由的混乱进行了对比："你们所谓的统一和中央集权只不过是永久的混乱，为无休止的暴政提供基础；它助长了社会力量的混乱状态，为专制主义辩护——专制主义是混乱的真正原因"（Proudhon，1923，p. 246）。

皮埃尔-约瑟夫·蒲鲁东 （1809—1865）

蒲鲁东在法国中南部的朱拉（Jura）地区的简陋环境中长大，成年后从事印刷贸易。当他在印刷厂工作时，他继续接受教育，到19世纪40年代，他已经成为一位重要的激进思想家。起初，他的思想受到马克思的赞赏，但随后蒲鲁东发展成为一个无政府主义者，拒绝资本主义，同时仍然承认私有财产形式，这使他成为马克思主义批判的目标。与其他无政府主义者一样，蒲鲁东寻求一种联盟模式来协调大规模的人类互动，同时避免破坏自由和反向地诉诸政治权力和国家。他的最重要的政治著作是《什么是财产？》（1840）、《贫困的哲学》（1846）、《19世纪的革命观》（*The Idea of the Revolution of the Nineteenth Century*，1851）以及《联盟》（*Federation*，1863）。

关键阅读：Avrich, 1988；Woodcock, 1965.

对蒲鲁东和其他许多无政府主义者而言，维护自由需要经济和政治变革。蒲鲁东认为联盟的原则是这一进程中的一个关键因素。他将资本主义描述为一种"金融封建主义"制度，并认为必须由一个"农产工业联合会"取代资本主义，该联合会将组织公共服务，并监管契约中成员的个人和协会的经济状况（Proudhon, 1979, pp. 70-71）。大型工业企业将由工人协会控制，这些协会必须抵制侵犯其成员自主权的诱惑："最好的协会是由于有了更好的组织，使自由扩展到最大，使牺牲降低至最小。"（Proudhon, 1923, p. 98）

在蒲鲁东对无政府主义的描述中，联盟是不破坏个人自由的社会团结形式的关键。强调自由与团结的结合也是无政府主义的社会主义者的思想的中心主题。在巴枯宁看来，这一点是通过提及人类意识的处境提出的。巴枯宁借鉴了黑格尔的理论，将人类自我意识视为相互作用的产物。因此，他认为只有在自由社会的语境下才能理解个人自由：

> 自由……指被（另一个人）和他周围的所有人承认、考虑和对待……任何个人的自由无非是他的人性和他的人权在所有自由人——他的兄弟、他的平等者——的意识中的反映（Bakunin, 1973, p. 147）。

这一学说结合了法国革命者的两个口号——"自由"和"博爱"——并隐含了第三个口号："平等"。与其他社会无政府主义者一样，巴枯宁认为资本主义产生的不平等与自由和博爱都是不相容的。资源的社会控制将承认人类生活固有的协作性，并确保它们不会成为某些人剥夺其同胞自由的手段。巴枯宁认为，任何形式的权力都与人类自由和自由社交不相容。

米哈伊尔·巴枯宁 （1814—1876）

巴枯宁是俄罗斯贵族的儿子，他成年后的大部分时间都在欧洲各国传播无政府主义，参与徒劳的革命密谋。他对农民的革命潜力的看法在意大利和西班牙的部分地区很有影响。巴枯宁对西方政治思想的中央计划经济传统（statist tradition）以及放弃自由的社会契约理论提出了猛烈批评。他还谴责了对革命精英的依赖，这种依赖体现在 19 世纪社会主义的许多形式中，包括对卡尔·马克思的认同。他与马克思就革命策略进行了激烈的争论，并与马克思为争夺欧洲社会主义者组织第一国际的控制权而斗争。巴枯宁谴责了他所看到的马克思革命变革理论的"专制"内涵，后来把马克思的整个哲学视为一门伪科学，威胁到工人阶级的自发性。他的政治思想发表在一系列小册子中；他最为成熟的著作《国家制度和无政府状态》（*Statism and Anarchy*，1873），是对马克思主义的批判的延续，在他被逐出第一国际一年后发表。

关键阅读：Avrich，1988；Crowder，1991.

巴枯宁认为无政府状态是一种新的社会秩序，在这种秩序中，对人类自由的唯一限制来自道德和智识的影响。外部强加的权力将被一扫而光，取而代之的是自我认可、自我设立的科学权威和作为人类交往基础的自然法则。在一个真实的社会里，人们

> 不是因为别人的意志或压迫，也不是因为国家和法律的压迫，这些压迫是由人来代表和执行的，也会使他们反过来成为奴隶，而是因为社会中的实际的组织，它使每个人都享有最大可能的自由，却不赋予任何人凌驾于他人之上或支配他人的权力，除了通过他们自己的智识或道德的品质，这些绝不被允许转化为一种压迫的权利，或者得到任何政治组织的支持（ibid.，pp. 152 - 153）。

如果人们的生活集中在小规模的组织中，反映了部分人口的自然社会性，这些条件就能够得到满足。各自治区应该通过一个促进协作的联盟制度联结起来。因此联盟主义给共同体带来的好处与无政府主义给个人带来的好处是一样的。

巴枯宁对国家的排斥基于这样一种理念，即社会生活是自然的，不必通过政府的干预性监督来维持。对无政府主义者而言，国家对自由的不必要的限制损害了社会性。这一论点显然与主流政治思想不一致。尽管西方政治思想史呈现出对政治目的的一系列论述，但人们普遍认为，国家是人类生活不可避免且重要的面相。19 世纪末，反思自然选择理论的政治含义的思想家重申了这一信念。因此，赫胥黎（Huxley）［他认为自己是查尔斯·达尔文（Charles Darwin）的追随者］认为，国家确保了生存的斗争被引导向共同体的利益（Huxley，n. d.，pp. 339 - 340）。赫胥黎的论点暗示了对无政府主义的挑战，因为它认为国家是必要的，并且通过引用一种流行的科学理论为其辩护。彼得·克鲁泡特金接受了这一挑战，他是 19 世纪末社会无政府主义的主要倡导者。

92

彼得·克鲁泡特金（1842—1921）

克鲁泡特金出身名门贵族，曾在俄罗斯帝国学院（Russian imperial of college of pages）工作并在帝国军队服役。他后来获得地理学家以及温和而卓有成效的无政府主义革命理论家

的美誉。克鲁泡特金在流亡伦敦之前，曾被关押在法国和他的祖国俄罗斯。他将无政府主义视为一种基于科学的社会和国家理论，这一理论在 1897 年出版的《互助论》（*Mutual Aid*）中的一系列文章中得到了最全面的阐述。与其他一些 19 世纪的无政府主义者一样，克鲁泡特金将国家与特权和剥削制度联系起来，这些制度破坏了合作，阻碍了互助。因此，无政府主义意味着国家、资本主义和私有财产的终结；它期待着一个无国籍的未来，那里的需求将通过自治的人类的自发合作得到满足。

关键阅读：Avrich, 1988; Cahm, 1989; Crowder, 1991.

在《互助论》一书中，克鲁泡特金调查了大量历史的和科学的数据，他认为这些数据能够支撑关于人类生活的合作和社会的基础的一种无政府主义理念。对自然世界和人类世界的考察使克鲁泡特金拒绝接受赫胥黎对生存斗争的理解。他认为，生存和发展的物种是由于它们的"互助"的能力而与众不同的。克鲁泡特金承认斗争在这一过程中发挥了作用，但他认为斗争是针对外部势力进行的，而不是在同一物种的成员之间进行的。自然选择增强了物种和群体内部的合作行为，消除了反社会性的倾向，并产生了进化发展模式和优先合作、阻止冲突的社会道德体系。

克鲁泡特金对人类社会发展机制的解释没有给国家留下任何空间。人类天然的社会性，以及他们所取得任何进步都遵循一种进化模式，可以用互助原则来解释。对克鲁泡特金而言，国家是人类历史上的一种反常现象，它出现的时间相对较晚（Kropotkin, n. d. , pp. 216 - 222）。在提出这个观点时，克鲁泡特金赞扬了中世纪欧洲行会制度的优点，认为它为互助原则提供了一个成熟的例证。值得注意的是，现代国家的崛起导致了行会社会的毁灭。为了取代合作自治，国家从顶层开始，通过采用一系列理论寻求证明其合理性，这些理论将政治权力作为社会生活的前提（ibid. , pp. 226 - 227）。克鲁泡特金认为，国家是与互助原则永久对立的，而且是根本上反社会性的。它建立在部分的和阶级统治的基础上，尽管有着精心设计的意识形态外衣，但它无法实现它所承诺的安全和繁荣。取代了和谐、正义、和平和进步，国家产生的是冲突、不公正和停滞。对克鲁泡特金来说，政治权力的倒退效应体现在国家对法律的依赖——一种强加的、麻木不仁的、非个人的监管体系，以及刑罚的残酷性，这是其依靠镇压作为社会控制的工具而产生的合乎逻辑的结果（Kropotkin, 1971, pp. 338 - 372）。

93　　与其他革命无政府主义者一样，克鲁泡特金认为，现代资本主义国家的崩溃将为重建基于自然原则的真正的社会提供机会。他还赞同无政府主义者的普遍观点，即革命过程不应以革命的政府或"国家社会主义"的权力取代资本主义国家而被扭曲。在克鲁泡特金看来，无政府主义应该建立在分散的地区共同体组成的联盟或志愿协会的基础上，这将体现所有的社会利益。与蒲鲁东和巴枯宁不同，克鲁泡特金认为这些公社的组织原则应该是集体主义而不是"互惠主义"。也就是说，公社本身应该拥有所有生产资源，而不是由从事特定生产形式的人相互控制。共同体将负责根据需要而不是贡献分配商品。克鲁泡特金认为，这些安排将最准确地反映互助的自然原则：自愿结社是指共同体的所有成员都可以行使和发展其"自由主动、自由行动和自由结社"的能力。集体主义承认社会存在的基本的互动性和整体性。目标是"为了实现所有可想象的目标，在所有方面、所有可能的程度上，促进个性的最全面发展和志愿协会的最高发展"（Kropotkin，1970，pp. 127，123）。

在 19 世纪末 20 世纪初，社会无政府主义者关于如何推进其革命社会主义计划的观点与卡尔·马克思的追随者的观点发生了冲突。从一开始，社会无政府主义就面临着来自无政府主义中强烈的个人主义派别的拥护者的挑战。马克斯·施蒂纳（Max Stirner）在《唯一者及其所有物》（*The Ego and Its Own*）一书中明确指出了社会主义和个人无政府主义之间的潜在冲突。与马克思一样，施蒂纳也是黑格尔的激进批评者，但他拒绝接受所有关于自由的社会概念，包括那些与革命社会主义有关的概念。在《唯一者及其所有物》一书中，施蒂纳区分了政治自由主义和社会自由主义或共产主义，政治自由是一种以个人平等为目标并促进理性民主国家的理论。政治自由主义将个人置于理性国家之下，而社会主义将个人置于"社会"之中：根据后者，"每个人都是一无所有，正如根据政治自由主义，没有人能够自行建立秩序"；在这种情况下，只有国家才能获得命令，因此，现在只有社会才能掌握财产并让个人为之工作（Stirner，1995，p. 105）。

马克斯·施蒂纳 （1806—1856）

施蒂纳出生于拜罗伊特，原名约翰·卡斯巴·施米特（Johann Caspar Schmidt），在柏林大学、埃尔朗根大学和柯尼斯堡大学（the universities of Berlin, Erlangen and Konigsberg）就读期间，他平淡无奇。19 世纪 40 年代初，施蒂纳在柏林任教师期间与自由派有联系，自由派是一个激进的黑格尔团体，弗里德里希·恩格斯参加了该团体的会议。他的主要政治著作

《唯一者及其所有物》于 1844 年出版，受到广泛批评。它对一系列政治的、社会道德和宗教思想、实践以及强加在他所谓的"自我"身上的假定义务提出了激进的批评，拒绝保守和自由国家以及激进民主党人和革命社会主义者提倡的替代方案。

关键阅读：Carroll，1974；Leopold，1995；Paterson，1971.

这一批评脉络是施蒂纳希望维护他所谓的"自我"的完整性的结果，他不把"自我"理解为一系列欲望或一个传统上的自私的个体，而是把它理解为一种空虚的潜力，通过接受世界提供的任何东西来填满自己。施蒂纳与他同时代的激进人士一样，厌恶宗教、君主制和祖国，但他远远超越了这些，并且拒绝所有的理想，理由是这些理想将外部标准强加给自我，并试图为异己的事业而动员它。在施蒂纳的描述中，自我被道德、宗教和政治观念所迷惑，这些观念仅仅是对他人愿望的狡诈的和自私的体现。由于这些强制措施是由个人采取的，因

此它们特别顽固。这些想法就像幽灵一样，萦绕在那些被超自然的幽灵所附的人的头脑中，它们是想象力的产物，这些想象力重新控制并使创造者感到恐惧。正如施蒂纳所说：

> 人啊，你的脑袋里在闹鬼；你脑子里有转轮！你想象着伟大的事物，为自己描绘出一个神灵的世界，一个你以为自己会被召唤到的精神世界，一个理想在向你招手的世界。你有个固定的想法！……一个让人屈服的想法（ibid.，p. 43）。

由于施蒂纳的写作受到了黑格尔政治哲学的影响，并受到了这一普遍立场的激进延伸的影响，因此，国家是他希望安息的幽灵之一也就不足为奇了。然而，他的无政府主义思想非同寻常，不仅拒绝政治权威，而且拒绝所有要求个人效忠和尊重的思想与做法。共同体、"仁慈"（humanity）、爱、财产和宗教都是对自我的否定。一旦人们了解了这一点，这些幽灵将被驱逐；自我将重新获得它的纯洁性，并且可以开始实现它自己制定的目标。这些目标通常需要与其他自我互动，但施蒂纳将这些工具性交流与传统的和激进的社交观念区分开来。当利己主义者合作时，他们从自己的角度出发，基于自己对自身利益的角度进行合作；他们不会因为相信自己在为非自身或"公共利益"的事业做出贡献而采取行动。

施蒂纳拒绝所有建立在非个人要求之外的人类行动的出发点，留下一个由道德上和心理上自得的人组成的环境。因此，他的理论体现了一种极端个人主义的无政府主义形式。然而，矛盾的是，它并不排除某些形式的统治。相反，施蒂纳认为有些人可能会选择在他人的绝对控制下行事。然而，在这样做的过程中，他们屈服于更强大的力量或吸引力，并不是因为他们相信其他人要求他们的忠心（ibid.，p. 150）。在这种关系中，就像在其他施蒂纳式（Stirnerian）的关系中一样，没有思想的一致：每一方都以自己的角度与另一方相联系。即使在施蒂纳式的世界中出现大规模的合作或服从，也不会为国家提供基础，因为自由的人缺少社会和政治关系所必需的任何心理的和道德的特征。

这个令人不寒而栗的结论反映出一种信念，那就是即使自由也能获得偶像地位，使自我为之牺牲。施蒂纳的极端主义是不寻常的，但他对社会整合的破坏性影响所表达的保留态度是个人主义无政府主义的一个特征。例如，19 世纪中叶的美国思想家乔赛亚·沃伦（Josiah Warren）将自由定义为个人的主权，并认为这与社会安排是不相容的，因为社会安排只意味着一种微不足道的联合："人类能够认识自由的唯一基础，是**分离、分裂和个体性**"（Warren，1970，p. 322）。国家之所以必要，只是因为人类变得相互依存，并发展出"统一"的利益。沃伦对这个问题的解决办法是通过敦促个人自立和独立，使政府变得不必要：

95

> 如果政府起源于共同利益，如果政府和自由不能共存，那么我们的问题的解决方案就要做到没有共同利益需要被管理……**所有利益和责任必须完全个性化，在人类的合法自由得以恢复之前**——在每个人都能拥有自己的主权而不侵犯他人的主权之前（ibid.，pp. 325，329）。

沃伦关于自由和社会性之间的紧张关系的论点，以及他试图通过减少相互依赖来化解这种紧张关系的尝试，在他的美国追随者本杰明·塔克（Benjamin Tucker）的著作中得到了回应。塔克对比了自由个体之间竞争的益处和集体行动在垄断中受到保护的趋势，后者对某些群体有利（Tucker，1970，p. 175）。无政府主义削弱了土地、资本和专业服务领域垄断的基础，因为无政府主义将国家的支持从这些领域撤出了，并将这些生活领域开放给充满活力的个性化竞争。这一原则也适用于个人保护。该职能没有必要被国家垄断；事实上，国家垄断造成了许多危险。因此，塔克寻求自愿的自卫协会或商业机构为个人提供保护，而不需要损害个人自由的权力机构（ibid.，p. 181）。

◇ 结论

在当代政治理论中，穆勒的自由观与卢梭、黑格尔和格林的自由观之间的对比反映在"自由主义者"和"社群主义者"之间的辩论中。这场辩论是对约翰·罗尔斯（John Rawls）和罗伯特·诺齐克（Robert Nozick）这两位 20 世纪末美国最重要的政治思想家思想的回应。罗尔斯发展了一种论点来支持那些使"正义即公平"（justice as fairness）的理念发生效果的制度。这些制度必须满足两项原则：每个人都对最广泛的自由享有平等的权利，而这最广泛的自由与其他人所享有的相似的自由是兼容的；社会的和经济的不平等只有在给最弱势的群体带来最大利益时才是正当的，并且依附于工作和职位通过机会平等向所有人开放。罗尔斯坚持认为，这些原则中的第一条优先于第二条，"限制自由只能是为了自由"（Rawls，1973，p. 302）。在诺齐克的作品中，对自由的强调以一种毫不妥协的形式出现。他从人类作为不可侵犯的自然权利的持有者的理念开始，并认为这些权利为合法的政府行动留下了非常有限的空间（Nozick，1974）。

罗尔斯和诺齐克都认为，个人有机会制定和追求自己的目标是很重要的，当然，前提条件是他们承认他人享有类似的自由。尽管这条总的争论脉络在西方政治思想史上发挥了重要作用，但正如我们在本章中所看到的，还有一种替代立场，将自由定位于人类人格的社会层面，并强调社会成员身份对个人行动的影响。在当代政治思想中，这一社群主义立场在回应罗尔斯和诺齐克的作品时得到了重申。尽管他们对个人权利来源的描述存在差异——诺齐克认为个人权利是基础性的，而罗尔斯将个人权利归源于契约过程——两位思想家都被他们的社群主义批评家描述为"权利至上理论"的支持者（Taylor，1992，p. 30）。因此，这些理论可以被视为个人自由限制政治范围这一理念的现代表达，它对政治权力的行使方式具有重要影响。

相反，现代社群主义依托一种社会性的自由概念，这一概念与卢梭、黑格尔和英国理想主义者的理论密切相关。加拿大哲学家查尔斯·泰勒（Charles Taylor）在其著作中已将黑格尔的立场与之做了相当明确的类比（Avineri and de-Shalit，1992，p. 2）。与黑格尔一样，社群主义者相信伦理原则植根于社会观念和制度之中。此外，他们认为，社会必须被视为共同体，作为制度、同理心和观念的先在结构，而不是基于个人同意的契约。社群主义者将迈克尔·桑德尔（Michael Sandel）所称的现代自由主义的"不受阻碍的自我"（unencumbered self）与社群成员身份产生的"嵌入的自我"（embedded self）进行了对比。他们认为，自由主义理论建立在"不受阻碍的自我"的概念之上，而这个概念不能够揭示，人们对于他们自身的理解是他们在一个社群中所处境况的结果。

在泰勒的表述中，社群被认为拥有共同的文化，而文化内的融合是任何有意义的道德自主概念的先决条件。泰勒将他的观点与权利至上理论所隐含的观点进行了对比，权利至上理论认为个人可以在"社会之外或某种社会之外"发展其独特的人的属性（Taylor，1992，p. 35）。在桑德尔的著作中，关于自由主义人性观的经验谬误的争论与关于社会和政治生活概念的内在利益的主张密切相关，这些概念植根于独特的社群中。这些概念指向个人繁荣的理念，这些理念是建立在公共善的背景下的。桑德尔声称，作为"道德纽带"的社群成员身份是"选择的先决条件……与参与者的身份和利益密切联系，并且使其成员参与到比不受阻碍的自我所能了解的更彻底的公民身份中"（Sandel，1992，p. 19）。对迈克尔·沃尔泽（Michael Walzer）而言，国家的概念本身就需要公共善的理念："国家不仅管理一块领域和一个随机的个人的集合，它们也是公共生活的政治表达"（Walzer，1992，p. 78）。

值得注意的是，社群主义者的反对者没有必要承担那些归咎于他们的后果。例如，威尔·金里卡（Will Kymlicka）认为，自由主义可以在不否认集体努力重要性的情况下保持其完整性。他声称，社群主义者未能将"集体行动"与"政治行动"区分开来，因此忽视了自由价值观在多大程度上保护了前者不受后者侵犯的权利。例如，言论自由和结社自由（穆勒的两项基础性自由）是赋予个人的权利，但如果要制定和追求集体目标，这些权利也是必不可少的（Kymlicka，1992，p. 175）。根据这一观点（无意间呼应了托马斯·潘恩的立场），社群反映了自然的社会互动，并且不需要政治处方，事实上甚至可能受到扭曲的自愿合作"正常进程"的政治处方的阻碍。

除了认为自由主义的政治观念不排除公共价值观之外，自由主义立场的支持者还认为，社群主义是保守的，在道德上是相对论的：它过分强调现有的价值观和信念，否认普遍标准的有效性。迈克尔·桑德尔对"公民共和主义"理念的呼吁在这两个方面都受到了质疑。对桑德尔来说，公民共和主义隐含在我们（美利坚合众国）的传统中。然而，正如埃米·古特曼（Amy Gutmann）所问的那样，人们是否希望重振传统中"排斥妇女和少数族裔，以实现公共善的名义压制最显著的背离白人的新教道德的那些内容"（Gutmann，1992，p. 132）？

5 政治、幸福和福利

本章从政治的主要目的是促进人类利益、幸福或福利的假设出发，讨论一些理论。它们将政府视为一个机构，承担着独特的和普遍的责任，以确保受其约束的人尽可能多地享有生活的便利条件。虽然这些理论家中的一些人认为，这种责任意味着政府在分配物质产品等方面发挥积极作用，但这并不是这一观点的必要特征。在其他一些人看来，政府的作用是保证人们交往的框架，在这个框架内个体能够追求他们所理解的自身的最大利益。

乍一看，幸福或福利是政治的目的的说法是不证自明的，并不能为这一主题的独特研究提供基础。然而，这一判断值得怀疑。虽然我们可以接受政府活动与提高普通民众福利之间的密切的和直接的关系，但前几章表明，关于政治目的的一系列其他观点在政治思想史上十分突出。即使撇开那些将任何看似合理的个人和社会福利概念屈从于非个人目的的理论不谈，例如为了种族的利益，或者为了实现马克思主义者提出的目标，许多政治思想家都将幸福或福利与一些显然是最基本的价值联系起来，并用他们自己的政治术语理解幸福或福利。

本章所讨论的政治目的的理论是特别的，因为它们将人类福祉作为政治分析的起点。在这里讨论的理论中，人类利益、人类幸福或普遍福利被视为主要的政治价值，为评估政治制度和行动提供了标准。由于这种政治观点是一种明显的现代观点，本章主要集中于 18 世纪和19 世纪的思想家。本章首先简要介绍了 18 世纪晚期英国哲学家威廉·佩利（William Paley）发展起来的基督教功利主义。其他早期欧洲功利主义理论的支持者，如修道院院长阿贝·圣皮埃尔（Abbé Saint-Pierre），也讨论了人类幸福与基督教信仰的关系。然而，在其发展的形式中，该学说从根本上说是世俗的，并以所谓"科学"政治研究方法为基础。这一发展可以追溯到苏格兰的大卫·休谟（David Hume）、法国的克洛德·爱尔维修（Claude Helvetius）以及他同时代的意大利思想家切萨雷·贝卡里亚（Cesare Beccaria）和英国的杰里米·边沁

(Jeremy Bentham)，后者通常被认为是"功利主义"最重要的倡导者。边沁的地位被他的英国继任者约翰·斯图尔特·穆勒和亨利·西季威克（Henry Sidgwick）所改变。穆勒和西季威克接受了功利主义的一般前提——政治制度必须促进最大多数人的最大幸福——但他们对边沁的这一理论的解释进行了重大修改。本章最后简要讨论了功利主义政治观在 19 世纪末 20 世纪初的政治理论中的传播。

◇ 早期功利主义：佩利、圣皮埃尔、休谟、爱尔维修和贝卡里亚

98　　在现代早期，新教和天主教的政治思想家将功利主义思想植根于基督教的框架之中。该传统中最具影响力的人物之一是威廉·佩利，他是英国圣公会的牧师和大学教师，其《道德和政治哲学原理》（*The Principles of Moral and Political Philosophy*）是 18 世纪末 19 世纪初政治文本的典范。佩利坚持认为，上帝对人类的意图可以通过"促进或减少普遍幸福"的行为倾向来确定（Paley，1803，vol. i，p. 69）。他将幸福定义为一种快乐的总和超过痛苦的状态（ibid.，p. 22），并认为个人和政府可以通过找到有助于促进普遍幸福的行为倾向并使人类行为符合这一标准从而按照上帝的意愿行事。但是，虽然佩利认为行为应该根据其倾向来判断，他坚持行为者（或"代理人"）应该根据其在行动中的"初衷"或意图来判断。因此，佩利对功利主义判断标准的认同是美德理论的一部分，尽管他相信上帝通过功利主义手段促进美德。因此，他将美德定义为"对人类行善，服从上帝的意志，并追寻永恒的幸福"：

> 这似乎是最符合我们的正义观的，并且非常符合《圣经》的经文，假定有各种可能程度的奖赏和惩罚为我们准备着，从最崇高的幸福到极端的痛苦（ibid.，pp. 50 – 51）。

因此上帝给予的奖赏和惩罚加强了人类鼓励个人最大化其同胞的幸福的努力。

20 世纪早期，法国天主教神父阿贝·圣皮埃尔强调了超自然惩戒在鼓励个人克服狭隘自私的愿望并以有助于其同伴幸福的方式行事方面所起的作用。政治统治的目标是"减少或停止罪恶和悲伤，增加和扩大财富和快乐"（Keohane，1980，p. 365）。他敦促统治者教育他们的臣民，让他们真正了解他们自己的利益和学会用理性来调节自己的激情。国家的教育作用应该由一个类似政府系统的机构来补充，该系统鼓励臣民以为公共幸福做贡献的方式行事，并防止做损害公共幸福的那些事。圣皮埃尔认为：

> 有必要假设，在社会中个人的利益将不断地并强烈地与公共利益相冲突，而且这种冲突将支配和破坏社会，除非立法者制定法律并规定特定的个人只有通过在同时促进其他人的利益时，才能发展他们的私利……对违法行为的必要惩罚……必须是不可避免的，这样任何公民都不会受到违反法律的诱惑（ibid.，p. 372）。

法律威慑力的监管对圣皮埃尔的计划至关重要。只有在证明个人自由能促进人民的普遍幸福时，才允许个人自由："当自由向善时，它应该得到加强，当它导致邪恶时，它应该受到压制"（ibid.，p. 365）。

尽管基督教版本的功利主义在 18 世纪末 19 世纪初仍然很重要，这一时期见证了一种非常独特的功利主义传统的发展，其特点是对宗教在政治理论中的作用越来越怀疑，并渴望对政治有一个科学的理解。著名的苏格兰哲学家大卫·休谟对这一发展起到了重要的推动作用。根据休谟的说法，以基督教为前提的政治叙述在概念上是不连贯的，在经验上也是站不住脚的。他认为政治应该专注于满足特定共同体的成员所珍视的利益，而且他把正义描述为一种人为的美德，它规定了有利于实现这些利益的行为模式。在这种情况下，休谟认为，政府的目的是促进公共的功利，他认为这样做的最佳方式是要制定和维护正义的规则，这些规则能够反映共同体的利益如何能够被最好地实现的经验。

大卫·休谟（1711—1776）

休谟在爱丁堡大学接受教育。在学完法律之后，他先后被聘为私人教师，在巴黎的英国外交部门工作，在英国军队中担任行政职务，之后在伦敦担任副国务秘书。后来，他找到了一份稳定而合意的工作，担任爱丁堡图书馆的管理员。作为苏格兰启蒙运动的领军人物，休谟因对基督教持怀疑态度而声名狼藉。他的作品涉及哲学、经济学、社会和政治理论以及历史，在英国和欧洲大陆受到广泛关注。他最重要的政治著作出现在 1741 年首次出版的《道德与政治论文集》（*Essays, Moral and Political*）中。休谟在这些论文中提出了一种正义理论，该理论不依赖于早期的政治思维，也不将政治合法性与政府的起源或特定共同体的政治权力的分配联系起来。休谟的著作标志着西方政治思想的重心的重大转变，并继续对现代政治哲学产生显著影响。

关键阅读：Haakonseen, 1993；Miller, 1981；Whelan, 1985.

99

休谟的政治方法得到了许多同时代人和后继者的赞同，但尽管他们接受了休谟的观点，即政治的目的可以通过利益的实现来界定，但他们认为，所有行为和制度都应该接受持续的审查，使用手段—结果的计算来衡量其后果。这些思想家拒绝休谟的这种观点，即最有用的实践和制度是人类经验的结果，并由习惯和权威所支持（Miller, 1981, p. 191）。这一行为的一个重要后果是，尽管休谟强调正义在稳定人类交往、防止社会发生剧烈变迁方面的作用，但其他功利主义者则主张推动激进的政治改革，以确保有意识地利用政治权力实现功利最大化。

杰里米·边沁似乎并不知道圣皮埃尔的著作，但他承认直接借鉴了休谟和克洛德·爱尔维修，后者写了《精神论》（*De l'Esprit*，1758）。爱尔维修用一种基本的理性结构来表达道德秩序，使人类能够科学地确定正确和错误。道德秩序关注的是现在这个世界，而不是未来的世界；它使享受当下合法化，并将个人和社会需要结合起来，通过使个人的快乐最大化从而促进社会福利。对爱尔维修来说，道德不仅仅是遵守正义规则，正如它对休谟所做的那样，而是直接为了他所说的"公共利益"，即"公共利益的最大化"（Halévy，1972，p. 19）。爱尔维修认为，人类的行为由自利所管理，而且他强调，公共利益有必要通过那些受社会和教育影响的人来协调，包括由政府提供的社会和教育方面的影响：

> 道德家不断地谴责人类的邪恶，但这表明他们对这件事知之甚少。人性并非本恶；他们只是服从他们自己的利益。道德家的悲叹肯定不会改变人性的这种驱动力。该抱怨的不是人类的恶，而是立法者的无知，他们总是把个人利益与普遍利益对立起来（Horowitz，1954，p. 77）。

爱尔维修和圣皮埃尔一样坚持认为，政府的主要作用是确定和维护使个人利益和公共利益相一致的法律体系。公共利益是那些一般民众的利益，而非特定阶层或群体的利益。

功利主义者将好的政府定义为促进共同体所有成员的利益的政府，这对法律的作用是惩罚的观点产生了重要影响。惩罚必然会给那些受到惩罚的人带来痛苦，只有当惩罚有效地阻止不法行为人今后采取有害于整体利益的行动时，惩罚才是合理的。意大利哲学家切萨雷·贝卡里亚对刑罚的功利主义理论做出了重要的早期贡献。贝卡里亚的《论犯罪与刑罚》于1764年首次以意大利语出版，随后不久就被翻译成英语和法语。在这本著作中，贝卡里亚试图通过详细分析刑法效用最大化制度的动机要求来解决促进利益的一致性问题。虽然他没有否认基督教的重要性，但贝卡里亚将他的分析局限于政治思想和政治行为领域：

> 神学家划定正义和不正义的界限，是就行为的内在善或恶而言的；但是，法律专业的学生和国家应该建立政治正义和非正义之间的关系，也就是说，在什么是对社会有利的和什么是对社会有害的之间（Beccaria，1995，p. 5）。

从这个角度来看，什么是犯罪的定义取决于对社会危害的考虑，惩罚的目的是防止这种危害并阻止未来的犯罪（ibid.，p. 24）。

贝卡里亚对后来功利主义思想发展的影响最明显的是他对边沁的影响。边沁采纳了贝卡里亚对现有法律规范和实践的批评立场，并试图将法律规定简化为一系列清晰明确的陈述，让个人能够理解他们的义务。边沁也跟随贝卡里亚，反对允许法官解释法律的做法。法官制法削弱了法典的功能，因为它意味着刑事诉讼的规范发生在事实之后。适当的法律制度应确定被禁止的行为，并应规定适当的惩罚，以便那些受诱惑做出错误行为的人在决定如何采取行动时能考虑到他们可能面临的后果。在这样一种制度中，法官的作用仅仅是确定何时违反了法律，并实施适当的惩罚或"制裁"（ibid.，pp. 14 - 15）。

◇ 边沁功利主义：边沁、约翰·斯图尔特·穆勒和西季威克

虽然贝卡里亚的法律解释及其对惩罚制度的影响令边沁印象深刻，但边沁的理论与贝卡

里亚有着显著的不同。与贝卡里亚不同，边沁拒绝接受自然法和政府的契约基础等传统观念。他也忽视了贝卡里亚试图通过对人类尊严的假设来限制对功利的追求（Hart, 1982, pp. 49 - 51）。对边沁而言，功利是政治的无条件的目的。

杰里米·边沁（1748—1832）

在接受法律训练之后，边沁的私人财富使他可能将毕生精力投入旨在进行法律、刑法和政治改革的事业中。边沁被公认为英国功利主义政治和道德哲学学派的创始人，他的政治思想在《政府片论》（*A Fragment on Government*, 1776）、《道德与立法原理导论》（*An Introduction to the Principles of Morals and Legislation*, 1789）以及一系列其他著作中得到了阐述，其中许多著作在他去世时仍未出版。

边沁的功利主义原则明确指出，政府的存在是为了"最大多数人获得最大幸福"，并将快乐最大化和痛苦最小化作为"幸福"的标准。他对这一立场及其含义的陈述并不依赖于宗教假设，而宗教假设在早期的政治思想中发挥了如此重要的作用。它超越了传统的阶级观念，忽视了不同类型的快乐和可能体验这些快乐的人的美德之间的质的区别。政府必须考虑整个共同体的利益，而不是其中各集团的利益，特别是那些行使政治、行政和司法权力的人的利益。在他的政治和法律著作中（他也写作有关经济、教育、刑事司法、道德和心理学方面），边沁探索了这些思想对法律制度和行政以及宪制结构的影响。法律的目的是禁止边沁认为的与社会利益相抵触的行为，并实施制裁以阻止不法行为。行政和宪制结构应最大限度地利用与公众关注的问题相关的专业知识，同时防止统治者和官员滥用权力。

虽然边沁最初对一个开明君主可能是功利主义改革的合适代理人的想法很感兴趣，但他后来认为，民主制度是必要的，以确保政府不受统治者、官员和精英的"邪恶利益"支配。在 19 世纪最初的几十年里，边沁是一群激进的政治改革的中心人物，他们被称为"边沁派"。这个群体包括詹姆斯·穆勒和约翰·斯图尔特·穆勒。边沁的宪制思想引起了当时欧洲大陆和拉丁美洲许多激进改革者的注意，功利主义的范式在 19 世纪和 20 世纪的道德、政治和法律哲学中一直扮演着重要的角色。

关键阅读：Hart, 1982; Hume, 1993; Lyons, 1973; Rosen, 1993.

此外，虽然贝卡里亚根据给定社会中每个人的幸福平等的最大化来定义功利，而边沁则从整体的角度来理解：功利原则规定，人类行为应该以"最大多数人的最大幸福"来评价。

边沁的哲学家生涯源于他对英国法律和法律思想的缺陷的注意。这种兴趣贯穿了他的一生，并促使他撰写了大量有关这一主题的著作。当然，这也自然而然地导致他对政治思想和政治实践的关心。由于法律是由政府建立和维持并在立法中明确规定的框架内运作的，因此这两个领域是密切相关的。从他职业生涯的早期开始，边沁就认为政府和法律体系都应该直接参照"功利"的标准来评价。

边沁首先致力于他所认为的英国普通法的危险的谬误。他最初的目标是威廉·布莱克斯通（William Blackstone）爵士——一位著名的法学家和《英国法释义》（1765—1769）的作者。边沁声称，布莱克斯通是对英国法律所特有的理性和功利的声音充耳不闻的典型代表。在《政府片论》中，边沁抨击了英国法律在方法论和语言上的模糊性，拒绝其含混描述和辩护的倾向，并谴责了它对"优先权"等观念的依赖，这些观念赋予了过去无可置疑的权威。《政府片论》促使边沁同时代人"挣脱法律领域中的权威和先哲崇拜的束缚"，将法律推理和法律实践建立在功利原则的基础上（Bentham，1967，p. 103）。

边沁在《道德与立法原理导论》中写道，"功利"是

> 依据众人的利益所规定的最大幸福原则，是人类正确且适当的行动目的，也是唯一正确和适当且普遍追求的目的：在任何情况下，人类行为的目的均是如此，政府的权力在执行某项职能或一系列职能时，更是如此（ibid.，p. 125，n. 1）。

为了给这项原则提供精确的内容，边沁坚持认为，幸福的概念应该具体化为快乐的最大化和痛苦的最小化。他认为这一规定与人类行为的源泉或原始冲动相关联：边沁写道，"自然将人类置于两个至高无上的统治者之下：痛苦和快乐。只有它们才能指出我们应该做什么，并决定我们应该做什么"（ibid.，p. 125）。边沁认为，通过以这种方式描述幸福，他为个人和立法者确定了一个简单的、经验上可以量化的参考点（Lyons，1973，pp. 32－34）。这个参考点并不依赖于神学或超自然的许可。此外，由于它除了从强度和持续时间方面外，没有区分不同的快乐，因此它的含义本身就不是精英主义的：快乐和痛苦是所有人都经历过的感觉，并不依赖于智力启蒙、榜样或精英的领导。

边沁的人类行为理论是基于一个关于自我主义的普遍假设，但他认为功利是个人和社会生活的基础。有时，他指出利益的自然和谐。然而，更多的时候，他认为政府的目的是协调——或者至少是整合——个人的私利和他们同伴的利益。边沁最重要的著作的书名将"道德"与"立法"联系在一起，具有重要意义。功利被视为一种道德和政治原则：它旨在指导私人和那些掌握凌驾他人之上的权力的人。

103　　边沁在他对"最大幸福原则"的描述中，试图建立一个明确的、无可争议的标准来评估治理者的管理方法和他们运行的制度机制。这个标准涉及组成共同体的个人的可识别的利益，而不是全能上帝的要求或者特定的个人或阶级。因此，边沁的一个主要政治关切是拷问追求"邪恶"利益而无视整个共同体利益的政府体制。他坚持认为，幸福是所有人都期待的价值，且高于所有其他价值，政治的目的是确保这一愿望得以实现，即以最有效的方式追求幸福的最大化：

> 一种行为……如果符合功利原则……当它增加共同体的幸福的倾向大于它减少共同体的幸福的倾向……政府的措施……如果符合功利原则……它以同样的方式增加共同体的幸福的趋势大于减少幸福的任何趋势（Bentham，1967，p. 127）。

虽然痛苦和快乐是"真实的"，但它们不一定容易测定和量化。例如，边沁承认相同的刺激可

能对不同的个体产生不同的影响。然而，他并不认为这些变量对功利原则的应用造成不可逾越的障碍。他认为，由于确定什么会给大多数人带来痛苦相对容易，政府可以具体规定应该禁止的行动，以保护无辜者，并确保有效惩罚那些给同胞带来痛苦的人。《道德与立法原理导论》详细分析了惩罚方式与功利最大化之间的关系。边沁著作的这一方面与他对刑罚改革的长期兴趣有关，这个兴趣引发了对建设和监管刑罚制度的具体建议。

尽管如此，边沁认为有效的刑罚制度对于阻止个人给同伴造成痛苦是必要的，但他认为在促进快乐方面，政府的作用要有限得多。由于个人是对什么给他们带来快乐的最佳判断者，政府有责任给予他们尽可能多的自由，以避免伤害他人。因此，一方面，政府应通过其保护和惩罚的作为，防止人们给他人造成痛苦；另一方面，政府应让个人识别和追求那些给他们带来快乐的事情，只要他们不以给他人造成痛苦来获得快乐。

尽管边沁倾向于强调政府的消极和保护作用，但他承认功利也许需要政府发挥更积极的作用，并确立四个目标，由健全的、促进功利的宪法来保护：提供生存、富足、安全和平等（ibid.，p. 196）。边沁认为，在很大程度上，通过维持有利于自由市场运作的条件，这些目标中的前三者可以得到满足。在大多数情况下，市场为鼓励个人从事生产性劳动提供了一种有效的机制，技术创新使他们能够从自己的努力中获益。自由市场承认私有财产权这一事实确保了人们的财产安全。边沁警告说，任何强加平等的企图都将限制市场的有效性，如果通过定期再分配实现平等，将威胁财产安全，从而产生不确定性，这是一种痛苦。然而，他坚持认为，极端的不平等阻碍了幸福的最大化，因为富人在给定的收入增长中获得的快乐增长是远远低于穷人的。巨大的不平等也是令人不快乐的，因为它扩大了富人对穷人的权力。对边沁而言，这是一个重要的考虑因素，因为尽管他相信政府可以为功利服务，但他认为，如果政府处于特定的阶级或个人的控制之下，就不会这样做。因此，他面临的问题是如何平衡自由交换制度产生的利益与完全不同的平等原则产生的利益。在很大程度上，他准备让市场创造一个总体上有益的平衡，但他也确认政府在这一过程中发挥作用。政府可以通过控制面包等基本食品的价值来帮助确保生计。它还可以通过增加货币供应来促进就业和生产率。由于这些措施有助于减少极端贫困，它们在不损害自由市场普遍有益作用的情况下，对缓解最严重的不平等现象也做出了微薄的贡献（Bentham，1952—1954，vol. iii，pp. 257 - 258）。

边沁功利原则在经济方面的应用的论著是在他去世很久后才出版的，而知道他的想法的朋友们不同意这些观点。然而，这些政策建议为勾勒边沁的思想轮廓提供了宝贵的例证。边沁将人类幸福确定为政治分析的起点，并将其具体化为快乐的最大化和痛苦的最小化，从而能够对其他思想和价值观进行工具性审视。因此，他拒绝自然权利理论，以及他认为是有害和混乱的普通法的阐述方式，认为这些学说缺乏功利原则的清晰性，而且倾向于支持那些会阻碍功利实现的主张。他也拒绝受到自由放任（*laissez-faire*）原则的束缚，也就是说，政府应该要求自身履行一系列监管和保护职能。边沁拒绝对这一学说的教条式陈述：他写道，

"我从来没有"，

> 也永远不会，对政府在经济问题上的手有任何恐惧……政府的干预，往往……结果是任何微小的利益平衡，是一件我完全满意的事情，其与克制、干预相等，却又远多于怠忽职守（ibid. ，pp. 257-258）。

然而，与此同时，他认为个人自由总体上有利于人类幸福，他在他的理论中把政治和经济两个维度都赋予一个重要但派生和次要的角色。平等也以同样灵活但受限得多的方式来对待。虽然自由和平等对边沁来说很重要，但他认为它们的作用必须取决于政治的主要原则，即最大多数人的最大幸福的理念。这些价值可以服务于功利事业；它们本身并不具有终极价值，并且政治也不能通过它们得到解释。

边沁的功利原则影响深远。除了促进法律和刑罚改革外，他还考虑对政治代表权和政府管理进行彻底改革，以确保政治权力的分配和行使符合要求。在他晚年，边沁希望通过民主代表制来制衡立法者的行为。他还认为，应在公共官僚机构的结构中建立严格的问责制，政府的运作应受到公众舆论和新闻自由的制约。所有这些措施的目的都是确保行使政治权力是为了最大多数人的最大幸福，而不是为了精英的私利（Hume，1993；Rosen，1993b；Schofield，1993）。

这些限制既适用于政府的外部责任，也适用于政府对共同体事务的内部管理。圣皮埃尔在18世纪早期制定永久和平计划时就已经将这两点联系起来。他认为，持续不断的国际冲突损害了内部改革，并指出，如果统治者真正认识到自己的责任范围和履行责任的难度，他们就不会试图通过扩大领土来增加负担。他声称，"他们会像现在渴望扩大他们的国土和权利一样限制它们"（Rousseau，2005b，p.77）。圣皮埃尔认为，欧洲国际关系实践的根本改变对公共福祉的发展至关重要。关键问题是缺乏一个由裁决争端和惩罚不法行为的有效机制支持的共同公法体系。

> 欧洲的宪法就是这样，主权国家在处理事务时不能保证公正……没有决心在海上和陆地上承担巨大的军备；在既能确定每个国家的领土疆界，又能使各国人民之间的贸易便利、安全、平等、普遍和永久的法律方面，他们没有达成一致；他们不依赖社会法律的仲裁者或解释者，只要他们仍处于社会之外，他们就无法找到补救他们不幸的办法（Saint-Pierre，1714，p.9）。

圣皮埃尔对这种功利受挫的情况的反应是，建议采用一个国际合作的框架，以消除国家之间的冲突，开创"永久和平"。这一框架包括国家的联盟，或永久的主权国家代表大会（"国会"）管理的"欧洲共和国"。国会是根据一项条约制定的，根据该条约，各主权国家宣布放弃对其欧洲邻国使用武力。它将通过仲裁解决王朝和领土争端，并被授权使用武力对付顽固的欧洲国家，统治者将自由地集中他们的资源和注意力，以提高臣民的幸福。他们将鼓励艺术和科学，刺激商业，促进普遍繁荣 (ibid.，pp. 79-82)。

虽然边沁对圣皮埃尔的著作没有直接的了解，但他可能是通过卢梭的讨论而知道他的永久和平计划的 (Rousseau, 2005b)。在他关于功利原则对国际关系的影响的观点中，消弭战争自然占有重要地位。然而，边沁的研究比他的前辈的范围更广。在《国际法原则》(*Principles of International Law*, 1789) 一书中，他系统地考察了功利原则对国际关系的影响，他的分析是基于政府内部和外部责任的严格比较："一个公正的国际立法者对自己提出的目标，将是所有组合在一起的国家的最大幸福"。目标是"防止国际罪行"和"鼓励采取积极有益的行为"(Bentham, 1843a, p. 538)。然而，在缺乏有效的国际仲裁机制的情况下，这意味着主权国家需要权衡为了实现国民的外部行为带来的利益而对其他外国成员造成的痛苦。边沁指出，这样的算计可能会为战争辩护，只有这一立场完全符合安全才是幸福的前提条件 (ibid.，pp. 538-539; Hoogensen, 2005)。此外，如果国家可以通过行动增加他国人民的利益，主权国家也有积极的义务去帮助他人，从而抵消因本国国民幸福增长而造成的他国利益的减少。 *106*

虽然在某些情况下统治者发动战争是合理的，但是，边沁认为武装冲突通常是不利于功利的："最虔诚的人饱受战争之苦；最聪明的人，甚至最不聪明的人，都有足够的智慧把他们的主要痛苦归咎于战争这一原因"(Bentham, 1843a, p. 546)。针对这种情况，边沁提出了"一项旨在实现普遍和永久和平的计划"，该计划涉及三个相联系的目标："精简政府、国家节约与和平"(ibid.，p. 546)。这篇文章主要集中在英国和法国之间的关系，但边沁认为，如果这些敌对国家之间建立持久和平，欧洲的安宁很快就会随之而来。他指出了一系列内部冲突的原因——联盟、贸易协定和国际贸易限制、海外占有殖民地、不必要的军备——并认为继续支持这些昂贵而危险的做法不符合英国的利益。他认为，如果殖民地曾经是母国的利润来源，现在则越来越少，而占有殖民地会使得其与欧洲其他大国发生冲突的可能性大大增加。贸易保护措施只给一个国家的贸易商和制造商提供了暂时的救济，而对发达国家来说，战争的代价总是大于利益。最后，边沁认为不公开是造成国际紧张局势的共同根源，也是掩护有害条约、军事和殖民活动的真正受益者的一种手段。边沁建议英法两国同意将争端提交仲裁，并认为没有必要让共同司法法庭具有强制力："建立一个共同法庭，战争的必要性不再源于意见的分歧。无论公正与否，仲裁者的裁决将挽救争议方的信誉和荣誉"(ibid.，p. 552)。

在其漫长的职业生涯中，边沁对殖民是否合理等问题的看法有所变化，尽管他的发言在很大程度上反映了功利原则在特定情况下对不同问题的应用 (Scholfield, 2006, pp. 201-220)。有时他认为，在未被占领的领土上合理组织移民，建立殖民地，可以缓解欧洲国家的人口压力，促进功利，但总体上，他仍对殖民地的经济效益持怀疑态度，并认为由此会带来风险。在他职业生涯的后期，边沁为西班牙人民提供了一系列的经济计算，表明他们没有从他们的殖民地中获得任何利益，并鼓励他们给予殖民地独立 (Bentham, 1995)。当时他还认为，殖民地化为政府成员提供了以牺牲共同体其他成员为代价来致富的空间，从而为一系列邪恶的利益提供了机会，这些利益破坏了宪法机制，败坏了将政府精英的利益与共同体其他成员的利益联系起来的努力（Scholfield，2006，pp. 211 - 220）。这些批评并非只针对西班牙殖民地。与后来成为狂热帝国主义者的一些功利主义者不同，边沁严厉谴责英国在全球的统治，称其涉及"对正义的否定、压迫、勒索、腐败侵蚀和专制"，并且驳斥了用来为其辩护的"自我保护的借口"（Bentham，1995，p. 153；Pitts，2003，pp. 206 - 220）。

边沁关于功利原则的论述在许多欧洲国家广为流传，并对南美洲新独立的国家产生了影响（Dinwiddy，1993）。边沁关于幸福与政治关系的论述对 19 世纪的政治思考也具有持续的重要意义。一些人的反应是有敌意的。许多人反对边沁理论极端世俗化的特质（ibid.）。另一些人，如塞缪尔·泰勒·柯勒律治（Samuel Taylor Coleridge）和托马斯·卡莱尔，批评边沁对人性和社会关系提出了一种机械的、退化的、去精神化的概念。卡莱尔实际上拒绝把幸福作为一个目标，但即使是一些不那么清教徒化的同时代人，也对边沁阐述他观点的方式感到不安。赞同这一观点的最重要的论述出现在一篇被约翰·斯图尔特·穆勒看作为功利主义辩护的文章中。穆勒的父亲詹姆斯·穆勒是边沁的亲密朋友，早年，年轻的穆勒是"边沁主义"的热烈支持者。尽管约翰·斯图尔特·穆勒对边沁的钦佩从未减弱，但他认为边沁政治哲学的某些方面需要在某种程度上加以重述，以考虑柯勒律治、卡莱尔和其他人提出的批评。在《功利主义》（1861）一书中，穆勒认为，尽管边沁在将人类幸福推到政治议程的最前沿方面做出了宝贵的贡献，但幸福的含义及其隐含之义需要进一步完善。代替边沁对快乐本质上的定量理解，穆勒认为，对最大快乐原则的描述需要认识到"高级的"和"低级的"快乐：

> 认识到这样一个事实，即某些种类的快乐比其他种类的快乐更令人满足且更有价值，这与功利原则是完全契合的。在评估一切事物时，既要考虑质也要考虑量，若只是单独依据量来评估快乐，则是荒谬的（Mill，1983，p. 7）。

穆勒特别强调快乐的定性概念，他声称"高级的"快乐的优越性只能由那些接触到一系列快乐的人来决定（ibid.，p. 10）。这一修正的重要后果是，它倾向于削弱边沁理论的普遍的客观性特征。穆勒关于什么构成更高级快乐的来源的观点，对他的功利主义的重新构想也有重要的暗示。穆勒把那些与"利他主义"，或无私地关注他人幸福的快乐纳入更高级的快乐，从而取代了边沁关于利己主义的假设。他还非常重视从审美情感和智力能力的培养中获得的快乐。对古典功利主义的这些修正提高了精英判断在确定功利问题中的作用，因为与其他人群不同，他们能够欣赏来自艺术和智力的经验以及来自更普通的幸福的快乐。

除了在最大幸福的计算中引入一个定性的维度外，穆勒还对古典功利主义做了其他重要的补充。在对詹姆斯·穆勒的一篇文章的评论中，T. B. 麦考莱（T. B. Macaulay）批评他在没有参考政府的历史的情况下建立政府理论："我们这里有一篇关于政府的详尽论述，如果没有 2～3 个间接的典故，看起来作者没有意识到任何政府实际地存在于人类当中"（Lively and

Rees，1984，p. 101）。约翰·斯图尔特·穆勒回应了麦考莱的批评，将功利的概念与特定的社会环境联系起来。他认为，追求幸福不能也不应该不考虑在特定社会和政治背景下何以促进人类的进步。这一规定意味着功利问题必须考虑进步将产生的未来幸福的前景，并意味着对进步的长远前景的考虑往往要优先于短期进步考虑，特别是在后者主要基于低级幸福的情况下。因此，尽管穆勒仍然将幸福视为政治的目标，但他坚持认为，政治问题应该与进步在扩大人类幸福的范围和质量方面所起的作用相关。 *108*

这种观点的一个结果是，穆勒对大众或民主政府形式的需求做出了复杂的回应。这也使他论证了，社会干涉个人自由是不恰当的，除非这些个人干涉了其他人的自由。这一原则在穆勒最著名的著作《论自由》中有详细阐述。穆勒在这部作品中的论点与他对功利主义的重构有关，因为自由被认为是人类进步的关键：人类幸福（穆勒所理解的那样）的增加依赖于这种进步。

在 19 世纪后半叶，边沁功利主义的修订进程由亨利·西季威克继续。西季威克的政治思想是在相当自觉地反对 T. H. 格林政治哲学中出现的美德和完美思想的情况下发展起来的。格林和他的追随者们钦佩穆勒改进功利主义的尝试，他们看到穆勒已经摆脱了他们认为与边沁有关的仅仅是数量上的快乐的观念，为此受到鼓舞（Green，1986，pp. 24，313，360 - 361）。然而，与此同时，他们认为穆勒的观点与边沁的构想不一致的事实表明了功利主义道德和政治哲学的致命弱点。除了直面格林的批评之外，西季威克还直面其他认为自由是政治思想主要目标的同时代人。

亨利·西季威克（1838—1900）

西季威克是一位在剑桥大学任教的学院派哲学家，他为功利主义辩护，反对格林的批评，但提出了功利主义的一种范式，回避了从边沁主义理论公式中得出的许多激进含义。他最重要的政治著作是《政治的要素》。

关键阅读：Schneewind, 1977.

西季威克认为功利主义是伦理学理论中最系统、最科学的表述，它有着悠久而可敬的渊源。他拒绝了格林关于完美是人类努力的目标和政府的目的的主张，理由是它是教条的且哲学上无逻辑的。在西季威克看来，功利主义以一种理性的方式体现了人性的常识。他声称：

> 一个普遍——即使不是普遍的——同意的原则，即区分正确立法和错误立法的真正的标准和准则，是看是否有助于普遍的"善"或"福利"。也许大多数人会同意将共同体的"善"或者"福利"解释为，归根到底，组成共同体的个人的幸福；前提是我们不仅要考虑现实生活中的人，还要考虑将来生活的人（Sidgwick，1891，p. 34）。

西季威克将功利与平常观念联系起来，并声称流行的政府观念反映了对功利主义的理想和价值观的普遍认可。因此，西季威克对现有制度的批评远没有边沁那样严厉，他将批评的注意 *109*

力集中在当前的政治争论和实践上。

例如，西季威克思考了当时人们的主张，即自由是神圣的，而且政府的行动应限于防止个人相互伤害。这些论述比约翰·斯图尔特·穆勒的主张更为极端，因为他的自由原则并不排除政府追求公共目标的行动。针对这一观点，西季威克认为，"家长式"和"社会主义式"的对自由的干涉有时都是合理的，因为个人自由的功利主义辩护所依据的心理和社会学假设并不总是可靠的。"家长式"立法，即政府为其自由受到干扰的个人的利益采取的行动可能是必要的，因为个人并不总是自己利益的最佳法官。对于儿童来说显然如此，但它也可能适用于人们评判专业从业人员提供服务的能力。然而，西季威克对这种形式的干预持谨慎态度，他坚持认为，要记住的核心原则是，只有在有经验证据表明不能信任个人照顾自己的利益的情况下，家长式干预才是正当的（ibid.，pp. 40 - 61）。

"社会主义式"干预——为了社会福祉——处理的是追求个人利益不能使普遍福利最大化的问题（ibid.，pp. 137 - 140）。西季威克举了一个此类干预的例子，与休谟的观点相呼应，即政府有必要提供通过个人努力无法可靠产生的某些服务（"公共品"）；他也讨论了国家在公共善需要时控制财产的权利（ibid.，pp. 144 - 147）。然而，他坚持认为这些措施并非集体主义的；也就是说，它们与促进社会财富再分配的学说无关。虽然这些措施在某些情况下是合理的，但西季威克认为，在现有条件下，这些措施将不利于追求功利，因为它们将减少个人自由所产生的利益（ibid.，pp. 151 - 160）。

◆ 功利主义的流变：社会主义和社会福利

西季威克的著作标志着19世纪利用边沁的功利主义阐释宏大、系统的政治理论的基础性尝试产生了卓有成效的结果。然而，功利主义与其说是被其他关于政治目的的理论战胜，不如说是被分散到了许多不同的政治理论中。这一趋势在某种程度上在西季威克的普遍保守、以现状为导向的改革方案中表现得更加明显，该方案一开始便是对现有思想和实践的过度挑战。它还反映了一种世俗的、以人为中心的、以需求为关注点的路径在一定程度上已经成为西方政治思想的主流。从那以后，那些以美德、秩序或自由为出发点的理论，不得不以更加合理的政治研究方法展现出来，而这种方法曾经在杰里米·边沁的那篇备受批评的文章中得到最系统和有影响的阐述。

当西季威克将功利主义与保守主义政治调和在一起时，其他19世纪末20世纪初的思想家则将其作为论证其激进主张的理由。在这一时期的非马克思主义的社会主义者是边沁政治思想精神的最重要的借鉴者之一。从19世纪初开始，社会主义思想就强烈地对比了资本主义竞争社会中产生的苦难，分析实现普遍的人类福祉的社会和政治结构的潜在可能性，这种结构充满了由"自由、平等和博爱"的革命理想所拥有的许诺。由于社会主义者认为人类具有天生的社交倾向，他们对幸福的理解超出了边沁所青睐的极简主义者的、享乐主义的解释。

他们倾向于采取个人价值观和社会价值观相结合的立场，这也是爱尔维修理论的核心（Horowitz，1954，p. 192）。

此外，许多社会主义者坚持功利的定性概念，类似于约翰·斯图尔特·穆勒对边沁学说的重新解释。例如，比阿特丽斯·维伯（Beatrice Webb）将边沁描述为她丈夫西德尼·维伯（Sidney Webb）的"有智慧的教父"，西德尼是英国社会主义史上重要的人物。尽管如此，她论证说，她和她的丈夫认为应该根据行动的功利后果来判断行动自身，但他们对其中所涉及的问题有着丰富的看法：

> 除了结果，我们不想接受其他约束，尽管我们应该倾向于赋予结果更宽泛的含义。例如，高尚品格的形成，智慧的增长，美感、品行甚至幽默感的提升，都是我们应该视为约束行为的目的；这显然与是否制造了某人的快乐，或是让每个人都快乐，或是没有人感到快乐无关（Webb，1948，p. 210）。

在如何最大化人类福祉的问题上，社会主义者的观点大相径庭，但他们一般倾向于特别强调政府在消除贫困和削弱与人类幸福不符的社会和经济不平等程度方面的作用。正如著名的英国社会主义者 G. D. H. 科尔（Cole）所说，"成为社会主义者的理由——唯一有效的理由——是去追求最大多数人的最大幸福和福祉的渴望与激情"（Cole，1935，p. 16）。

◇ 结论

1978 年，英国哲学家斯图尔特·汉普希尔（Stuart Hampshire）认为功利主义已经成为"一种大胆、创新，甚至是一种颠覆性的学说，其背后有着成功的社会批判功绩"（Hampshire，1978，p. 1），但他认为功利主义已经变得狭隘和保守。这一批评反映了当代哲学家关注"伦理的"，而不是功利的更加"政治的"层面。这方面的一个迹象是关于行动可行性的激烈争论，而不是该学说的"规则"的适用。虽然一些人认为功利主义者应该根据最大化幸福的规则行事，但其他人则坚持接近边沁的观点，即好的行为是那些直接促进功利主义结果的行为（Barrow，1991，pp. 107 - 123）。这些争论经常出现在讨论功利的影响的过程中，考虑到它在建立个人行为守则中的作用，引导个人在公共讨论中应该采取的立场，如战争、惩罚或堕胎。这些讨论的重点，不同于那些反映功利主义作为一种公共学说的历史作用的讨论，它被设计来指导立法者和公民尝试找到公共问题或政治行动的最佳解决方案（Goodin，1995，pp. 7 - 10）。这种方法与所谓的"制度功利主义"有关，它是规则功利主义的一个分支，它确认并支持使政治社会的幸福最大化的规则与实践。这些规则可能涉及大规模的公共政策制定，也可能被用来支持特定的政治结构和组织形式。例如，有人认为民主是合理的，理由是对民主社会的分析表明，它们在最大化其成员的幸福方面有着良好的功绩（Mulgan，2007，pp. 164 - 165）。

第二部分
PART TWO

政治权力的归属：谁应当统治？

在第一部分中，我们考察了一些关于政府目的的历史性的重要论述。在这一部分，我们考察对这个问题的一系列回答：谁应当统治？思考这个问题引起人们对政治权力的结构和行使权力的人所需要的品质的关注。因为政治权力含有一种能力，这种能力能够强迫人们，能够制定目标和实现它们的手段，能够维护秩序体系，并且侵犯个体的自由，所以可以理解的是，许多政治思想家对如何分配权力进行了大量的思考。但是，应当指出，谁应该掌握政治权力，与权力应该扩展到多大的范围的问题是不同的。例如，防止这样的一种倾向是重要的，即认为君主制必须是专制的，而民主制在它能够要求服从于它的人做什么上有必要受到限制。一个或多个特定的人掌握政治权力的事实并不必然揭示权力行使的任何方式，尽管正如我们将会看到的那样，一些理论家通过哪些特定利益被满足来界定政府形式。

本书这一部分的主题的韧性，可以从本章框架中反映出来。亚里士多德根据政治权力的归属对政府进行分类，并划分出一人之治、少数人统治和多数人统治。这一框架在某些方面与划分君主制、贵族制和民主制相似，但它在将讨论的范围扩展到通常与这些政府形式相关的类型范围之外方面具有优势。

6 一人之治

现代世界民主盛行不应使我们忽视一个事实，那就是一人之治的思想在西方政治思想史
上曾占据主要位置。事实上，现代人对大众政府的偏好对于政治思想的传统而言是个例外，
这种传统通常对民主怀有敌意。虽然这种敌意一直是维护君主制的一个共同特征，即由一个
被赋予神圣和王权外衣的人统治，但在某种程度上，提倡一人之治的非君主制观念的人也怀
有这种敌意。尤其是支持一人之治的人有一个共同的信念，即统治者应当为国家提供团结意
识和方向。他们还设想，确定一个人拥有实现这些目标所需要的独特的和相关的品质是可
能的。

本章讨论了古代、现代早期和现代有关一人之治政府的论述。同时也考察了现代的一人
之治的非君主制理论。其中一些理论将统治者视为国家中唯一真正重要的政治角色，但另一
些理论则关注一人之治在整个政治框架中的必要性，同时其他人也发挥着重要的政治作用。

◆ 古代世界的一人之治：柏拉图、亚里士多德和西塞罗

尽管柏拉图的《理想国》主要讨论了一个非常有限的阶层的统治，但它也简要且着重论
及一人之治。柏拉图对这一主题的论述既讨论了纯正的一人之治，也包括败坏的情况，而且
代表了该主题早期的具有历史意义的理论。在讨论一种具有说服力的反对意见时，即无论其
有什么优点，理想的国家永远不可能存在，柏拉图认为，一人之治可以解决看似棘手的问题，
就是期望在受到上层阶级中自私成员的腐化影响的、不守规则的和非理性的民众统治的环境
中，产生出一个哲学家统治的体制。

柏拉图指出了两种摆脱这种困境的方法。一种是某个哲学隐士利用一个偶然的机会获得国家的统治权，并强迫共同体听从他。另一种可能是，现任政府首脑或其继承人受哲学的启发进行完全的重建。简言之，哲学家必须为王，或王者必须成为哲学家（Plato，1970，pp. 259 - 265）。然而，柏拉图在指出哲学王的潜力的同时，也讨论了专制的威胁，败坏的和有害的一人之治，比民主制更远离了哲学家统治的理想。

在民主制中，无节制的自由会导致民众肆意妄为并造成长期的不稳定，从而使民众滥用其政治影响力，加剧对富人的掠夺；富人则试图通过夺取城邦控制权来抵制这种掠夺。为了应对这个威胁，民众将军事权力交到一位受欢迎的保护者的手里。起初，他和民众处于一种共生的堕落关系中——他奉承和纵容民众，民众钦佩和奖励他——但是一旦他获得统治地位，城邦就陷入一种新的无法无天的状态。政府不再受制于反复无常和放纵冲动的民众，而是使民众处在一个专横和残忍的个人的控制之下。

柏拉图将僭主制描述为一种"弑父罪"的形式——僭主是大众的"子孙"，却最终使用暴力来对待其"父母"——并且他将僭主的品质描述为一种犯罪形态。而哲学家在为统治做准备时，则要远离败坏的社会在智识和道德上的堕落影响，僭主首先使自己融入社会，之后以卑鄙的方法从民众中凸显出来，借此爬上不受约束的至高无上的地位。一位败坏了的主人的奴仆，通过坚持不懈、精心经营，从而展现出与他的主人相同的典型特征，终于将主人变成他的奴隶（ibid.，pp. 324 - 349）。

败坏的和良好的一人之治的政制比较在亚里士多德著作中再次出现。在《政治学》中，亚里士多德将王制定义为为了公共福祉而产生的统治形式。但相反的是，僭主却为了他们自己的利益而统治，无视任何法律对他们行为的限制（Aristotle，1958，pp. 131，160 - 180）。这点很重要，因为和柏拉图一样，亚里士多德认为依据法律统治要优于普通人的统治，这是由于它能够避免所有人自然地具有任性和偏爱的倾向（ibid.，pp. 171 - 172；Mulgan，1977，pp. 83 - 85）。但是，这个论点的推论是，完全开明的人可以不靠法律来统治。他们的行为没有败坏的危险，而且由于他们不受法律约束，所以他们能够对特殊情况的要求做出灵敏的和恰当的反应。

对于良好的一人之治，亚里士多德的观点建立在他的信念之上，即政治权力的分配应当反映出人民的不同阶层的相对优点来。因此，在那些知识和美德不平等的人之间维持政治的平等是有失公正的，但如果某个人确实明显地优于其他人，那么一人之治就是公正的。然而，值得注意的是，由于对这种显著的优越性的质疑，还有对其他人的接受度的怀疑，使得亚里士多德关于一人之治的讨论蒙上一层阴影。他观察到，那些真正配得上至高无上地位的人像凡间的神一样，而那些缺乏美德和智慧的人通常明显地不愿意承认他人的这些品质（Aristotle，1958，pp. 135 - 159，204，237 - 241）。

如同柏拉图和亚里士多德，罗马思想家西塞罗也区分了"败坏的"和"良好的"一人之治形式，而且他对王权表达了有保留的偏好，认为它是简单政制的最好类型（Wood，1988，

p. 146）。尽管如此，他认为获得君主制的优点而避免它的危险的办法是仅仅将其作为"混合"政制的一个组成部分——君主制被理解为这样一种体制，它能够提供团结和一致，并且承认一人之治的显著优越性。西塞罗的这种政府模式源于罗马共和时代的政治经验。但是在这种情况下，君主制更多地体现于行政官僚系统，而不是在决定政制的原则方面（ibid.，pp. 165 – 166）。

◇ 中世纪君主制思想－早期王制理论：圣托马斯·阿奎那和克里斯蒂娜·德·皮桑

中世纪时期，一人之治的理论建基于王制观念。虽然中世纪赋予君主制内涵一种独特性，但它们无法与其他传统割裂开来。早期基督教君主制理论（可以追溯到公元 6 世纪）是在皇权已经开始衰落、罗马帝国分裂成若干很大程度上自治的政治单位的背景下发展起来的，这些政治单位的统治里有着早期"野蛮人"（Barbarian）（非罗马人和非基督徒）的理念。此外，在中世纪末期，也就是从 13 世纪开始，论述一人之治常常以亚里士多德的著作的内容为框架。例如，中世纪的思想家们重复了古典文献中关于僭主罪恶的论述，也赞同亚里士多德关于君主制与君主个人美德之间关系的观点。

公元 6 世纪上半叶查士丁尼大帝权威颁布的法典中出现了基督教王制思想的早期范例。这一理论的关键是，统治者的权力被认为是由神建立和指定的，这一点与早期"野蛮人"将王制视为选举或选择的事物的说法不同；国王的权力和权威是上帝的恩赐，而他们权力的来源是通过涂油礼昭示的（Ullmann，1975，p. 48；Nelson，1991，p. 218）。这种"降临"的权力理念具有许多重要的含义。第一条，这意味着国王对他们的权力没有权利——没有人对接受的礼物有权利——这给了他们在处理人类事务方面以独一无二的身份，因此可以用来驳斥君主从属于宗教权威的说法：他们的权力直接来源于上帝。此外，虽然一人之治的权力独立于臣民的选择，但这一理论清楚地表明，国王对他们负有独特的、神圣的责任。在许多中世纪的著作中，人口的各个部分都被描述为国王家庭中的成员，这一点强化了君主制体现政府的父系的或"世袭的"概念。约克（York）大主教伍尔夫斯坦（Wulfstan）在公元 10 世纪写的一首诗中捕捉到了王制的形象：

> 基督教的国王，
> 如此的合适，
> 由他来做父亲，
> 给基督教的人民，
> 以看顾和保护他们，
> 奉基督代理之名……（Nelson，1991，p. 240）

君权不仅是父权的，而且也是高度个人化的；国王信任他的主要臣民，臣民也信任国王。此外，虽然王制被视为上帝直接的恩赐，但这种统治模式更强调共识和忠诚，而不是强制。

中世纪的王制观念特别强调统治者的个人品质，特别是他们有责任既是捍卫者的典范，也是道德楷模。它们还反映了一种信念，即统治者的首要作用是确保和平，而且他被赋予最高的道德权威。后者受到中世纪教皇权力支持者的挑战，他们希望确保最终的道德权威掌握在教会手里。然后，从 13 世纪末开始，那些坚持世俗统治者道德至上的人能够通过借鉴新近发现的亚里士多德的政治著作来捍卫他们的立场。

例如，阿奎那接受了亚里士多德的观点，即政治统治在维持社会生活互利方面的重要性。他认为，由于上帝让人类与他们的同伴相互依赖，并将他们的完善与一系列社会美德的培养联系在一起，人类因此需要由一种普遍的统治力量来指导，这种统治力量能够协调他们的交往，从而确保他们能够在"统一和平"中生活在一起。所有合法的政府形式都在一定程度上满足这个要求，但阿奎那（继承亚里士多德）认为，一人之治能够为那些服从他的人创造最大的益处（Aquinas，1959，pp. 11，107）。因为，君主制将权力交于一人之手从而能够为社会提供统一的方向，并且避免集体统治中经常发生的内部分裂和派系之争。另外，阿奎那认为一人之治的政府符合"自然法则"。正如心统治身体，理性统治灵魂，蜂王统治群蜂，上帝统治整个宇宙，"人类社会的最佳政府形式是由一个人统治"。这一类比论证得到了人类经验成果的支持。恰当地运转的君主制已经被证明是稳定的，而且总体上是有益的，而权力被分割的社会则经常陷于分裂斗争中（ibid.，pp. 13，17–19）。

阿奎那论及君主制统治的益处，说明在古代和中世纪对王制和僭主制之间的区分广泛存在。中世纪早期的思想家强调僭主制的行径损害了统治者的道德权威。我们将会在后面的章节中看到，这个观点为不服从甚至是反抗已经成为僭主的统治者提供了依据。对于僭主制，阿奎那赞同传统的观点，即好的统治者服务于公共福祉，而僭主无视共同体的利益并且攫取他们的私利。但是阿奎那认为，君主制权力被不当地使用造成的影响不会像贵族制政府的败坏那么有害。贵族的败坏总是伴随着派系间的暴力斗争，由于诸多党派或家族卷入其中，社会和平被破坏了。除了非常极端的情况，君主制的败坏往往影响特定的个人，而不是整个共同体。阿奎那运用这个论据来支持他对君主制的普遍偏好，但他并没有试图掩盖君权被僭主式行使所导致的罪恶。相反，他认可亚里士多德关于僭主制与美德不相容的观点。僭主自身缺少美德，他们嫉妒其臣民的美德，而且他们努力防止臣民相互联合从而阻止对他们的持续统治带来威胁。此外，僭主常常在他们的臣民之间挑拨离间，以使他们互相畏惧，无法团结起来反对暴政。结果是僭主制破坏了政府的信念。它不但没有维护和平与培养美德，反而衍生冲突和败坏民众（Aquinas，1959，p. 19）。

阿奎那对于僭主制的罪恶的态度——本质上是行使权力的方式与政府的真正的职能不相容——赋予统治者的美德特别的权重。中世纪的作者对王的美德的重视非常清晰地体现在大量的"帝王宝鉴"的文学作品中。这类著作旨在鼓励帝王获得并践行其中所描绘的理想的帝王美德。因此，在《论政治体》(*The Book of the Body Politic*，1406) 中，克里斯蒂娜·德·皮桑非常强调帝王对于上帝和臣民的责任，并敦促他们效仿《圣经》中的牧羊人（Pizan，1994，p. 16）。帝王应该以身作则，成为践行仁爱、慷慨、悯人的典范，而且要避免淫荡、暴虐和残忍等恶习（ibid.，pp. 23 - 30，53 - 54）。克里斯蒂娜将君主比作政治共同体（政治体）的"首脑"，并认为帝王的美德是一个有道德的国家的先决条件："为了将公共政治体管理好，首脑必须是健康的，也就是有美德的。因为如果首脑得病，整个身体都将会感受到"（ibid.，p. 5）。共同体的所有成员都应该被培养具备美德，虽然在这个意义上美德具有普遍性，但克里斯蒂娜很清楚，帝王所占据的独特地位意味着他践行美德并不同于共同体的其他成员："适合帝王的并不适合普通骑士或贵族，同样，也不适合被统治者"（ibid.，p. 58）。

117

克里斯蒂娜·德·皮桑 （1364—1430）

皮桑出生于威尼斯，在法国长大成人，她的父亲是一名宫廷医生，她被认为是法国的第一位女作家。她写了多本著作，最著名的作品旨在促进女性教育，并与法国政治密切相关。她的主要政治著作《论政治体》（1406），是为

了指导 14 岁的王位继承人在王位继承危机中如何行事的。

关键阅读：Christine de Pizan, 1994; Adams, 2014.

在中世纪，强调君主的美德，导向了给予统治者广泛的、实际上无限权力的政府理论（Dunbabin, 1991，pp. 483 - 492）。然而，应当指出的是，国王权力的设置是在这样的背景下，即统治者被期望与臣民协商对他们保持忠诚，并且时刻牢记，尽管人定法掌握在他们手里，但他们始终受自然法的约束，而且受上帝的管理，上帝才是合法统治者的权力的直接来源。

◇ 现代早期政治理论中的君主制：博丹、霍布斯、菲尔默和波舒哀

在中世纪后期，上文所述王制的概念与改变皇权至高无上的理念结合在一起。人们越来越重视习惯法，也越来越重视帝王在执行立法权时听取意见或咨询意见。关于财产的自然权利的要求所涉的问题，以及在合作征税办法中承认这些要求的必要性，加强了议会的代表性作用。由于政府与被统治者的需要有关，因此可以说它反映了他们的同意，这种理念强化了这些发展。它们为后来发展为挑战权力神授说和君权至上说的理论埋下了种子（ibid.，pp. 501 - 519）。

现代早期主权理论的形成是对这些发展的回应。在该理论的基本假设中，主权理论自身不关心由谁统治。重要的是，有一个主权者能够为人类社会建立秩序。这一点在霍布斯的著作中表现得非常清晰。霍布斯倾向于一人之治，理由是一个统治者对掠夺的欲望可能比一个集体的统治欲求所带来的破坏要少，但在一人、少数人或者多数人应当统治的问题上，霍布斯采取了一种冷静而独立的态度。

霍布斯的法国前辈让·博丹，也对各种政府形式做了相对不偏不倚的描述，他强调（与

118

中世纪的先例一脉相承）主权者应当服从自然法并且有责任促进公共福祉（Bodin，n.d.，pp.51-52）。不过，博丹坚持认为，君主制可能比贵族制或民主制的政府形式更加稳定：前者（贵族制）有派系斗争的趋势；而后者，因为包含整个人群，受他们的无知、激情和愚蠢所困扰（ibid.，pp.190-200）。博丹的主权观常与中世纪的王制理论相呼应。这方面的例子是他试图将主权与父亲对家族的统治联系起来，这个观念在罗伯特·菲尔默爵士对父权式君主制的描述中发挥了关键作用（ibid.，pp.6-17）。1630年至1652年，这位默默无闻的英国乡村绅士为君主制提供了一种犀利而独一的辩护，在随后的现代早期君主制理论中发挥了重要作用。

菲尔默的政治著作写于英国内战之前和内战期间一人之治受到挑战的背景之下。在《父权制》（一本赫然以"为国王的自然权力辩护并且反对人民的非自然自由"为副标题的作品）一书中，菲尔默明确表示，他的论点不仅反对他自己社会中的民众政府的支持者，也针对那些将自然自由赋予人类并声称这使他们有权选择自己的政府形式的思想家（Filmer，1949，p.53）。为了回应这种"似是而非且危险的观点"，菲尔默提出了绝对君主制的理由。他认为，只有这种政府形式才符合上帝通过《圣经》传达并反映在人类社会历史上的意愿。

罗伯特·菲尔默爵士（1588—1653）

菲尔默，是一位来自肯特郡（Kent）的乡间绅士，他维护英国皇室的绝对权力，在英国内战前和内战期间，他视查理一世的反对者为危险人物，成为与这些反对者不共戴天的批评者。战争期间，他被议员们短暂地监禁，并因坚持保皇党事业而遭受经济损失。菲尔默的主要政治著作《父权制》是在内战之前写完的，但直到1680年才出版，当时它被用来抵制将天主教约克公爵（后来的詹姆士二世）排除在英国王位继承权之外的企图。

菲尔默认为社会和政府是人类生活的自然特征，这些特征源自家庭关系的原则向更大的人类组织的延伸过程。他认为《圣经》中对亚当和夏娃的描述是一个永久有约束力的宣言，

表明了上帝的意图，即家庭和更大范围的社会群体应始终完全地、毫无疑问地接受最年长的男性的控制，这个原则在绝对君主制中得到了最充分的体现。通过这些论证，菲尔默试图将绝对君主制视为唯一合法的政府形式，并表明对君主制的挑战，包括主张分享政治权力的行使，或者评判君主的行为，都是没有依据的。

在男性统治很普遍的社会里，诉诸政治父权制很有分量。对菲尔默的著作的重要性的衡量是，洛克对其进行了长篇大论的反驳。在保守派的圈子中，他的著作经受住了洛克的批评，一直到18世纪末仍然有吸引力。

关键阅读：Cuttica，2016；Laslett，1949；Schochet，1975.

119

尽管菲尔默拒绝自然自由，但他为一人之治提供了自然主义的辩护，他认为《圣经》中对造物的描述回答了什么是自然的基准，因为它清晰地展现了上帝对人类的意图。他指出，当上帝把整个世界赐予亚当时，他规定了神授的人类政府的模式。亚当对其后代的统治表明，

上帝希望人类服从于一个统治者。从这一点出发，菲尔默认为，父权式统治，即最年长的男性对其家族的统治以及父亲的后代对众家族的统治，是唯一合法的政治权力形式。诺亚（Noah）通过将世界分给他的儿子们从而创造了众多王国，取代了他从亚当后裔那里继承的唯一的王国，但这些国家本身是按照父权制原则治理的。在详细分析《圣经》出现之后的历史时，菲尔默试图确立这个原则是古代和现代世界所有合法的和有益的政治体系的基础（Filmer，1949，pp. 53 - 60）。

对于菲尔默来说，《圣经》提供了君主制正确性的正面证据：上帝"通过自然本能教导我们，通过创世纪（the Creation）向我们表明，并以他自己为例确证君主制的优越性"。人类经验的成果证实了这一结论："最好的秩序、最大的力量、最稳定和最简易的政府要从君主制中得来，而不是任何其他形式的政府"。无论是在上帝所表达的意图中还是在人类的经验中，都缺乏任何令人信服的替代性证据，这也支持了这一观点。事实上，菲尔默为君主制辩护的案例的大部分问题，都基于这些争论，其涉及《圣经》的不合法性、概念的不一致性和所有其他统治形式的实际危险性。因此，在讨论古代希伯来人没有国王的时期时，菲尔默评论道，"人人随心所欲的地方，也就可以说是没有政府的地方"。同样，菲尔默在检视亚里士多德的政体类型理论时，集中地批判了后者对贵族制和民主制的分类。他宣称君主制是唯一良好的政府形式，其逻辑是一以贯之的，并且他回顾其过去来证实他的判断：如果"虔诚和诚实"被视为政府的目的，那么古罗马、威尼斯和低地国家的历史表明，只有将政治权力集中于一人之手，这些目的才能实现（ibid.，pp. 84，86，189，196 - 199）。

因此，在经典、历史和哲学中都将君主制作为政府形式；它们还确立了一人之治必须符合权力传递的世袭模式。菲尔默声称，合法的权威继承自男性长辈，这个限制不仅意味着女性要服从上帝的安排，而且也意味着在家庭和国家中女性永远屈从于男权。在菲尔默的模式中，所有人天生就处于从属地位，虽然有些人作为家族之首行使父权，但只有极少数人通过从他们的父亲那里继承政治权力而获得完全的优越地位。这种关于家庭和政治权力的概念在现代西方人的耳中引起了强烈的不和谐，但对于菲尔默的同时代人来说，它与他们社会的大多数情景、语言和法律形式是一致的（Schochet，1975）。此外，他对大众政府的批评，以及对贵族干预君权、对混合政府的危险的谴责，都在很大程度上解释了为什么菲尔默的著作在经历过英国内战动荡的人当中受到欢迎。

菲尔默用《圣经》的字面含义来证明绝对君主制的合理性，这在雅克·波舒哀（Jacques Bossuet）的《〈圣经〉字里行间的政治》（*Politics drawn from the Very Words of Holy Scripture*）一书中有着相并列的观点。这部著作写于菲尔默的《父权制》出版之前，但是直到1709年才出版，是法国政治思想传统的一部分，可以追溯到博丹。波舒哀用《圣经》支持政府的父权形式，并声称这符合神所指定的模式。与菲尔默不同的是，波舒哀允许这种合法的政府能够建立在臣民同意的基础之上，也可以通过被征服的臣民的同意而合法化。然而，*120*

在这两种情况下，同意仅仅证实了父权式政府的自然模式：

> 人类……看到由许多家族组成的联合王国在一个共同的父亲领导下的图景，而
> 且……在那种生活中找到了和平，这使他们很容易在代替父亲的位置的国王的领导下创
> 建家庭社会。

波舒哀认为君主制是最古老、最普遍，因此也是最自然的政府形式，他认为君主制具有许多
独特的优势。它最不可能遭受分裂，最有利于团结，并且在满足国家的军事需求方面也特别
合适。而且，世袭君主制强化了这些优势。它建立了一种永久的自然模式，鼓励君王将国家
视为传给其男性继承人的遗产，并赋予统治者从无可争议的职位中获得的尊严（Bossuet，
1990，pp.44，47-48，49-51）。

　　正如我们将看到的，菲尔默和波舒哀的专制主义立场，在某些重要方面与霍布斯的理论
相似，但他们对君主制的强调和排他性的偏好可以追溯到中世纪的政治思想。在这方面，重
要的一点是在《父权制》开始的一章，菲尔默将自然自由的观念描述为一种新观念，一种仅
在16世纪才流行起来的观念。像中世纪的思想家，菲尔默为君主制找到了一种神圣的渊源，
并且和他们一样，他赋予其父系的光环。他还将君主制与共同体的利益联系在一起，如我们
所见，从"神圣与和平"的角度来理解君主制（Filmer，1949，pp.53，103）。不过，菲尔默
思想的这些方面必须与那些标志着与中世纪模式不同的思想放在一起。首先，菲尔默的父权
制形象，更多地与权力及其限制有关，而不是与父爱有关。当8世纪的英格兰统治者阿尔弗
雷德大帝想要确定他与臣民之间的共同关系时，他提到了他对他们所有人的爱（Nelson，
1991，p.239）。相比之下，菲尔默的父权式统治者的臣民更有可能通过这样的事实来得到确
认，那就是他们都是毫无疑问地服从国王命令的。其次，在菲尔默的理论中，中世纪王权至
上的思想让位于对君主的无限制和无所不包的权力的强调。最后，中世纪思想家认为国王的
权力是上帝直接的、无中介的礼物。然而，菲尔默认为，国王拥有至高无上的权力，这是一
种源自父系继承权的自然法权利；权力本来是来自上帝的，但它的传递是通过人类的世代来
实现的，统治者有权得到它。正如我们将在随后的篇章中看到的，这一点对于臣民应对坏政
府的能力有着重要影响。

◇ 18世纪与19世纪政治理论中的君主制：绝对主义者、浪漫主义者、迈斯特和莫拉斯

　　在1688—1689年"光荣革命"之后，英国君主制朝着混合制而非专制的方向发展，因
此，菲尔默的观点被事实超越。然而，他的理论的某些方面在现代产生了影响，在18世纪后
121 期的君主制理论中也有回响（Gunn，1983，p.171）。从19世纪40年代倾向于浪漫主义的年
轻贵族的政治态度中也可以看到它们（Francis & Morrow，1994，p.175）。然而，在很大程

度上，这些残存的菲尔默的思想处于英国主流政治思想的边缘。这一点可以通过参考 18 世纪两位最重要的英国政治思想家来得到说明：大卫·休谟和埃德蒙·伯克。虽然前者承认君主制可以是一种令人钦佩的政府形式，但他将这一判断建立在这样一种假设之上：君王以一种规范的、受法律约束的方式而不是武断任意的方式进行治理。只要这些条件得到满足，休谟认为君主专制原则上没有什么错误（Hume，1987，pp. 51 - 53，94；Miller，1981，pp. 145 - 148）。相比之下，伯克将君主制视为基础广泛的贵族政治文化的一个方面。伯克笔下的君主为政治注入热情和文明，但除了象征意义，或者作为贵族和富人掌握主导的影响力的代表性结构的一部分，君主并非政治的中心。

在欧洲大陆，君主制思想与主权至上观念密切相关。在 18 世纪的法国，君主制有时呈现出新菲尔默式的色彩，但有人会以菲尔默所反对的字眼讨论君主制。因此，尽管德尼·狄德罗（Denis Diderot）承认王权是神的礼物，但他将其合法的起源追溯到被统治者通过契约的安排所表达的同意，并批评政治职位的世袭传承（Diderot，1992，pp. 7 - 11，90 - 91，200 - 201；Rowen，1980，pp. 133 - 134）。在德国，一些关于君主制的描述利用了自然自由的概念，而这正是菲尔默所反对的。据称，曾经拥有自然自由的个人，试图用自由换取开明、专制的统治者提供的益处来保护自己的利益（Krieger，1972，pp. 50 - 71）。

法国大革命之后，一些法国和德国浪漫主义思想家创作了很多关于君主制的文章，回应了流行的共和制政府和 18 世纪的开明专制。君主制的浪漫复兴建立在对 18 世纪君主制理论的批判之上，这些理论指明了君主专制主义的根本基础与 18 世纪 90 年代取代君主制的大众政府的严密体系之间的矛盾关系。它还关注 18 世纪君主观念的精神贫困的特征。浪漫主义者认为 18 世纪的政治思想家提供了一种机械的国家观。由于他们的理论是建立在拥有自然自由的孤立的个体基础之上，对于统治者和其臣民间的关系，这些作者采用了狭隘的工具性的描述。因此，君主专制理论与革命学说有着共同点，无法提供有效的替代品，因为它们剥夺了君主制那些吸引普通人去偏爱和忠诚的美学与诗意的品质（Beiser，1992，pp. 236 - 239；Morrow，2011，pp. 55 - 56；Müller，1955，p. 153）。

德国浪漫主义者试图重申共同体和相互依存的理念，并明确君主制的独特作用，以取代这些危险和缺少精神的学说，重新树立许多中世纪王权的形象。因此，他们强调政治权力应该被赋予一种审美上令人满意、心理上令人感到家庭温暖的光环，他们认为父权式君主制观念最能满足这些要求。浪漫主义政治思想的这一特征在诺瓦利斯（Novalis）的作品中尤为明显，而且在弗雷德里克·施莱格尔（Frederick Schlegel）的作品中也有体现。诺瓦利斯描绘了由一对年轻、纯洁、忠诚的夫妇组成的理想化的王室，作为基于信仰和爱的真正的君主制的象征（Beiser，1992，pp. 264，272；Novalis，1996）。施莱格尔也坚持认为，君主只有作为受人尊敬的对象出现时才能发挥效力（Schlegel，1964，pp. 122 - 124）。尽管德国政治浪漫主义者非常重视君主制的光环，但他们声称这必须得到宪法的保障，从而赋予君主制一套独特而至高无上的政治职能。他必须是一个有凝聚力、有组织的共同体的象征性和实质性的中心，而不仅仅是诺瓦利斯所描述的 18 世纪专制主义工厂国家中最强大的力量（Novalis，1996，p. 45）。

浪漫主义君主制观念的要点之一是它必须满足人类根深蒂固的需要。在这方面，浪漫主义政治思想有一个自然主义的参照系，但它与一个共同体的历史经验有关，而不是与上帝的最初的创造权相关。君主制对于某些政治共同体而言是天然的，这一观点在当时德国浪漫主义者约瑟夫·德·迈斯特的著作中也发挥了重要作用。尽管如此，迈斯特通过提出人类关系需要权力的普遍性的情况来论证他对君主制描述的合理性，这在某些方面与菲尔默的立场相似。和菲尔默一样，迈斯特认为世袭君主制产生了一系列的实际利益，这些利益对它自身有利而对其他选择不利，特别是那些涉及大众统治的方案。例如，与波舒哀的立场相呼应的是，他认为世袭君主制解决了继承问题，从而使最高权力避免被野心所觊觎。一人之治也能够将权力集中在一人之手从而提供统一和稳定。此外，迈斯特支持大众是有偏见的和任性的这种普遍的假设，他认为将权力交于一人之手是很重要的，这个人的修为和无私能够使其他任何形式的人类统治的风险降到最低。最后，迈斯特认为一个人无可置疑的至高无上的地位，能够使政治共同体中的成员之间保持一定程度的相对平等；在一个全权君主之下的臣民之间存在着相对微小的差异，无人能够追求至高无上的地位，也没有人会被轻视或者被妒忌（Maiste，1965，p. 27）。

约瑟夫·德·迈斯特（1753—1821）

迈斯特出生于撒丁岛王国的一个贵族家庭，他曾担任法官，后来在圣彼得堡的俄罗斯帝国法院担任流亡政府的大使。1817 年，迈斯特返回欧洲，但他期盼已久的君主复辟的梦想很快就破灭了。迈斯特对革命的批判立场及其思想的根基，与埃德蒙·伯克相似。他的主要政治著作包括《论法国》（1796）和《主权》（*Study of Sovereignty*，1844 年首次出版）。

关键阅读：Lebrun，1988；Wilson，2011.

虽然没有迹象表明迈斯特对 1789 年以来的法国发生的变化有好感，但他对君主制的辩护是基于共和政体的经验，这种政体在内部变得专制，在外部变得咄咄逼人。迈斯特敏锐地观察到了法国的政治流血事件，当革命军入侵他的祖国时，作为萨伏依国王（King of Savoy）的臣民，他遭受了极大的个人苦难。这个经历强化了这种信念，那就是君主制为它的臣民提供了真正的益处。他认为，由于君主制是一种承认服从自然原则的统治体系，因此它能够使最高权力的行使相对良好并普遍有益（ibid.，pp. 68 - 69，113 - 119）。相比之下，那些试图将自然自由理念付诸实施的人很快就被驱使建立了必然具有压迫性的统治体系，因为它们与社会的政治组织的自然原则相冲突。在法国，这一发展使得自私自利、贪婪的精英们可以在大众政府的幌子下肆无忌惮地、残酷地行使权力，卢梭的"公意"思想为其提供了合法性。

迈斯特虽然希望波旁王朝恢复法国王位，但他对君主制的看法却不是 18 世纪开明的专制主义。在西方政治思想史中，同样的观点可能被用来为君主制做最后的重要辩护。这一观点是由查尔斯·莫拉斯提出的，他是 19 世纪末 20 世纪初法国右翼政治的杰出人物。与迈斯特一样，莫拉斯也认为恰当的君主政体比共和政体的压迫要小得多，在这个问题上，他的观点与迈斯特一样也与历史传统和现代早期法国的经验密切相关。莫拉斯并没有说过政府形式是普遍适用的，但是他认为社会性和阶层性是所有人类生活方式的普遍特征。

莫拉斯的座右铭是"权力在上，自由在下"（Authority at the top，liberty below）。他认为君主政体能够满足这两个条件，因为它以国家为中心，只将最高权力直接用于国家目的。在这方面，它与共和主义有很大不同，在共和制下，选举过程和议会的需求使地方的和私人的利益直接地和侵入性地受制于中央政府的权力（Maurras，1971a，pp. 220 - 221）。因此，矛盾的是，对莫拉斯而言，自由共和制比其他形式的政府对自由的危害更大。"在共和国中自由是一项权利，但只是一项权利：在王权之下，自由与实际的行动有关——确定、真实、可触及、实在。"在民主政体中，政府是那些控制议会多数席位的人的临时但有效的良药；在君主制下，它是权力和统治的公正来源。因此，君主制国家保护的是普遍的自由，而不是将自由置于局部利益集团的控制之下，后者以牺牲其他人群的利益为代价获得自由（ibid.，pp. 230，220 - 221，231，225）。

据推测，任何形式的一人之治都可以产生这些优势，但莫拉斯特别地将之与法国君主制联系在一起。一人之治的益处为法国人民和他们历史上的皇室家族之间长期存在的纽带所加强。像埃德蒙·伯克一样，莫拉斯把历史经验看作"第二天性"（second nature）的一种形式；它是如此根深蒂固地存在于共同体成员的心灵中，以至于形成了他们头脑中精神的和情感的寄托。从这个角度看，法国人与其皇室之间的联系强化了传统社会和政治等级制度的自然性（ibid.，pp. 235 - 236）。在描写法国皇室家族时（在现代被称为"波旁家族"）（House of Bourbon），莫拉斯用了一个古老的名称，将其称为"卡佩家族"（House of Capet）（ibid.，p. 237）。这种古老的语言反映了他倾向于用中世纪而不是现代的术语来看待君主制，这一点通过他在传统王室统治的宽厚与 17 世纪晚期和 18 世纪早期君主们的侵入性的集权志向之间的对比得到了凸显。

尽管莫拉斯对流亡的波旁王朝有着密切的认同，但他的思想并没有得到保皇派主流的支持，他对恢复传统君主制的前景感到失望。晚年莫拉斯支持贝当陆军元帅（Marshall Pétain），后者是德意志帝国统治者在法国南部建立的维希政权（Vichy regime）的领导人。当时，贝当似乎是拯救莫拉斯所坚信的历史的专制法国的唯一希望。效忠的转移是绝望导致的，但在某些方面，这是西方传统中君主制思想幻想的终结。君主制在许多欧洲国家依然存在，在一些前殖民地也时断时续。然而，在这些国家中国王扮演着象征性的角色，但很难说他们是统治者。

◇ 现代政治理论中的独裁者

　　第一次世界大战结束时，德意志帝国君主制崩溃，德国转变为民主联邦制。在某些方面，这一转变被认为带来了挑战，只有在新的共和政制中加入一人之治的元素，才能应对这些挑战。因此，在《帝国的总统》（*The President of the Reich*，1919）中，著名经济学家和社会学家马克斯·韦伯提出了民选总统的理由，以抗衡联邦各州政府权力和比例代表对德国国民议会或国会（Reichstag）的影响所造成的分裂倾向。根据现有宪法安排，单独的议会本身并不是民主治理的充分保障："今天……所有的宪法提案都屈服于对多数人——议会中的多数人，而不是人民的多数——的绝对正确和无所不能的粗俗地盲目信仰。"（Weber，1994，p. 307）在这种情况下，人民的意愿必须体现在由他们选出的总统身上，而不是由议会多数选举产生。韦伯认为，"对于我们而言，创造一个毫无疑问地依靠全体人民意愿的国家元首，而不需要中间人的调解是至关重要的"（ibid.，p. 304）。他声称：

　　　　一位民选总统，作为行政首脑、官方赞助人，拥有延迟否决权以及解散议会和咨询人民的权力，是真正民主的护身符，这并不意味着人民无能为力的自暴自弃，而是服从自己选择的领导者（ibid.，p. 308）。

韦伯指出，现代非君主制国家对个人领导的需要，在当代政治思想的其他形式中也有所体现。因此，在后一章讨论的第三世界民主理论中，关于一党治政府在引导社会摆脱殖民统治方面的关键作用的主张中经常提到这些政党需要由强大的政治力量领导，在争取独立的斗争中发挥作用的有魅力的人物集中体现了共同体在解放过程中形成的愿望。在其他情况下，通过对伊斯兰价值观的认同而合法化的政体可能会在政治体系中为一个声称拥有最高影响力的人物保留一个特殊的位置，而这个人物的权力源于宗教权威。虽然这些政体中个人领导权具有特别重要的位置，但它们不一定是人民普遍参与政府体系的替代方案。在这方面，它们与在20世纪发挥如此毁灭性作用的现代独裁体制有着显著的不同。

　　与罗马共和国的独裁者不同，罗马共和国的独裁者掌权是为了避免危机，而大多数现代独裁者的目标是终身任职并试图决定谁将接替他们。虽然这些统治者在国家中享有至高无上的地位，但他们往往与某个运动或党派有关，或者与现有精英阶层的一部分有关，最常见的是军队。从历史上看，这种统治形式最重要的例子发生在阿道夫·希特勒领导下的德国。希特勒既是国家元首也是纳粹党（National Socialist Party）的领导人。这一例子尤其重要，因为许多实际上的独裁者不得不在名义上基于非独裁原则掌权并借助其来证明他们的合法性，而希特勒对德国政治的掌控则建立在公开的个人领导的基础上。相反，希特勒的意大利伙伴贝尼托·墨索里尼虽然拥有意大利政府首脑的头衔，但他所领导的法西斯政权是建立在君主立宪制的框架内的。与此相似，许多南美独裁者曾担任过各自共和国的总统，或者领导过所谓的临时政府，这些政府由军方主导，但通过吸收一些非军方人士从而与共和国宪法相联结。

虽然韦伯认为由人民选出领导人对于维持民主政府至关重要，但在 20 世纪 30 年代初德国出现的一人之治，是以议会民主制所产生的棘手困难为前提的。当然，一些君主制理论在很大程度上依赖于对民主政府弊病的判断，但现代独裁的情况则截然不同。这些政权总是根据现代议会民主的实际经验发展起来，其理论基础与这种经验密切相关。特别是，现代独裁理论涉及对民主政府的双管齐下的攻击，一方面针对议会主义，另一方面反映了对普通公民的普遍的蔑视。这些主题在希特勒的《我的奋斗》中表现得十分明显。这本书是在希特勒上台之前写的，书中对议会政治的颓废和传统政治家的乏味、自私的性格进行了评述，并总是提到希特勒所说的"投票公民的不可改变的愚蠢"。这些批评主要针对的是战前奥匈帝国君主立宪制和战后魏玛共和国的政治（Hitler，1969，pp. 339 – 340）。

希特勒将政府建立在领导人的个人负责以及共同体所有成员对他的完全服从的基础之上。"领袖原则"（the leadership principle）决定了最高权力掌握在谁的手中，但它也是社会和政治组织的一般原则，要求社会各阶层都处于其隶属的领导的照管之下，这些领导管理着政治的、社会的或者经济活动的不同的领域（Brooker，1985，p. 60）。无论是最高领袖还是他的下属获得他们的地位的原因都不应当归功于在传统选举竞争中的胜利。"有任何人相信这个世界的进步源于大多数人的思想而不是个人的头脑吗？"在回应这个问题时，希特勒强调斗争在精英选拔中的首要地位，并贬低普通公民的勇敢和睿智（Hitler，1969，pp. 465 – 466，478 – 481）。

领袖原则包含着对激进的精英主义的承认，这使得元首的地位是被证明有能力促进德意志民族利益的一个结果。纳粹意识形态的此方面反映出对现有上层阶级和知识分子的潜在的敌意。这种精英主义标志着希特勒的一人之治的理念是非传统性质的，这是他的政治思想的一个特征，这个特征在他对领袖和大众之间关系的理解中也很明显。尽管希特勒不承认民主代表的传统概念，但他声称已经找到了一种真正的日耳曼民主，在这种民主中，领导人由群众选举产生，但随后他将承担起对国家的全部、永久的个人责任。然而，他坚持认为，领导人的"才干"实际上并不是通过选举程序被发现的。相反，那些能够掌握最高权力的人通过公开表演所传达的人格力量与民众建立了直接关系。由于他在公共会议上与群众的互动，这位推定的领导人将"哲学"转换成"一个信仰和战斗、精神和意志统一的组织严密的政治共同体"。这种转变只能通过讲演来实现，而讲演的力量一直在掀起历史上最大的宗教的和政治的"雪崩"（ibid.，1969，pp. 392，83，346，98）。

这篇关于领导人通往权力之路的文章表明了独裁的一个显著特征。虽然领导人和人民之间的关系被认为是一种基于"信仰、荣誉和关怀"基础上的"日耳曼"关系，但这些中世纪王权的回声并没有弥合君主制和一人之治的独裁制之间的鸿沟（Brooker，1985，p.56；Neumann，1944，p.342）。领导人的合法性源于他在与"种族"关系中的作用，而不是在与普遍的价值之间的关系中的作用。更进一步，他将自己提升到民众心目中的主导地位，然后通过现代的（但自行终止的）群众选举机制将自己置于无可置疑的至高无上的地位。

◇　结论

　　虽然将君主制、神权政治和独裁政府理论混为一谈会产生严重的误导，但这些关于权力分配方式的理论具有某些共同且独特的特点。首先，他们都认为统治者所需要的某种能力或曰美德只存在于少数人身上。这一主张的一个推论是，绝大对数人没有政治能力。此外，一人之治的支持者认为，一个共同体的团结必须由单个的国家元首来创造和象征。一个有机的国家概念并不是支持一人之治的人们所独有的，但这类理论给予有机比喻（organic analogy）一种特殊的字面解释。与人类有机体一样，国家必须有一个控制和指导其成员行动的首脑。最后，似乎很明显，这些政府理论通常与一种信念有关，即国家的存在是为了美德或秩序，而不是以自由或个人幸福为目的。

7　少数人统治

在上一章中，有人指出，一些关于君主制的论述将这种一人之治的形式置于"贵族"在其中发挥重要作用的社会的和政治的权力体系之下。本章对贵族这一概念做了较为详细的讨论。然而，亚里士多德将贵族描述为"最好的少数人统治"，这种政府形式既不是君主制的一部分，也不要求他们出身"高贵"（noble）。从这个意义上讲，贵族在古代政治思想中扮演着重要角色，并在19世纪和20世纪具有一定的影响力。

赞同将排他性的或至高无上的权力分配给少数人的论点，通常基于这样的假设，即普通民众的道德以及智识能力是有限的。他们声称，确保良好的和有效的统治所必需的品质只限于群体中相对少数部分，并且只有拥有这些品质的人才能在政府中发挥主导作用。这个问题中所讨论的品质是道德和智识，尽管在某些情况下，它们也与通过世袭精英身份获得的文化价值有关。作为君主制的重要组成部分的贵族的传统概念，主张世袭统治是其特征。无论精英是世袭的，还是基于所谓的道德和卓越的智识，少数人统治的合法性在于它对整个共同体有利，而不仅仅是对统治者有利。

本章介绍了柏拉图和亚里士多德所提倡的多少比较纯粹的精英统治形式。在这些理论中，重点是道德和智识卓越，尽管在亚里士多德的部分，文化优越性的理念也发挥着重要作用。关于少数人统治的古典理论可以与中世纪、现代早期和现代理论家提出的更加传统的贵族理论相比较。尽管这些理论家经常引用古典资料，但他们中的许多人强调贵族制政府的世袭基础。关于贵族制的讨论通常集中在内部利益的问题上，但在18世纪末，英国-爱尔兰思想家埃德蒙·伯克也声称，共同的贵族价值观是有益的欧洲国际秩序的基石。本章最后讨论了现代非贵族思想，这种思想是由推动了文化的、智识的以及政党的精英统治的思想家所提出的。

古代政治理论中的少数人统治：柏拉图和亚里士多德

柏拉图的"监护者"清楚地说明了少数人统治：尽管他们只占国家总人口的一小部分，但他们完全控制着理想国。这个阶层的成员以他们对至善的认识和信仰而著称。他们被选拔、训练和强化并且长期受教育的目的，是确保国家由最优秀的公民统治，这些公民具有决定善和一心一意追求善所必需的智识、道德和品质。柏拉图的理想国是有双重意义的。最理性的因素支配着不那么理性的因素，这是正确和公正的，在这种情况下，政治权力将为整个共同体的福祉而行使。柏拉图经常轻蔑地提到大众统治，从而突出少数人统治的优势。民主制是由人口中最不理性的成员所主导的，其不可避免的倾向是产生一种狭隘自私的阶层统治，最终导致混乱或僭主制。

在《理想国》中，柏拉图没有公开为纯粹的贵族制度辩护，但他的叙述中的许多方面都指出了集体优于单个人统治。隐藏在理想国表面之下的危险是那些掌握最高权力的人的败坏。如果监护者真的拥有柏拉图提出的品质，败坏似乎是不可能的。然而，他对这一结果并不太乐观，他认为精英的集体统治是在监护者阶层的成员之间建立起一系列制衡的一种方式。也许是为了规避这种制度潜在的危险，柏拉图强调，监护者形成一种特殊类型的"家庭"，这种家庭由于没有天然的家庭关系及其共同的生活方式而变得更容易形成（Plato，1970，pp. 220 - 222）。监护者之间的家庭情感的一个优势是将保证和维系家庭阶层激发出团结一致的信任，而不会走向一人之治，即使这个人很聪明与良善。

虽然柏拉图的"监护者"在亚里士多德的语境里形成了某种"贵族"，但"精英制"也许是这个阶层更合适的称呼，因为他们统治的权利被有意地剥离了传统贵族的内涵。他们的地位是严格地"达成的"而不是"被给予的"。柏拉图对许多细节含糊其词，但他的论点的主旨是，监护者应当从所有阶层中选拔，并且如果监护者的后代达不到标准，这些后代是不能成为监护者的。此外，统治者不会因为他们在国家中的地位而拥有世俗特权。相反，他们不占有财产或享受传统的家庭生活。在回应关于生活在这种条件下的统治者不会幸福的批评时，柏拉图坚持他的苦行者理想（ascetic ideal），他反驳称，国家的存在不是为了统治者的利益；他们的生活方式是合理的，因为需要避免私人利益腐蚀他们或分散他们追求善的注意力。在任何情况下，善都会带来某种程度的终极满足感，而这种满足感不能等同于诱惑，但根据柏拉图的观点，它会降低通常与"幸福"相关的物质享受（creature comforts）（ibid.，pp. 163 - 165）。

在《理想国》中被柏拉图视为少数人的严格的苦行主义（asceticism）在《法律篇》中得到了修改，他在其中提出了第二等好的国家，旨在解决统治者缺少最高美德的问题。这个国家由一套法律制度构建和管理，这套法律制度将弥补其成员的缺点。然而，为了执行这些法律并确保它们受到定期修订，柏拉图建立了一套详细的司法和审查委员会制度。其中一些机构将由普通民众出任，而其他机构则由共同体中更加有美德的成员任职。柏拉图认为，《法律篇》中主张的政治结构通过融合贵族制和民主制的因素，一方面可以避免民主制的危险，另一方面可以避免君主制的危害。前者可能产生自公开的选举制度，后者来自运用被称为"抽签"（lot）的机制。古希腊人对通过选举进行选择的含义的理解，与现代民主政府制度有很大不同。对古希腊人来说，选举有利于上层阶级，因为这意味着对价值和社会声望的判断可以在选择程序中发挥作用。相比之下，抽签本质上是盲目的；或抓阄，通过一种偶然的过程来确定公职人员。其结果不受候选人特殊品质的影响。事实上，概率定律将确保数量上占优势的下层阶级将主导通过这种方法选出的议会或政府。柏拉图将选举制度纳入其第二等好的国家的事实，为共同体的政制提供了贵族元素。然而，由于所有公民都有资格担任公职，因此这个制度是建立在精英式的贵族制而不是世袭式的贵族制基础之上（Klosko，1986，pp. 211 - 225；Plato，1980，pp. 223 - 245）。

亚里士多德的《政治学》描述了少数人的统治，其中包含了传统上与"贵族制"相关的一些特征。贵族制存在于最优秀的人为了公共利益而统治的地方，但亚里士多德认为，在理想国之外的国度，最优秀的人只占人口的一小部分，并且他指出，在这些"所谓的贵族"中，他们的主张是基于相对的而不是绝对的美德。这些贵族，或如同亚里士多德常称他们为"出身高贵的人"，其地位明显高于共同体的其他人，但他们并没有获得真正的美德。他们不完美的美德的一个后果是，尽管他们在国家中发挥着核心作用，但他们的权力不是绝对的，而是被置于各种混合的政制形式中。这些安排将美德与财富、人数、自由身份结合起来，或它们构成某种组合，从而承认即使是最优秀的人的美德也是有限的，因此也需要认识到来自财富、自由或人数的主张的重要性。此外，由于最优秀者只是相对而言的，因此重要的是要防止权力的徇私舞弊和寡头政治的出现，寡头政治是一种少数人（通常在经济上占主导地位）为了自己的利益而不是为了整个共同体的利益而执政的统治体制（Aristotle，1958，pp. 117，131 - 132，204 - 205）。

亚里士多德建立了一种后来人确定贵族的普遍模式，他认为"所谓的"贵族的美德与他们谦逊地占有财富、教育资源以及他们获取文化和智识的社会背景相关。这个假设与亚里士多德《尼各马可伦理学》中对美德的处理相呼应。尽管他将沉思生活与真正的美德联系在一起，但他清楚地表明，这一目标对于大多数人来说太过崇高，而应专注于一系列适合普通社会和政治生活的美德。道德美德（moral virtues）包括"勇气"（尤其适用于军事活动）、"公平"（指商业交易中的诚实）、"慷慨"（对朋友和城邦）、"宽宏大量"（适当的自我价值感）、"好脾气"和"节制"（Aristotle，1975，pp. 115aff；Mulgan，1977，p. 4）。这些品质通常与贵族文化相一致。

除了所谓的贵族制形式的不完美但有优势之外，亚里士多德还讨论了一种理想的形式。在名副其实的贵族制中，政治权力被分配给真正有美德的人，他们为了公共利益而统治，并且被视为属于贵族群体。也就是说，亚里士多德将公民团体（citizen body）等同于那些绝对的和相对的适合统治的人——他们都是具备美德的并且在美德上与他们的公民同胞一致——并将那些出身（奴隶）、性别（女性）或者职业（农民、商人、无技能的人）与道德美德不相符的人置于下层，他们对于城邦目标的实现是必要的，但他们不是城邦的真正成员。然而，亚里士多德将贵族公民团体分为战斗者和统治者，这破坏了他关于城邦是理想的平等联合体、共享统治和被统治功能的这一规定。无论这种区分的逻辑如何，这意味着在贵族共同体的情境下，亚里士多德的理想城邦的概念要求贵族团体所有成员进行统治，而这些成员只是全部人口的一小部分。正如亚里士多德对所谓的贵族制的描述一样，他对其理想的政治形式的处理是基于年龄、出身、性别和阶层等的偏见，这些通常与贵族统治相关联（Aristotle，1958，pp. 279 - 306）。

◈ 中世纪和现代早期贵族制观念：阿奎那、马基雅弗利和哈林顿

130　　亚里士多德关于混合政府中贵族制的论述对后来的政治思想产生了重要影响。例如，古罗马思想家西塞罗在罗马的共和政制中界定了贵族制成分，将这一角色赋予了元老院阶层，他将亚里士多德与所谓贵族联系在一起的许多文化的和智识的品质归于这个阶层。然而，对于中世纪的思想家来说，少数人统治的政府只是更广义的君主制的一个要素。在中世纪早期的欧洲，国王被认为拥有上帝赋予的至高无上的权力，但这种权力构成了一个复杂的人际网和责任网的基石，其中最重要的是那些体现了将国王与他最亲密和最重要的臣民联系在一起的"信仰"。这些人是国王的仆人，离王位很近，加之他们在经济、文化和军事上的重要作用，使他们在国家中发挥着独特的作用。实际上，他们在混合政府中形成了贵族阶层。

　　事实上，国王和他最强大的臣子之间的关系是欧洲国家封建主义兴起的结果，但随着13世纪亚里士多德的著作被重新发现，这些关系能够被有意识地通过与古人的政治理论相呼应的方式来阐释。因此，阿奎那认为，纯贵族制的暴政危险甚于君主制，因为一部分人统治时更可能发生冲突，而这往往会诱使统治集团成员利用权力实现他们自私的目标。他认为混合政体预先阻止了这一威胁，并防止君主制带来的不那么直接的威胁。这个解决方案使人回想起亚里士多德最实用的政府形式，但它融合了君主制、贵族制和民主制，而不是民主制和寡头制。贵族权力——"即政府由最优秀的元素组成，其中的少数人根据美德执掌权力"——其合法性来源于它的成员的社会地位、财富和道德品质。与君主制一样，贵族制的合法性源于他们的美德，虽然这些美德没有人们期望的圣君（good kings）那样崇高，但它们仍然具有重要意义。"最好的政体……是一个睿智的混合体，在这里有一人为其首脑；有贵族制因素，他们依据美德参与政府；并且有民主制因素或民众统治因素，统治者从人民中选出，以及全体人民有权选择他们的统治者"（Aquinas，1959，p. 149）。事实上，贵族成员通常是富有的，他们的地位是以出身为基础，这进一步将中世纪关于少数人角色的概念与亚里士多德著作中的概念联系起来。

　　贵族制应置于君主制的架构之内以构成混合政体的理念一直持续到现代早期。尽管如此，在此期间，一些思想家视贵族制为共和国的关键因素。有道德的政治人物是少数的观点与文

艺复兴时期意大利城市国家的关系最为紧密，但它与 17 世纪英国的以及 18 世纪美国的政治思想相呼应。

15 世纪后半叶，一些佛罗伦萨作家描绘了一幅理想化的，甚至在某种程度上是虚构的关于威尼斯共和国和贵族政制的蓝图，他们的目的在于坚决维护佛罗伦萨富人的影响，这些佛罗伦萨富人憎恨美第奇王室掌握统治权。回顾经典讨论，这些作者赋予"少数人"国家监护者的角色，他们代表民众担任重要公职，从而使他们的美德服务于公共福祉（Pocock，1975，pp. 100 - 103，185 - 186）。在这种情况下，少数人与城邦的生活紧密联系在一起。马基雅弗利强调了这一点，他观察到，这种贵族相当符合共和国的保境安民与国运昌隆之需，因而土地贵族或"士绅阶层"的存在与否，与所有形式的共和国的命运息息相关（Machiavelli，1975，vol. i，pp. 220 - 222，335）。

131

詹姆斯·哈林顿 （1611—1677）

詹姆斯·哈林顿（James Harrington），1647 年伴随查尔斯一世，在克伦威尔护国期间参与了共和政治。他的主要政治著作《大洋国》(1656) 被视为对文艺复兴时期意大利公民共和思想的英国化有重要贡献。更进一步，他将自然贵族思想应用到英国的语境中，并考虑了封建土地所有权的衰落对共同体政治权力分配的影响。

关键阅读：Davis，1981；Harrington，1992.

意大利模式产生了较大的影响，其结果是正当人们在寻找替代不可信的君主制政府理念时，贵族共和主义思想在 17 世纪英国和 18 世纪美国得到运用。在此背景下，焦点集中在自然贵族；也就是说，对统治的主张是基于对自然优越性的普遍承认。由于君主制不再被接受，精英身份的世袭决定方式也不再被接受。领导者仍然是必需的，但他们应该由人民来选择，人民的作用是识别自然贵族的能力并服从他们。这些领导者占有庞大的财产、教育和闲暇，但这些属性不是担任公职的资格；相反，他们有资格享有贵族地位，是因为他们"优越的自然禀赋"（Pocock，1975，pp. 414，515 - 517）。因此，17 世纪中叶的英国思想家詹姆斯·哈林顿将其理想国"大洋国"的贵族描述为：

> 他们别无长物，但是他们的教育和他们的闲暇是为了公共生活，他们安逸和富足，以及他们的内在价值在人民的判断或选举中占有重要权重，这些是他们获得荣誉和发展的唯一途径（Harrington，1992，p. 141）。

◇ 现代政治理论中的世袭贵族制：伯克、柯勒律治、夏多布里昂和贡斯当

虽然"少数人"在现代早期共和政府理念中起着核心作用，但他们在 18 世纪晚期和 19 世纪早期的君主立宪制理论中也很重要。这种政府形式在任何严格意义上都不是"贵族式"

的，因为主权要么交于君主，要么交于"议会中的国王"，即交给与代表机构紧密相连的国王。埃德蒙·伯克对"贵族专制主义"的严厉批评突出了这一立场的鲜明特征（Burke，1834，vol.i，p.130）。与18世纪末19世纪初其他一些思想家一样，伯克将贵族制视为君主立宪制的必要组成部分，而不是一种纯粹的政府形式。

埃德蒙·伯克（1729—1797）

132

伯克，爱尔兰人，作为辉格党的一个主要派系的知识分子商人（an intellectual man-of-business），在英国政坛取得了成就。从18世纪60年代中期到90年代，他在议会和多届政府中发挥了重要作用。伯克是一位著名的演说家，并且出版了许多讲演。他还写了许多重要的政治小册子，包括《评法国革命》（1791），这部作品攻击法国大革命及其英国同情者，并且导致伯克和他的党内主要成员之间不和。尽管伯克没有否认人类可能曾经拥有自然权利，但他认为这种主张在像英国和法国这样历史悠久的共同体中是没有力量的。在政治社会中，权利源于法律，这是一种规章体系，它是从一

系列只是部分地反映了人类实践的惯例中演变而来的。与它所属的其他习俗一样，它与该共同体独特的社会的、文化的和宗教的特征密切相关，且富有成效。伯克论证认为，对自然权利的呼吁以及试图将其作为构建新的政治权力体系的基础，忽视了以往几代人的经验，威胁到共同体的稳定并使其成员丧失社会生活的益处。当这一理论用于英国和法国时，产生了一种保守的政治理论，其优先考虑的是已建立的制度和传统的贵族、精英的作用。

关键阅读：Dwan & Insole，2012；Garnett，2018；Hampsher-Monk，1987.

伯克声称贵族对君主立宪制作出了两个截然不同但相关的贡献。首先，由于世袭贵族来自他们社会中最富有的成员，尤其是他们拥有土地财富，因此他们在财富和政治权力密切相关的社会中有着重要的影响。其次，也是更重要的一点，他声称这一阶层成员的影响力是合理的，因为他们普遍有益的而且等级分明的社会和政治文化发挥了关键作用，这种文化是由18世纪末19世纪初欧洲国家普遍存在的严重的物质不平等所造成的。在被法国大革命破坏之前，这些政府确保了稳定，为财产提供了普遍的保护，并且鼓励了商业和物质进步。这就是说，当一些欧洲国家重新建立君主制时，贵族可以在后革命时代发挥类似的作用。

伯克对革命的回应表明，贵族政治文化的一个重要优势是它能够使政府免受总是无知的、常常是盲目的、破坏性的自私的大众的直接影响，以及来自其他社会阶层的投机分子的危险的野心的威胁。此外，除了这些仅仅是消极的优势外，伯克还将一些重要的积极优势归因于贵族。在某种程度上，这些都与能力和正直有关，也与所谓的"政治美德"有关，但伯克对"少数人"应占社会和政治影响的主导地位的辩护，超出了纯粹精英主义的立场。

伯克关于贵族政府有着众多益处的理念，在他对欧洲世袭贵族的态度中是显而易见的。他声称，由于贵族的影响力和财富是通过家族传承的，因此社会和政治结构被赋予了"自然

的"面相。此外，通过将过去与未来连接起来，世袭原则为共同体提供了一种历史的和文化的认同感。人类并不是孤独无依的，而是披着令人宽慰的"习俗之衣"（cloak of custom）以面对困境。除了世袭贵族的这些具有象征性而在心理上有价值的"果实外"，伯克还声称，贵族与大量稳定的土地所有权之间的联系激起了对各种财产的尊重，贵族的所有权形成了保护国内其他各种财产的"堡垒"（Burke，1969，p. 140）。最后，伯克将贵族与礼仪联系起来，就是说，与文明理念联系起来，文明理念是一种文化伦理体系，它使普遍有益但有潜在破坏性的追求经济自利的行为得到调整。因此，贵族的影响与宗教的影响相辅相成。宗教和贵族都拥护保护社会的价值观，这种价值观不会阻止建立在承继过去基础上的进步（Pocock，1985，pp. 193 - 212）。尽管如此，贵族伦理文化为社会提供了不是直接的但却意义重大的益处。在伯克的作品中，如同在德国浪漫主义者的作品中一样，君主被赋予一种温暖的和优雅的气质，这成为他们政治地位的保证。这种论调也适用于贵族。如伯克所言，"贵族是公民社会的优雅饰品"（Burke，1969，p. 245）。

伯克在他最后一部政治作品《论与弑君者讲和的四封信》（*Letters on a Regicide Peace*）[1] 中，将革命前的欧洲描绘成一个国家共同体、一个联合体，其国际关系由共同的君主-贵族式文化所支撑。这种文化在以下方面具有相似性——宗教、法律和礼仪以及地方组织，这使欧洲"实际上成为一个拥有相同的普通法基础的国家，并具有地方习俗的多样性"（Burke，1834，Ⅱ，p. 299）。伯克的判断呈现了早期国家特殊性的一种论述，并且突出了罗马法作为欧洲君主制的公法和私法的共同来源（Hampsher-Monk，2014，pp. xxxv-xvi）。然而，这种文化没有什么不一致的。泛欧洲文化超出并渗入不同民族的历史和语言，但没有废止它们。伯克声称，共享文化使宗教的差异变得相对无关紧要："欧洲各国都有非常相似的基督教宗教，在基本内容上一致，只在仪式和附属教义上略有不同"（Burke，1834，Ⅱ，p. 299）。

伯克提到的"礼仪的相似性"对统治者之间的关系尤为重要。他用这个词来指代那些有利于社会交往的价值观，这些价值观使动物性的激情、物质自利性和身体欲望的影响变得适中，通过来自好的艺术、优美的文学、宗教和其他"进步"社会中的文明趋向所产生的柔和的情感来实现这种调节。在《评法国革命》时，伯克强调礼仪在缓和与理顺国家各阶层之间关系方面所起的作用，从而确保商业社会的激烈竞争不会破坏共同的身份意识，并且在极度不平等的社会中共享利益。在《论与弑君者讲和的四封信》中他还指出，18 世纪欧洲国家的社会和政府精英所共有的文化与社会价值观意味着他们在信任和相互理解的基础上追求他们的利益。这种精神使外交成为可能，将战略野心限制在不威胁其他国际主体生产的目标上，并以符合欧洲作为一个"联合体"（commonwealth）的理念的条件终止战争。伯克界定了革命计划的一些核心特征，这些特征直接地对欧洲联合体的君主-贵族式文化造成了致命影响。

---

① 浦薛凤先生译为《论与弑逆媾和四信》，冯克利先生译为《论与弑君者讲和》，本书兼采两者。感谢山东大学万吉庆博士帮助查阅相关文献。——译者注

他们提出人民主权这样"大逆不道的"（regicidal）原则，这意味着通过"一种自然定律和一套基本人权，所有的政府如果不是民主制，那就是一种非法的篡夺。所有的国王都是篡夺者；国王应当和他们的妻子、家族和追随者一起被处死"。他们建立"雅各宾主义"，即强制重新分配合法所有者的财产并以其作为社会的基础，以无神论为国家的基础。他们尝试一种反文化的革命礼仪，这反映出他们"对人类深深的敌意"（Burke，1834，Ⅱ，p.296）。

伯克在《评法国革命》中主要关注这一挑战的国内影响。在《论与弑君者讲和的四封信》中，他考虑了雅各宾主义对欧洲国际关系构成的威胁。雅各宾派最初在国内发动内战，现在他们正在发动一场反对欧洲整体力量的内战："法国的派系……假设一种形式……采纳一系列原则和准则，并且……定期地和系统地执行它们，通过这样，她实际上摆出了一种姿态，就是对人类宣战"（ibid.，p.303）。伯克谴责最初的革命者及其继任者是"占据法国身体的恶魔"，并认为他们拥有恶魔般的力量，对欧洲其他地区的威胁比君主统治的法国更大（ibid.，pp.305-306）。这些力量反映出"破坏活动"的超自然能量（ibid.，p.306）和其前所未有的侵略性："这是一场在欧洲传统、文明、道德和政治秩序的支持者与一群狂热的妄图改变这一切的无神论者之间的战争。它不是法国征服其他国家的向外扩张：它是一个以征服法国为起点，旨在建立一个普世帝国的教派"（ibid.，p.307）。该教派正在进行一场歼灭战，这场战争与18世纪欧洲"联合体"中各国之间有限的冲突有着根本的不同。

伯克将贵族和宗教的影响视为相同的政治与社会文化的一部分，而年轻的当时的诗人和哲学家塞缪尔·泰勒·柯勒律治则提出了一个有趣且有影响力的替代性立场。像伯克一样，柯勒律治重视贵族非物质方面的中和作用——对祖先的精微的迷信可以在某种程度上抵消对财富的粗鄙的迷信——但他认为，在一个良好的平衡的国家，对祖先和财富的迷信都应受到人本主义的影响，这种人本主义体现在哲学的和宗教精英的身上，或者"知识分子"（clerisy）身上。"知识分子"是社会中独立的群体，由英国圣公会的圣职人员和在大学接受过教育的其他职业的成员组成。他们负责促进有智识的和有道德的价值观，并确保这些价值观对那些行使政治的和社会的权力的人们产生影响（Coleridge，1990，pp.62，172-195）。

柯勒律治的"知识分子"概念基于他对基督教的智识要求的独特理解，但是这种思考政治的方法在政治思想史上曾以多种形式出现。正如我们所见，约翰·斯图尔特·穆勒强调了世俗精英在民主社会中的重要性。这种"知识分子"的理念在宗教政治思想中也有与之相似的内容。例如，在1906—1907年宪法中所体现的伊朗国家改革，宗教领袖被赋予了纠正和监督政治官员的角色。柯勒律治坚持认为知识分子是将人类价值观注入政治体系的必要条件，同样值得注意的是，在伊朗，那些从他们对伊斯兰教教法的了解中获得道德权威的人，被视为对该法律体系规定的社会正义事务负有特别的责任（Akhavi，1990，pp.15-16）。

伯克对贵族作用的论述是在回应法国革命者对贵族君主制的亵渎而产生的。法国革命思想家的作品中也出现了类似的对贵族作用的描述。这些理论家接受了革命的许多结果，并试图为后革命时代塑造君主立宪制的新形象。因此，弗朗索瓦·夏多布里昂（François Chateaubriand）、一位保守但非反动的复辟政治家和自由派思想家邦雅曼·贡斯当（Benjamin Constant）均为 1815 年复辟后的君主制中保留贵族要素辩护。

夏多布里昂强烈批评拿破仑皇帝创造的伪贵族制度，并且认为恢复波旁王朝必须恢复法 *135* 国真正的贵族制度。他认为有必要重建"贵族家族"，以作为"王位的屏障和保障"。这样的 家族将提供安置君主的环境，君主象征着：

> 古老的荣誉传统、细腻的情感、对财富的蔑视、慷慨的精神、信仰、我们急需的忠诚，
> 这些是绅士最特别的美德，也是国家最必需的饰品（Chateaubriand，1816，p. 231）。

此外，夏多布里昂强调，贵族的影响力和财富必须在贵族议院中体现，这样才能平衡民选众 议院所代表的民主势力（ibid. ，p. 30）。因此，对于夏多布里昂而言，贵族是新的君主立宪 制的重要组成部分。

邦雅曼·贡斯当从自由主义的角度支持这一观点，他认为世袭贵族及其议院是维持君主 立宪制的必要条件。这种贵族制度使世袭君主制不那么令人惊奇。卓越地位的世袭性确保了 人口中的这个群体拥有较高的社会地位，而且其成员明智而具有美德。贡斯当将这些品质视 为一种有益政府制度的保证，这种制度将传统的世袭统治理念与现代要求即国家以人民主权 原则为基础结合起来。此外，由于世袭贵族独立于国王和人民，因此它在君主和民选议会之 间形成了一个中间层（intermediary），能够在政制中保护这两个其他要素的利益和权利 （Constant，1988，pp. 198 - 199）。

像伯克和当时的英国思想家柯勒律治的那些辩护一样，这些为贵族的辩护标志着传统 贵族作为西方政治思想的重要主题的名副其实的终结。事实上，即使在伯克的论述中，也 有指向少数人统治的不利因素。例如，在一本小册子中，面对贝德福德爵士（Duke of Bed-ford）批评他接受皇室的养老金，年老体弱的伯克为自己辩护，强调精英管理制作为政府 高层的基础的重要性。他说正是像他这样有才干的生意人负责维持了那种"独自地"使贝 德福德"身处高位"的社会结构。另外，伯克所述的真正的自然贵族不仅包括世袭贵族， 也包括主要的法官、知识分子和商界最成功最受尊敬的成员。具有这些品质的人"在性质 上是具有这些资格的，因为他们在社会的共同变革中起着领导、指导和管理的作用" （Burke，1834，vol，ii，p. 265，vol. i，p. 525）。这两句话都不足以将伯克从传统的贵族政 治观念中分离出来，但第一句隐含着敌意，后者表达了普遍的精英统治，这指向了少数人 政府的非贵族观点。

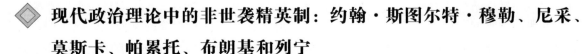

现代政治理论中的非世袭精英制：约翰·斯图尔特·穆勒、尼采、莫斯卡、帕累托、布朗基和列宁

传统的贵族制在现代世界的某些地方依然存在，但与君主制一样，它早已不再是政治理

论家感兴趣的对象。其主要原因是，大约从 19 世纪中叶以来，西方政治发展的总趋势是代议
民主，即多数人的统治。尽管这一发展使广大民众在政治中发挥了重要的正式作用，但这并
不总是意味着关于少数人有效统治的论点被放弃。相反，随着民主政府的普及，发展出一套
独特的政治思想理论，使其对精英在表面上民主的制度中的作用进行了思考。这些论点必须
区别于传统的贵族制理论，那是建立在君主制背景下，并且非常强调世袭和传统观念。相比
之下，精英理论强调精英的优点和可证明的政治能力，而不是传统贵族被赋予的继承来的社
会品质。

关于精英统治和新兴民主之间关系的一种重要论述出现在约翰·斯图尔特·穆勒的著作
中。穆勒对人类进步的理解使他对民主统治采取了谨慎的态度。他认为，在当时的条件下，
大众政治制度会使现代社会已经明显存在的墨守成规倾向更加突出。在最极端的情况下，这
种倾向将产生"多数人的暴政"，但即使这种倾向较为温和，也会阻碍在智识和道德方面的尝
试，穆勒将文明的进步归因于这些尝试。为了应对这些对进步的威胁，穆勒将一般的教育角
色分配给社会中的知识精英。其目的是使大众的智识和道德进步。此外，穆勒坚持认为，国
家的管理必须交给少数开明的专家，同时他提倡一种选举制度，以确保代议制政府的检查和
监督机构具有精英倾向。最后一个目标是通过一项选举权（franchise）来实现，该选举权给
予所有健全的成年人至少一票，同时给那些满足一定的教育水平、专业和职业资格的人以多
数的票。这种分配的目的是让广大民众获得履行政治角色的经验，同时确保他们无法以数量
的优势削弱穆勒关于国家教育和进步的理念（Mill，1983，pp. 284 - 286）。由于精英的影响
力和政治经验被认为具有教化作用，穆勒关于政治选票应不均等分配的立场对现代政治的特
征产生了长时期的和现时的影响。穆勒认为只要大多数人足够明智，代议制民主就是理想的
最佳政体。

穆勒的立场是有些自相矛盾的。一方面，他认为民主是不可避免的；但另一方面，他对
人类进步的关注使他在可预见的未来强调精英知识分子的领导，以遏制民主对政治的影响。
然而，事实上，穆勒认为在某些情况下精英统治又应当让位于民主。在这方面，他的立场与
19 世纪末的德国哲学家弗里德里希·尼采（Friedrich Nietzsche）不同，尼采认为民主是一场
道德和实践的灾难，充其量只能为建立一个新的、非常独特的政治制度做准备，这个政治制
度是以一个卓越的基本上是贵族式的精英群体为基础的。

尼采的贵族概念产生于对同情以及自我认可的低等价值观的全面攻击中，他认为这些价
值观与基督教道德和人道主义、自由主义与社会主义是一致的。这些运动是已经僵化的宗教
信仰的现代替代品，与它们共享着以普遍的道德法则为框架的基本平等思想，尼采认为这个
道德框架是平庸的人类的"群体本能"的体现。尼采提倡一种非传统的道德，以取代他认为
腐化、自私和衰弱的思想，从而指引人类为实现他们的"意志"承担个人责任。尼采的"意
志"概念本质上是积极的：它是一种个人力量，通过尝试按照自己的目的塑造世界，专心致

志、不懈地追求满足自己对快乐或乐趣的欲望。"不是意志的满足引起快乐……而是意志的向前推进，一次又一次地战胜阻碍它前进的事物"（Nietzsche，1968，p. 370）。尼采理论的这些方面与施蒂纳（Stirner）著作的某些部分相似，他可能对此很熟悉（Carrol，1974；Leopold，1995，pp. xi-xii）。然而，尼采认为只有一些人能够遵守这种道德观念；他们是超人（Ubermensch），他们超越了普通人，能够享受高级形式的文化事物。

弗里德里希·威廉·尼采（1844—1900）

尼采出生于普鲁士萨克森州，是一位学术哲学家，他的作品致力于批判现代西方文化的道德基础。他关于精英领导和"权力意志"的思想被后来的法西斯和民族社会主义思想家采纳。在他的著作中，《善恶的彼岸》（1886）和《道德的谱系》（1887）最贴近政治思想。

关键阅读：Ansell-Pearson，1994.

尼采认为自由民主唯一的乐观前景是其平等化和虚弱化的趋势有可能为一个新的贵族超人阶层的出现扫清障碍，这个阶层将夺取控制权并征服大众（Detwiler，1990，pp. 173 - 174）。在所有其他方面，尼采的立场要求对民主和威权主义的大众国家的文化、道德和政治结构进行激烈的贵族式批判（Ansell-Pearson，1994，pp. 151 - 152）。"'人'的类型的每一次升华……一直以来都是贵族社会的产物——而且永远都是这样；一个坚信人类等级秩序漫长和价值观存在差异的社会，从某种意义上需要奴隶制"（Nietzsche，1967，p. 199）。因为尼采强调他所谓的"跨越的激情"（pathos of distance）的必要性，所以这不仅仅是传统的征服；也就是说，他认为社会等级制的悠久历史增强了"其他更神秘的激情，对灵魂自身内部的更远跨越的渴望，不断进化出更高、更稀有、更宽敞、更大跨度、更全面的状态——简言之：不断提升的'人'、持续的'自我掌控的人'"（ibid.，p. 199）。大众的完全服从对于这种"神秘的激情"至关重要。因此，尼采推进了精英统治的体系，在这个体系中，大众实际上是为了贵族阶层的利益而牺牲的，贵族阶层不再为虚妄的人道主义服务，尼采声称这种虚妄的人道主义削弱了传统欧洲贵族的意志：

> 良好而健康的贵族本性是它不认为这是一种功能，而是它的意义、它的最高正当性。因此，他问心无愧地接受了大量的人的牺牲，为了贵族的利益，他们必须被压制，沦为残缺的人，沦为奴隶，沦为工具（ibid.，p. 200）。

因此，对于尼采而言，贵族制是与其他政体相互排斥的替代方案，因为为了自身利益，它需要精英统治。这一立场不仅与穆勒关于精英统治的引导和启蒙功能的观点形成了鲜明对比，而且与将精英主义视为民主政治不可避免和持久特征的当时欧洲的其他政治思想大相径庭。

19 世纪末 20 世纪初，意大利思想家加埃塔纳·莫斯卡（Gaetano Mosca）和维弗雷多·帕累托（Vifredo Pareto），以及前者的德国弟子罗伯特·米歇尔斯（Robert Michels）发展了描述性的、"科学的"论述，表明所有的社会和政治管理体系都是精英主义的（Parry，1970，pp.30-63）。正如莫斯卡所言，

> 在所有社会中，人类分为两个阶层——统治阶层和被统治阶层。第一个阶层总是人数较少的，履行所有政治职能，垄断权力并享受权力带来的好处；而第二个阶层人数较多，由第一个阶层领导和控制（Mosca，1939，p.50）。

19世纪末20世纪初欧洲代议制民主的经验、一种想要证明即使是这些政治制度也符合一般精英主义的模式的愿望，导致莫斯卡、帕累托和米歇尔斯非常关注假定民主环境中的少数人统治。他们认为，精英统治理论是一种经验主义理论，它反映出这样的事实：无论一个社会的政制如何，总是精英在统治。正如帕累托所说，精英"存在于所有社会中，即使在表面上政制是高度民主的情况下，精英也会统治这些社会"（Pareto，1966，p.155）。这一立场与前面讨论的许多立场不同，因为这些思想家强调规范性的论点，即精英应当统治。

民主社会，即使是最自觉的民主组织，如劳工党（working-calss parties）（米歇尔斯关注的对象），实际上也受制于少数人的统治。精英不被视为统一的有凝聚力的实体；事实上，莫斯卡和帕累托都界定了精英阶层（Bottomore，1966，pp.9-10）。然而，精英被认为拥有许多共同的品质从而解释他们的主导地位，并且他们被赋予组织能力、政治技术和清晰的目标感。此外，精英的权力是累积的——其来源因掌握权力而得到加强——并且是自我持续的。莫斯卡和米歇尔斯强调精英的组织能力，并观察到其有限的规模和成员之间频繁的互动使得精英比大众更容易有效地进行组织。帕累托的论述集中于特定人群的心理特征。在民主制度中，这些组织或心理特征允许精英成员操纵一个所谓的全能群体，该群体由大量不同的缺乏想象力、组织不善、方向不明确的个人组成（Mosca，1939，pp.247，411-412）。

这些关于精英相对优势的判断为精英统治的特定形式的偏好提供了基础，这种偏好隐藏在莫斯卡和帕累托理论的科学形式背后。因此，帕累托对那些拥有高度发达的政治智慧但缺少宏大的道德抱负或理想的人的腐朽和衰败的统治结果感到失望。他在第一次世界大战后撰文指出一种日益明显的趋势，社会上新富的成员与"大众"结成操纵联盟，以产生一种"蛊惑人心的财阀统治"形式（a form of "demagogic plutocracy"）。这种针对成熟的资产阶级的联盟，是现代议会政府的主要特征：

139

> 现代议会制度，无论出于何种意图和目的，都是蛊惑民心的财阀统治的有效工具。通过选举和议会中的政治交易，天生就有组团本能的人们有了相当大的活动空间。事实上，现在似乎很清楚的是，现代议会制度在很大程度上与财阀政治的命运息息相关（Pareto，1966，p.315）。

随后，帕累托将意大利独裁者墨索里尼视为团结、秩序和纪律的英雄式代表，认为他将重塑

意大利社会的道德基础。相反，莫斯卡的偏好是自由保守派（Parry，1970，pp. 41，47）。在他后来的著作中，他哀叹在民主制下出现的政治精英倾向于通过迎合低俗的道德标准来操纵民众。然而，由于普选在当时已经不可逆转，将投票权限制在中产阶层已经为时已晚，因为中产阶层本可以为精英提供智识和道德上的激励，并发挥补充作用。作为另一种选择，莫斯卡重新定义了统治阶级的概念。他呼吁的实际是一个外在于政治（extra-political）的精英，通过在与大众的互动中发挥教化的而不是蜕化的作用，从而恢复社会和政治生活的道德基调。莫斯卡在第一次世界大战结束后的政治和道德危机年代写作，敦促统治阶级"明晰自身的权利和义务……只有这样才能学会正确地评价他们的领导者，从而在大众眼中逐渐恢复它在很大程度上失去的威望"。他主张开明的中产阶层的成员"组成一个道德的和有智识的贵族团体，从而防止人类在自私和物质欲望的泥沼中腐烂"（Mosca，1939，p. 493）。在这个表述中，莫斯卡的统治阶层已经成为政治领袖和大众之间的中介：其影响力是通过道德的和文化的手段而不是通过拥有政治职务来实现。民主政治既需要大众，也需要政治领袖，但由于后者无法提供道德的和有智识的领导，因此必须通过对政治产生间接影响的精英来提供。

将政治的主导地位归于"少数"的学说的共同特征是认为"大众"是严重无能的。必须由少数人统治，因为多数人要么没有能力行使政治权力，要么会以道德上受谴责的方式行使权力。这种精英与大众关系的观点的不同版本，被用来说明精英或"先锋"党（"vanguard" party）在激励大众参加实际革命行动方面的作用（Parry，1970，pp. 55 - 56）。秘密的精英党的观点可以在一些 19 世纪法国思想家的著作中找到，特别是与这一时期的路易-奥古斯特·布朗基（Louis-Auguste Blanqui）有关。在未入狱的相对短暂的成年生活中，布朗基活动在 19 世纪法国政治革命边缘。虽然他认为人民将在革命进程中发挥关键作用，但他们被压迫和无精打采的状况意味着他们必须受到一群知识分子的激励从而行动起来，这群知识分子的革命奉献感使他们脱离当时社会的阶层结构。这些精英将在严格分工的基础上与大众结成联盟。它成立了一个封闭的秘密机构，在组织大众和指挥大众行动的同时，防止当局的渗透。革命精英不会征询人民的意见，也不会信任人民：就像军队的总参谋部一样，他们居高临下指挥军队。布朗基持有一个极端自由主义和平等主义的未来愿景，但他坚持认为，要实现这个目标，必须暂时征服那些将最终享受社会和政治变革成果的人（Bernstein，1972，pp. 62 - 64）。

布朗基的革命精英思想在 20 世纪革命马克思主义历史中结出硕果。这个传统的关键思想家不是马克思本人，而是列宁——20 世纪初俄国革命的共产主义的领袖人物。在《怎么办？》 *140* 中，列宁反对自发的大规模起义，理由是这些起义会造成无目的的破坏，而不是协同有效的革命行动。他坚持认为，在革命前的条件下，特别是在专制警察国家的背景下，群众缺乏团结和明智的方向意识，这使其不能成为有效的革命力量。即使在更有利的情况下，最有希望的还是"工联主义的意识"（trade union consciousness）的增长，但这将削弱其革命能力。尽管列宁认为这些能力在大部分人中都是潜在的，但他认为他们需要一个由训练有素、政治意识强、组织严密、由中央领导的精英组织来培养和引导。

在列宁的"革命精英主义"中，先锋队成员的特点是他们对马克思主义革命改造理论的信仰和理解。然而，他的理论的基本假设——大众的不确定性，以及他们需要精英的塑造、团结和指引方向——是所有类型的精英主义所共有的。当然，确实如此，列宁关于精英统治的理念是为了实现一个目的，那就是不再需要精英统治。然而，如同穆勒一样，这是一个遥远的目标。对列宁及其继任者来说，推翻专制只是革命的第一阶段；还必须为向共产主义社会过渡创造必要的经济、政治和社会条件。

弗拉基米尔·伊里奇·列宁（1870—1924）

列宁是俄国 1917 年 10 月（俄历）第二次革命时期布尔什维克党的领袖。他的革命策略在那次事件以及随后苏联的发展中发挥了重要作用。列宁将马克思主义应用于俄国的局势，奠定了共产党领导的社会主义形式的基础，并根据"马克思列宁主义"原理论证其立场的合理性。在列宁的许多著作中，《怎么办?》（写于 1901—1902 年）和《国家与革命》（State and Revolution，1917）是最重要的两部著作。他的政治著作涉及一系列论题，包括革命形势下先锋党的作用，以及这些精英如何利用国家权力为实现共产主义创造条件。列宁严厉批评无政府主义者和其他改革派以及非革命的社会主义者，并与他们进行针锋相对的论战、激烈的政治斗争。

关键阅读：Harding，1992；Mclellan，1979.

向共产主义过渡需要放弃精英统治形式，建立真正的民主政体。与其他马克思主义者一样，列宁也认同现代社会的资格证书（credentials）是民主式的，这与莫斯卡和帕累托对他们的精英性格的观察相一致。然而，与这些思想家不同，列宁并不认为精英主义是不可避免的。在阐述其"人民民主"（people's democracy）的概念时，列宁认为他提出了一种理论，该理论建立在充分理解民主政府的要求及其含义的基础上。他的立场建立在长期的民主思想传统之上，但正如我们将在下一章中看到的那样，列宁根据他对马克思主义所提出的人类解放前景的理解来确立这一立场。

◇ 结论

141　因为现代精英理论家宣称统治社会的基础是共同体的部分成员在政治上具有重要意义的个人品质，这些精英理论家与柏拉图和亚里士多德有一些共同点。但是，在这个一般范式中存在着重大变化。对列宁而言，这些品质主要是智识和意识形态上的。至少在这方面，他的立场与柏拉图、穆勒和尼采相似。虽然其他精英理论家倾向于将精英地位与某一特定阶级的成员身份联系起来，但他们并不主张阶级统治的形式。相反，他们认为在社会结构中占据某

些位置的人享有教育优势和生活方式，这将使他们有可能在政治中发挥突出作用。精英的身份是个人的，但人们普遍认为精英通常来自特定的阶层。

相比之下，世袭贵族理论涉及阶级统治的概念。虽然只有贵族中的特定成员担任主要的国家职务，但阶级本身享有特权的政治和社会地位，并提供社会的和文化的以及政治的领导。这个阶级是世袭的，它的成员身份由法律规定而且准入受到严格控制。虽然世袭贵族有时存在于共和国中（例如罗马和威尼斯），但他们更常见于世袭君主国。在这种情况下，贵族反映了政治权力的归属观念，这种观念基于这样一种主张，即应当根据遗传性的原则来确定能力和地位。

8 多数人统治

由于某种形式的民主是现代世界的一个特征，人们很容易忽视这样一个事实，即多数人在政治上的积极意义的处境是"三十年河东三十年河西"。柏拉图和亚里士多德都将民主与无法无天、不稳定的统治联系在一起，他们的许多继承者都赞同他们对这种政体的弊端的判断。尽管存在这种持续的敌意，但西方政治思想史上仍有一系列关于民主（或"民众"）政府的公正和有益性的重要的反驳性论点。在论证他们的观点时，多数人统治的支持者试图表明，代表"一人"和"少数人"的排他性的要求，与有效地追求政治目的是不相容的。尽管支持大众统治的论点常常为多数人在政治中具有重要的正式的作用而辩护，但是，它们并不总是促进"人民"对国家的排他性控制。

本章首先介绍普罗塔哥拉、德谟克里特和亚里士多德对古希腊民主的看法。第二节考察了意大利文艺复兴时期的民主共和主义（popular republicanism）传统，该传统建立在对古代政治理论的洞察之上。第三节和第四节讨论了 17 世纪英国和 18 世纪末美国和法国的民主政府理论。这些论点是在革命背景下提出的。当民主成为 19 世纪大众改革运动的目标时，它促进了自由主义和社会主义思想家对其优点、可能性和危险性的广泛讨论。这些讨论为本章第五节和第六节提供了论点。本章最后一节考察了 20 世纪西方民主各方面的批判理论，这些理论产生于马克思主义思想家和那些推动后殖民国家独立和发展的人。本章结论部分概述了当代女性主义作家以及"参与式"和"协商式"民主的支持者对自由民主的一些回应。

◆ **古希腊政治理论中的多数人统治：普罗塔哥拉、德谟克里特和亚里士多德**

尽管雅典的民主政府偶尔会受到那些希望由"少数"主导政府的人的挑战，但它的长期存在表明它被大多数人普遍接受。事实上，为大众而非精英消费制作的希腊戏剧，以及大众领袖伯里克利（Pericles）在与斯巴达战争期间发表的葬礼演说等文件，这些证据表明他们对雅典民主的自豪感。然而，遗憾的是，希腊政治思想最成熟的现存陈述是由柏拉图和亚里士多德这样的人写的，他们对雅典民主的态度要么是公开的敌对，要么至少是极度怀疑的（Jones，1957，pp. 41 - 42；Sinclair，1988，pp. 202 - 203）。关于雅典民主的积极论述只有在有关普罗塔哥拉和德谟克里特思想的零碎的和（或）二手的陈述中保存了下来。

　　这些思想家将民主与实现个人的和集体的利益，以及尊重公民个人自治联系起来（Farrar，1992，p. 22）。他们认为民主促进了以尊重传统价值观为支撑的和谐的政治生活形式，并在精英领导的背景下建立起了民众参与。德谟克里特在描述梭伦（Solon，公元前594—前593）领导下的民主城邦的形成时强调雅典民主的这一特点。根据德谟克里特的说法，当时占统治地位的贵族，通过赋予多数人政治角色来展示他们对多数人的"同情"。他认为，这个礼物在共同体内创造了共识，并通过确保城邦避免困扰它的许多邻邦的派系间和阶级间的冲突，为雅典后来的繁荣奠定了基础。然而，德谟克里特并没有仅仅以此为基础为民主城邦辩护。他还将民主与自由等同起来，并认为通过参与城邦政治，个人能够将他们的个人愿望与共同体其他成员的愿望调和起来。因此，公民是民主制度中的正式成员，该制度被普遍认为是真正的人类存在的起点（Havelock，1964，pp. 142 - 143）。

　　普罗塔哥拉的民主概念也建立在这个理念之上，即民主政体具有内在的和普遍的益处。他认为，所有人天生都具有尊严和正义感，这使他们有资格在城邦中发挥作用：

> 如果问题是如何做好木工或任何其他专业技能时，每个人，包括雅典人都会认为这是对的，即只有少数人能够给出建议，并且他们不会接受任何其他人的建议……但如果是考虑如何使城邦管理得更好，使城邦管理必须完全借助公正和理智，那么他们可以接受任何人的建议，因为每个人都有责任贡献一点聪明才智，否则就根本不会有城邦（Plato，1991，p. 15）。

公民参与国家政治生活增强了他们原有的尊严和正义的天赋，并且因此认识到卓越不是贵族的专属（Farrar，1992，p. 24）。然而，普罗塔哥拉和德谟克里特在民主城邦中仍然为贵族留下一席之地。与现代早期政治思想中的天然贵族一样，这些人物通过担任重要的职务来提供领导才能，但他们是由人民选出的，并受到人民的定期审查（Havelock，1964，pp. 146 - 153）。重要的是，领袖及其公民同胞都被视为民主文化的一部分，该民主文化之下的人们拥有维持国家所必需的政治美德（Kierstead，2018，p. 18）。

　　尽管亚里士多德对柏拉图的理想国思想有所保留，但他的理想的贵族国家与柏拉图的思想有着重要的相似之处。除了真正有美德的人，政治共同体所有成员的其他人都被排除掉，通过这种方法，亚里士多德设计了一种政体，这与柏拉图的监护者是人人平等的精英没有显著区别。不过，虽然这种国家代表了亚里士多德的主张，但他的《政治学》包含了对有价值的但不太理想的国家类型的广泛讨论，包括那些具有民主因素的国家。

在亚里士多德对政制的一般分类中，他界定了两种多数人统治的政体类型。"混合"（Polity）是"良好的"政制，是因为多数人统治是为了公共利益；民主制是败坏了的变体，因为他们统治是为了他们自己的私利。他指出，"由多数人统治"通常意味着由穷人统治（Aristotle，1958，pp. 110 - 116）。考虑到亚里士多德对分配正义的政治含义的理解，考虑到大多数社会的人口不可能完全平等，人们总是怀疑多数人的统治：民主派错误地相信"一方面平等——例如出身自由——就意味着所有方面平等"（ibid.，p. 136）。这个主张是不公正的，因为它基于单一的标准，却忽视了其他相关而显著的不平等。这一系列论点的含义是，只有当所有人在许多重要方面都平等时，"混合"才会公正。

亚里士多德对民主的详细讨论进一步界定了五种亚类型。不公正最少的民主政体也会在一定程度上认可对财富和改良的要求。从这里开始，我们经历了三种越来越不公正的类型，直到一种极端不公正的形式。下降的每种类型都通过对放弃调和以下事物带来的影响为标志——财产、法律和城乡人口的混合——将一个国家置于城市穷人之手，通过对其他阶层的征税来维持统治，在极度自利的制度中直接行使控制权，在无拘无束的统治下，其武断、无法无天的特点类似于最恶劣形式的暴政（ibid.，pp. 167 - 169；Mulgan，1977，p. 74）。

这种可怕的大规模暴乱的画面与柏拉图的描述不谋而合，但亚里士多德准备为允许"多数人"发挥政治作用提出一些要求。虽然普通人在个体上不如"少数人"，但他们的集体智慧的程度可能比少数优秀的个人更高。亚里士多德用许多人共享盛宴的类比来支持这一论点，他还提到雅典公众在评判戏剧表演方面所起的作用。此外，他认为制造某些东西所需的专业知识与判断其是有效的实际经验之间存在差异（Aristotle，1958，pp. 123 - 127；Mulgan，1977，p. 105）。例如，制造鞋子需要鞋匠的专业知识，但只有穿着鞋子的人才能判断鞋子是否合脚。当应用于政治背景时，这一类比表明，那些感受到政治行动影响的人很可能是其最合适的法官。

这些对民主的让步与亚里士多德后来的建议有关，即在许多情况下，"混合"将是最可行的政体。在这一表述中，"混合"一词不再指由多数人统治的良好形式，而是指成功地将"民主的"和"寡头的"因素混合在一起以缓和其各自弊端的制度。因此，（在德谟克里特的理论中，以及某种程度上在雅典的实践中）多数人被赋予了评判者的角色，但执行的职能却掌握在更能干的人手中，当然还是要接受广大民众的监督。另一种可能性是，虽然一些职位由抽签填补，但其他职位由选举填补（Aristotle，1958，pp. 176 - 178，180 - 184），在选择城邦关键官员时，这是一种允许考虑能力和声望发挥作用的安排（Jones，1957，p. 49）。这些程序与柏拉图的理想国将民众排除在政治机构之外形成对比，但在某些重要方面与《法律篇》中描绘的第二等好的国家相似。这个国家的法律规定了大众选举，但选举制度的安排应确保少数人的独特属性得到承认。

对多数人的要求给予有限的承认的一个重要好处是，它满足了分配正义的理念：承认他们有价值，并对国家做出了重要贡献。此外，"混合政体"也缓和了民主制国家和寡头制国家的危险。然而，应当注意的是，由于亚里士多德认为"混合政体"仅仅是一种行得通的国家而不是一种理想的国家，所以他对多数人的政治重要性的论述具有工具性和世俗性。因此，它不同于普罗塔哥拉和德谟克里特的立场。这些思想家将多数人的主张建立在普遍的道德品质上，并认为民主不仅能带来安全，而且能带来不同的人类生活方式。普罗塔哥拉论述中的尊严和正义，以及德谟克里特论述中的同情与共识，调和了个体和集体的愿望，使民主城邦成为令人羡慕的政体。

◈ 现代早期政治理论中的多数人统治：古典共和主义者、激进新教徒和平等派

13 世纪上半叶，出现在古代论述中的有关多数人统治的主题重新出现。当时，许多意大利城市国家开始将男性户主纳入以前由贵族主导的政治体系中。起初，这些国家着眼于罗马模式，但随着亚里士多德的《政治学》的拉丁文译本在 13 世纪中期出现，希腊思想开始在民主政府的辩护中发挥重要作用（Skinner，1992，p. 59）。 *145*

意大利城市共和国的捍卫者强调国家独立于外部控制，国家需要由自由公民治理，而不是由有限制的团体或过于强大的个人治理。这些目标中的第二目标是通过各种措施实现的，这些措施使官员受到许多人的监督，并通过积极的、参与性的公民身份的概念，确保国家的目标是共同的，而不是分殊的。在马基雅弗利的政治著作中，这两种形式的自由与他的主张有关，即国家的外部自由最有可能由自由公民组成的民兵维系（Machiavelli，1975，vol. i，pp. 266 - 267，310 - 311，361 - 367）。在国内，自由公民确保共和国不被特定阶层的私利腐蚀；从外部看，他们有着普遍一致的责任意识，保卫国家不受外敌侵害。

考虑到它所处的敌对君主制和帝国环境，古典共和思想在面对这些威胁时专注于保护共和国也就不足为奇了。它还将其他重要目标与独立的民主共和国联系在一起。政治自由既有利于荣誉，也有利于安全，并为许多人提供了发展和发挥他们才能的机会，从而造福了社会。因此，服兵役和参与共和国的政治生活有助于调和公共的和个人的愿望。积极的公民通过参与国家生活来发展自己的能力，从而为维护共和国及其荣耀做出贡献。在为国家利益服务的过程中，普通公民可以提高自己的能力，获得名望、尊重和荣誉。

民主共和主义的一个核心假设是，多数人的忠诚是能够被信赖的，因为他们有着公共利益中的最大份额，并将寻求保护和推进这一利益。然而，民主政府也建立在其他基础之上。例如，帕多瓦的马西利乌斯认为，在民主共和国中，忠诚和服务相对容易实现，因为公民认为法律是由他们自己创造并推行的。与古典政治理论中的一个常见论点相呼应的是，他还声称普通民众最有能力评估官员对公共利益的忠诚，并且能够依靠普通民众看穿出于派系动机

的自私提案（Marsilius，1956，vol. ii，pp. 46-47）。

17世纪民主政治思想最重要的发展来自40年代末英国革命期间的"平等派"（Leveller）团体。"平等派"是历史学家用来描绘一群与在内战中胜利的议会派军队有关联的宣传人员和活动家。1647年保皇党军队战败后，军队成员就议会领导权的实施办法和国家当时应该"建立"的基础进行了辩论。"平等派"的许多要求引起军队普通士兵的特别关注，但他们也促进了经济、法律和宗教改革措施。他们中的一些人还从事议会代表事业，抨击选举腐败，有时提出关于政治权力的基础、分配和使用的根本问题（Wootton，1994）。

146　　在理查德·奥弗顿（Richard Overton）[①] 的《平民对自由人民的吁请》（*An Appeal from the Commons to the Free People*，1647）中，政府由人民授权的观点占有重要位置。正如这部作品的标题所表明的那样，奥弗顿相信即使在公民社会，个人也保留着剩余的权利采取自由行动。奥弗顿将这项权利建立在"理性"的基础上，理性只有在上帝那里是充分发展的，但是在很大程度上为所有健全的成年人所拥有。"恰当的理性"是"所有公正的法律和政府的牢固基石"。当政府按照理性行事，政府的行为为理性的人民所同意时，政府就是公正的："所有公正的人类权力都是通过共同的同意而得到信任、授予和传递的；因为自然界中的每一个人都被赋予了一种自然的个人权利，它是不应被任何人侵犯和篡夺的"（Woodhouse，1951，pp. 324，327）。

在《平民对自由人民的吁请》中，奥弗顿主要关注的是建立起挑战不公正政府的依据，并且敦促统治者和被选出的官员认识到他们的权力源于理性的人民的同意。尽管如此，有时一些平等派利用政府的基本原理的（而不是传统的或历史的）基础这一理念来主张将成年男性纳入选举程序。关于这一论点，最著名的例子发生在1647年10月28日至29日，在普特尼（Putney）"陆军总委员会"（General Council of the Army）举行的辩论中，该委员会由议会军队的指挥官和团代表组成。该委员会召开会议，审议一份印刷文件——《关于军队情况的说明》（*The Case of the Army Stated*），但在审议时这份文件被另一份取代了，随后会议文件以《人民公约》（*An Agreement of the People*）为名出版。在各种各样的要求中，《人民公约》规定选举议会代表的权利应被赋予每一位成年男性（Tuck，1993，p. 247）。这个要求使一些高级官员感到震惊，但他们的反对却激起了对多数人的选举权利的维护。《人民公约》通过提及每个"英国人"与生俱来的权利以及普通民众在议会事业中所做的牺牲，证明普选制是合理的。此外，作为辩论的参与者，雷恩巴勒（Thomas Rainborough）上校界定了人类理性、同意和公正政府之间的关系，这与奥弗顿提出的观点类似。然而，与奥弗顿不同的是，雷恩巴勒将同意的概念延伸至包括参与制定法律的过程，并且他通过提及反对将选举权与"固定"（物质的）财产相联系的论点来支持他的这个观点。所有人在法律之中牵涉利益，因

---

① 奥弗顿（约1599—1664），英国资产阶级革命时期平等派代表人物、宣传家。——译者注

为所有人都必须受到法律的管理；所有人都被赋予了理性，因此所有人都应该在选择法律制定者方面发挥作用（Woodhouse，1951，pp. 53，61，56）。

在辩论的最后，雷恩巴勒认为，承认多数人的选举要求，是避免大众"被奴役"的必要条件（ibid.，p. 67）。不过，不清楚的是，他是认为将大众排除在外会产生不公正的法律，还是仅仅认为多数人没有政治权力就意味着被奴役。在随后有关选举权的讨论中，平等派的要求被修改，以排除那些获得公共救济的人，或那些专属于并受特定雇主控制的雇员。这个让步是对因雷恩巴勒提出的更加激进的立场而引起的反对声的回应，这与现代早期政治思想的核心假设相一致。选举权不会保护那些经济不独立的仆人和穷人的自由；相反，它将扩大这些人所依靠的那些人的影响力。即使同意这一让步，但是很清楚的是平等派促进了多数人在选举中发挥重要作用。毫无疑问，多数人将统治，他们被委派在选举立法者和审查立法者行为的进程中发挥重要作用。平等派立场的一些观点是建立在有关人民主权、同意和人类理性的重要性等思想之上，这些思想在随后的政治权力属于民主政体的论述中起到了重要作用。

◈ 美国独立战争与法国大革命时期的民主政府：麦迪逊、西耶斯、孔多塞和潘恩

147

在 17 世纪的英国，要求男性普选权是一个激进的提议，但它并没有偏离传统观念，即"多数人"（the many）只是贵族政体的一个构成部分。这种思想观念在 18 世纪一直存在，在英国思想家中很常见，他们赞美包含君主、贵族和民主成分的混合政制的优点，这也吸引了孟德斯鸠男爵（Baron Montesquieu）等国外思想家的赞赏（Montesquieu，1949，vol. ii，pp. 151-162）。然而，在 18 世纪的最后 1/3 的年代里发生了一系列的政治危机，第一次发生在英国的北美殖民地，第二次发生在法国和其他欧洲国家，产生了新的和具有历史意义的"多数人"的政治重要性的理论。

英国的北美殖民地拒绝世袭的君主制和贵族制，建立了共和政体。这个进程最显著的特点是民主参与成为民主统治的重要因素，特别是在地方层面。这些事态的发展明确地反驳了这样一种说法，即"多数人""实际地"由拥有选举权的有限的一部分人所代表，而且在代表大会和担任重要公职的人中所占比例更小。尽管一些白人男性被排除在选举权之外，但至少从当时的标准来看，美国的政治范围是非常广泛的，而且通过选举任职的范围也非常广泛（Wood，1992，pp. 91-92）。在与英国战争之后的几年里，特别是 1787 年，当新宪法被讨论时，民主政府成为被广泛辩论的主题。

反联邦党人推动成立了一个联盟，主张将权力置于各州而不是中央。他们声称，投票和对行政的监督，对于政治共同体中促进不同个体的不同的和私人的利益是必要的。人们进入政治社会是为了促进他们自己的福祉，而确保这一点的唯一途径是赋予他们政治权利。这些权利提供了一些机会，即选择与他们利益一致的代表和官员。这一立场的一个重要特征是，

它放弃了古典共和主义的单一公共利益的观点，而是采取了多元化的政府理念：由于选民有各种各样的利益，他们需要被一批不同的个体来代表，这些人构成了人口中具有代表性的那部分群体。因此，尽管"多数人"有权在立法和其他机构的分配中反映他们的利益，但他们的多样性意味着他们不再是一个连贯、统一的政治团体。从这个角度看，很显然，一位最重要的反联邦党人并没有过多谈论"多数人"，而是谈论了一些具体的局部利益："专业人士、批发商、经营者、农民、技工等"（ibid.，p. 101）。由于"多数人"不是作为一个独立和统一的利益体存在，民主政府不会对社会的特定群体造成威胁。

政治共同体的这种分裂的范围和结果怎么样，以及是否会导致对"公共利益"的政治重要性的否定，是那些致力于促进联邦宪法的人提出的问题。《联邦党人文集》的作者认为，尽管利益政治产生了分裂的结果，但"多数人"在侵害少数人的财产权方面有着一致的利益。因此，他们主张建立联邦政府体制，理由是规模的扩大将会削弱普通大众对政治的直接影响力。联邦党的主要人物詹姆斯·麦迪逊（James Madison）认为，有必要通过更广泛的选举过程"过滤"地方共同体和利益集团的局部利益，这样，就能让受过更好教育的人当选为联邦政府官员。这些人了解人民的利益和情感，而不只是反映一个局部私利群体的愿望（Hamilton et al.，1942，pp. 45-46，169）。

148

詹姆斯·麦迪逊（1751—1836）

麦迪逊是美国政治革命的领导人，后来担任国务卿和美国总统（1809—1817）。他与亚历山大·汉密尔顿和约翰·杰伊共同撰写了《联邦党人文集》（1787—1788），该文集旨在整合新的美利坚合众国的普罗大众，同时警惕

他们利用选举权追求自己的私利而以整个共同体的利益为代价。

关键阅读：Hampsher-Monk，1992；Wood，1992；Zuckert，2017.

麦迪逊明确表示，他相信存在公共利益，而不仅仅是各种个体的和局部的利益："公共福祉，广大人民的真正福利，应当是最高目标"（ibid.，p. 234）。从总体上看，麦迪逊的立场与早期民主政体中关于"天然贵族"的观点相呼应。尽管如此，他更多地信赖避免狭隘宗派主义的社会政治机制，而不是依靠多数人通过认识到他们天然优越的美德从而追求公共福祉的能力。尽管大多数人都有自己的利益，麦迪逊仍然认为在联邦层面培养出无私的、有见识的精英是可能的。

虽然法国大革命早期的大多数参与者的目标是建立君主立宪制而不是共和制，但1789年夏天，在巴黎爆发的一系列活动对民主政府思想的发展和传播产生了重要影响。这场革命本身就涉及了大众对公共事务的一定程度的参与，这对于历史悠久的欧洲大国而言是相当陌生的（Fontana，1992，pp. 107-110）。与美国一样，废除世袭贵族制度和对基本的人类平等的认可削弱了正式的等级差别，并将"多数人"融入了"人民"之中。正如西耶斯神父（Abbé Sièyes）

所言,"曾经有段时间,第三等级处于奴役之中,而贵族就是一切"(Sièyes,1963,p. 145)。

这个变化在巴黎的国民议会发表的一份宣言中得到了相当明确的体现。《人权与公民权宣言》(*The Declaration of the Rights of Man and of Citizens*)(简称《人权宣言》)将"人"与"公民"几乎视为同义词:"人人生而在他们的权利方面自由和平等……所有的政治联合体的最终目的是维护人类自然的和不可名状的权利"。《人权宣言》声称法律体现"共同体的意愿",并规定人们在政治条件下拥有的"权利包括对形成法律的同意权,无论是个人的同意,或者通过他们的代表的同意"(Ritchie,1894,pp. 291,292)。这个时期的主要哲学家孔多塞(Marquis de Condorcet)侯爵提出,这项权利源于人民的自然自由:"只要没有像其他公民那样直接或通过平等的权利选举代表和被选举,从而参与到法律的制定中,任何公民都没有义务遵守该法律。"(Baker,1975,p. 268)对于公民资格存在各种不同的观点。例如,当西耶斯提到"第三等级"(Third Estate)时,他指的是有产者阶层而不是全部人群(Sièyes,1963,pp. 13-14)。他区分了"积极公民"和"消极公民",认为只有那些满足纳税基准的人才有资格投票,选举资格应该由财产条件决定。相比而言,孔多塞提倡男性的普选权。

与美国民主政府的支持者一样,法国的支持者不得不面对这样一种可能性,即"多数人"的政治团体可能会使自古以来与民主相关的贪婪倾向爆发出来。尽管孔多塞支持普选,但他仍然担心城市大众的无知和破坏能力,并坚持认为由公共机构推动的普遍启蒙将是必要的,以确保革命所激发的潜能得以实现(Baker,1975,p. 269)。西耶斯关于"政治国家"范围的观点比孔多塞的更为有限。尽管如此,他仍然认为有必要通过间接选举制度过滤普通选民的影响。西耶斯还设想和详细制定了一系列额外的措施预防赋予只是暂时的、自私自利的和不计后果的多数人权力,包括每年更换议会的部分成员,并且将议会分成不同的部分从而能够独立考虑立法工作(Sièyes,1963,pp. 20-21)。

民主选举产生的多数票的质量对西耶斯来说至关重要,因为他认为多数票应当反映指向公共利益的共同体的"公意"。如果能够实现这一点,那么多数就能够被视为整个"国家"(ibid.,pp. 151,154,163-164)。西耶斯将公意理解为个人意愿的合集,但他反对暂时性的和某种意义上不具有代表性的多数,那意味着民众参与选举不一定能真正代表国家的公共利益。这一点在圣茹斯特(Saint-Just)对"多数人"的态度中变得非常清楚。路易·安托万·圣茹斯特是恐怖统治时期公共安全委员会的主要领导成员,他希望通过民主选举产生"选举贵族"(elective aristocracy)。一旦掌握权力,这个机构应该给予人民对人民有利的东西,而不是他们看起来想要的东西(Hampson,1991,pp. 42-46,105-106)。正如我们将看到的,这种关于民主政治、公意和精英统治之间关系的理念,在马克思主义后革命民主思想中起到了核心作用。

在新的代议制环境下,对大众政治的危险以及领袖与人民之间关系的困惑,似乎在潘恩的政治思想中没有占据重要位置。其中一个原因是,潘恩将美国革命视为非破坏性的激进政治变革的典范。此外，潘恩认为法国大革命的过激行为是法国和其他欧洲国家上层以前的压迫和反动立场所造成的令人遗憾但可以理解的后果。他认为社会具有天然的凝聚力，对有益的社会交往的主要威胁来自压迫和不公正的政府，尤其是君主制和世袭贵族制（Paine，1976，pp. 193 - 206）。

潘恩坚持认为，自然的和有益的相互依赖、互惠的利益和社会生活的自然趋势创造了人类之间的纽带，这些将在国家灭亡之后继续存在。为了支持这一说法，他提到北美殖民地在英国王室权力不再之后，"新的"共和政府创立之前的经历。潘恩将"新的"一词用于一种独特的现代形式的民主代表制，这种形式涉及人民的直接统治，而且只有在地理位置有限的城市国家才可行，代议制政府则适用于面积广大和人口众多的国家。它的主要特点是通过民主选举和经常性地换选真正能够代表人民的立法机构成员，从而保证权力为公共利益所用（ibid.，pp. 185 - 187，193，197）。

150 潘恩对代议制政府优势的理解，源于"新的"和"旧的"政府之间的一系列鲜明对比，但它也对联邦党人试图限制民主政治具有明确的影响。他认为"新的"政府对真正的社会利益有着理性的、敏锐的认识，并在共同体中传播知识。相比之下，世袭的"旧的"政府是通过篡夺或征服建立起来的。他们系统地无视民众的利益，并且毫不准备发展和开发共同体的智识。世袭原则赋予那些未经证明具有统治能力的、对普罗大众的利益缺少了解和同情的人至高无上的权力。这种不公正和非理性的优越感只能通过强制和助长普罗大众的无知和疑惧来维持。尽管如此，代议制政府吸纳了共同体所有的人才，它"集中了部分利益和整体利益所需的知识"。它揭开了君主制的神秘面纱，"在整个国家传播政府知识，从而祛除愚昧和排除不公"。对潘恩而言，将全体人民纳入政治体系既是一个正义的事业也有着巨大的实际益处：它将使政府成为社会的公仆；它将防止狭隘的局部利益的倾轧，并且创造一种开放的环境和造就一种敏感度，这些将促进个人和社会的利益（ibid.，pp. 198 - 206，203，206）。

◇ **19 世纪政治理论中的民主制：詹姆斯·穆勒、贡斯当、托克维尔、约翰·斯图尔特·穆勒、泰勒、格林和霍布豪斯**

法国大革命给予民主政府的实际推动力最初是短暂的。18 世纪 90 年代末，法国通过了一部宪法，其中代议制充当了军事独裁的幌子，而 1815 年之后，君主制在欧洲各地纷纷复辟，这标志着对"多数人"政治要求的广泛的反动。尽管有这些早期的挫折，19 世纪还是见证了许多欧洲国家建立起代议制。到了 19 世纪中叶，一些重要思想家已经开始认为"民主"（一个开始祛除贬义色彩的术语，这个术语从古代就指向多数人统治）的到来是不可避免的。他们感到，深层次的经济社会变化意味着，虽然民主政府的建立可以推迟，但不会无限期地推迟（Maier，1992，pp. 126 - 127）。虽然这些发展被看作是不可避免的，但它们没有得到普遍的承认。正如我们所看到的，一些理论家发现，即使在表面上民主的政体中，也有少数人主导的倾向。尽管如此，在 19 世纪，关于民主政府优点的争论，其数量和重要性在政治思想史中是前所未有的，这一点乃是事实。

在 19 世纪初的几十年里，男性普选经常被视为解决贵族政治的缺陷和不合理之处的良方。这一观点在托马斯·潘恩的著作中显得尤为突出，并在那些活着看到（并强烈反对）1815 年复辟的人中继续流传。例如，在英国，自称"人民之友"的威廉·科贝特（William Cobbett）主张扩大投票权，理由是传统精英的败坏意味着人民有必要保护他们自己的权利和捍卫他们自己的利益（Cobbett，n. d.，pp. 5，12 - 13）。他的同时代人威廉·黑兹利特（William Hazlitt）也持同样的观点，但他也像潘恩一样强调有必要建立民主代议制，从而确保政府能够体现"共同体的智慧"，而不是贵族阶层的狭隘的、自私自利的姿态（Hazlitt，1819，p. 318）。在杰里米·边沁的功利主义的信徒詹姆斯·穆勒关于民主正当性的主张中，民主代议制能够制衡为了局部利益而滥用权力的现象的观点占重要位置。

151

詹姆斯·穆勒 （1773—1836）

穆勒出生于苏格兰，他的文学生涯始于英格兰，在这里他获得杰里米·边沁的友谊和资助。他的《论政府》（*Essay on Government*，1820）被广泛地视为边沁派的行动方案。在这本著作中，穆勒提出了男性选举权的理由，他提到需要使公职人员的利益与共同体的其他人员的利益保持一致，从而防止那些有责任促进"最大多数人最大幸福"的人滥用政治权力。

关键阅读：Macpherson，1977；Thomas，1979.

在《论政府》中，他认为在地域广阔和人口众多的国家，人民不能自己行使权力，这是理所当然的；但是，他们能够通过选择代表来有效地维护自己的利益，这些代表能够"监督"政府的行为。人民代表能够防止有特权的少数人滥用权力、攫取他们的不当利益，从而牺牲共同体其他成员的利益（Mill，1984，pp. 72 - 73）。尽管如此，穆勒认为，有效的代表并且因此有效地防止"坏政府"，并不一定需要一个完全成熟的代议民主制。那些其他成员的利益"包含在"这些人的利益中或与这些人的利益相重叠——儿童、有丈夫或父亲的女性，以及年轻的成年男性——他们的利益将得到充分的保障，即使他们没有投票权（ibid.，pp. 78 - 80）。同样令人高兴的结果，是以财产为基础的选举权被赋予了大多数人。穆勒简单地认为，多数人剥夺少数人的利益，不足以使"好政府"总体优势失去平衡（ibid.，pp. 81 - 82）。在英国这样的国家，这种安排将产生进一步的好处，抑制下层选民的非理性：多数派将由中产阶层主导，他们的温和的和理性的判断力将引导下层选民（ibid.，pp. 93 - 95）。

这些论点表明穆勒有意限制民主参与，但他承认政府不会因为"不当的私利"而走向歧途。与他同时代的法国人贡斯当提出了类似的观点（Constant，1988，pp. 206 - 209）。但是，贡斯当提出了一种更为复杂的理论，其中包含着对正义和人权的基本关注。由于个人自由是现代社会的基本要求，贡斯当担心，人民主权可能意味着政府可以做任何事情。因此，他认为，有限政府的承诺必须为"公共舆论"所认可，并且要依靠独特的宪法机构所产生的权力平衡来支撑（ibid.，pp. 183 - 185）。

贡斯当对该问题的保留看法，以一种更尖锐、更成熟的形式出现在托克维尔（Alexis de Tocqueville）和约翰·斯图尔特·穆勒的著作中。这些思想家挑战了詹姆斯·穆勒和本杰明·边沁对多数人统治的支持，并对现代世界民主、平等社会中开始出现的那种"公共舆论"提出质疑。托克维尔关于民主的观点是根据他在 19 世纪 30 年代早期对美国社会的观察而形成的，但其写作着眼于欧洲国家内部的发展。

152

阿历克西·德·托克维尔（1805—1859）

托克维尔是一位法国政治学家和历史学家。他在政治思想史上的地位很大程度是《论美国的民主》（1835—1840）奠定的，这部著作源于他的一次美国之旅，在此期间他对美国社会的民主倾向感到震惊，并思考了这一趋势的政治影响以及它对道德和智识发展造成的可能后果。托克维尔对一个具有平等主义精神、没有世袭精英的社会的社会性和文化性特征的观察和结论，对约翰·斯图尔特·穆勒对现代社会民主的理解产生了重要影响。

关键阅读：Atanassow，2017；Balot & Tong，2018；Drolet，2003；Siedentop，1994.

托克维尔认为，建立民主政府是现代社会日益民主化的必然结果。这些发展在许多方面都令人钦佩：民主政府促进了广大人民的福祉，也产生了一种自力更生的精神，以及对自主制定和实施的法律的尊重。尽管如此，民主的益处在一定程度上被其不受欢迎的特征抵消。民主选举不能保证有能力的人获得公职，而且相对贫穷的多数人施加的压力导致公共开支显著增加。对于托克维尔来说，潘恩声称的代议制政府是公正的、理性的和清廉的观点，被证明是过于乐观了。此外，托克维尔严重怀疑民主文化价值观会对政治民主产生负面影响（Tocqueille，1945，vol. i，pp. 48 - 56，206 - 258）。

民主社会具有根深蒂固的平等观念，这些观念在某些方面是有益的，但可能对智识的标准和社会凝聚力产生有害的影响。例如，托克维尔观察到，美国将普通民众的观点放在优先位置，而知识权威或开明精英的领导思想在很大程度上被忽视。与此同时，社会平均主义的风气培养了一种极端的个人主义，使人们彼此孤立。托克维尔认为，社会或知识权威的缺失造成了一个真空，而这个真空被一般的、信息不全面的公共舆论填补。所有人都是平等的，但由于他们在精神上与同伴隔绝，他们无法避免公共舆论的影响，这个公共舆论反映了与他们平等的大多数人的偏见的集合，而且他们也看不出有什么理由这样做（Lively，1965，pp. 87 - 88；Tocqueville，1945， vol. ii, pp. 104 - 107)。因此，虽然民主的公民摆脱了传统的束缚，但他们承担了新的、自我强加的束缚，这一束缚削弱了智识活动，阻碍了道德和文化的进步。这些倾向在对政府的民主化态度中显而易见。自相矛盾的是，现代民主明显的无政府主义冲动，被一股支持发展中央集权和家长式国家从而追求一致性和独立性的社会力量抵消。在 18 世纪的欧洲，这样一个国家被强加于一群被剥夺政治权利的人民之上；在民主化的美国，多数派将其强加于自身以及共同体的其他成员之上（Tocqueville，1945，vol. i，pp. 267 - 278；vol. ii，pp. 99 - 104，304 - 348）。

托克维尔对美国民主的描述，对英国人看待民主政府和民主化的社会关系的态度产生了有益的影响。例如，在《论自由》中，约翰·斯图尔特·穆勒警告他的读者，贵族制的终结并不必然意味着暴政的终结，这里他暗指美国（Mill，1983，pp. 67 - 68）。"民主政府"总是意味着多数人统治，而且没有理由认为这种政府比传统统治者更在意个人自由（ibid.，p. 75）。在《代议制政府》中，穆勒讨论了比《论自由》更为严格的具有政治内涵的观点。 153

在此书中，穆勒认为代议制民主是"理想的最佳"政府形式，因为它既能为个人提供最有效的保护、"自我保存"，又能使各种能力发挥作用并得到发展，这些能力使个人有尊严、自力更生，并且自觉地、自由地与共同体的利益一致（ibid.，pp. 208 - 218）。尽管如此，穆勒否认选举权是一项权利：投票给立法者以及政府官员可能助长其对其他人行使权力，而且没有人可以声称拥有这种权利。相反，政治权力是一种特权，应该只赋予那些将恰当使用它们的人。穆勒认为，当代欧洲和北美的大多数普通民众缺乏理性和自制力，以至于不能抵制暴虐地使用权力的诱惑。因此，他提出了一种温和的代议制民主，这种体制将产生实践的和教育的益处，同时避免过早地采用理想的最佳政府体制所固有的危险。在考虑 19 世纪中叶英国的代表权时，穆勒建议，职业的执政精英应当接受通过"多元投票"（plural voting）制度选出的民选议院的审查：每人一票，但那些满足学术的、专业的和财产要求的人应该具有额外的一票。这项制度使共同体中最欠发展的成员能够保护自己，并体验到政治参与的益处，而且不会将他们愚昧的和自私的要求强加给其他人群（ibid.，pp. 284 - 290）。这些规定既适用于男性，也适用于女性。

19 世纪后半叶，穆勒认为行使政治权利将起到保护个人和促进令人敬佩的性格特点发展的双重作用，这个观点被纳入了社交能力作为主要价值的框架内。因此，民主成为英国理想主义者提出的新的政治共同体概念的重要组成部分。例如，T. H. 格林认为民主政府是消除"私利的偏好"和使国家成为公共利益载体的一种途径。此外，他认为，如果民众在制定法律的过程中发挥直接的或者间接的作用，法律与追求公益之间的公认的联系就会得到加强（Green，1986，pp. 93，96 - 97）。

格林的后继者强调了民主对于理想主义国家概念的重要性。伯纳德·鲍桑葵（Bernard Bosanquet）认为民主代议制是现代发展的一项重要的成果，为征集和表达源于共同体中不同经验的成员的公共利益提供了一种途径。这些概念需要民选官员和专业公务员解释和落实，但民主通过确保官员最终对全体公民负责，防止专家治理走向精英统治（Nicholson，1990，pp. 214 - 215）。它也具体体现了政府与共同体道德愿望的实现之间的积极关联。当政府掌握在特定阶层手中时，公民对其保持警惕是很自然的，但一旦国家变得民主，这些怀疑就变得毫无根据：政府现在反映了实现公共利益的愿望，公共利益被置于整个共同体的理想和实践中（Ritchie，1902，p. 74）。

154

霍布豪斯（1864—1929）

霍布豪斯在牛津接受教育并任教，之后在伦敦大学成为首位社会学教授。除了从事学术工作外，霍布豪斯还是一名杰出的记者，与自由派的《曼彻斯特卫报》（*Manchester Guardian*）关系密切。受格林影响，霍布豪斯试图提出一种新的但仍然属于自由派的积极民主国家概念。对于这个问题，他的主要论著是《自由主义》（*Liberalism*，1911）。

关键阅读：Collini，1979；Simhony & Weinstein，2001.

这种民主观念得到 19 世纪末 20 世纪初许多有影响力的自由派思想家的支持，尽管他们中的一些人对当代民主政治的实际情况感到不安。L. T. 霍布豪斯是格林开创的新自由主义在 19 世纪末的支持者，他认为代议制民主既独特又有价值：它为"确认政府的职责和人民的权利提供了一种途径"；它保护个体自由和所有阶层的平等，并且显示出"一种日益增长的社会团结感，这是现代国家的基石"（Hobhouse，1990，pp. 188 - 189）。尽管如此，他指出，虽然英国内部的政治变得越来越民主，但他仍将自己的意志强加给了整个帝国。在霍布豪斯看来，通过报纸所有者操纵舆论从而培养帝国主义情绪、蛊惑人心的政治领导者有着更普遍的影响，这会降低民主政府的道德站位，并威胁欧洲和平（Hobhouse，1909）。

◇ 社会主义和民主制：巴贝夫、欧文、马克思、韦伯和伯恩施坦

19 世纪社会主义的许多主题——自由、阶级政权的目的以及真正意义上的共同体的复兴——与先进的自由主义思想类似，但社会主义者对经济层面的压迫的理解，导致他们用民主来指代普遍平等的制度，并将民主政府视为重构社会和经济关系的工具。一个重要的后果是，自由主义者对民主理念的那种形式化的、有限的和政治化的理解，遭到许多社会主义者的批判。

1796 年，弗朗索瓦-诺埃尔·巴贝夫（格拉古）和他的同谋在旺多姆（Vendome）高等法院受审时所发表的答辩演说，成为这一论点的早期例证。他们的阴谋被公认为"法国大革命的最后一幕"（Bax，1911），也被看作是现代社会主义发展的第一次行动。巴贝夫认为，1795 年宪法规定了狭隘的选举权，并将主导立法的权力赋予五位督政官"小组"（Directory），这破坏了法国大革命取得的虽然不完美但意义重大的成果。自由和平等原则，以及法国社会对全体成员福利的承诺，这些隐含着的内容现在几乎被抛弃了。正如巴贝夫所言，"革命

还没有结束，因为富人已经将革命果实，包括政治权力，窃取为他们自己所专属，而穷人在他们的辛劳和苦难中过着实际上奴隶般的生活，在这个国家里一文不值"（Babeuf，1972，pp. 44，47）。巴贝夫的密谋旨在通过创建一个平等的共和国来弥补这些缺陷，在这个共和国里，政治权力掌握在"人民"手中，并用来满足他们公正、平等的社会和经济需要。

巴贝夫的思想引起 19 世纪 30 年代和 40 年代英国社会主义领袖布隆泰尔·欧布赖恩（Bronterre O'Brien）的同情（Plummer，1971，p. 60）。欧布赖恩与罗伯特·欧文（Robert Owen）以及其他与争取普选权（男性）的宪章运动有关的社会主义者，认为在严重的经济和社会压迫依然存在的情况下，法律的和政治的平等是毫无价值的（Claeys，1989a，p. 83）。欧布赖恩呼吁将人际关系的普遍民主化扩展到议会机构之外。社会主义者更加普遍地强调在一系列小规模的政治和社会机构中民主参与的重要性（社区委员会、合作社和工会），摒弃传统议会政治中的竞争、自私和派系风气，并且促进普遍的道德进步，以此培养人们的社会能力和同情心。

罗伯特·欧文的社会主义侧重于将小型社区作为治理的基本单位，因此与那些希望实现国家民主化和国家社会主义的人的立场形成对比。例如，在 19 世纪 40 年代，法国社会民主人士路易·勃朗（Louis Blanc）认为，国家资本应该用于资助由工人自己选出的董事控制的自治企业。"工人""民主"制度将由一个致力于共同体所有成员而不是特定阶层的利益的民选政府开创。类似的愿望激发了勃朗的同时代人奥古斯特·布朗基，但他发展了革命政治的理念，这可以追溯到巴贝夫。在发动革命之后，精英将建立一个"真正的共和派专政"，负责剥夺富人的特权和创造平等的社会（Lichtheim，1968，p. 67）。对布朗基而言，专政是实现从法国大革命中继承的激进民主传统核心目标的必要而暂时的手段。

列宁在试图为"人民民主"奠定理论基础时，复兴了布朗基的专政理念，这种政府形式将填补这个空隙，即被革命推翻的俄国中央集权国家与马克思称为"共产主义"的无国家形态出现之前的空隙。"人民民主"可以被描述为是马克思政治思想的正统发展，这一事实反映了他对民主政府的讨论的模糊性。马克思明确表示，如果社会经济结构没有根本性的转变，对传统的代议民主的自由主张纯粹是形式上的。他仅仅将资产阶级政权视为国家的最新表现形式，促进了社会中占据统治地位的阶层的利益。民主代表制并没有改变国家的性质，而只是掩盖了它的本质：普选只是一种机制，每三年或六年决定一次由统治阶级中什么人在议会里当人民的假代表（Marx & Engels，1973，vol. ii，p. 221）。

马克思和恩格斯在《共产党宣言》（1848）中宣称，成功的无产阶级革命将使无产阶级上升到"统治阶级的地位"，他们认为这是"民主斗争"的胜利（Marx，1973，p. 86）。之后，在对 1870—1871 年的巴黎公社的反思中，马克思提出公社（commune）——是由相对较小的、当地民选代表委员会为基础的政权——作为"资产阶级"代议制政府的虚假民主的宝贵替代品。公社将把国家权力归还给共同体，表面上高高凌驾于社会之上的国家政权，实际上

正是这个社会最丑恶的东西，正是这个社会一切腐败事物的温床（Marx & Engels, 1973,
vol. ii. p. 221）。公社政权为"人民"提供了一种途径，使他们的集体行动指向经济和社会关
系的转变。尽管如此，马克思注意到，巴黎公社的特殊背景——革命的内战——严重地限制
了它作为社会主义政治模式的普遍适用性。在其他情况下，马克思将传统民主视为发展工人
阶级意识和组织能力的一种方式，以便他们能够成为一股革命力量，能够夺取国家的控制权，
开创"无产阶级专政"。

　　这种专政与其他政府形式一样，它将以特定阶级的利益为出发点，但与其他政府的根本
不同在于这个相关的阶级代表了人类的利益。在推翻资产阶级之后，它将利用国家权力摧毁
资产阶级统治的社会、经济和政治残余，从而为自身的灭亡和阶级政权的终结奠定基础。由
于国家是一种阶级工具，因此在共产主义中实现完全平等和自由时，国家将变得多余；国家
将"消亡"，留下一个真正的合作的共同体，人们在其中共同管理他们的事务。

　　马克思政治理论的有限内容（而不是他的历史、经济和社会理论）给他的后继者带来了
问题（Dunn, 1984, p. 21）。19 世纪末，许多社会主义者采用了比马克思提出的更为传统的
民主概念。因此，改革派的费边社领导人西德尼·维伯将社会主义描述为"民主理想的经济
层面"，民主理想已经成为 19 世纪政治发展的主要特征（Webb, 1889, p. 35）。民主的到来
意味着国家不再受边沁主义者所谓的"邪恶利益"的控制；它现在自觉代理公共福祉，并被
用来整合社会经济资源以满足共同体的需要。维伯认为，只有将管理权交给专家精英，高效
的政府才有可能实现，但他坚持认为，代议机构对于防范"邪恶利益"是必要的。这一原则
适用于中央和地方政府。

爱德华·伯恩施坦 （1850—1932）

　　伯恩施坦是马克思主义德国社会民主党的早期成员，后来发展出一种渐进、非革命的政治和社会转型理论，被正统马克思主义者称为"修正主义者"。伯恩施坦拥有 19 世纪末英国社会主义的直接经验，并以此提出了一条不需要阶级战争或暴力革命的实现社会主义的代替道路。这一立场在《进化社会主义》（Evolutionary Socialism, 1899）中得到发展，这部作品被认为对当时欧洲社会民主发展具有重要影响。

　　关键阅读: Tudor & Tudor, 1988.

　　维伯对工会等组织中出现的专业知识与公共责任相结合的现象表示赞赏。他对"工厂民
主"（ibid., pp. 30-36）方面的发展的描述，引起德国社会民主思想家爱德华·伯恩施坦的
认可和关注。伯恩施坦将工会描述为"工厂中的民主元素。它们的倾向是打破资本的垄断，
并且让工人直接影响工厂的管理"（Bernstein, 1972, p. 139）。与维伯几乎没有受到马克思的
影响不同，伯恩施坦发展了"社会民主"理论。

　　马克思认为，"工人阶级的政党"的"政治最高权力"是实现社会主义的必要条件。因

此，如果"人民"政府不是像法国大革命中出现的那种暂时性爆发的无目的和破坏性的恐怖事物，那么就有必要确定一个能够兼顾整个共同体利益的制度。民主和社会主义将作为一种愿望的实现而结合在一起，这种愿望是将共同体的利益置于那些垄断经济和政治资源的阶级利益之上。

伯恩施坦将民主定义为："正如这样一种社会状况，不存在阶级政权，政治特权不属于任何阶级，而是整个共同体"。就其政治和经济情况，社会主义的理念是"所有公民"，而不是阶级专政；它真正地应被视为对"自由人格"关注的延伸，自由人格造就开明的人，但他们只是部分理解自由人格。传统的民主制度体现了该传统的政治面相。社会主义者对政治权力的设计应以共同体为念，将国家作为追求共同体的物质和社会利益的工具。伯恩施坦认为社会主义是"结社原则"的体现，民主国家是实现这一原则的政治方面，进而追求其社会和经济方面的一种途径（ibid.，pp. 96，142）。

◇ 社会主义、民主制和黑人解放：杜波依斯的柏拉图式的费边主义

在前面的章节中，我们考察了 1863 年废除奴隶制之后美国黑人的自由持续受到限制，杜波依斯对此现象的严厉的批判性回应。面对南方各州剥夺 1870 年宪法第十五修正案所保障黑人的政治权利的企图，即"合众国或各州不得因种族、肤色或从前被奴役而剥夺合众国公民的投票权"。杜波依斯坚称，投票权是黑人社区成员自卫的必要手段。他提出了一个他认为适用于北方、南方乃至所有现代市场社会的立场，他鲜明地反驳一种观点（例如约翰·斯图尔特·穆勒所持的那些），即认为"部分未开化的人民"的政治权利要受到家长式限制是合理的。

> 在任何一片土地上，在任何一个现代自由竞争的国家里，任何弱势的和被蔑视的阶层，无论他们是白人、黑人或蓝人①，在政治上任由比他们更强大、更富有、掌握更多资源的同类摆布，这是一种诱惑，人类本性很少能够抵制，也很少能够忍受（Du Bois，1920，pp. 143，144）。

值得注意的是，杜波依斯并不认为这个论点会有碍共同体中那些有着优越的教育、专业知识和道德品质的成员为他们的同伴发挥领导能力。事实上，他认为黑人自我发展能力的广泛增强，以及因此为现代社会的进步做出贡献，这取决于他们承担这些责任。在他的一篇文章中，杜波依斯引用了柏拉图式的先例，认为有必要培养一支受过严格和高度智识教育的黑人大学毕业生领导官员队伍。他还提出了良好秩序社会的自然分层的观点，这与柏拉图的《理想国》

158

---

① 英文原文为"white，black，or blue"，这里，"blue"为一种修辞手法。作者杜波依斯本人为非裔，且对当时美国盛行的种族主义极为不满，"blue"即用戏谑的方式指代"有色人种"，表达了作者对歧视和奴役有色人种行径的不满。——译者注

的中心主题相呼应（Du Bois，1920，p. 69）。然而，与许多同时代人不同的是，杜波依斯并不是从种族角度看待等级制，而且他提倡分散而非集中领导的风气：大学毕业生"应该成为未受教育的民族的文化传教士"，而训练有素的铁匠应该成为"农奴中自由劳动者"的典范（ibid.，p. 70）。然而，除此之外，他认为，权力的行使应以民主方式促进大众愿望和利益的表达为前提。

杜波依斯在《黑暗水域》中阐发这种民主理念时，呼应了亚里士多德的观点，即大众作为一个整体，是官员决策成效的最佳评判者。尽管如此，他仍然认为民主将共同体的所有知识和智慧注入了政府决策的过程中，这与托马斯·潘恩的"代议制政府"理论不谋而合。这样做可以确保所有公民的正义诉求得到满足：

> 一旦一个国家发现，在它的每个公民的头脑和心灵中蕴藏着巨大的知识宝库，就有可能建立一个公正的政府，它会越来越鼓励公民选择他们的管理者并判断他们的行为的公正性（Du Bois，1920，p. 143）。

杜波依斯援引这一立场来支持反家长主义立场，他曾经通过提及竞争性社会秩序中成员会不可避免地带有偏好来为这一立场辩护。他特别将其应用于他的非裔美国同胞的和女性的情况。杜波依斯认为，在这两种情况下，包括迄今为止被排除在外的"遮羞布里的呼声"（voice from within the veil）（《黑暗水域》的副标题），能够更有效地保护他们的利益和提高美国民主质量。只有当政府被来自所有不同群体的知识所塑造，社会才能获得民主的全部好处。

这个一般性原则也适用于经济活动组织。杜波依斯谴责现代资本主义的生产和分配的经济与社会效率低下，并且他主张在工厂里，精英领导要与大众参与相结合，这与他在纯粹政治民主方面所提出的立场是一致的。他批判掌握权势的个人和寡头在共同体经济事务中持续统治，并且在推动"工业民主"方面用语言呼应了比阿特丽斯·维伯和西德尼·维伯的主张。与英国费边主义者一样，他看到了公共事业和经济上至关重要的公共民主所有权，以及经过重新分配被资本家消耗的一些利润，这些是实现这一目标（工业民主）的重要早期步骤（Reed，1997）。特殊的是，杜波依斯将这些提议与呼吁人类的兄弟情谊联系在一起，他以此为据攻击内战后公开的和私下的种族主义，并认为这与俄罗斯革命者呼吁"同志"情谊存在联系（Du Bois，1920，pp. 157 - 158）。

◇ 20 世纪的非自由主义民主理论："人民的"和"第三世界"的民主制

在 20 世纪，西方社会普遍存在的民主思想模式是"自由民主的"。民主之所以合理，是因为它将对个人自由的关切与保护性的、发展的以及社会的利益结合在一起，后者被期望从

为了和依靠多数人的统治中获得。这些自由的民主观念受到两种对立传统的挑战。第一种理

论被称为"人民民主"、"无产阶级民主"或"共产主义民主",是为了填补马克思对后革命政治的描述留下的空白;第二种理论被称为"第三世界民主"或"发展型民主",在一些新独立的前殖民地国家很重要。

人民民主建立在马克思主义传统的基础上,但这是列宁在 1917 年 10 月(俄历)布尔什维克夺取政权后理解推进革命进程的直接结果(Harding,1992,pp. 161 - 177)。正如我们所看到的,列宁所面临的情况在马克思主义的意义上是存在问题的。在夺取了国家控制权后,列宁面临着如何在一个缺乏马克思所认为的资本主义高度发达的经济、社会和政治特征的社会中追求共产主义目标的问题。当时俄国是专制的,而不是资产阶级的,并且既没有发达的经济,也没有存在广泛阶级意识的无产阶级。

为了应对这些困难,列宁提出了一个新的民主概念,有阶级意识的政党精英利用政治权力为走上真正的共产主义道路创造必要的条件。该党承担了消除内部反对派的责任,发展与先进资本主义的技术和生产成就相适应的经济基础,并组成一个具有阶级意识的无产阶级,能够将革命进行到底。这些艰巨的工作将由一个统一的精英政党领导,这个政党能够凭借其对马克思主义的了解和对无产阶级真正利益的绝对效忠,洞察并实现人民的"真正意愿"(Lenin,1971,pp. 303,322 - 323,326 - 332,371,534 - 538)。

值得注意的是,至少在其正式结构和理论基础上,列宁关于人民民主的概念包含了一些思想,这些思想只有在与存在较少争议的民主政府理论的联系中得到解释。首先,尽管党员远未普及,但党本身是在"党内民主"的基础上运作的。也就是说,党的立场是在全体党员充分自由讨论后形成的,一旦被采纳,就对全体党员具有约束力。其次,虽然人民民主不允许多党竞争,但基于普遍选举的程序可使该党的政策以及代表和其他任职人员合法化。然而,考虑到列宁将革命先锋队的角色归于精英,这些民主实践的要素被设定在一个以政党精英为中心的框架内,这并不奇怪。例如,党内民主建立在"民主集中制"的框架内,其中,领导权向下扩展,责任向上集中。此外,候选人由该政党提名(White, et al.,1982,pp. 222 - 225)。

很明显,人民民主的特点能为精英统治提供便利,在特定的组合下,也为最具压迫性的专制提供了便利。不过,至少可以说,尽管人民民主与自由民主不相容,但其独特的特点反映出这样的价值,即人民民主在民主思想史上占有一席之地。人民民主以集体主义而不是个人主义为核心;它采用了一种"客观的"而非"主观的"利益概念,并包含着强烈的积极自由理念。上述考虑并不能充分说明人民民主,但它们解释了为什么人民民主被认为至少包含了民主统治概念的某些方面。

关于第三世界民主可能有很多一样的论点。在殖民时期,民主思想在独立运动中发挥了重要作用。它们为向殖民势力内的开明精英和当地居民发出呼吁提供了基础。然而,反殖民运动的主要领导人物辩称,他们的社会无法采纳西方自由民主观念。这些理论与本土价值观相冲突，没有解决摆脱长期殖民统治的国家面临的发展需要（在教育、公共医疗、经济和国家建设方面）。第三世界民主被描述为一种民主统治体制，体现了适合非西方社会的价值观，并且也符合他们的需求。

第三世界民主有许多组成部分。首先，它取决于本土价值观的复兴。这种路径的一个重要例子来自"非裔黑人运动"（Negritude Movement），他们活跃在第二次世界大战前后。这些思想家有意识地反对殖民主义文化中普遍存在的贬低性的陈旧观念，他们增进了黑人的自豪感，并且维护源自前殖民村落和部落文化的传统习俗。对过去的理想化图景是重建后殖民社会的基础，多年的殖民统治时期被视为一个沉睡期，对解放后的国家没有任何积极影响（Nursey-Bray，1983，p. 97）。

在第三世界民主理论中，传统价值观支撑着一个新的民主社会概念，民主国家只是其中的一个要素。它们还促进了摒弃自由市场资本主义的个人主义精神的经济结构，旨在促进为共同体目标而进行的资源开发。这些结构包含着的理念，是认同一种和谐的、前殖民地村落共同体，在这里没有阶级划分，权威是由亲缘关系和年龄构成的，其特点是以传统价值观为基础并得到巩固。在这种情况下，既没有给西方资本主义的个人主义留下空间，也不存在阶级结构社会，这是马克思主义理论与实践的重心（Macpherson，1965，p. 30）。

这种社会模式的政治对应物是一致同意的共同体，共同体通过决策过程被一起管理和指导，这个过程是协商的同意，而不是将多数的观点强加给少数。然而，由于现代世界中的村庄和部落聚集在一个辽阔且常常是人为的民主国家中，后殖民社会不得不建立中央协调和决策体制，而这些体制不属于前殖民时期。在第三世界民主制下，一个国家的共识是通过一个单一的执政党来形成和表达的，其地位通过大众选举得到确认。该党成为团结一致的中心，跨越了种族、宗教和部族的界限（Nursey-Bray，1983，pp. 104 - 106）。

这一独特的后殖民统治形式经常演变为一个人的或精英的暴政，但它保留了与西方民主传统相关的理论依据和制度特征。第三世界的民主是集体主义而不是个人主义；它基于一种积极而非消极的自由概念——促进被压迫和被剥削者的解放和发展——提出了一种实质性而非纯粹形式的平等概念：它假定民主的共同体是一个经济平等、社会平等和政治平等的共同体（Macpherson，1965，p. 33）。此外，它以共同体拥有单一、统一、真正的利益为前提：只有这样，共同体"真正的意愿"才能为一个政党所体现。

161　　　后殖民社会的近期历史使人们对第三世界民主的合法性和可行性产生了深刻的怀疑。然而，该体制在某些国家有时运行得相当好。无论何时，试图在缺乏立国时间很长的、西方国家的文化、经济和社会价值观流行的社会中，让大多数人发挥政治作用，反映出人们对西方民主在非西方国家是否合适的更加普遍的担忧。这一问题在新加坡等国的政治实践中占有重要地位，它还包括对印度等建立时间相对较长的后殖民国家民主真实性的评估问题（Khilnani，1992，p. 205）。

◇ 结论

长期以来，民主一直被视为君主制和贵族制之外的一种非主流的、极不令人满意的选择，现在民主制成为政治舞台的中心。这种发展的原因是复杂的，但其理论意义上的重要线索，可以在托克维尔和约翰·斯图尔特·穆勒在19世纪社会民主化和民主政体的蔓延之间所做的联系中找到。这种发展首先带来了对自然的优等和次等观念的削弱，促使法律规定的身份等差的消失，并且这为民主更加可能实现创造了条件。潘恩认为政府需要与社会结构相适应，社会是由个体组成的，每个个体的平等权利需要被考虑和保护，这一立场在潘恩的早期但不那么公开的观点中有所显示。在潘恩那里，这些主张是基于自然权利，但仅此不足以证明主张政治平等的正当性。正如较早的思想家所做的那样，我们可以假设这些权利将通过非民主的政体得到充分保护。因此，民主的历史的重要部分已经表明，除非赋予个体政治权利，否则个体的利益不会得到满意的对待。所以，历史上许多支持民主的论点都聚焦于君主制和贵族制的不足。然而，在当代西方民主国家中，人们的注意力集中在发现各种形式的民主实践上，这些实践能够克服被看成是对那些正式拥有政治权利的人有效行使政治权利的限制。

尽管18世纪末和19世纪女性解放的支持者认为，这一目标需要扭转基于性别的观念，这种观念支撑着西方社会的女性在性、社会和政治上的从属地位，但与她们的男性同志一样，她们也特别强调政治权利在保障其他形式的自由方面发挥的作用。在政治思想史上，个人从属与政治从属之间的关系一直是人们关注的焦点，在当代女性主义对西方自由民主的批判中也十分突出。自20世纪60年代以来，许多女权主义哲学家认为，源于人身关系的性别权力关系使得对女性的系统性偏见永久化，这种偏见已经成为西方政治思想传统的组成部分，并且看起来对个人自由的主张极为敏感。特别是，有人认为，自由可以区分为"公共的"政治空间和"私人"空间，前者受到国家的监督和控制，后者是自治的人们的自愿行为空间。这种区分掩盖了父权制持续发挥影响的现实（Millett，1970；Siltanen and Stanworth，1984，pp. 185-208）。当代自由主义女权主义政治理论的任务之一已经是，揭露男性对私人领域的统治方式，通过侵犯女性有效行使她们的政治权利从而破坏现代民主的可信度。本部分讨论了这一论点的两个方面。第一个问题涉及私人限制（private constraints）对政治参与的影响，另一个问题则涉及真正的民主政治实践的性别要求。 *162*

对女性政治参与的私人限制，与家庭中的不平等有关。女权主义者认为，不平等的家务劳动分工增加了女性参与政治活动的相对成本。此外，有种说法认为女性的收入能力较差，并且家庭内部的权力结构不利于女性的政治参与，因为她们对她们的政治效力（她们的"政治效能感"）的感知力低于男性。政治管理的行为加剧了这些不平等。例如，有人观察到，即使在当地社区，参与场合也倾向于根据男性价值观来安排，并且偏向于男性参与更有效（Mansbridge，1980，pp. 105-107）。

针对这些问题，女权主义者认为，要实现真正的政治平等，就需要降低女性参与的成本，以及采取制度性的策略，如女性党派（women's cauci）以排除男性为主导，并且促进女性增强政治效能感。这些措施旨在提高女性参与政治的可能性和效力，削弱男性主导的权力结构，并有助于培养未来参与其他政治领域所需要的技能和效能感。除上述措施外，一些女权主义者认为，由于公共领域与私人领域的区分不像传统自由主义理论所说明的那样明显，因此有必要开展考虑到这一点的政治实践。这一立场的一个重要含义是，私人经历与政治背景有关。此外，有人认为，如果政治行为是为了促进女性解放，那么有必要以促进符合这一目标的态度、行为和语言的"预设形式"（prefigurative forms）来进行，并阻拦不符合这一目标的态度、行为和语言（Phillips，1991，pp. 113 - 114）。

这些策略旨在让自由民主名副其实；换句话说，确保政治平等不仅是形式上的，而且是实质性的。如果不消除性别关系中根深蒂固的支配形式，"多数人统治"充其量仍将是"多数男性统治"。只要这种情况继续存在，对民主的普遍主义的主张、坚持所有人都应该被平等对待，应该忽略差异并且每个人都应该以同样的方式遵守同样的规则，否则只会使男性在公共和私人领域的统治永久化。

女权主义者对自由民主的批评，是一个更大范围问题的一部分，即自由民主在多大程度上兑现了实现了多数人利益的承诺。其中一些论点是在持续对精英在民主政治进程中的作用的关注中形成的。从 20 世纪 40 年代开始，一些对西方民主国家有影响力的研究指出，政治精英和强大利益集团之间关系损害了国家层面和地方的民主决策（Sartori，1965；Schumpeter，1954，pp. 269 - 296）。政治精英想要赢得并保住官职的愿望激励他们特别关注由组织良好的利益集团推动的议程，而很少关注绝大多数基本上被动的公民的经常潜在的偏好，这些公民只对选举中摆在他们面前的选项做出回应。这种现代化的、经济上发达的和体现社会复杂结构的，以多元和利益驱动为特征的民主实践模式，起源于对民主进程的实证研究，它先利用普通选民的偏好来获得规范化的政治信任，再通过限制与主流自由主义思想中的"无阻碍的自我"（unencumbered-self）形象一致的工具性的参与，最终限制政治参与。也有人认为，如果民主国家的日常运转不服从于民众的高度参与，它们就可以避免极端主义和不稳定性（Macpherson，1977，pp. 77 - 92）。

从 20 世纪 60 年代开始，代表精英模式提出的经验和规范都受到了挑战。其中一些挑战来自这十年的后半段，活跃在欧洲和美国的新左派学生团体以及女权主义者中。他们认为，选民参与度低并不是对民主结果满意的表现，而是一种无能为力的理性回应。事实上，传统民主政治的结构，以及通过极不平等的方式获得如教育、金钱和时间等稀有但具有重要政治意义的资源带来的影响，意味着普遍的政治平等的平等主义影响（体现在平等的投票权、公职公开、集会自由、言论自由和结社自由）在很大程度上是形式的，而不是实质的。

针对传统西方民主国家的缺陷，参与式民主的支持者提出了一系列策略，以减少普通公民参与决策过程的阻碍。如上所述，其中一些倡议旨在促进女性参与。其他策略则指向更普遍的参与。其中包括关注邻里政治和工作场域政治，理由是这个层面的决策对普通公民关心的问题有直接影响，且这个层面有限的资源可以得到更有效的使用；包括确定新的议程（比如环保主义），这个议程对生活质量具有重要潜在影响，并且尚未受到精英的制约；还包括这些措施，即那些以前在决策过程中没有发言权的人结成利益联盟。

　　参与式民主旨在提高政治进程的敏感度，从而确保其结果反映广大民众的真正利益。在某些情况下，这些利益被视为经济差距的缩小，以及向西方社会较贫穷的阶层提供更好的教育、医疗和社会服务。一些参与式民主的支持者还致力于改变民主政治的风气和实践。因此，增加参与的优势之一，是它将促进公民的政治效能感，并激励未来的参与。在这方面，参与式民主的重点是赋予那些可能基本上是正式的政治权利实质内容，参与式民主支持积极公民的理想，这与古典共和主义相呼应，并且积极公民的理想在卢梭、格林和霍布豪斯的政治思想中也具有重要位置。对于这类传统的思想家而言，国家的积极身份要求培养和践行与政治相关的美德，如自治、愿意牺牲私人利益和积极关心公共福祉。因此，在一些关于参与式民主的论述中，加强政治参与的好处反映了关于政治和美德之间密切联系的思想（Macpherson，1976，pp. 93-115；Pateman，1970，pp. 1-21）。

　　参与式民主的一些说法，其古典共和主义的意蕴将这些说法与现代社群主义者所讨论的自我融入（embedded self）的观点联系在一起。这一点，在迈克尔·桑德尔对自由主义立场的一篇评论中被间接提到，该评论题为《程序性共和与无阻碍的自我》（*The Procedural Republic and the Unencumbered Self*）（Sandel，1992）。它还与"协商民主"（deliberative democracy）支持者提出的对多元民主（pluralistic democracy）的评论相呼应。此处的重点不只是参与，而是受集体决策影响的人们的参与质量。正如"协商"一词所揭示的，这种民主观集中于对重要问题的讨论、辩论，而非投票。它没有将政治视为相互竞争的利益团体之间的竞争，而是将其视为公民之间理性交流的协商过程，并推进民主共同体的理想，这个共同体将这些过程视为其存续的基础（Cohen，1989，p. 21）。交流的目的是达成一致，如果可能的话，在公共政策方面达成共识。对理性交流的强调，构成了对这个理念的更普遍的承诺的一部分：那些真正参与协商的人必须准备好超越狭隘的私利观，提出得到他人认可并且可能被第三方接受的诉求（Gutmann and Thompson，1996，pp. 2-3）。从这个角度来看，协商民主旨在对决策和社区成员的认识产生影响："它被期待既能够产生反映公共意愿的政策并激励公民，又能完善并扩展他们关于应当制定什么样的政策的观点。"（Ferejohn，2000，p. 76）虽然实现民主的协商方式与尝试使民主政治更具参与性有关，但这也与女权主义、现代政治思想的其他流派中对身份的密切关注相关。协商的条件使得许多参与者将反映出他们与他人共同身份的观点和关注点纳入决策过程变得可能。

　　协商民主对多数人决策治理的关注引发了一个话题，这个话题可以追溯到柏拉图关于专业性在政治中的重要性的观点以及他的一个假设，即大多数人在追求终极价值时缺乏行使政治权力所必需的哲学洞察力和自控力。对这些问题的有趣的思考出现在汉娜·阿伦特（Hannah Arendt）的著作中，她是 20 世纪下半叶美国知识分子中的重量级人物。阿伦特将柏拉图与苏格拉底进行了对比，她认为苏格拉底是推广公民思想的典范，他与他的同伴之间的互动旨在激励他们能够在对待政治时更具哲学性（Lederman，2016，pp. 487 - 488）。苏格拉底式的对话是实现这一目标的关键，通过公开审视参与者的各种意见，来使他们得到了平等的对待。阿伦特认为政治是思想和实践相互作用的产物，并且相信在苏格拉底式的框架内，会在参与者之间产生"平等"。因此，它使一种真正的民主形式成为可能，在这种形式中，"没有人统治，也没有人被统治"（ibid.，p. 489）。尽管柏拉图曾认为当王是哲学家或哲学王时，正义就会实现，但阿伦特则朝向了苏格拉底，构建了一个民主互动的模式，以确保普通公民也能变得更有哲学性。

PART THREE

政治权力的行使

在思考了一些关于政治的目的和政治权力的归属的具有历史意义的论述后，我们现在来考察有关权力如何被行使的论述。这些理论探索了确定统治者行为是否适当的合适的方法，以及他们的行为在多大程度上受到规范或制度约束。规范性的约束规定了统治应当遵守的标准以及被统治者可以提出诉求的标准，而制度性的约束则由规定权力行使方式的机制形成。这些问题在讨论政治实践的合法性中具有重要作用。它们也为本书最后部分所讨论的对政治权力的挑战提供了基础。

第9章考察了自然法和自然权利理论。这些理论反映了一个共同的信念，就是在国家内外行使政治权力应当符合客观标准，而这些标准是那些行为受其约束的人所无法企及的。第10章探讨了"混合政体"理论，这些理论规定权力应该在多个机构之间分配，以确保统治者不会滥用其地位，而且，更为积极的是，他们的行为符合整个共同体的利益。一些思想家质疑混合政体的可行性，他们认为，只有在一个全能的、毫无疑问的统治者、一个专制的君主统治的国家里，才能实现秩序。这种思路产生了专制主义政府理论，这将在第11章讨论。

第三部分的最后考察了关于拥有政治权力的人需要受到法律约束的主张。除了讨论有关法治的一系列论点外，第12章还概述了这一传统的一个重要方面，即政治权力的行使必须在符合正义要求的规则框架内进行。这些理论意味着，前面章节讨论的所有思想家所采取的方法都是不足的，但他们特别关注专制政府理论和法律即命令的相关思想所带来的危险。

9 "自然"的约束

为了理解诉诸"自然"的约束作用，有必要区分基于"自然法"理念或"自然的律法"的理论，并关注"自然权利"理论。自然法理论确定的预期和规范本身，不是人类意图或人类意志的产物。这些规范使人类行为合法化，并且为行使政治权力提供了正当理由（Finnis，1980，p. 23）。自然法在两个有关联的意义上被认为是"自然的"。首先，它是人类生活的基础，它的约束力是一种道德必然性而不是一种选择。其次，也正因为如此，人们声称遵守自然法对人类而言是极其合适的。

自然法理论通常基于这样的假设：上帝在人类生活中起着直接的权威作用。因此，自然法被视为一个规则体系，告诉人类如果要达到上帝所指示的目的，他们必须如何行动。这些律法被认为是合理的，因为它们是达到特定目的的适当手段；它们也是合乎理性的，因为人类通过运用他们的理性来发现它们。但是，一些作者也将自然法的合理性与它在满足人类基本需求方面的作用联系在一起。荷兰思想家雨果·格劳秀斯的评论可以说明这一点。格劳秀斯是一位虔诚的基督徒，但他认为，即使没有上帝，或他不关心人类事务，自然法也有约束力，因为它体现了社会存在所必需的理性戒律（Grotius，1738，p. xix）。

本章讨论的所有思想家都认为，自然法对于评估统治者的行为和确定约束社会与政治生活的人为规则的基本公正性具有重要意义。因此，它提供了一个准则，禁止为某些目的使用政治权力，而在其他方面则推动政治权力的行使。该准则明确规定了自然法与实在法之间的关系，即不依赖人为制定的法和人类制定（或"设想"）并通过机构强制执行的法之间的关系。人定法是必要的，因为自然法是一般的而不是具体的，并且缺乏引导自私的人类采取理性的行为所需要的客观的强制因素（Finnis，1980，pp. 28 - 29）。自然法理论家坚持认为，只有符合自然法规定的一般目标，人定法才是正当的。

虽然自然法是立法行为的准则，但"自然权利"（或者当代政治理论中经常提到的"人权"）是指个体对其他个体和政府提出的权利要求，并因它们是人性的美德而属于人类。与法定权利不同，自然权利不是由国家创造的，其适用于自然状态如同适用于政治社会。合法政府承认这些权利，并在制定实在法时予以考虑。由于自然权利是人类所具有的，因此它们经常与个人主义的政治方式联系在一起。也就是说，它们说明了这样的主张，即其他人有义务尊重权利所有者的自由行动。

自由是一种"积极"的权利，可以与"消极"的权利比较，后者源自他人不干涉其他人合法自由行动的义务。消极权利规定了他人（包括统治者）的义务，而不是权利所有者的自由。这些权利类型之间的差异可以通过比较财产权和获得慈善援助权来说明。私有财产以积极的权利概念为基础，包括使用和处置我们拥有物品的公认的和可执行的权利。相比之下，获得慈善援助的权利是消极的。他们采取对其他个人索取的形式，迫使他们在特定情况下采取慈善行动（Tuck，1979，pp. 7-15）。

积极权利和消极权利之间的区别，是自然权利理论和自然法理论中一些重要政治含义产生的基础。然而，本章讨论的思想家都认为，以自然为依据，为评估统治者的行为提供了准则。他们认为，如果统治者无视自然法的禁令，或不承认臣民的自然权利，他们就会滥用赋予他们的权力。由于他们的行为方式与政治目的不符，他们统治的合法性受到质疑，在某些情况下，臣民可能有权反抗他们。

接下来，我们将从西方政治思想史上一些有影响力的人物选取这些思考政治的方法作为例子。我们将从考察"自然"理念在古代政治理论中的作用开始，然后追溯自然法思想在古代、中世纪和现代早期的发展和应用。对阿奎那和普芬道夫的著作的讨论，说明了自然法是如何被用来规范统治者与其他主权国家间的关系，并为"正义战争"提供准则的。欧洲的自然法传统的某些方面给 18 世纪末革命时期出现的激进自然权利理论提供了支持。本章最后讨论了当代政治理论中的人权问题。

◇ 古代政治理论中的"自然"：柏拉图、亚里士多德和西塞罗

柏拉图和亚里士多德关于自然的约束力的观点，是在回应当时有关法律和城邦的纯粹的常规特性的主张时提出的。在柏拉图的《理想国》一书中，色拉叙马库斯（Thrasymachus）认为，由于强者统治弱者是很自然的，统治者的调控通常只是为了掩盖其对自身利益的追求。他们真正保护弱者免于受强者伤害，都是反常的。相比之下，柏拉图认为他的理想国家是自然的，因为它通过采用一种反映共同体内各阶层特有的自然禀赋的结构来促进人类的基本需求得到满足。这种说法可以通过秩序良好的国家和秩序良好的"灵魂"之间的相似性得到说明：

> 我们一致认为，一座城邦之所以被名之为正义，那是由于在它之中存在着三个自然的组成部分，每一个组成部分从事属于它自身的工作，并且由于某些其他的由这些组成部分而来的状态和性情，因此城邦是克制的、勇敢的和明智的……那么，如果我们有理由将同样的美德归于一个人，那么我们就可以期望这个人的性格中有同样的三种成分，并可以获得相同的影响（ibid.，pp. 185-186）。①

---

① 柏拉图. 理想国. 顾寿观，译. 吴天岳，校. 长沙：岳麓书社，2010：187，188.——译者注

因此，一个公正的国家是"自然的"，因为它符合人类的基本特质，满足基本的物质、社会和心理需求。理想国家的结构和真正统治者的行为都满足这些要求。相比之下，统治者在不公正国家的行为反映了灵魂的腐败，并产生不稳定、"不公正、无纪律、懦弱、无知和各种罪恶"（ibid.，p. 197）。

与柏拉图一样，亚里士多德反对当时有关正义、法律和城邦的纯粹墨守成规的主张。在《尼各马可伦理学》（*Nicomachean Ethics*）中，亚里士多德区分了"自然的"和纯粹"法律的"，"自然的"在所有地方都有同样的力量，并且不依赖人类而存在（Aristotle，1975，1134b）。因此有些事情（通奸、谋杀和盗窃）永远是错的，并且自然的禁令不屈从于统治者的权力。除了将自然理解为普遍标准的来源之外，亚里士多德还将自然与某事物的特有的"善"或目的联系起来。根据这个观点，事物发展得越充分，就是"自然的"，因为它已经实现了其潜力，或者实现了其"基本的"品质。

在亚里士多德论述人类发展和这个过程的政治维度中，他的"目的论"（teleological）自然观（以对象的目的为框架的概念）起着核心作用。因为他相信城邦的成员身份对于美好生活是必要的，所以他认为国家是一种自然的构造。虽然家庭和邻里首先出现在人类经验中，但它们不能提供与国家同样的道德行为的场域。正如亚里士多德所言，人"本质上是一种政治动物"；也就是说，人只有在城邦内部，他的潜能才能得以充分发展。对城邦的目的论，意味着自然为评价政治结构和行为提供了准则。因此，亚里士多德通过考察权力的行使是为了共同体的善，还是仅仅为了那些掌握它的人的善，来区分"正当的"和"不正当的"的政制。正当的政制符合自然的要求，因为它们提供了一个政治架构，在其中，公民能够实现他们自己的潜能。相比之下，不公正的政体扭曲了国家的真实和自然的职能。

虽然自然观在柏拉图和亚里士多德的政治思想中发挥了作用，但它们没有以独特和系统的形式呈现出来。古罗马思想家西塞罗的作品中有着更为成熟的论述，其论述建立在发端于雅典斯多葛学派的传统之上。这一学派的成员认为，宇宙是由"正确的理性"所统治的，这种理性寓于所有事物，与至高无上的神宙斯一样。如同斯多葛派思想家克利西普斯（Chrysippus）所言，理性"是上帝和人类所有行为的统治者……对于本质上是社会性的所有人而言，它指出什么必须做、什么禁止做"（Sigmund，1971，p. 21）。

马尔库斯·图利乌斯·西塞罗（公元前 106—前 43）

西塞罗出身罗马贵族阶层的下层，曾在罗马和雅典担任律师。他成为罗马法律界的领导人物，并以此为基础开始了他的政治生涯。公元前 63 年，他担任执政官，这是罗马政治中最重要的公职。西塞罗坚定地忠于传统共和国，相信贵族在其中起主导作用。他生命的最后几年，罗马笼罩在标志着传统共和体系崩溃的事件的阴影之下。西塞罗的主要政治著作是《论法律》（公元前 50）和《论共和国》（公元前 54）。这些书名反映出他对源自雅典的古典政治哲学传统的信仰。

关键阅读：Wood，1988.

与柏拉图一样，西塞罗的政治思想也是在反对社会和政治解体的背景下形成的。他利用自然法理论来对抗他认为在他同时代人中的猖獗且具有破坏性的私利，并捍卫罗马政治的传统结构和实践。西塞罗认为自然法的原则反映在罗马宪制的关键特征中，他尖锐地批判了古罗马精英中不择手段的成员及其与无产的大众之间公开的相互攻击和诽谤造成了原来值得称颂的古罗马政府体系的崩溃。

170　　西塞罗认为，"与自然相一致的、普遍适用的、永恒不变的正确理性构成了真正法律的基础"（Cicero，1970，p. 211）。因此，法律具有神圣的起源，并通过理性为人类所接受："正如神意是最高的法律，当理性在人类身上完美体现时，也就是法律。"（ibid.，p. 383）只有符合自然法的基本原则，人类的法律（无论是习惯法还是实体法）才是合法的。与亚里士多德的说法相呼应的是，西塞罗将正义定义为"一种思想倾向，它在维护公共利益的同时给予人们自由"（Wood，1988，p. 74）。它的"首要原则……从自然出发"，为权利和效益（utility）服务。因为"公共利益"包含着国家所有成员的合法要求，所以个人的真正利益与他的同伴的真正利益之间不可能存在冲突。国家是"一个正义的联合体"，受自然法所蕴含的客观准则约束（Cicero，1970，p. 77）。具体而言，自然法要求人类不可故意伤害他人，尊重公共和私人财产，信守诺言，慷慨行事（Wood，1988，p. 76）。

遵守自然法具有普遍的益处；那些忽视它的人的行为是不自然的、不公正的，并且违背了他们自己的真正利益。这些规定既适用于统治者，也适用于所有其他人。西塞罗与柏拉图和亚里士多德一样，谴责将公权力用于私人目的：这种行为是暴君的标志，暴君通过武力和恐惧进行统治，因为他的行为没有正义的基础，对他的不幸的臣民没有道德良心。西塞罗声称，

> 没有比暴君更卑鄙、更可怕的生物，也没有比暴君更能引起众神和人类憎恶的生物……；虽然他外形是人，但其残忍的本性却超越了最可怕的野兽。因为，一个不希望共同体正义、不希望在人类生活中与他的公民同胞有伙伴关系，甚至不与人类任何部分有伙伴关系的人，怎么可能被正确地赋予人类之名呢？（ibid.，p. 156）

这段话是在说傲慢的塔昆（Tarquin），一个臭名昭著的血腥暴君，他对政治权力严重地非法滥用，表现为他无视与他的同伴的关系或者共同体的正义，这仅仅是非人道的统治形式的极端案例，因为其统治是不合自然之道的。大众为私利而滥用权力，并不比暴君更可被接受。因此，西塞罗对试图制定剥夺富人财产的"土地法"持强烈的批判态度。这类法律无疑侵犯了西塞罗的贵族情感，但他也因为这类法律违反了使统治者有义务保护他们臣民的财产的自然法，故而谴责这类法律。

西塞罗对专制的塔昆的不公正和罗马无产大众的贪婪的批判，反映出自然法思想对他理解政治正义的要求所产生的影响。这些批判也解释了他对"一人"或"多人"统治的实际危

险的担忧，以及他对他所认定的罗马共和国的混合政体的偏好（见 pp. 190 - 193）。

中世纪的自然法思想：圣托马斯·阿奎那

中世纪时期，西塞罗的思想为政治理论家发展复杂的自然法理论体系提供了重要的参考。从 12 世纪末开始，中世纪自然法思想也受到亚里士多德的著作中有关这一主题被重新发现带来的影响。中世纪的思想家们不再求助于被最高神掌管的众神，而是寻求神圣权力的唯一来源。他们理解人类与神的权威的联系源于基督的启示，以及源于早期教会领袖（或"教父"）由启示推导出的神学体系。中世纪的自然法理论有一系列尝试，意图找到神的领导对人类事务的影响，人类事务发生在这样的情景下，即人们的注意力正在从一个跨民族的帝国转移到多个民族国家。圣托马斯·阿奎那被普遍地认为提供了中世纪最复杂、最有影响力的自然法解释，它为政治权力的行使带来了独特的定位。这种方法的一方面是，他试图将源于古代前基督教政治思想的关于国家自然性的思想与建立在基督教启示成果基础上的神学体系结合起来。

171

阿奎那对自然法的理解，始于对法律的一般定义，法律是"一种行为规则或衡量准则，据此，一个人被引导去做出某些行为，而被限制做出另一些行为"（Aquinas，1959，p. 109）。这类规则以共同体的公共利益为导向，并且由负责促进它的人制定和执行。由于"理性"（或者更完整的是"正确的理性"）是引导行为达到适当目的的能力，人们可以说，"法律只不过是关乎公共利益的事物的理性安排，由被委派关心共同体的人所颁布"（ibid.，p. 113）。最终，这一责任在于上帝、造物主和所有创造物的管理者，但在人类世界，尤其是像国家这样规模稍小的共同体，这一责任在于统治者。

与他对上帝至高无上地位的看法一致，阿奎那认为正当的法律体系源自永恒法，也就是，上帝制定规则来指导他所有创造物的行为。

> 正如在每一位艺术家的头脑中已经存在着这样的想法，即他将通过他自己的艺术创造何物，那么在每一位统治者的头脑中，必然已经存在着一种理想的秩序，即那些受他统治的人应当做什么……因此，永恒法正是被视为指导一切行为和运动的理想的神圣智慧（ibid.，p. 119 - 121）。

虽然永恒法构成了所有正当的或真正的法律体系的核心，但那些专门指导人类的法律体系可以细分为不同的类型。阿奎那在《神学大全》（*Summa Theologica*）中对这一主题进行讨论，确定了三类法律：神法、自然法和人定法。这些术语区分出法律的直接来源，而不是法律所指导的对象。所有这些形式的法律都指引着人类走向他们的目标，但它们有多个来源，并且关注人类经验的不同方面。

与许多早期基督教自然法理论的倡导者不同，阿奎那煞费苦心地将自然法与神法区分开来。前者与人类的"自然的"品质有关，而后者之所以必要，是因为人类命运关键在于获得"永恒的祝福"，这是远远超出他们的自然能力的局限性的。由于人类有必要被置于一个法律体系之下，这个法律体系不能是错误的，并且是他们的外部行为和那些隐藏在内部的灵魂之中的行为，这是人类的完美性的重要方面，因此，他们必须像服从神那样服从自然法。神法必然是万全的；它用神启的果实和教会的教导填补人类理性的各种产物。相比之下，人定法和自然法的范围是有限的，后者受其本身性质的限制，前者是因为它不可避免地关注人类行为的外部而非内部。因此，人定法只关注人类能够理解并且受其管理的生活的那些方面（ibid.，p.117）。

阿奎那认为，自然法源于人类的自然能力和自然倾向性，并与之密切相关。对这些倾向性的理性反思，使他们能够理解永恒法则对他们自然的生活产生的影响。因为人类在某种程度上带有神圣的理性，所以，他们既能够自然地倾向于合适的行为和目的，又能理解自然法的实质。因此，"自然法无非是永恒法在理性生物中的反映"（ibid.，p.115）。阿奎那确定了自然法的三条主要"准则"（或普遍的规则），每一条都对应着一种自然的倾向性。保存的倾向性产生的准则是偏向于保护人的生命，禁止故意伤害；繁衍的倾向性，产生的准则是管理性关系和照看儿童，而促进对人类福祉的积极关注产生了社会生活的倾向性（因为这是人类福祉所必需的），并且确保社会生活产生它所能带来的益处（ibid.，p.123）。

当自然法的普遍规则受到反思时，这种反思是针对特殊的共同体的福祉的，它们就成为正当的或真正的人定法的基础。"人类理性"始于"自然法的准则，好像是来源于某些共同的、不证自明的准则，之后发展出一些更加特殊的倾向性……这就是所谓人定法"（ibid.，p.115）。人定法的条文和执行对于提供有德性的生活所需的纪律是必要的，尤其是那些直接依赖于社会生活的事物。虽然人定法不仅仅是自然法的复制品，但阿奎那坚持认为它依靠自然法从而在道德上是被认可的（Finnis，1980，p.28）。正当的人定法的详细条文，以两种方式与自然法相关。它们要么是从其准则中得出的——例如，反对谋杀的法律是从禁止伤害他人的准则中得到的——要么是将一般的要求应用于特定的情况。因此，自然法要求那些违法者受到惩罚，人定法据此确定各种惩罚（Aquinas，1959，p.129）。这些区别确定了人定法与自然法之间的关系，同时也解决了更具体的问题，即人定法在多大程度上可以从自然法中衍生出来。如果实在法被视为是正当的，那么第一个问题很重要，而第二个问题则涉及人类法律多样性带来的问题。在这两种情况下，人定法、自然法和永恒法之间的关系为区分"正义的"和"不正义的"法律提供了标准，并且确定了统治者行为应当遵循的正直的标准。

事实上，真正的人定法是公正的，但这并不排除它们以各种形式存在的可能性。制定人定法是为了促进特殊共同体的福利：它们的细节必须依据所涉及共同体的情况和那些生活在它们管理之下的人的特点而有所不同。关键的一点是，任何种类都必须符合自然法规定的一般目的，并体现在其次一级或衍生的准则中。那种只对担任政治职务的人有利，或者通过对共同体的一些成员施加不公平的负担使得公共福祉的理念变得狭隘的法律，是违反自然法的，并且必然涉及不正当地行使政治权力。同样的道理适用于那些无视神法的法律，比如那些强制推行偶像崇拜的法律。人定法无法解决神法的积极的、内在的要求，因为这些与良心有关，但某些对政治权力的运用是不正当的，因为它们显然违背了上帝的意愿（ibid.，p. 137）。

正如永恒法体现上帝的意志一样，人定法也是人类立法者或统治者的意志。由于是统治者创造并执行人定法，他们不能服从其约束力。然而，公正的统治者将服从阿奎那所说的人定法的"指导作用"，因为他们负有促进公共福祉的压倒性道德义务，而公正的法律是实现这一目的的重要手段。但是，由于统治者是人定法的直接来源，他们可以在必要时对其进行修改，并且在特定情况下也可以取消它。不过，与所有正当地行使权力一样，特许法令也不是随意的。好的统治者忠诚地和公正地关心公共福祉，而不是以自己的私利为导向，并且他们的行为符合自然法的准则（ibid.，pp. 137 - 139，143）。

阿奎那对自然法和人定法之间关系的论述为前者提供了标准，并且明确地说明了决定政治权力应当如何被行使的一般性的但是压倒一切的相关重要事项。例如，阿奎那和他的许多前辈一样，认为暴政是无视自然法的肆意妄为，统治者及他们的代理人的行动是不公正的，并且其监管体系体现一种扭曲的法律理念（ibid.，pp. 55 - 61）。他也运用自然法理论对某些政治权力的行使赋予合法性。例如，阿奎那认为私有财产符合自然法，因为它是和平以及一般的生产性社会活动的必要条件。这意味着统治者有义务承认这些权利。因此，只有在紧急情况下，才能向未经其同意的臣民征税，并且只有在处于提供慈善援助的一般义务的情况下，才能被迫将财产让与他人（ibid.，p. 171）。

自然法的约束力既适用于外部关系，也适用于内部关系。阿奎那认为，虽然统治者任意攻击其他国家是不正当的，但在某些情况下，战争是正义的。这一论点是为了回应《圣经》支持的主张，即基督徒不应积极抵抗邪恶，甚至不应自卫，战争总是带有原罪的，因为战争"与和平背道而驰"。阿奎那引用奥古斯丁的格言回应这些说法，即战争只是"当一个民族或一个国家因为不对其错误的做法而悔罪时所受的惩罚，或者是为了恢复被不公正地夺走的东西"（ibid.，p. 159）。因此，战争可能被视为统治者在国家内部依据自然法行使的责任在本国界限之外的延续。就像国王是"一个复仇者，对作恶的人他怒火中烧，他也有责任用战争武器保卫国家，抵抗外部的敌人"（ibid.）。当统治者进行正当的战争时，他们是为了公共福祉而行动，既捍卫他们的臣民的权利，又惩罚那些违反自然法而获罪的人。

阿奎那对统治者责任的强调，使他反对《圣经》中禁止私人武力抵抗邪恶的禁令，并将那些真正"拿起剑"的人视为是对上级命令合法的反应。无论是这些命令，还是执行这些命令的行动，都必须有一个正确的动机，即惩罚那些应惩罚的人，并为那些因他们的错误行为而遭受损失的人提供赔偿。这项规定排除了为获取领土或战利品而发动的战争，并取消了为国王的名誉和荣耀而发动战争的合法性（ibid.，pp. 37 - 39）。

对阿奎那和奥古斯丁而言，正义战争的首要目标是恢复和平，这一目标是国家内部合法统治的一般目标："即使战争也是为了和平，不是出于贪婪或残忍，而是出于和平的愿望，从而抑制邪恶，帮助良善"（ibid., pp. 159-161）。这个规定对战争的指挥以及统治者发动战争的动机，都有重要影响。它明确了战争中禁止恣意残暴的行为，对适当的动机的坚持揭示了这一点，再加上正义战争真正的惩罚性和恢复性的理由，表明国家间的暴力也需要有正当的理由，并与其最终目标保持一致。

因此，阿奎那认为统治者在其国内维护自然法的义务，和他们在积极抵制其他统治者及其臣民的不公正行为的义务中有着外部的相似之处。然而，由于他们对外部行为者没有合法权力，他们只能通过暴力行动来处置非其臣民的重大恶行。阿奎那的正义之战的标准——合法授权、正当理由和正确的意图——与他在论述国家内部政治统治时适用的合法权力的自然法规则密切相关。无视这些条件的统治者，其权力会像暴君的行径那样被削弱。

尽管阿奎那在探讨正义战争时将奥古斯丁作为权威，但他的这位前辈有时将正义之战视为对那些战争的对象有好处的战争：基督徒将"本着仁爱的精神发动战争；他们的目标是实现一个虔诚和公正的和平社会，从而更容易为战败者服务。因为如果战败导致失败的一方作恶的自由被剥夺了，那是有益于他们的"（Augustine, 2001, p. 38）。阿奎那的正义战争理论取代了这种被动的或至少是缺乏自信的理论图式，促进统治者以自然法为依据捍卫其臣民的积极义务（Aquinas, 1959, p. 83）。此外，对阿奎那和亚里士多德来说，公共福祉的思想超越了特定国家的界限，与之相关的自然法准则为政治社会的国家间理念提供了基础。只有合法的统治者才能授权战争，这条规则禁止对国外不法之人公报私仇，并且它认定，对国外的惩罚性行动是公共利益和共同价值的体现。"共同幸福是正义的目标"，这个思想适用于政治权力对内的行使，也适用于其对外的行使（ibid., p. 165）。

◆ 现代早期政治理论中的自然权利：苏亚雷斯、格劳秀斯、霍布斯和普芬道夫

当"天然的自由"成为现代早期政治理论中的一个重要主题时，它常常被置于传统的自然法框架中，这在很多方面与阿奎那的框架相似。例如，有影响力的西班牙思想家弗朗切斯科·苏亚雷斯（Francesco Suàrez）认为，如果人类没有失宠[①]，他们就不会受到强制力的约束。但是，即使是在这种情况下，他们也会受到其他人的管理和指引，无论如何，他们都会臣服于神法和自然法所确立的神圣管辖权（Suàrez, 1856-1878, vol. iii, p. 417）。尽管苏亚雷斯仍然深深地忠诚于罗马天主教会，但他的作品以对天然自由的追求为政治理论的起点，政治理论越来越脱离基督教的神学基础。

---

① 指人类被上帝逐出伊甸园。——译者注

　　在雨果·格劳秀斯和塞缪尔·普芬道夫的著作中，可以看到自然权利理论世俗化过程中的一个重要阶段。尽管格劳秀斯仍然认为自然法是由神的命令强制执行的神圣智慧的产物，但他提出了仅仅靠理性就可以证明自然法是合理的可能性。考虑到在自然状态下缺乏比人类更高级的物种，以及人类对社会交往成果的依赖，有必要建立有效的监管体系，使社会交往变得可行。从这个角度看，自然法可以被理解为社会生活所必需的一套规则体系，而不是从神的源头获得约束力的体系。格劳秀斯认为，社会交往要求的权利包括天然自由、信守诺言和尊重私有财产（Grotius，1738，p. xvii；Haakonssen，1985；Tuck，1979，pp. 67-77）。普芬道夫认为，自然法规定了天然的平等——每个人都应该天然平等地尊重和对待他人，或者像对待自己那样对待他人——这促进了互惠，排除了奴役，并支持对不法行为的公正裁决（Pufendorf，1934，pp. 330，336-340）。

　　然而，格劳秀斯认为，即使社会是由自然法的逻辑力量所维持的，它也可能是不稳定的。托马斯·霍布斯对自然状态的描述，最生动地阐明了这种不良的不稳定的原因，但他的论说只是当时众多论说中的一种，这些论说都指出自然状态的危险，并将国家认定为解决这些危险的办法。比如，虽然普芬道夫将自然状态下的邪恶归因于堕落、无知和软弱，而不是人们合法追求其权利的结果，但他对这个状态和公民社会之间所做的对比，至少与霍布斯一样严格：自然状态，"被激情、战争、恐惧、贫穷、丑陋、孤独、野蛮、无知、残暴所统治"。相比之下，政治社会的身份使人类有可能享受"理性、和平、安全、富足、美好、社交、优雅、知识、善意"（Pufendor，1927，p. 91）。

　　由于格劳秀斯和普芬道夫认为自然人是自由的，因此他们坚持认为获得政治权力必须基于同意（Tuck，1993，p. 175）。不过，这个情况仅仅适用于主权初创之时。一旦主权已经存在，那些原本受他们父辈的父权所管辖的人，就承担起他们所承担的义务。这项规定极大地限制了同意原则，但无论如何，政府是经同意建立的，这一事实并不一定会对主权国家行使政治权力施加限制。理由是，自然权利的持有者可以自由地将自己置于独裁统治者之下，甚至成为奴隶。不过，虽然格劳秀斯和普芬道夫认为建立一个不受限制的（甚至是专制的）主权者是同意的合法结果，但他们不认为这是必要的。臣民可能会交出他们的所有权利，但他们可以通过同意比霍布斯的利维坦不那么令人惊惧的事物，来创造一个有益的政治权力的行使者。这种可能性基于可理解的善意原则（the principle of "interpretative charity"），即假定臣民保留一些权利。也就是说，创造主权者的契约允许缔约人对行使主权的方式设定限制（Pufendorf，1934，p. 1064；1927，p. 131）。这些限定依赖于契约的强制性，并且是自然法的产物。

　　与霍布斯不同，普芬道夫认为，权利意味着相应的义务、尊重他人权利的义务（Brown et al.，2001）。他对"社会性"的理解，为这些义务提供了明确的积极方向：

　　　　这样的法……社会性……教人们如何做人从而成为社会中有用的一员，这个法被称

　　为自然法……基于此，显然基本的自然法是：每个人都应该尽其所能地培养和维护社会。
既然决定目的的人，也决定手段……那么，所有这些必然和通常有助于社会的事物，就
被理解为是由自然法所规定的（Pufendorf，1991，pp. 35 - 36）。

无论是外部的无法无天还是内部的无法无天，都会威胁社会，因此，主权者有责任依据自然
法抵制来自国家外部的威胁，并且他们要为自己的表现向上帝负责。

176　　普芬道夫对这一责任的看法，反映了 1648 年《威斯特发里亚和约》所产生的国际关系模
式。它确立了普芬道夫所认为的国际法体系的基本要求，即承认欧洲的主权者是其臣民和领
土的合法统治者，并且承认这些主权者在适用正义原则时处于道德平等的地位（Pufendorf，
1934，pp. 17a，22a）。该和约为大体上和平的欧洲大陆奠定了基础，在其中，各主权国家通
过结盟、外交和相对有限的战争来维持均势（Tully，1991，pp. xv，xx - i）。普芬道夫政治
思想的三个特征与该国际体系非常契合。

　　第一，普芬道夫将自然法与促进社会发展联系在一起，并认为人们普遍理解自然法是由
神来执行的。第二，正因如此，他拒绝了霍布斯的这个假设，即处于自然状态的个体有权做
任何他们认为必要的事情来保护自己的生命。第三，由于自然人受到自然法所带来的道德约
束，因此自然状态并不是像霍布斯所说的那样，必然是战争状态。

　　霍布斯与普芬道夫对自然状态的描述之间的差异，体现在后者对"正义战争"思想的运
用方面。霍布斯认为自然状态是一种非道德的境况，在其中"正义"和"非正义"没有意义。
普芬道夫认为，由于自然法在国家间的自然状态中发挥了积极作用，尽管不是始终如一的作
用，但在这里运用正义理念并区分正义和非正义的战争是可能的。当发动战争的人采取行动，
保护自然法所承认的利益，并以符合自然法的方式行事时，战争在道德上就是正当的。如果
外交或仲裁失败，主权国家有责任向外国强权宣战，击退对其领土的入侵者，并收回被不公
正地夺走的财产或要求赔偿。普芬道夫警告说，当邪恶比良善更可能降临在我们身上以及由
于我们的过错而发起对我们的讨伐时，理智和人性都劝我们不要诉诸武力（Pufendorf，
1991，p. 168），这与他对战争的保护性和恢复性的辩护是一致的。这表明，明显不计后果的
宣战可能并不公正。

　　普芬道夫对战争的道德基本原理的论述与他对国家目的的理解是一致的，与他对自然法
在促进和维持社会的作用的理解也是一致的。相比之下，不公正的战争是由"贪婪和野心推
动的，即对财富和权力的欲望"（ibid.，p. 168）。以此为目的的主权者破坏了国际和平，并
危及其国民的安全。因此，他们在双重意义上违反了自然法。他们的野心是不公正的，他们
的行为对国内和国际社会产生了不利影响。

　　最后，普芬道夫认为，自然法对战争行为有影响。普芬道夫没有回避国际上存在暴力的
严酷现实，他指出，战争中最适当的行动方式是武力和恐吓，参战者有理由将对方可能遭受
最终程度的损害的结果告知对方，而且他们有权在认为必要时利用欺诈和诡计行事。但是，

他认为，道德上禁止违背诺言，这不仅适用于和平，也适用于战争，战争中的野蛮行为不应该是无缘无故的，并且也与正义战争无关："人性……在战争局势允许的情况下，要求我们对敌人造成的痛苦，不应超过捍卫或维护我们的权利以及未来的保障所需要的痛苦"（ibid.，p. 169）。

◇ 自然法、自然权利和有限政府：洛克

尽管洛克认为区分自然权利和自然法很重要（Sigmund，1971，p. 91），但他坚持认为二者是密切相关的，因为主要的自然权利，即不被他人控制的完全的自由权利，是受自然法支持的。正如他在《政府论（下篇）》中所言，

> 所有人天生的……处于一种完美的自由状态，可以支配他们自己的行为，可以处置他们自己的财产，与他们认为合适的人交往，只要在自然法的限度内即可，不需要问询或依赖任何其他人的意志（Locke，1967，p. 287）。

这种"完美的自由"（perfect freedom）状态与自然法是呈负相关的。因此，洛克认为，由于自然状态下的所有个体都是平等的，任何人都无权在未经将成为其臣民的人们的同意的情况下占据至高无上的地位。然而，他也为天然的自由提供了一个积极的理由，这个理由是以人类对上帝的责任为基础的，上帝是他们公认的造物主和管理者：

> 因为人类是全部技艺的全能者，也是无限智慧的创造者；至高无上的主人的所有仆从，被他的命令和他的事业送到世上，他们是他的财产，他们的技艺是为了延续他的事业，而不是为了彼此的快乐。他们拥有相似的能力，在自然的共同体中共享一切，在我们之间不可能存在允许我们损害彼此的从属关系，就像我们是为了被他人所利用而生，就像低等生物为了我们的利益而生（ibid.，p. 289）。

人类对于上帝的责任，为一系列优先的义务提供了基础。首先，人们应该寻求保存他们自身。其次，当与自我保存不冲突时，人们应该积极关注他人的保存。再次，人们必须避免伤害他人。而最后，人们应当惩罚违法者并向他们索取赔偿来维护自然法（ibid.，pp. 289 - 290）。

在自然状态下履行这些义务是存在困难的，因为自然人的体力有限，而且在涉及自身的案件中，他们倾向于不全面地做判决和做出过度（因而有失公正）的惩罚。洛克认为，如果将任意、不受限制的权力交给管理者，这些不利方面将更加复杂。事实上，那些声称拥有这种权力的人，使他们自己和他们的同胞陷入战争的状态，从而将他们的自我保存置于一种活跃的威胁之下（ibid.，pp. 293 - 294，297）。洛克与格劳秀斯、霍布斯和普芬道夫提出的立场正好相反，他认为自愿服从于一个专制者是违反自然法的：这将使自我保存和对上帝的其他义务的履行，取决于他人的意志：

　　从绝对的、专横的权力中解放出来，对于一个人的自我保存是如此的必要和重要，以至于他不能放弃这种自由，除非他将他的自我保存和生命一并放弃。对于一个人，他没有权力也不能通过契约或他自己的同意，**使自己成为他人的奴隶**，也不能在他愿意的时候，将自己置于他人的绝对的、专横的权力之下，从而剥夺自己的生命。没有人能够给予比他自己更大的力量；而且他不能放弃自己的生命，也不能让其他权力控制他的生命（ibid.，p.302）。

洛克否认父权是绝对的，而且他不同意对父母的服从能够为屈服于一个专制的主权者提供基础。"父权"［更确切地说是监护权力（parental power）］受到自然法的约束，并且，由于它关系到儿童的养育和教育，因此它只能用于那些尚未成年的人。无论如何，洛克对这两者做了鲜明的区分，在家庭内发挥作用的"父权"，和一个国家的合法统治者所拥有的"政治"权力。政治权力是在自由的、理性的人的同意下产生的，并且被导向通过政府机构为共同体的福祉服务。通过提供"已经确定的、已知的法律"，提供"知名而客观的法官"以及支持他们正确判断的权力（ibid.，pp.368－369），政府缓解了自然状态出现的决断、判决和公正有效地惩罚的问题。因此，它对人类的保存做出了宝贵的贡献，而且这样做，为受其约束的人提供了履行自然法规定的义务的手段。

　　一个人……在自然状态下，对他人的生命、自由或财产没有任意的权力，但只有自然法赋予他和其他人自我保存的权利；这就是他所能做的，或能够放弃的共同财产，并且由它赋予的**立法权**，使立法者所拥有的权力无过于此。他们的权力的最大限度，是限于社会的公共福祉（ibid.，p.375）。

当统治者违反这些规则时，政府就被解散，洛克用这个词表明政府失去了它的合法性。在这种情况下，统治者行使的是专制权力而不是政治的权力。因此，他们不能再要求国民的忠诚和服从。我们看到，洛克认为，非法统治者的国民有义务摆脱他们的权威，并重建一个合法的政府。

◈ 18 世纪晚期政治理论中的激进自然权利学说：孔多塞和潘恩

　　在 18 世纪的德国，格劳秀斯和普芬道夫关于前政治状态的理念，同意用自由换取全能君主提供的安全，这为君主专制理论提供了基础（Krieger，1972，p.67）。然而，在其他地方，一种更激进的自然权利思想传统与洛克理论的某些方面相呼应。托马斯·杰弗逊（Thomas Jefferson）在 1775 年至 1776 年的《独立宣言》中呼吁"生命、自由和追求幸福的权利不可剥夺"，在英国与其北美殖民地之间较量的早期阶段，詹姆斯·奥蒂斯（James Otis）在《为英国殖民地权利辩护》（*The Rights of the British Colonies Asserted and Proved*，1764）中指出，英国议会的立法权受到更高权力的制约，它被以各种方式描述为"自然和民族的法则、

普遍的理性和上帝的声音"（Sigmund，1971，p. 112）。然而，在 1789 年法国*旧政权*垮台后
的欧洲革命中，出现了对最激进的自然权利和最具有政治深刻含意的声明。

　　《人权宣言》，1789 年由法国国民议会颁布，将自然权利置于新的政治体系的中心。这份
文件的序言中指出，"无知、忽视或蔑视人权，是公众不幸和政府败坏的唯一原因"，而文件
的第二条规定"所有政治联合体的目的，是保护人的自然的和不可侵犯的权利；这些权利包
括自由、财产、安全和反抗压迫"（Ritchie，1902，p. 291）。《人权宣言》是 1791 年法国宪法
的序曲。一些思想家认为，这份文件是自然权利的政治含义的重要但不完整的体现。例如，
在《人类精神进步史表纲要》（*Sketch for a Historical Picture of the Progress of the Human
Mind*，1793）中，马奎斯·孔多塞展望未来的发展将形成一个社会和政治结构，这个结构能
够充分考虑承认普遍人权所带来的广泛的可能性。对孔多塞来说，权利与实现所有人的潜能
有关，而这需要实现普选，男女完全平等，殖民社会的自决权，思想和言论自由，以及教育、
福利保险和财富再分配的社会责任（Condorcet，1955，pp. 171 - 202）。

　　在对传统英国政府提出尖锐批评时，英国呼吁自然权利的激进思想家饶有兴趣地关注着
法国对专制君主制的挑战，这些批评中流传最广的是托马斯·潘恩的《人的权利》，他是在美
国革命中扮演了重要角色的英国人。潘恩对《圣经》的历史进行了彻底的解读，从而提出造
物主提供了一种平等的、自由主义的模式，这对人类事务的管理具有约束力："创世纪的每一
段历史，以及每一种传统的论述……都同意树立这样一个观点——人类是一体的；我的意思
是，所有人都在一个级别，而且人人生而平等，拥有平等的自然权利。"世界上世世代代的人
如同最初的人类居民一样，享有完全的平等："每一个出生在这个世界上的孩子都必须被认为
是从上帝那里获得生命的。这个世界对他而言，就像对第一个人一样陌生，并且他的天赋权
利也是一样的。"（Paine，1976，p. 88）因此，潘恩确定了每个人与上帝之间的直接关系，并
以此为基础，宣称所有人都拥有相同的、不可侵犯的自然权利。

　　这些权利——思想和宗教自由，以任何方式追求自己的"舒适和幸福"但"不损害他人
的自然权利"，判断并惩罚那些违反此条件的人——"依附于人的生存权"。它们提供了潘恩
所言的"公民权"的"基础"，这些权利"属于人类作为社会成员的权利"（ibid.，p. 90）。
对于潘恩和洛克来说，司法和行政的问题提供了创设政治权力的诱因。正如洛克的理论，自
然权利向公民权利的转变，创造了自然和政治条件之间的道德连续性：

　　　　在个人所拥有的完整权利当中，那些由个人行使这些权利的权力是存在缺陷的权利，
　　是没有被保留在个人手中的自然权利。因为所求非所愿。任何人有权根据自然权利对他
　　自身的境况做出评判；而且，在思想层面他也从未放弃这种权利。但他如果没有权力去
　　矫正，那么他做出评判有什么效果呢？因此，人们就将这项自然权利存入社会共同的契
　　约中，作为社会的一员，享受社会力量的保护，社会优先，而个人不再行使这项权利。
　　与此同时，社会不让渡给他任何东西。每个人都是社会的所有者，并且将这种资产作为

一项权利（ibid.，pp.90-91）。

由于任何人都无权将他人置于自己的权力之下，因此政府必须基于那些希望将一些自然权利交于集体机构的人的同意。潘恩坚持认为，个人必须保留他们的宗教信仰和思考的权利（"思想的权利"），因为它们可以在没有政府帮助和干预的情况下很好地被运用，而干预会取消它们对权利所有者的价值。除了这些历史上对政治权力的行使所施加的重要限制外，潘恩的自然权利学说还有其他重要的含义。像洛克的前辈一样，潘恩采用了"可理解的善意"（interpretative charity）的思想，以表明不存在臣服于专制权力的权利的可能性："人类进入社会生活中并不是为了生活得比没进入之前更差，也不是为了拥有比之前更少的权利，而是为了使那些权利得到更好的保护"（ibid.，p.90）。这一规定解释了为什么潘恩认为，人们不应放弃宗教信仰和思想自由的权利；这也支持了他的这一主张，即尽可能多的事务应留给社会自愿组织来承担。

"可理解的善意"思想在潘恩对君主制和贵族制政府的批判中起着特别重要的作用。潘恩认为，自由人永远不会自愿将自己置于君主制之下，因为那样，他们的境况将会比处于自然状态中时更糟。君主缺乏信息和专业知识——他们是非理性的、世袭的结果——并且对于他们的臣民的利益没有同理心。相反，"新"政府——潘恩指代议制政府——对共同体的真实情感感同身受，并能够发挥共同体的才能。如果官员真正地代表其选民的利益，并且是基于被证实的能力和正直的品质而被选举出来，那么社会的利益和知识，与官员的性质、动机和行为之间就会非常契合。在这种情况下，政治权力的行使将有助于共同体所有成员的福祉，并将确保公民社会的目标——促进个人根据他们的自然权力追求他们的"舒适和幸福"——得以实现。

尽管一些激进主义者和社会主义者到19世纪仍然诉诸自然权利（Claeys，1989a），这一时期对这种思考方式的批判性回应也在发展。正如我们所见，一些保守派思想家拒绝把个人主义倾向的革命诉诸自然权利。他们更倾向于历史共同体的思想。这种思想认为，历史共同体符合人类发展的事实，并且为人类的心理需要和社会与政治体系的稳定提供了基础。但是，在激进的批评中，争论的焦点不是自然权利理论的个人主义模式，也不是它们对既有秩序的威胁，而是它们对支持政治改革计划的有害影响。对这一情况具有说服力的例子，是杰里米·边沁在他的论文《无政府主义》（*Anarchical Fallacies*，1824）中提出的。边沁声称，权利是政府的产物，自然状态下是不可能有权利的。他这样驳斥与他相反的观点：

> 这种观点是胡说八道：我们立即来看看这些预先存在的权利的清单，这种表达是为了呈现出合法的权利。在这些权利中，无论它们是些什么，任何政府在任何情况下都可以废除其中的任何一项（Bentham，1843a，vol. ii，p.501）。

181 边沁认为，只有在"有利于社会"的情况下，权利才能得到承认，这是根据他的功利原则确

定的。他不承认自然权利，是因为这是一种危险的虚构，因为这忽视了对功利的考虑，并且将功能不健全的限制强加在政治权力的使用上，而政治权力是为了促进"最大多数人的最大幸福"。

19世纪社会自由的拥护者并不比边沁及其追随者更倾心自然权利理论。在黑格尔看来，自然权利与片面的抽象权利一致，其专注于个人的任意选择，并且没有考虑到道德体系和社会的相互依赖性，而这些是人类想要体验到真正的自由所必需的。英国的理想主义者强调权利和社会认可，不认为自然权利是个人进入社会前的基础。T. H. 格林指出，声称在发达的现代社会得到承认的权利，可能是从更早的"原始"社会状态演变来的，但是他认为，无论是它们的起源还是它们的演变，都不能解释为什么它们被认可为权利。这取决于它们对公共福祉的启蒙价值（Green，1986，pp. 16-17）。

◇ 结论

自然法和自然权利理论确立了对行使政治权力的规范性约束。不符合自然法要求的行为，或者侵犯自然权利、违背政府存在的目标，都是不正当的。尽管自然法理论常常涉及"消极"的权利观，但与那些建立在自然权利观念基础上的理论相比，它们产生了更积极的政府观。在许多理论中，自然权利学说具有强烈的保护色彩。也就是说，它们明确承认行为自由的个人主张，并且它们禁止政治权力行使侵犯自然权利。洛克谴责专制政府，以及潘恩反对世袭君主制和贵族制，均反映了自然权利理论的这些特点。即使在自然权利发挥重要保护作用的地方，它们也可能会带来积极的政治结果。因此，尽管潘恩坚持合法的政体必须考虑个人的自然权利，但他同时认为，这些权利只有在大众的代议制政府中才能得到充分的保护。

自然权利理论在19世纪和20世纪早期日趋边缘化，边沁和格林对这种政治思考方式的批判加强了这种趋势。近年来，自然权利理论再次引起了当代一些政治哲学家的讨论兴趣。这些讨论有时涉及历史上的论述。因此，在《自然法和自然权利》中，英国哲学家约翰·芬尼斯（John Finnis）对自然法理论进行了现代性重述，其中包含对阿奎那思想影响的广泛思考（Finnis，1980）。美国哲学家罗伯特·诺齐克以完全不同的方式使用他从洛克那里吸收的自然权利概念，质疑这一系列假设，这些假设是关于国家和其他集体的实体对其成员的影响的。

芬尼斯提出的建议，即"人权"可以被视为"自然权利"的"当代表述"，这个建议通常是有效的，这些思想在表达方式上，以及从中得出的一些启示，均存在显著差异（Finnis，1980，p. 198）。与历史理论中的自然权利不同，人权不被视为上帝意志的表达。相反，这些权利因它们的人性属性而属于每个人（Gewirth，1981，p. 119）。不宁唯是，历史的和当代的理论家都认为自然权利是固定的、普遍有效的，但他们中的许多人认为它们会演变——例如，新的权利会出现——并且他们寻求在考虑环境的基础上优先安排现有权利。一些权利可能需 *182*

要让位给其他权利，而且，不是所有的人权在任何情况下都能得到承认（Pennock，1981，p. 7）。此外，当代人对人权的思考往往超越了国家的界限，强调需要在国际共同体中维护这些权利。因此，虽然人权原则被接受为国家内部基本法制定的基础，但它们也被视为国际问题中的重要事务（Henkin，1981，pp. 258–259）。

在后一种情况下，人们对人权的内容以及如何有效维护人权产生了疑问。除了在已经承认的国家主权的国际环境中实际执行的问题，人权理念只是与特定的（通常是西方）文化相依附，它面临着普遍标准的危机。解决这个难题的一个办法是将人权理念限定在政治范围内。这种方法基于这样一种理念，即尽管存在广泛的文化差异，但在回应故意折磨、任意监禁和审查时，权利主张是真正普遍的（Ingram，1994，pp. 199–200）。

尽管如此，在其他情况下，部分人群所主张的权利对他们很重要，这与基本权利对整个人类一样。三项相关联的类似这样的主张，在当代政治思想中发挥了重要作用。第一项是女权主义者对自由民主的基础性假设的批评；第二项是在讨论西方社会的多元主义文化而产生的；而第三项对这一个理念产生重要影响，这个理念主张为某些国家的土著居民提供恢复性的正义（restorative justice），这些国家现在为外来移民及其后代所主宰。

艾丽斯·玛丽昂·扬（Iris Marion Yong）和其他一些活跃在 20 世纪 80 年代和 90 年代的女权主义哲学家主张，西方社会对性别平等的追求受到伪普世价值观的阻碍，这种价值观根植于自由民主文化中。她们认为有必要采用一种结构和程序，这种结构和程序考虑到社会各阶层的特殊（以及被忽视的）利益和需求（包括，但不限于女性），如果她们被当作看起来好像她们已经与其他人平等了那样来对待，那她们的压迫地位只会被加强。这是因为一般的理想会因武断和不公的方式而忽视了差异的存在。也就是说，它忽略了一些利益（那些对女性重要的利益），同时促进另一些利益（符合男性的利益），并假定这些利益是真正普遍的。

实际上，特定的利益可以通过赋予弱势群体成员特殊权利而得到承认。这些权利是合理的，理由是它们是必要的，用来抵消和克服现有体制与做法中固有的不公正和不平等，如果每个人都只被赋予同样的权利，这种不公正和不平等就会永久存在。这种特定权利的案例包括平权运动和机会平等计划、提供有针对性的设施和服务，以及组建政治组织、承认其成员享有的特殊权利（Yong，1990b）。

扬的女权主义是一项更广泛议程的一部分，该议程旨在促进人们所知的"身份政治"（identity politics）。这个议程基于这样一种假设，即群体成员和群体地位对个人如何构想自己的生活和规划自己的未来具有重大影响。这种思维方式的一个重要方面是，群体成员和由此产生的身份必须被视为是政治问题，而不仅仅是私人事务。个人作为群体成员的利益应该在政治领域得到承认，并且在某些情况下，通过被确立为权利而得到保护。就像潘恩认为权利是个人自治的必要条件一样，它们也被认为是团体所必需的，也是那些身份是团体的成员的人所必需的。因此这不是某些群体寻求宽容或仅仅寻求生存权的问题；而是说，他们有更强烈的主张，应该得到法律的承认和国家的支持。

差异和身份问题一直是当代"多元主义"政治理论激烈争论的核心。威尔·金里卡对该争论做出了重要贡献，尤其是在现代民族国家中少数人种和少数民族地位的问题上。这些民族国家很少是单一民族的。事实上，欧洲民族国家面临的早期挑战之一，就是构建民族认同。这对多样性怀有敌意，或者对多样性漠不关心。这些尝试取得了不同程度的成功，并且在20世纪后半叶，移民已经将一系列新的群体置于已经建立的民族国家之中。一些自由主义者会认为，国家应该在民族和文化群体之间保持中立，向其他成员提供其他公民享有的同样的一般权利。部分原因是这些群体的成员经常遭受重大的经济和社会劣势，然而，这类提议并不必然会受到热烈的欢迎。相反，群体的成员及其代表主张特殊的权利，而且，关于群体地位的问题在当代政治和哲学辩论中变得突出。

金里卡的贡献源于一种所谓的自由主义立场，因为他将群体成员身份与个人意识联系起来。群体成员的生活计划、主流自由主义理论的个人计划，与该组织及其成员所认同的价值观以及他们所坚持的文化习俗密不可分。因此，金里卡认为，一些群体应该享有法律保护和特殊权利，包括那些有限自治的政府。不过，这些权利并非适用于所有群体。金里卡对社会文化进行了区分，这些社会文化构成了其成员独特、包容和历史持久的生活方式的基础，而亚文化和选择其他生活方式的文化群体则不符合这些要求（Kymlicka，1995，pp. 18 - 19）。

那些希望将特殊权利扩展到更广泛的群体中的人对这种区分提出了质疑，这些群体与个人身份有着密切的联系。这里争论的焦点是，这些群体是基于自愿结社原则还是基于其他身份形式，例如，性别或性取向，也要求特别的认同。在某些情况下，这一要求不仅仅是承认一系列身份和群体权利的问题，因为一些来自社会文化认同的主张可能会减少自愿结社的选择，并且也可能减少其他认同的选择，包括那些来自性别和性取向的认同。

人们发现，普遍主义权利观念无法满足的第三个领域是，在自由民主国家中，部分人权的要求超出了对于保护免受伤害的普遍权利的承认。这种主张的例子包括土著居民试图纠正殖民对他们的教育、健康状况和生活前景造成的严重不利影响，并恢复财产权、自治权或恢复文化认同（Ivison，1997，pp. 165 - 166）。这些主张有时似乎与普世主义的人权观念相冲突，这些观念为殖民地的早期移民群体的后代所认可。然而，由于这些社会的历史存在系统地、随意地忽视土著社区的权利的问题，鉴于这些不公正和不平等以及它们对土著人民的文化、经济和社会福利造成的持续累积的影响，承认他们的特殊要求是合理的。因此，澳大利亚、加拿大和新西兰采取的补救措施，包括获得有针对性的教育和卫生条件与服务的特殊权利，以及利用保留席位和选举配额等有助于确保有效参与政治决策的机制。在某些情况下，权利被分配给群体而不是个人，以确认其对土著人民的独特社会文化意义。这些回应可能与政府授权调查历史上侵犯土著人民权利的程序有关。作为受到不公正对待的一方，他们有权受益于恢复性措施，这些措施与适用于权利受到侵犯的共同体其他成员的措施类似。

10 混合政体、均衡政制与分权

本章讨论了一些理论，这些理论确立了独特的宪法安排，这些安排限制了统治者的错误行为，并促使他们积极追求共同体的福祉。本章讨论的理论家几乎总会假设：如果将排他性权力分配给特定的个人、团体或阶层，就会带来权力被滥用的巨大风险。管理这种风险的手段往往是制度性的而不是规范性的，并且主要关注政府制度而不是提倡理想的政治行为规范。然而，这一点不能过分强调。正如我们将看到的那样，对于混合政体、均衡政制和分权的理论家而言，将这些制度安排与塑造官员态度和行为的特定价值体系联系在一起，是很常见的。

尽管这些制度约束经常被结合在一起，但区分它们是很重要的，因为它们有时相互替代，而且它们涉及行使政治权力的不同方式。许多重要的政治思想家认为，混合政体降低了来自纯粹的（pure）政体形式下的权力滥用的风险，混合政体形式通过分配具体的、复杂的角色和权力给予体现了君主制、贵族制和民主制原则的机构或政府。这些政府通常是为了不同社会群体或阶层的成员而存在的，并且被描绘为综合了一人之治、少数人统治和多数人统治的优点的适当工具。

曾有人认为这些安排涉及权力的"分享"（Fritz，1954，p.84），但也许更准确的说法是，最高权力是通过政府中的各种元素的相互作用而产生的。它是由这个系统产生的，而不是掌握在构成系统的元素手中，或被这些元素分享。最常见的是，立法权（或法律制定）由民主制或贵族制元素行使，后者在这一过程中被赋予了独特的领导角色；执行权（或执行规则和治理）是为君主制元素保留的。总的来说，这种职能分工导致权力平衡进而实现政治稳定，并且减轻因纯粹政制的败坏而导致的暴政、自私自利的压迫或无法无天等风险。

尽管如此，制衡制度（systems of checks and balances）只反映了支持混合政府理论的一些假设。这种制度的核心理念是功能不同的权力（通常是行政、立法和司法）的分立，以确保政府的强制力只有在它们协调一致的情况下才能发挥作用。这种安排既不需要各种原则的混合，也不需要各种社会力量和阶层的混合。因此，民主共和国可能会实行分权，例如美国。故而，虽然混合政体是民主制的替代方案，但分权可能是民主政体的一个特征。

最后，将混合政制和分权，与古代哲学家所说的"温和"政制（"moderate" constitutions）和"中道"的政府（governments of the "middle-way"）区分开来是有意义的。不是寻求各种元素的混合或功能的分开，"温和"政府依赖纯粹政体之间的折中，这种折中基于这样的假设，即某个阶层体现着人群中其他部分人的美德，同时又脱离了他们的恶习。值得注意的是，这种折中没有利用各种元素或阶层之间的相互作用。相反，它确立的是各种元素或阶层之间的中间立场，可能包含或承认一些民主、寡头或君主制的特征，但这并不是从一人、少数人和多数人之间的相互作用得到的。在"中道"的政制下，一个不偏私的阶层发挥主导作用，这缓和了在纯粹的统治制度中出现的极端主义倾向。

我们首先回顾古希腊和古罗马哲学家对这些思想的看法，然后研究现代早期思想家对这些思想的改造。在某些情况下，这些关于国家内部组织的理论对其在国际政治中的角色有直接的影响。本章以对美国革命和法国大革命时期以及革命之后的混合政体与分权的思考结束。

◇ 古代政治理论中的混合政体：柏拉图、亚里士多德、波利比乌斯和西塞罗

柏拉图的《理想国》对最纯粹的政体进行了讨论。然而，接下来他承认，建立和维持这类政权的困难，使得有必要确定一个良好但不完美的国家，在这个国家中，没有任何一个阶层或个人会被授予绝对的权力。这个论断在《法律篇》中得到进一步展开，它解决了将最高权力掌握在那些不符合真正的监护者所要求的严格标准的人手中带来的风险。柏拉图对这个问题的处理反映了这样一种意识，即权力倾向于腐化拥有权力的人的品质。

柏拉图在《法律篇》中提出了两种消除这种危险的策略。第一，美尼亚（Magnesia）的政制，通过将法律本身而不是官员置于至高无上的地位限制了人类腐化的规模。美尼亚拥有完整而详尽的"政制"法律体系，对一系列官职和法庭做出规定，并且规范了执行政治和司法权力的人的行为。这些法律提供了一个固定的框架，以促进良好的政府，并防止公职人员滥用权力。这个新的城邦通过象征手法增强法律的神圣性，并由"法律护卫者"（guardians of the laws）确保实施，其首要任务就是维护法律并确保严格遵守。这些官员是由大多数人选举产生的，他们被根据财产的持有情况分为四个阶层。这样安排的目的是让所有人都有投票权，但给予受到更多教育的人更大的权重；因此，它符合柏拉图所说的对"平等"的真正理解："给杰出的更多，给普通的更少"（"much" is granted to "the great" and "less to the less great"）（Plato，1980，p. 230）。它也支持柏拉图的第二个策略，即一个在君主制和民主制之间的折中，将混合政体与行使政治权力"温和的"方法相关的策略结合在一起。

187 　　除了选举制度的调节作用，混合政体的各个方面被纳入一系列复杂的其他政治和司法机构，这些机构具有独特的功能，由不同的阶层和年龄的人组成。这些安排产生了各种元素的混合，并建立了制约和平衡权力行使的程序。在很大程度上，美尼亚的政制结合了民主的和贵族寡头的元素，但一个重要的机构——"夜间议事会"（nocturnal council）加入了柏拉图式的王权元素。这个议事会（因在黎明前开会而得名）是由杰出的祭司、10 名法律护卫者和教育大臣组成的。他们每一个人都有一个门生（protege），年龄在 30 岁到 40 岁之间，负责委员会的研究工作。这个机构很重要，因为夜间议事会肩负着一系列法律、哲学和教育的功能。它评估法律的合理性，在必要时借鉴外部经验；提出修正建议；向普通民众灌输城邦道德基础的含义（ibid.，pp. 502，512ff）。应当指出的是，议事会没有任何统治作用：它不能修改法律（这项权力掌握在法律护卫者手中），也没有行政和司法权力。它是一个评估和反思的机构，其影响取决于法律护卫者如何回应其建议。

　　与柏拉图一样，亚里士多德认为混合政体是一种实际的选项，而不是理想的。然而，如果考虑到他认为许多城邦都有混合的阶层，以及他相信一人、少数人、多数人的判断是有道理的，那么在某种意义上，混合政体就不仅是谨慎的，而且是公正的。说其谨慎，是因为它避免了在纯粹政体形式下被排除在权力之外的人的怨恨，说其公正，是因为它承认人口各阶层的优点以及他们为城邦做出贡献的能力存在差异，但没有哪个阶层处于压倒性的位置。

　　亚里士多德把这种政府形式称为"政体"（polity）。最初他用这个词来定义一种制度，在这种制度中，多数人正当地掌握权力，并为公共福祉而行使权力，"政体"后来被视为一种将民主元素与寡头政治（带有贵族色彩）相结合的政府形式，或者是一种社会结构使其具有温和性质的政府形式。亚里士多德的混合政体包含各种机制，这些机制承认多数人（穷人）和少数人（富人）的合法但非排他性的诉求。由于多数人有一定的能力辨别权力是否得到恰当的行使，他们在任期结束时对官员的表现进行评判，并且还要确定那些似乎最有可能公正执政的人。这些安排的前提是区分选民资格和任职资格。多数人参加选举，从人群中那些财富和教育赋予他们公职人员所需要的能力的人中选择（Aristotle，1958，pp. 123 - 127）。此外，亚里士多德还讨论了各种选举实践，这些选举通过确保穷人有机会担任一些公职，而其他公职则仅限于上层阶级，从而建立混合政府。第一个结果可以通过"抽签"（a "lot" system）或随机选择来实现；第二个结果是通过投票选举产生的。不同于抽签选择——抽签依赖盲目的机会，投票选举（无论是公开的还是秘密的）允许将候选人的优势纳入考虑当中；它还允许社会因素的直接或间接影响，例如地位。类似的结果能够通过给一些公共职位附加财产资格限制而另一些则不限制来得到（ibid.，pp. 174 - 178）。

　　这些安排产生了一种统治形式，即将民主元素与寡头元素混合在一起，以满足分配正义的要求。这本身就是一件好事，并且由于权力被公正地掌握，也可能有助于权力的恰当行使。混合政体防止某个统治阶层滥用其地位，因为它必须在一定程度上依赖于其他阶层的认可。

它还通过利用富人（少数）的和穷人（多数）的不完美但有价值的优点，使得良好的政府更 *188*
有可能实现。

最后，亚里士多德提出，如果混合政体建立在由社会中间阶层主导的社会结构之上，那
么其管理效果可能会增强。然而，应该指出的是，这种"温和"的政府形式似乎是传统混合
政体的替代形式。这个阶层的人数相对更多的事实意味着穷人数量的减少（ibid.，pp. 179-
184）。这种安排的效果是，亚里士多德的第二种"政体"形式涉及一个重要的重心转移：它
的优越性依赖中产阶层的独特属性，而不是一个混合的政制形式优越于纯粹的形式
（Mulgan，1977，p. 106）。不过，各种原则的混合可能是这个制度的重要补充，因为它承认
其他阶层的主张，并且因此避免了某个阶层独自占有权力带来的危险。

亚里士多德认为，因为这个群体的独特属性，庞大的中产阶层将对政治权力的行使产生
调节作用。摆脱了富人的傲慢和穷人无能的绝望，中产阶层比其他任何一个阶层都更有可能
理性行事。此外，由于其成员生活宽裕，他们既不为财富所困，也不为困苦所迫，也不会为
嫉妒心所驱使，将政治权力看作牺牲公众利益来满足自己的手段。这种态度在某种程度上符
合亚里士多德的信念，即有德行的人只把财产视为美好生活的工具，并谴责那些过于重视积
累财富和炫耀财富的人。

除了充分利用中产阶层对财富的审慎态度的政治影响，亚里士多德认为，他们的社会地
位和观念加强了他们的调节作用。富人，习惯于他们的行事方式，倾向于专横地统治，而穷
人则习惯于劳役。这两个阶层都不适合统治和被统治。当富人拥有对国家的排他性控制时，
它就呈现出一种主从关系，不时被穷人无法无天的叛乱所打断。由于这些阶层之间不可能有
友谊，所以不能将国家描述为一个为所有成员的利益而存在的联合。一个由中产阶层主导的
国家将表现出明显不同的特征。这个阶层的人自信而不傲慢，而且是志同道合的一群人，他
们可以建立友谊，使他们愿意共享统治和被统治。中产阶层也是富人和穷人之间的缓冲器，
防止他们掠夺和压迫对方。因此，它构成了政府的基础，因为它是为了公共福祉，能够赢得
大多数人的支持，从而避免总是伴随革命而来的不稳定和不公正。亚里士多德认为动乱是非
法行使政治权力的结果，并且假定如果那些具有公正统治倾向和动机的人在国家中起着核心
作用，这种危险是可以避免的。

亚里士多德认为，混合政制和温和政制都提供了防止坏政府和促进有益地行使政治权力
的路径，这一观点得到了后来的古希腊思想家波利比乌斯（Polybius）的认同。波利比乌斯
主要是一位历史学家，他没有分析混合政体的一般好处，他用这个思想来解释罗马共和国的
长久和成功。他在公元前 2 世纪早期古罗马征服古希腊的阴影之下写作，并试图向他的同胞
解释为什么罗马人成功地控制了地中海地区。随着他的工作向前推进，他也向罗马人提供了
确保他们继续保持卓越的希望和条件。

189

波利比乌斯（约公元前 200—前 118）

波利比乌斯出生于希腊西部的阿卡迪亚，当希腊诸城邦仍然独立于罗马时，他在阿哈伊亚同盟（Achaean League）中扮演了重要角色。公元前 167 年第三次马其顿战争结束时，他是被送往意大利的 1 000 名人质中的一员。在长期流亡中，波利比乌斯与政治家和将军西庇阿·阿弗里卡纳斯（Scipio Africanus）过从甚密。他后来成为罗马和阿哈伊亚同盟的中间人，在公元前 144 年同盟最终解体时，他在罗马担任行政职务。他最重要的作品是一部关于罗马共和国的通史。

关键阅读：Fritz, 1954.

波利比乌斯将罗马共和国的成功追溯到其混合政体。不同于纯粹政制，纯粹政制会经历上升和衰降的过程——从军事独裁到王制，僭主制、贵族制、寡头制、民主制和暴民统治，最终以专制告终（Polybius, 1979, pp. 307 - 309），混合政体能够结合"最好的政体的所有优点和特点，如此，任何一种原则都不应占主导地位，从而避免被扭曲并出现与某种纯粹政体相类似的恶习"。这样确保"每种元素的力量可以为其他元素的力量所平衡，他们中的任何一类都不会过度地向其他元素倾斜或衰降。换句话说，这种政制，在一个平衡的国家中长期存在，得益于这种互惠或均衡的原理"（ibid., pp. 310 - 311）。这种安排是由来库古（Lycurgus）在建立斯巴达政制时完成的，但罗马人在经历了一系列的试验和困难后才采用了它。

在波利比乌斯的分析中，罗马共和国的政制融合了君主制的、贵族制的和民主制的元素。执政官、参议院和人民（通过护民官或在公民大会上）行使相当大但并不完全的权力。因此，这套政制建立在各种元素相互依存的基础上，制约对局部利益的追求造成的破坏，并确保政治权力指向城邦的福祉（ibid., pp. 313 - 316）。为了说明这个体制避免了权力的滥用，波利比乌斯还强调了其有效性。这方面的关键在于利用每种纯粹政制积极的优点的能力。在罗马，君主的、贵族的和民众的三种元素尽管互相嫉妒，但它们也表现出它们对城邦福祉的独特的奉献，尤其是在危机时刻：

> 无论何时，只要有某种共同的外部威胁，都会迫使这三种元素团结起来，之后城邦发展的力量会变得非同寻常。没有任何要求会被忽略，所有党派都在竞相寻求满足某个时期的需求的方法，并且每一个决定都被迅速地执行，因为所有党派都在公开和私下进行合作，以完成手头的工作（ibid., p. 317）。

因此，共和国的混合政制对权力的滥用进行了遏制，同时也激发了一种合作精神，这种精神建立在竞争性的各部分的自豪感之上，并且受到宗教和社会习俗的约束，使得诚实成为一种基本美德。在这种情况下，"竞争的精神和英勇表现的雄心"积极地推进了公共福祉。做到这些，它赋予罗马维护其领土完整的承诺和力量，并且建立起对更加广阔和更多人口的城邦的控制权（ibid., pp. 348 - 349；Fritz, 1954, pp. 84 - 85）。

波利比乌斯对罗马内部政治结构与其国际角色之间关系的论述，聚焦在当有能力相互威胁的国家变得临近和不可避免地接触时，这种共同的不安全感的产生。他的分析揭示了，国际体系如同自然一样憎恶真空，他将罗马扩张主义视为这一现象的必然结果。由于罗马的南部和西部被迦太基人包围，东部被希腊人和马其顿人包围，扩张是其生存的必要条件。在确定了国际环境的结构特征之后，波利比乌斯将注意力集中在解释为什么罗马成功地征服了它的对手，以及为什么它的对手会屈服。他的解释基于对罗马共和国"制度"的不同特征的论证，这个词包含了罗马国家的政治制度和政治文化（Polybius，1979，pp. 153 - 157，302 - 303）。

波利比乌斯将罗马的成功归因于传统的共和国宪制，且它在与竞争对手争夺希腊罗马世界的统治权时达到了巅峰。在这方面，罗马比迦太基人有明显的优势。他们的政制结构与罗马非常相似，但由于民主力量的不当影响，它开始被破坏。相比之下，罗马平衡良好的混合政制减轻了纯粹政制的风险，并且确保共同体的所有元素共享其中。共和国是"公共事物"，它既是面对共同危险时团结一致的中心，也是国家各部分为了共同利益而激烈竞争的中心。因此，它能够产生和维持"不可抗拒的力量"，这种力量保证了它面对逆境时的韧性，以及在胜利在望时对优势的执着追求（ibid.，p. 317）。

这些特征在文化实践中得到了强化，波利比乌斯将文化实践视为一种或多或少有意识设计的产物。他认为，那些在战场上功成名就的人的葬礼仪式，提供了个人价值与公共价值相一致的有力例证。要求家庭哀悼者戴上英雄祖先的死亡面具的习俗确保了：

> 那些名声高尚的行为是不朽的，而且那些为他们的国家做出贡献的著名的人物成为家喻户晓和子孙后代的遗产。但这个仪式的一个更重要的结果是，它激励年轻人为了公共福祉而忍受极端的痛苦，希望能赢得勇士应有的荣耀（ibid.，p. 347）。

波利比乌斯引用了这些例子来支持一个普遍的说法，即"罗马政府煞费苦心地培养出一些坚毅的人，以在他们的国家赢得勇敢的名声"（ibid.，p. 346）。他将罗马人的持久力量与雅典人的辉煌繁荣做了对比。尽管雅典人民的英雄主义和偶尔的杰出的领导人取得了惊人的成功，但这并没有成为雅典人在国际政治中持久统治的基础。因为雅典的政制是自然倾向的宣泄，而不是对其加以限制和引导，因此，民主的雅典无法与罗马共和国历史上的坚韧不拔相匹敌（ibid.，p. 339）。

波利比乌斯对罗马共和国美德的讨论集中在体现君主制、贵族制和民主制原则的元素上，而不是社会阶级或势力。然而，他熟悉传统希腊政制分类模式，再加上他对罗马历史和政治十分熟悉，这意味着他的解释隐含地假设了元素和阶层之间的联系。在罗马，执政官和元老院（来自社会上层）的职责与王权和贵族的观念相一致。同样地，宪制中的民主元素"人民"，包含了亚里士多德所说的"那些数量多但是贫穷的人"。

关于宪制中的元素和阶层之间联系的重要性的讨论，是波利比乌斯的罗马后继者西塞罗的著作的一个显著特征。他对混合政体的辩护集中在罗马共和国的古老理想上，在公元前

191

133 年格拉古（Gracchi）家族进攻贵族的土地后的一个世纪里，共和被无政府状态和军事独裁取代。在他的《论共和国》中，西塞罗用了一种音乐来比喻一个合理组成的国家，也就是说，在这个国家中，政治权力的行使是为了公共福祉：

> 正如完美一致与和谐的音乐是由不同音调的适当融合而产生的一样，一个国家实现和谐也是通过不同元素之间的一致达成的，上层、中间和下层阶层公平合理地融合在一起，就像他们是不同的音调一样（Cicero，1970，p. 183）。

虽然西塞罗实际上讨论的是混合政制对"人民"和上层阶层之间关系产生的有益影响，但这种类比是有用的，因为它使人们注意到不同元素的"适当""公平和合理"的混合。西塞罗的表述反映了他的信念，即如果一个混合的政制要确保良好的政府，它必须考虑到赋予不同元素不同的权重，而不仅仅像波利比乌斯所说的那样，要为各元素分配不同的职能。西塞罗认为，罗马政制在其全盛时期取得的平衡，是赋予元老院和其成员所属的上层阶级重要作用的结果。罗马共和国的政制确立了"权利、义务和职能的平衡，因此执政官有足够的权力，杰出公民的建议有足够的影响力，人民有足够的自由"（ibid.，p. 169）。在这个体制下，

> 政府是由参议院主导的，虽然人民是自由的，但他们很少有政治行动，几乎所有的事情是由参议院的权力机构按照其既定惯例进行的，执政官拥有的权力虽然只有一年的期限，但在一般的性质上和法律制裁方面，是真正的君权（ibid.，p. 167）。

虽然人民拥有主权（*potestas*），即政府是为了公共利益而存在的，并受到全体人民的认可，但权力（*auctoritas*），即决定权力如何行使的影响力，掌握在上层阶层："自由是以这样一种方式被授予的，以至于人们被许多优越的条款（excellent provisions）诱使，屈服于贵族的权威"（ibid.，p. 487）。

在西塞罗《论法律》中所描述的理想国家里，这些"优越的条款"为那些出生在贵族家庭或被贵族认可的人保留了最重要的职位。其中还包括一种选举制度，赋予这个阶层很大的影响力。人民通过无记名投票（而不是通过声音或举手）来"保护他们的自由"，但是，如果他们愿意，他们没有被禁止向上层阶层的成员展示他们的选票："这些选票将展示给我们最优秀、最杰出的公民，使得人民可以在这一光荣赢得贵族青睐的特权中享受自由。"（ibid.，p. 505）① 这句引文的最后一部分特别重要，因为它传达了西塞罗的信念，即混合政制的效力不仅取决于它的正式规定，还取决于它对人民与贵族日常关系的影响。如果选民被允许向贵族成员展示他们的选票，这将促进国家中最重要的两个阶层之间的互相尊重的关系——基于自愿服从上述方面提供的指导。

西塞罗坚持认为，带有强烈贵族偏向的混合政制符合比例正义的要求。它还通过避免纯

---

① 西塞罗．论共和国 论法律．王焕生，译．北京：中国政法大学出版社，1997：276.——译者注

粹贵族制带来的败坏风险，以及将人民排除在管理他们组成的伙伴关系的角色之外的危险，促进了相对稳定和良好的政府。西塞罗对这个情况的论述因他的下述理念得到加强，即自然法的条款在罗马的历史实践中得到了密切的体现，体现在它的法律中和"我们祖先的习俗中"（ibid.，p. 399）。由于贵族有很多的世袭要素（源自早期罗马人所谓的"国家之父"），他们对习俗了如指掌，对习俗负有责任。因此，赋予贵族领导地位的政制将有助于确保政治权力的行使是通过适当的手段达到恰当的目的。然而，即使贵族也可能会偏离习俗和美德，因此需要通过他们和人民共同参与选举，融为一体，并使他们受到宗教规范的约束（Wood，1988，p. 174）。更重要的是，人民有一定的政治影响力，这一事实使得贵族有必要考虑他们的利益：互相尊重意味着自愿服从和互惠互利。尽管西塞罗认为富人比穷人在国家中占有更大利益（Cicero，1970，p. 151），但他仍将国家定义为一种伙伴关系，以及"共和国"（republic）一词的字面意思（*res publica*，公共财物；或公共事物）是权力的行使为了整个共同体的利益。简言之，混合政制是一种确保政治权力的行使符合国家目的的手段。

西塞罗的正义观既有积极的一面，也有消极的一面。它要求个人和共同体不应设法伤害他人，除非受到不公正行为的"挑衅"，并且他们应尊重他人的财产和权利。此外，他还认为人类天然地是社会性的和互相依赖的。这意味着他们有积极的义务互相提供援助，只要这不会给他们强加不合理的困难（Cicero，1991，pp. 9 - 10）。

这些规范适用于罗马的对外关系。西塞罗认为，当共和国仍然忠于它的宪制，并且更广泛而言是忠于"我们祖先的道路"（*mos maiorum*）时，帝国的扩展就是正当的。

> 只要罗马帝国是通过良善的服务而不是不公正的行为来维持的，战争要么是为了盟国的利益，要么是为了帝国的统治；战争以仁慈或以必要的方式结束；参议院是国王、人民和民族的避风港和避难所；此外，我们的执政官和将军们仅仅渴望从一件事上获得最伟大的荣耀，那就是公平和忠诚地保卫我们的省份和盟友。这样，我们就真的可以被称为世界的保护者而不是帝国（ibid.，p. 72）。

他将这种玫瑰色的状况（roseate condition）[①] 与无视盟国的协议权利的情况进行了对比，这种情况在公元前 2 世纪的最后几十年变得很普遍：

193

> 如果这种无法无天的习惯开始蔓延，并将我们的统治从正义转变为武力，使那些迄今为止心甘情愿服从我们的人，仅凭恐惧就能保持忠诚，那么，尽管我们这一代人也许已经足够警惕以确保安全，但我会为我们的后代和我们共和国的永久稳定而担忧，如果我们祖先的原则和习俗被保持下去，共和国可能会永远存在下去（Cicero，1970，p. 217）。

---

① "roseate condition"直译为玫瑰色的状况，指一种乐观的、美好的状态或情况。西塞罗在这里论述了对外关系中的两种方式——正义与非正义，"roseate condition"即正义的状况。——译者注

西塞罗诉诸"人类友谊法则"（the law of human fellowship）以提供一个规范性结构，从政治共同体延伸到国际环境。然而，正如在他的一般政治理论中一样，这个词被一种对罗马传统的特殊优点的依恋和以罗马为中心的关于国家与外部关系的预设所影响。它还以这样一种假设为条件，即尽管自然法适用于所有人类，但应始终优先考虑自己国家的诉求（Cicero，1991，p.160）。当这一理论与下述假设相结合时，即上级有权统治下级，"智者、善者和勇者"有权攫取资源，并将之更有效地运用于公共福祉，就为罗马帝国的角色提供了理由。这些前提条件在西塞罗的正义战争论中也发挥了作用。

西塞罗认为，为了捍卫一个国家的"荣誉"和"安全"或是为了报复它的错误行动而发动的战争是正当的（Cicero，1970，pp.211-213）。这一规定与他对正义的更为笼统的描述是一致的，因为对一个国家的名誉或安全的威胁可能会被视为干涉其合法权益。然而，一旦罗马建立起一个帝国，这种说法就证明了，为了保卫盟国和附属国而诉诸武力是合理的。罗马关心他们的安全是正当的，并且罗马人有义务对他们"守信用"（Cicero，1991，p.10）。

西塞罗把"荣誉""安全"和复仇作为宣战的理由，将国家间的暴力视为等同于个人的自卫权和国家对侵犯其国民权利的人的惩罚权。战争首要目标是确保公正的和平："战争的目的，是我们能够生活得和平，没有不公。"这个目标对正义战争的开始和结束方式具有重要影响。按照罗马传统，只有按照"古罗马处理国际问题的法律"（fetial law）规定的程序宣战，战争才是公正的；这需要在宣战前正式提出赔偿要求，这确认了正义战争是为了纠正错误，并且在赔偿做出之后宣战是不必要的、不正当的（ibid.，pp.15-16）。此外，由于战争被认为是通过正义来确保和平的一种方式，西塞罗敦促胜利者展示出适当的克制，并且只有在正义需要时惩罚战败者："一旦取得胜利，那些在战争中并不残忍或野蛮的人应被赦免。"（ibid.）类似的考虑也适用于战争的结果。西塞罗因此认为，战争中的战斗人员，在为帝国的荣耀而战，必须比生死攸关时表现出更多的克制。

◇ 现代早期政治理论中的混合政体：马西利乌斯、圭恰迪尼、马基雅弗利和哈林顿

正如我们所看到的，中世纪的思想家倾向于关注君主制，甚至当他们考虑到政府的各种元素时，都与一个至高无上的人物有关。因此，尽管克里斯蒂娜·德·皮桑确定了构成政治体的三个层级——国王和其他王侯、骑士和贵族，以及普罗大众——并强调三者之间的相互依赖，但她的理论不是混合政体的，因为在国家中国王是统治元素。国王统治，贵族扮演保护和支持的角色，而普罗大众维持整个政治体（Pizan，1994，pp.4，63-64，90）。当大多数中世纪思想家讨论混合政体时，他们只是重申了希腊和罗马理论家所采取的立场，并将其纳入君主制框架。阿奎那引用亚里士多德对政制的分类，因此，他强调一人的至高无上、少数掌权人的品德和多数人的参政，但引用亚里士多德是为了建议国王利用其臣民独有的美德：

当一个贤明的领袖统率一切时，一个王国就能实现最佳的权力秩序；他的手下也有德行地统治；此外，当所有人参与到这样的政府中，既是因为他们都有资格，也是因为他们参与到统治者的选举中（Aquinas，1959，p.149）。

帕多瓦的马西利乌斯的作品是这种模式的一个重要的例外。马西利乌斯赞同传统中世纪的思想，即合法政府服务于公共福祉，而且这可以通过保卫政治共同体的和平与团结而得到最好的保障。然而，与阿奎那不同的是，他认为这最有可能发生在一个民主共和国，在这里由议事会或官员行使人民的权力。这些团体或个体的权力受到一套制约制度的限制，该制度允许人民确保官员的行为符合公共利益（Skinner，1978，vol.i，p.64）。马西利乌斯的同时代人巴尔托鲁提出了相似的立场，胡安·德·塞戈维亚（Juan de Segovia，1393—1458）以一部重要而新颖的小说体裁来阐释，这一论据最初是为了支持教会议事会对教皇的最终决定权。塞戈维亚将统治者比作大学等法人团体的负责人。这个人物作为他们社团的代理人，如果他们的权力不是为了公共福祉而行使的，那么他们的权力就能够为其成员所制约（Black，1992，pp.177-178）。在所有这些情况下，那些行使权力的人都依赖于选民的审查，这是对他们的一种制约。

这种制约发生在一个纯粹民主政体中，而不是像古代政治思想那样，是混合政体中的民主元素。当马西利乌斯的后辈恢复这种路径时，他们常常以威尼斯为他们的模型。其他意大利人对威尼斯共和国非常感兴趣，因为它曾享有长期的稳定和繁荣，与许多邻国的曲折经历形成鲜明对比。它成功地避免了内部冲突的破坏性影响，这归功于君主制、贵族制和民主制元素的混合，体现了柏拉图在其《法律篇》中的学说。这种安排的有益效果得到了精心设计的投票制度的支持，最大限度地降低了权力被派系利用而不导向公共利益带来的风险（Skinner，1978，vol.i，pp.140-141）。文艺复兴时期的思想家认为派系纷争是国家自由的重大威胁，因为这很容易使国家受到有强大的公民和引导得更好、更团结的外部对手的攻击。

在15世纪和16世纪，威尼斯的例子在佛罗伦萨被广泛讨论，这是一座饱受冲突之苦的城市——在1494—1512年和1527—1530年有短暂的喘息期——屈服于其最强大的美第奇家族的君主统治之下。一些思想家建议佛罗伦萨人在政制中加入强势的贵族元素。因此，弗朗切斯科·圭恰迪尼（1483—1540）认为，君主制元素——戈法罗尼埃（*gofaloniere*），终身当选——和民主制元素的两极分化削弱了佛罗伦萨共和国，民主制元素则主导了普选产生的大议员（*Consiglio Grande*）。由上层阶层组成的参议院将提供一种平衡这两大元素的方法：它将充当"暴君和暴民之间的调和力量"，并提供一种让最有能力和最有资格的公民感到幸福的途径。这些人对政府的限制将确保权力置于最有能力的人手中，同时也满足了那些可能被疏远的人的野心（Guicciardini，1994，p.114）。尽管圭恰迪尼将威尼斯作为他的模型，但他赋予参议院的角色与西塞罗对罗马共和国的论述相呼应（Pocock，1975，pp.122-138）。

罗马共和国的历史被马基雅弗利在他的《论李维》中赋予截然不同的用途。与他的许多

195

同时代人一样，马基雅弗利认为，良好的政府和政治权力被适当地行使，与维护内部和外部自由有关。然而，他认为，自由的这两个方面使得将政治权利扩大到普通民众是必要的，他们应当积极地行使这些权利。这些要求是在混合政制中而非纯粹政制中制定的。在其鼎盛时期，君主制、贵族制和民主制提供了良好的政府，但由于它们缺乏有效的制衡安排，它们必然会蜕化成为僭主制、寡头制和无政府状态（Machiavelli，1975，vol. i，pp. 212 - 214）。与波利比乌斯一样，马基雅弗利提出了混合政体作为这个问题的解决方案，如果无法阻止，也将减缓自然界和人类不可避免的腐化。在某种程度上，马基雅弗利认为混合政制是一种防御手段——"如果在同一个国家中，存在王制、贵族制和民主制，它们就能够互相监督"（ibid.，p. 215）——但他也认为这将产生积极的效益。因此，广泛的民主元素为国家提供了强大的国民卫队，使其能够保卫自己和扩张。

与斯巴达和威尼斯几个世纪的稳定相比，罗马的辉煌时期是短暂的，但很明显，马基雅弗利认为罗马是一个非常值得效仿的典范。一个扩张的共和国为德能（*virtú*）提供了空间，这不仅是因为它要求公民的忠诚，而且因为扩张本身就是德能的一种形式：它涉及试图使敌对环境的各个方面都在国家的控制之下，从而提供一种与命运抗争的方式。出于这两个原因，马基雅弗利把扩张的共和国描绘成为有生命力的人性的光辉表现（ibid.，p. 226）。

马基雅弗利对待扩张的共和国的方式完全着眼于国家及其成员的利益。与此相同的一般性观点也适用于他对君主的德能的看法。君主被要求尽可能地控制外部环境，如果这样做是明智之举，就在察觉到威胁时采取行动。扩张带来了更大的风险，然而，对于从相邻的王国或共和国夺取领土，使得一个已经确立的统治者成为"新的"君主。在前一种情况下，马基雅弗利认为，针对精英和那些流离失所的王室有关人员的迅捷、精确的暴力，通常会有效地消除潜在危险的抵抗来源。如果新君主不掠夺民众的财产，他们很可能会转而效忠于他。民主共和国更难征服，因为它的成员习惯于自由带来的振奋人心的好处。马基雅弗利观察到，新君主可能会得到很好的建议，荒废这些领土，之后进行殖民。他们也可能会利用这一有利条件，从这个新征服的国家那里给之前的臣民一些战利品。马基雅弗利认为，只有在这种情况下，君主才可以通过表面的慷慨行为安全地讨好他的臣民。在其他情况下，他们会消耗自己的资源，给部分或全部臣民增加负担，并且冒着激起怨恨而非感激从而削弱自己地位的风险。

由于所有的王国和民主共和国被迫卷入对其相邻国家的外交，因此荣誉和安全是以牺牲国际安稳为代价换来的。故而，马基雅弗利的政治理论为国际关系提供了一种新的图景，国家间关系受"国家理性"（*raison d'etat*）原则的支配，并且只服从于政治道德的考虑，这种政治道德来自参与国际关系的国家内部的独特性。一项成功的外交政策的某些要求，与防止国家腐化的行动是吻合的（Boucher，1998，p. 138）。因此，公民武装（民兵）的成员证明对共和国利益的忠诚，也通过政治参与以及与共同体其他人员进行精力充沛的竞赛来表现。

　　鉴于外部环境的危险竞争性，王国和民主共和国的生存需要通过外交和军事手段积极参与国际事务。这反过来又需要密切关注国家边疆以外的情况及军事能力和资源。相比之下，保持现状的国家，如斯巴达和威尼斯，只需要采取强有力的防御立场，就可以阻止攻击并且避免对其邻国构成威胁（Machiavelli，1975，vol. i，p. 6）。虽然第一个要求相对容易达到，但命运之神所表现的人类事物不可避免的易变性，使得适当的自我控制非常困难。因此，马基雅弗利认为罗马的方法是最安全、最好的选择（ibid.）。

　　马基雅弗利对罗马、斯巴达和威尼斯历史的借鉴表明，他把过去的经验作为对内和对外事务的重要指导。他还借鉴意大利诸城市国家的经验，支持国民军胜过雇佣军或同盟国（辅助国）提供的军队。国民军首先忠诚于共和国，每个公民士兵的个人利益都与保卫共和国的公共责任相关。相反，辅助军则受制于其主权国，而不是对它们碰巧被部署的国家负有义务。雇佣军是非常不可靠的，因为它们的忠诚很容易被更有利可图的雇主所动摇，他们首先效忠于他们的领导者。可靠性和控制权的问题，也解释了马基雅弗利的明显不合常理的警告，即不与强权结盟，而与弱者联合。此处，他的思路基于这样一种假设，即强大的盟友会试图让较弱的盟友屈服于它们的目的。

　　与混合政制的许多支持者不同，马基雅弗利没有将这种政体作为确保内部安宁的手段。相反，他认为标志着罗马共和国历史的阶层之间的冲突实际上是有益的："每个共和国都有两种不同的立场，一种是民众的立场，而另一种是上层的立场，并且一切有利于自由的立法都是由两者之间的冲突而产生的"（ibid.，p. 218）。这种冲突之所以有如此效果，是因为普通民众在共和国的政治结构中占有独特的地位，从而为他们的集体能量提供了一个出口。这也意味着，如果他们认为自己的利益被忽视，他们就拥有了一种被认可的讨价还价的工具（ibid.，p. 219）。与传统的关于民主共和国的危险的说法形成鲜明对比的是，马基雅弗利将"人民"视为自由的真正朋友，而不是仅仅需要加以控制的威胁。他们不渴望权力（富人的目标），但是反对压迫；他们没有不安全感——这种不安全感是那些享有特权但地位并不牢固的人所感到的，并且身处贫穷，虽希望富有但也不可能快速改变境况（ibid.，pp. 220 - 222）。与西塞罗和其他贵族共和国的捍卫者不同，马基雅弗利认为，因为他们的政治野心和败坏穷人的能力，富人是国家自由的最大威胁。贵族的野心，会刺激穷人因受到侮辱和压迫而寻求报复，或者鼓励穷人在国家的腐化中一起合作，以便从坏的政府的赃物中分一杯羹（ibid.，p. 222）。

　　如果政制中保留强有力而独立的民主元素能够抵制富人的矫揉造作，防止他们使政府背离公共福祉的初心，这些危险是可以避免的。民治政府与一定程度上的精英领导并不矛盾，但这些精英必须来自"天然的贵族"，而不是仅仅以出身或财富为特征的贵族。因为，马基雅弗利认为，平民倾向于诚实——尽管他们无知，但当一个值得信任的人把真理摆在他们面前时，他们"能够把握真理，甘于让步"（ibid.，p. 219）——他的观点表明，群众长期不满标志着精英的腐化和无能。

因此，对于马基雅弗利而言，混合政制确保政治权力的行使是为了整个共同体的利益，并且对于防止腐化是必不可少的。除了像威尼斯这样静态的、地理位置偏僻的共和国，这些目标只有在国家拥有强大的、政治上活跃的民众基础时才能实现。人民不仅仅是一种需要收买和控制的威胁力量；相反，他们是国家的重要组成部分，具有独特的能力，有助于确保当权者恰当地行使权力。

圭恰迪尼对威尼斯政制的推崇得到公元 7 世纪英国共和主义思想家詹姆斯·哈林顿的共鸣。为了回应英国君主制政府的崩溃，哈林顿主张听从"古代审慎"的教训，政府的出路体现在罗马共和国未腐化的形式中，并且存在于现代世界的威尼斯政制中。如同他的意大利前辈，哈林顿也认为正义的政府是追求公共福祉的政府，而且他强调，这一目标只能通过一套统治制度来实现，该制度不仅要克制私利，而且以一种能产生公共利益的方式引导它。除非，

> 你能像上帝对自然界的命令一样传达政府的命令，能够约束这个或那个创造物摆脱它特有的倾向，并接受公共福祉或利益，所有这一切的目的无非是说服一个民治政府下的每一个人，不要孜孜以求他最渴望的东西，而是在公共场合彬彬有礼，把最好的自己献给正派和公共利益（Harrington，1992，p. 22）。

"正派"只能通过一系列复杂的制度来确保，这些制度引导人们的行为朝向公共福祉。哈林顿认为，国家必须是一个"平等的共和国"。他的意思是财富必须分散在人口中，使权力平衡，从而避免罗马共和国后期的阶层对立。特别是，必须在少数人和多数人之间保持权力平衡，"建立和维系统治平衡的'永恒法'所维持的国家，这样的分配使得少数人或贵族中，没有一个人或部分人能够通过占有土地来压迫全体人民"（ibid.，p. 33）。

198

除了保持这种社会政治平衡外，国家还应该保持官职的平衡设计，或"权力"的平衡。这种品质是"精神之善"，是"天上的美德之宝"，与"人间的权力之宝"不同（ibid.，p. 19）。鉴于人类倾向于偏袒自己的利益，美德的践行依赖于固定的宪法，而不是个人的意愿。一个秩序良好的政府形成了"法治国，而非人治国"（ibid.，p. 8）。哈林顿的宪法规定了复杂的投票制度，旨在消除个人私利的选举结果（Davis，1981）。宪法还严格区分了三种管理职能：参议院讨论、人民大会"决定"或做出选择，而"执政官"掌握执行法律的权力。哈林顿认为马基雅弗利对"士绅"或贵族的正面强调不够，但与他的意大利前辈一样，他的精英领导指的是"天然的"而不是世袭的贵族：他们构成有权威但没权力的参议院（Harrington，1992，pp. 23，15，36）。

◇ 18 世纪和 19 世纪早期政治理论中的分权：孟德斯鸠、麦迪逊、西耶斯和贡斯当

针对哈林顿对威尼斯共和国的评判，孟德斯鸠在其《论法的精神》中表达了的一种明显

（和公开）的异议，该书出版于 1748 年，广受好评。在这部作品中，孟德斯鸠哀叹意大利共
和国"可怜臣民"的处境。在这些国家，

> 身为执法者的执政官掌握着全部权力，他们（以他们的能力）赋予自己……立法者
> 身份。他们可以随心所欲地搜刮民脂民膏；更因为他们同样操控着司法权力，每个臣民
> 都可能成为他们的刀俎之鱼肉（Montesquieu，1949，vol. i，p. 152）。

这种批评基于孟德斯鸠的信念，即国家权力如果集于一处，无论这种权力如何构成，都与良
善的政府无缘。

孟德斯鸠（1689—1755）

孟德斯鸠受过律师培训，在波尔多的皇家行政部门担任法律官员。他对科学、文学和政治具有广泛的兴趣，并且足迹遍及欧洲各地。他于 1729 年访问英国，对英国政治制度进行了深入研究，其中一些成果发表在他广受赞誉的《论法的精神》（1748）一书中。他认为英国政制典型地体现了立法权和执行权的分立在维护臣民自由和法治方面的作用。

关键阅读：Richter，1977.

孟德斯鸠主要关注"政治自由"，也就是"做法律允许的事情的权利"（ibid.，p. 150）。只有当每个人都具有"对自己的安全充满自信的心理状态"时才能存在政治自由。因此，"当立法权和行政权集中在同一人手中，或掌握在执政官的机构中，就不可能有自由；因为这可能会产生一种担忧，担忧同一位君主或参议院会颁布暴君的法律，并以暴虐的方式执行这些法律"（ibid.，pp. 151 - 152）。除了强调臣民安全感的重要性以外，孟德斯鸠还将有关效率的要求纳入他对合理地构建和管理政府的论述之中。例如，他坚持认为立法机构无法有效地执行法律，必须仅限于制定法律（ibid.，p. 155）。

要实现这些目标，只能将不同的职能赋予不同的机构；还需要一种混合的社会秩序，就像本章讨论的其他思想家所提倡的那样。孟德斯鸠界定了三种政府权力：立法权或制定法律的权力、用于国防和对外关系的执行权，以及对内的和惩罚的执法权。在自由国家，"每一位自由的人，都是自己的统治者"，立法权"应当属于全体人民"，并体现那些被处于特定地区的人所选举产生的代表大会中，从而确保不同地区和不同部分的利益都能够被代表（ibid.，p. 154）。由于贵族成员具有独特的利益，并且有可能受到人民议会的漠视，因此，他们应该组建一个独立的议会，虽然这个议会不能制定法律，但可以对人民议会的提案进行否决（ibid.，p. 163）。如上所述，立法机构不具备履行行政职能的能力。无论如何，如果它试图这样做，将违反通过分权才能避免权力被滥用的原则。因此，政府的立法部门必须仅限于制定法律，审查行政行为和征税措施。

权力分立防止了行政权（交付君主执行）制定或决定僭越法律法规的权力。然而，孟德

斯鸠认为君主应该拥有否决权：

> 如果君主在立法机构中有定夺权，那自由就会荡然无存。但出于必要他应在立法机构分享一席之地，以支持他自己的权威，这一分享必须包括否决权（ibid.，pp. 159 - 160）。

这一规定突出了孟德斯鸠对行使政治权力附带条件的理解的一个重要特点。虽然他坚持分权以避免因立法和行政集于一身所导致的暴政，但他的论述所指就是英国所称的"权力的协作"（coordination of power）；也就是说，这个权力安排，使得一个分支机构必须在另一个分支机构的同意或"协作"下，才能采取有效的行动（Hampsher-Monk，1992，p. 238）。

孟德斯鸠的理论的各个方面在《联邦党人文集》的撰写者所提出的观点中得到完整的反映，并被融入新的美国共和政制架构中。事实上，这个政府是一个民主共和国，没有为世袭元首与世袭贵族留下任何生存空间：所有的立法者和官员都是通过选举制度产生的，选举反映了国家的民意基础。然而，主权在民的原则仍然不能消除权力被专横地滥用的危险。相反，《联邦党人文集》的作者认为，官员仍有可能压迫人民，或代替某些人民来压迫其他人民。第一种危险可以通过有效的代表制来避免，但第二种需要孟德斯鸠提出的那种规则。经由协作而分权意味着立法机构的成员既不能兼任行政职务，也不能拥有任命行政职务的权力，并且总统应对立法权拥有受限制的否决权。同样，有必要在联邦层级将立法权和司法权分开，并且规定大法官终身任职以确保司法权的独立运作，这些官员的人选由总统提名，他们的任命必须得到参议院的批准（Hamilton et al.，1942，pp. 256 - 260，263 - 267）。

麦迪逊为联邦制辩护，理由是它能确保一定程度的过滤（filtration），促进民选结果的"最佳"。因此，它将"天然"贵族的元素融入共和框架，从而确保政府的有效性。此外，众议院议员直接和频繁地换届将适时地反映人民的偏好，国家立法机构间接选举参议院，并设定更高年龄和更长期的居住资格，旨在确保立法机构的参议院由人民中最有能力的代表构成。参议院的任期比众议院的任期长这一事实将给立法机构带来一定程度的稳定性，并确保具有丰富的相关经验的人任职其中。

《联邦党人文集》对新美国共和政制的立论基础，反映了这些作者强调对国家权力的行使施加限制的重要性。良好的政府需要能够避免暴政的制度和职位，同时能够让人民中最有能力有才华的人为民治政府所用。在革命浪潮中出现的政体，由于取消了正式的君主制和贵族制，因而可以被称为"非混合的"。然而，与此同时，相互依赖的行为者和机构分别行使着功能明确的各种权力，并且在职位选任的过程中，各种社会力量的介入表现出传统混合政体的许多特征。

18 世纪 90 年代末，法国民众对不受制衡的人民议会权力的反感，为西耶斯提供了设计一套复杂的宪制结构的机会，其中反映出哈林顿的"政府秩序"的许多特征。然而，"第一执政"的统治地位，以及这个职位由拿破仑·波拿巴（Napoleon Bonaparte）（他在军队中有独立的权力基础）垄断的事实，否定了它的有效性。新宪法只是为国家元首提供的一个精心设计的装饰品，人民议会则变成了他腐败的装潢品。

1814年，拿破仑皇帝被流放，但第二年他重返法国时，同意接受君主立宪制。1815年4月，新宪法颁布后不久，邦雅曼·贡斯当（曾参与起草宪法）出版了《适用于所有代议制政府的政治原则》（*Principles of Politics Applicable to All Representative Governments*）。贡斯当的著作除了含蓄地支持波拿巴的新立场外，还详细论述了尊重个人自由和法治的国家所需要的宪法规则。

邦雅曼·贡斯当（1767—1830）

贡斯当是瑞士人，曾在巴伐利亚和爱丁堡接受教育。在布伦瑞克法庭（court of Brunswick）任职后，贡斯当于1795年定居巴黎。他积极参与法国政治，并支持拿破仑以立宪君主制在法国复辟。他的各种各样的政治著作汇集在一起，于1820年开始出版。在这些作品中，他试图将法国传统政府的各个方面与选举、司法和行政改革结合起来，从而使国家吸收新的元素，并确保其权力倾向于保护自由而不是威胁自由。

关键阅读：Constant，1988.

与他的法国和美国前辈不同，贡斯当期待用君主立宪制来实现这些目标。他的体系融合了一种贵族的活力，但出于对当时欧洲政治文化发展的遵从，他也承认主权在民，因而反映了对混合政体传统观念的部分回归。贡斯当认为君权是一种"中立的"权力，是一种高尚而公正的因素，维系着民选议会中的民意代表的权力、掌握在被任命的部长手中的执行权力以及掌握在法院系统中的司法权力三者之间平衡（ibid.，p. 185）。国王被赋予不同的职能——在威胁自由时解散议会的权利、部长提名权、颁布荣誉的权利——但他同时也成为国家重要的灵魂的和象征性的因素：

> 这是……政治组织的杰作，在众多纷争中创立了一个不可侵犯的、安全的、庄严的、公正的地带，没有这项要素，就没有自由可言，它使得众多纷争不超过一定的限度而造成危险，一旦某种危险变得明显，它就会通过宪法手段终止它，但没有任何武断的痕迹（ibid.，p. 187）。

君主对人民议会的制衡的作用，通过一个由世袭议员组成的独立议院得到加强，即贵族院。除了对人民议会中的民主力量构成一种"制衡"外，世袭议院支持君主，并在君主和他的臣民之间起到沟通作用。最后一点被法国晚近经历的单个人统治所带来的天然的专制氛围所加强："没有世袭阶层的一人之治的政府就是：一人发号施令，军人执行，而人民俯首听命。"（ibid.，p. 198）在支持和调和君主制的同时，在与行政权的关系问题上，世袭议院也发挥着重要的准司法（quasi-judicial）作用。行政官员的纯粹的"私人"罪恶——包括那些明显侵犯公民权利的行为——应当通过司法系统处理，但他们的"公共"罪责——玩忽职守、无视正当程序，以及滥用权力的违法统治行径——应当由特别的贵族法庭来审查。这个规定基于这样一种信念，即这些案件涉及"行政力量"和"人民力量"之间的较量。因此，它们必须由独立于利益双方，同时又与双方有着紧密联系的部门来审理（ibid.，p.234）。贵族院是公共舆论的一个构成要素，理应重视自由价值。他们也会支持自身地位赖以存在的宪制结构的完整性。此外，他们的社会地位、成长经历和经验，使他们对国家利益有独特的洞察，这将有助于他们在政治环境中对复杂案件做出最佳判决，而在这种政治环境下行为受制于一系列影响力，且无法被明确规定在简明扼要的法律条文中。贡斯当还注意到这些案件的微妙性，要在审查的过程中避免败坏部长官职的声名，在审查现任或临时部长的任内行为时，贵族院的圆滑审慎和"顾全大局"就显得格外重要。

最后，为了突显主权在民原则，使充沛的公共舆论能够直接表达，保护普通民众的特殊利益，从而防范国家其他权力机构的任何专制勾结的倾向，立法提案必须经过充分讨论，并由人民议会同意。选举人必须满足适度的财产资格，候选人也必须满足年龄资格。这些条件将确保选民拥有"深入理解和明智判断所必需的闲暇"，这样那些被他们选举的人在追求利益之余，仍然保有对"秩序、正义和体恤的热爱"（ibid.，pp.214，215）。

◇ **结论**

贡斯当讨论混合政体时联系了君主政体。这种思想的运用方式与混合政体学说在古代世界的讨论方式形成鲜明对比。古代政治理论侧重于确定具有君主制、贵族制和民主制性质的某些职位或机构。这种属性是附属于某些职位或机构的，而不是附属于世袭或非世袭阶层的成员。在这些理论中，君主制、贵族制和民主制是政制中的主要要素。

由于讨论混合政体经常以世袭君主制为必要条件，当西方国家要么放弃君主制，要么以民主要素构成国家内部主导力量转型时，混合政体就成了过眼云烟。分权理论的情况与此截然不同。如上所述，这种理念着重于功能不同，并且不是把这些功能分配给特定的阶层或法律规定的部分人群。因此，这种规范政治权力行使的方法与民主政体非常匹配，并且在美国和其他一些现代西方国家发挥了重要作用。

11　专制政府

专制政府理论通常从自然法理论衍生出相关理念，强调统治者维护自然法的义务。然而，它们是不同的，专政政府理论规定只有主权者将所有政府机构掌握在他们手中，政府才是有效力和名副其实的，并且主权者是不容置疑的，也是无可置疑的法律之源。只有在主权者将自然法的义务加诸自身时，他们才会在自然法的指导和限制的范围内行事。他们的行为可能会遵守神的规范，但他们不可能被他们统治的人所规制、评判或惩罚。

专制政府的特点是"主权者"和"臣民"之间存在着泾渭分明的界限。前者拥有发号施令的权利，后者则有服从的义务。在道义和法律上，臣民均无权利挑战主权者的行为。专制政府的理论家对主权者持有一种单一的观点，排除了分权和混合政体的理论，但他们中的大多数人认为它的关键在于——主权必须是绝对的，或最终决定权掌握在一群特殊成员手中，并且具有排他性——在君主制下才是最有效的，他们也同意主权可以掌握在贵族制或民主制的宪制结构中。

本章首先介绍了中世纪和现代早期政治理论中专制政府思想所起的潜在的作用。之后，我们将思考法国的让·博丹、英国的托马斯·霍布斯和德国的塞缪尔·普芬道夫的专制主权理论。本章第五节考察了罗伯特·菲尔默爵士和雅克-贝尼涅·波舒哀的独树一帜的君主专制政府理论。最后一节检视了18世纪和19世纪初，专制政府理论在功利主义中所起的作用。

◇　君权至上与专制主义的起源：赛斯尔

现代早期欧洲政治思想中出现的专制政府理论，标志着中世纪君主制思想的重大转变。中世纪的国王是最高国家元首，但制度和规范性的政治结构，使他们的统治行为有所限制，并将立法权设定在习惯法的框架之内。君主是中心，但并非意味着他全权掌握立法权，而且多数臣民依赖于习惯法来调节他们之间的关系。中世纪君主制的这些特征反映在克洛德·德·赛斯尔（Claude de Seyssel）的著作中，不过他的论述的某些方面也成为之后的专制政府理论的起点。

赛斯尔的《法国君主制》（*The Monarchy of France*，1519）利用了混合政体或有限政府思想，但他预设了权力是从皇权向下延伸的。然而在坚持皇权至上时，赛斯尔非常重视君主是这个制度的一部分，这个制度包括了顾问大臣、"法官"（parlements）（主要是司法机构而非立法机构）以及限制皇权的教会机构（Seyssel，1981，pp. 49-57）。这些限制更像是齿轮摩擦产生的阻力，而不是制衡制度产生的抗衡力量。赛斯尔特别形象地把它们比喻为套在君主制上的"缰绳"，因此，这一比喻强调了宪制结构是为了支持和引导软弱的守成型统治者，约束刚愎自用和邪恶的君王，从而使强大而称职的君主为王国开拓最大的利益。然而，这种带着"缰绳"的君王形象很快为手握国政大权的"驾驭者"的形象所取代。君主颈部的缰绳被系到了臣民和其他政治参与者的脖子上（Keohane，1980）。

克洛德·德·赛斯尔（约 1450—1520）

赛斯尔，意大利北部萨沃伊（Savoy）人，成年之后长期服务于法国皇室，直到担任马赛地区主教。他最重要的政治著作是《法国君主制》，该书是法国政治思想从中世纪立宪主义转向现代早期专制主义的扛鼎之作。

关键阅读：Seyssel，1981.

这种转变反映了当时对主权性质的理解发生了变化，这对试图具体解释权力应当在什么条件下执行、统治者与臣民之间的关系，以及他们各自的权利和义务产生了重要影响。16 世纪末，让·博丹首先发展了专制政府理论，随后 17 世纪中叶，英国思想家托马斯·霍布斯摆脱约定俗成的观念，进一步发展了专制政府理论（Burgess，2013，pp. 1，19-20）。17 世纪后半叶，塞缪尔·普芬道夫在一些重要方面对霍布斯的理论进行了修正，在 18 世纪的政治思想中，专制主权论仍占有重要地位。尽管霍布斯的思想并未获得普遍共鸣，却深刻地影响了18 世纪和 19 世纪初期的功利主义者所提出的法律"支配"理论（"command"theories of law）。

◆ 立法权至上与专制政府：博丹

博丹对 16 世纪末法国内战的经历，对于理解他的专制政府理论的许多细节非常重要。有趣的是，这一理论并不是保守反动政治立场或宗教观点的产物，因为，至少从当时的标准来看，博丹支持对法国面临的问题采取温和且宽容的解决方案。他主张对法国的政治和经济管理进行广泛的改革，并且认为王室应该对新教徒采取宽容政策，而非一味地迫害（Franklin，1992，pp. xxii‑xxiii）。不过，博丹坚信，这些举措必须依赖于一个被普遍接受的强势而统一的政府。

博丹的理论目的是削弱天主教大佬们的地位，他们声称拥有独立的权利和特权，可以抵制趋向于宽容的政策。他的理论也对新教徒的说法提出了挑战，新教徒认为当他们的根本利益受到威胁时，国王不愿意提供保护构成了王室的暴政，而且他们反抗主权者的权利受到了侵犯。这些紧迫的政治关切与博丹所感兴趣的理论问题交织在一起，该理论问题是有关不可分割的权力与国家最高权力之间的关系（Franklin，1992，p. xxiii）。博丹最初对最高权力没有采取专制的立场，而是随后才提出了专制政府理论。这一转变背后的原因兼有逻辑层面与现实层面的考量：权力不专制则会削弱主权，并使国家陷入相互冲突的各种权力源，导致无政府状态和动荡不安，而不是合理的秩序与普遍的利益。

让·博丹（约 1530—1596）

博丹受过律师训练，他在 1571 年成为阿朗松公爵（Duke of Alençon）家族的官员。他早期的著作是关于历史和经济学的，也有巫术、伦理、自然哲学和宗教比较方面的作品。博丹的主要政治著作乃是《国家论六卷集》(*The Six Books of the Commonwealth*，1576)，该书发表于法国宗教战争期间，战争双方中，一方认同罗马天主教，另一方认同新教。

和他的贵族赞助人一样，博丹赞成宗教宽容，并认为在宗教派别互不信任的情形下，需要一个强有力的统治者来推行。博丹的思考反映在《国家论六卷集》中对君主专制的辩护。在这种政体中，统治者一人（主权者）享有无可置疑的最高行政权、司法权和立法权。博丹提出了主权的定义，界定了其范围，并明确了君主如果想要保持至高无上的地位，履行他们对臣民和上帝的义务，则需要行使哪些权力。博丹将这些权力视为主权的"象征"，这些权力可能委托行使，但他们总是代表主权者在行使，并属于主权者。它们是主权的基本特征，是国家不可或缺的组成部分；如果它们被个人或机构所窃取，那将会损害主权至高无上的地位，并且剥夺国家确保和平与稳定的能力。象征主权的权利包括宣战和缔结和平、征税以及最终裁判。它们包括制定对所有臣民都具有约束力的法律的权利，并且这么做不征求他人的同意。

虽然博丹坚持主权必须是专制的，但他并不认为这种政体排除了对主权实际行使中的传统限制。这些限制并没有质疑主权者的权力，也没有暗示臣民行使的权力可以独立于主权者。博丹非常强调主权者利用他们手中的权力为共同体谋福祉的道德义务，并依据自然法来约束他们的行为。

博丹的理论在法国尤其有影响力，它是最早完整论述的专制主权理论；其他理论是由他的同胞波舒哀和英国的菲尔默及霍布斯提出的。

关键阅读：Franklin，1992，1994；King，1974；Lloyd，2017.

205

在《国家论六卷集》中，博丹将主权定义为"共和国专制的和永久的权力"（Bodin，
1992，p. 1）。永久的权力是不可更改的，它与授予某个职位的或在特定条件下拥有的权力不
同。上述这些情况下，职位授予者有能力撤销这种授予，因此这种权力并不是"永久的"。专
制权力是不受规制的；"除了上帝和自然法，它不受任何限制"（ibid.，p. 8）。博丹明确指
出，专制权力体现在毫无约束地行使最高行政权和立法权。主权绝不会

> 以任何方式受制于他人的命令，必须能够颁布实施法律并修正和废除不适当的法律，
> 或者用其他法律替换——这是服膺于法律之下的臣民所做不到的，有任何人能够对主权
> 者施加命令也会导致这些事情无法做到（ibid.，p. 11）。

对博丹而言，法律是主权者以命令的形式表达他的"意志"。臣民不能质疑主权者，也不能强
迫主权者制定特定的法律规章或者恢复以往存在的法律规章。主权者不受习惯法的约束，也
不受祖先所制定的法律和自己所颁布的法律的约束。前两种法律必须获得主权者的批准才具
有约束力，在这种情况下，它们的合法性是主权者意志表达的结果。主权者颁布的法律乃是
他自己意愿的表达，自然不能限制他自己：

> 某人固然可以接受他人颁布的法律，却不可能自然地给自己一条法律，就像要求自
> 己做一些取决于自己意愿的事情一样。正如［罗马］法谚所言："出于意愿的，就无须义
> 务强迫。"（*"No obligation can exist that depends on the will of the person promising"*）
> （ibid.，p. 12）

义务之所以有约束力，是因为它由受其约束的人以外的人维护，而且，根据定义，主权者不
会受制于其他任何人：倘若如此，他们就不再是主权者了。

与他的前辈一样，博丹强调君主维护自然法的义务，但他认为只有上帝才有监督权。就
主权者而言，自然法的约束力是出于道义和自我强加的。尽管博丹很明显地认为自然法非常
重要，但他不依惯例地截然区分了人定法和自然法。由于主权者对于上帝的主要义务即在于
颁布公正的人定法，并且公正地执行它们，因而博丹认为这些法律是由主权者制定的，而不
是对自然法的衍化和适用。他还明确表示，主权者的立法权并不依赖于臣民的同意。中世纪
的作者将同意视为主权者立法行为的完成，与他们不同，博丹坚持认为"主权者的威严和专
制权力的关键在于，不需要臣民的同意而对他们颁布法律"（ibid.，p. 23）。除了强调主权者
完全独自地服膺自然法之外，博丹认为他们也必须遵从某些"基本法"。在法国，基本法规定
了王位的继承，规范君主处置他的财产，即"王室领地"。博丹认为，这些法律并不能被视为
对主权的限制。相反，某个国家就是依据这类基本法来界定主权。值得注意的是，若主权者
违反基本法，臣民不能质疑；但若是主权者不公正地无视基本法，在他死后会留下恶名
（Franklin，1994，p. 308）。

博丹认为，不容置疑的立法权是主权的一项独特、专属且不可分割的"标志"或属性。

在讨论这些标志时，博丹不遗余力地说明，大多数行使广泛而重要权力的政治人物，只是根据其主权者的权威，一旦权威不在，他们的权力也将被收回。此外，他认为主权者不能与其臣民共享主权：

> 主权者（也就是身处最高位的人）的概念不适用于任何臣民。正如上帝这位伟大的主权者，由于无限的权威和逻辑必然性，不可能有另一个与他平等的神……两个无限的权威不可能同时存在，因此，我们可以说，君主，犹如我们视为上帝的形象，不可能在他权力消失之前使一个臣民与之对等（Bodin，1992，p. 50）。

依据这些规定，普遍的立法权必须被视为主权的明确标志："所有其他权利均包含在其中"（ibid.，p. 58）。尽管如此，博丹认为，这项权力过于笼统，有必要更详细地指出主权的其他标志。尽管某些范围的职能可以交予重要的大臣来执行，主权者依然独立地把控所有职能间的关联。对于博丹而言，主权者的独特地位体现在他对这些权利的独占上，体现在没有其他人和机构能够合法地控制他上，也体现在他能够通过主权衍生的和依赖的方式铺陈出臣民可以享有的权利和担负的职能上。主权的标志包括宣战和媾和的权利、任命官员或同意任命的权利、最终判决权和赦免权、发行货币和规定度量标准的权利。权利多种多样，但它们是主权的必要属性，因为它们对于国家的安全、繁荣与公正都是必要的（ibid.，pp. 59，67，71，73，78，80-81）。

除了这些广泛的实际权利之外，主权者也有权利要求臣民"忠诚和敬重""信任和效忠"（ibid.，p. 78）。博丹的用词反映出统治者神格化的趋势，他认为必须准确理解主权者的地位，因为，"除上帝以外，世间绝无比最高的君主更伟大者"，重要的是我们"应当绝对顺从地尊敬和敬仰他们的威严，并且在我们的思想和语言中引以为荣。蔑视一位至高君主，就是蔑视上帝，他是上帝在凡间的化身"（ibid.，p. 46）。如同主权的其他属性，"忠诚和敬重"必须仅献给主权者（Bodin，n. d.，p. 36）。

博丹的主权理论因未能将政府权力——他认为主权与政府权力不可分离——与设定一个连贯的法律制度以便为解决冲突制定一项基本准则的需要之间相区分而倍受批评。他还忽视了这种可能性，即立法权和行政权可以采取互相共享的方式使主权的功能得到实现（Franklin，1992，pp. xx-xxi；King，1974，pp. 271-273）。这些批评意见是中肯的，不过博丹认为他的论述乃是基于主权自身的逻辑。即便如此，我们不应忽视他提出专制政府理论的特殊考虑。首先，现代早期国家的传统政府结构，是基于含糊不明和分析不足的权力安排。即使君主行使权力需要确保其他政治参与者和机构的合作，而将君主作为专制主权者的做法加剧了这些权力安排的含糊不明（Franklin，1992，p. xviii）。

赛斯尔声称，宗教、正义和继承法是调节君主专制权力的三道"缰绳"（p. 251），这个说法说明了上述观点。当然，对于博丹而言，受到人类机构约束的权力就不是专制的了，但这可能会引起混乱，16世纪中叶至末期法国动荡不安的局势证明这会非常危险。此外，博丹对秩序的关注是可以理解的，他希望消除产生冲突的不同的权力之源和协调体制，从而建立有效政府，这使得他强调主权号令的统一，并驳斥那些试图通过诉诸制度和法律来粉饰他们行为的主张，这些制度和法律使他们游离于王权之外。

博丹对号令统一的重视体现在他的论述中，即"所有共和国的政府……依赖于一方面是统辖的权利，一方面是服从的义务"（Bodin，n. d.，p. 9），在他的论述中，家庭提供了秩序良好的共和国的"范本"（ibid.，p. 12）。这个类比源于家庭权威中的传统的父权概念，这使得博丹强调主权的单一性，因为家庭权威如果分化就会引起分裂："没有哪个家庭是二主共存……因为，如果一家有二主，就会号令不一并纠纷不断"（ibid.，p. 10）。国家中各种各样的人如同家庭中的成员一样，如果他们受制于统一的要素，就能构成一个统一的与和平的整体：

> 一艘船除非有龙骨撑住了肋骨、船头、船尾和船柄，否则不过是一堆木头罢了。同样，一个没有至高权力将它的所有成员联合起来的共和国……就不是真正的共和国（ibid.，p. 7）。

博丹认为，只有政府本身的权力是统一的，这种统一的作用才能实现。因此，他否定混合政体理论的理由是，这种理论在概念上难以理解，并且在实践中会引起分歧：如果我们仔细检视所谓混合政制，很明显，某个群体或要素仍然是真正的主权者。然而，由于其他参与者没有明确认同这一点，结果导致政治体制的瓦解，包括"国家的腐败……不断受到民变风暴的动摇，直到主权被完整地置于某个要素或其他要素中"（Bodin，1992，p. 105）。

博丹意识到，专制政府制度可能会助长统治者滥用权力，但他认为，如果人类希望有一个合理的愿景来享受良好政府的好处，那么他们就必须接受这种潜在的风险。正如他在论及父权可能滥用的情形时说："任何人想废除那些容易引起困难的法律，都会导致废除所有法律"（Bodin，n. d.，p. 14）。由于家庭是一个井然有序的共和国的模板，这句格言既适用于主权也适用于父权。

博丹对专制政府的好处持乐观态度的原因之一，是他认为主权受到一系列道德的约束，这些道德是"秩序井然"的国家中的核心理念：

> 使一个人成为公民的不是他所享有的权利和特权，而是臣民与君主之间的相互的义务，并通过此报之以忠诚和服从，故而主权者必须为臣民伸张正义，为他们提供政策、协助、鼓励和保护（ibid.，pp. 20 - 21）。

臣民不能强迫主权者履行这些职责，但博丹相信，任何值得臣民信仰和尊敬的主权者都会认真对待这些问题。此外，主权者受到自然法的约束，并且比臣民更紧密地受到自然法的约束。博丹经常提到主权者的准神圣地位，目的在于敦促臣民心怀敬意。这也强调了他的如下观点，因为主权者有如此地位，他们与神有着特别的关系，并且比其他人更强烈地受到基本道德规范的约束：

> ［神法和自然法］约束着凡间每位君王……除非他们想背负背版上帝之罪，并向他宣战，否则他们无权违背这些律令，在上帝的威严之下，所有君主都应有所节制，战战兢兢，心怀崇敬（Bodin，1992，p.13）。

尽管博丹认为臣民不能违抗专横的主权者，但他的描述展现了明确的道德立场。"暴君体制下自然法荡然无存，自由的臣民如同奴隶一样受到压迫，而财产好像属于暴君所有"（Bodin，n.d.，p.57）。危及臣民的福祉，暴君的安定感也会丧失：臣民"为生计忧愁不断，心头充满了猜疑、妒忌、谣言、憎恨、报复之欲，以及其他种种激情，穷尽所有想象力以比暴君折磨奴隶更残酷的方式折磨暴君"（Bodin，1992，p.121）。

因此，在博丹看来，专制权力必须与暴政区分开来。而且，他认为好的主权者会采取措施确保他的统治尽可能公正有效。这些措施多与法国早期立宪主义者赞赏的制度紧密相关。博丹敦促统治者要善待顾问机构，并认真对待它们的建议。他们应当善用代议机构，如"贵族"和他们的建议，同时保留一定的余地，在有必要的时候，根据国家利益的需要修改其决定。君主必须远离那些蛊惑他们以不正当的方式行使权力的人："那些口蜜腹剑的小人比拥权自重的人更为危险。他们狐假虎威，以表面的正义蛊惑君主。"（ibid.，p.39）顾问和代议机构没有权利将它们的意愿强加于主权者，它们协助主权者在不损害专制政府原则的情况下恰当地行使权力。

博丹的专制政府理论依据在于统一的必要性，要求主权者在场，是由他的法国后继者所发展的。他的年轻的同时代人查尔斯·卢瓦索（Charles Loyseau）详细分析了法国国王如何派官授爵。这种理论的核心观点，即主权者是所有荣誉和职位的最终来源，包括贵族头衔在内："贵族头衔意味着'对主权权力的延续'"（Loyseau，1994，p.92）。

在法国，博丹的主权理论及其发展对于旧制度而言是权威的理论。然而，在欧洲其他地方，专制政府理论的表述却截然不同。其中最有意义的理论是由17世纪中期英国思想家霍布斯提出的。与博丹相同，霍布斯把创建和维护秩序作为政治的首要目标，并且这只能由一位专制主权者来完成。但与博丹不同的是，霍布斯的专制政府理论并不依赖于传统的自然法观念，也没有在很大程度上依赖基督教的教规力量。

◆ 主权至上：霍布斯的利维坦

霍布斯捍卫主权至上的核心理念是，它提供了确保公民享有自我保护或任何幸福前景所需要的安全的唯一手段。这种安全最终取决于个人力量的联合，但霍布斯明确表示，这不仅仅是数量的问题："历史上从来没有今天这么多人口；然而，如果他们的行为都以他们特定的判断和特定的欲望为导向，那他们就不能期望得到任何防御、任何保护，既不能对抗共同的敌人，也不能阻挡他人的侵犯"。安全，要求共同体的资源由一个永久的、持续的"共同权力"来指导（Hobbes，1960，p.110）。霍布斯对主权至上的辩护最终取决于他对自然状态的特征的理解，但

210

他认为即使不诉诸这种最坏的情况，我们也能从普遍的人类特征预见到没有管理和强制力，秩序脆弱不堪、顷刻瓦解的一种社会。人类为了尊严和荣誉而相互竞争；他们倾向于自己的私利而不是公共利益；他们的理性诱使他们挑战既有的秩序并与他们的同胞争论长短，这种倾向由于他们表达自己观点的能力，以及他们向他人展示自己优越性的欲望而加剧（ibid.，p. 111）。诸如此类的特征都意味着，有益的人际互动关系必须借助单一的指导力量来塑造和维系，克制人类的破坏性倾向。这种力量只能由专制的主权者，即"利维坦"（Leviathan）

> 或凡人中的神（mortal god）来提供，在永生之神（the immortal God）的照临之下，我们的和平与安全防卫寄托于他。上帝将这项权威赋予共和国的特定人士，他拥有前所未有的权力和力量，通过震慑威吓，他能够形成共同体的整体意志，维系和平安定，并且联合众人对抗外部敌人。在他身上体现了共和国的本质；对他的定义，即由众人订立契约所创造的人，每个人都是创造他的一员，他的行为代表了众人，只要他认为是对众人的和平与共同的防卫有利，他就能够利用所有人的力量和手段达到目的（ibid.，p. 112）。

霍布斯认为，主权产生的合法性对其独特的属性有着重要的影响。从自然状态过渡到"公民"或政治状态，是通过订立契约的结果，故而每个人都将他们认为对于自我保存而可以做任何事的权利交出，并通过"将他们的权力赋予一个特别的人或一些人"从而创立一个至高无上的主权。霍布斯将主权者描述为一个"演员"，他的言行举止是臣民"授意的"，并且"归属于"他们。个体对主权的"授意"这个事实对于霍布斯非常重要，因为这意味着臣民是主权者和他的行为的"作者"或创始人。就像为客户代理的律师一样，主权者也是为了他的臣民采取行动，并且不能为所欲为。创建主权的过程确保了主权者拥有这样的权利，即他能够采取有效的行动来促进"共同和平"，为那些赋予他权力的人提供安全。霍布斯将"主权者的权利"分为两类。第一类是一系列消极权利，使主权者不受臣民的挑战。臣民不能试图改变统治他们的政体，因为这样做会违反他们与其他人之间的契约。这也会引起主权者对他们的惩罚。既然主权者的行为是"归属于"臣民的，那么他们就是在自我惩罚，且这与为了自我保护而创建主权的意愿自相矛盾。依据同样的道理，主权者不应受到对待臣民不公正的指控：

> 他的所有行为都出自他人的权威，因此他的行动不会伤害赋予他权威的人；而通过共和国的制度，每个参与者都是所有主权者行为的创始者：因此在抱怨主权者所施加的伤害时，就是在抱怨他自己；因此，除了他自己，不应该指责任何人；因为伤害自己是不可能的，所以没人受到伤害（ibid.，pp. 115 - 116）。

即使臣民行动一致——从而消除了破坏他们彼此订立的契约的问题——他们也没有权利改变政体，因为他们已经将他们所有的权力作为"免费赠礼"给予主权者了，因此那些属于他的都已经被拿走了（ibid.，pp. 113 - 114）。此外，由于臣民与主权者之间没有契约，前者不能剥夺主权者的权力，否则就是违反了当初将权力让渡给主权者的基本要求：没有契约就没有基本要求，而没有基本要求，也就谈不上违反它们。

通过防止臣民对主权者行使权力进行评判和控制，这些规定确保了主权者是国家的专制统治者。此外，霍布斯界定了一系列积极权利，以确保这项权力的运作。主权者全权负责战事和对外防务，决定财产权利和最终的法律判决，分配奖惩、赏罚和荣誉，以及排位先后 (ibid.，pp. 116-118)。由于霍布斯认为宗教问题上的分歧是产生冲突的主要原因，他也坚持主权者有权规定公共信仰和实践的条文。然而，不像"虔诚的"统治者，霍布斯的主权者没有义务给他的臣民强加特定的宗教信仰或行为，也不能因没有这样做而受到谴责。与博丹相同，霍布斯坚持认为主权是不可分割和不可转让的：它们"构成主权的本质；人民据此能够分辨主权掌握在谁人或哪个群体之手"（Hobbes，1960，p. 118）。这些权利是主权的标志，因为主权者对这些权利的独占，是给臣民提供和平与安全的唯一令人满意的保障。如果这些权利被分割，那么国家也会分裂："这些权利首先被分割，国家分裂为敌对的阵营就随之发生。"(ibid.，p. 119)

与博丹相同，霍布斯认为法律乃是确保主权者命令的有效之物。他们是国家法律的唯一来源，并且不受他们制定的法律的约束。那些有约束力的法律，表面上是因为习惯，事实上其约束力是因为得到主权者的明示或默认，因而成为主权者的法（ibid.，pp. 174-175）。像自然法一样，共和国的法也促进和平与安全。但是，一旦创建了共和国，自然法只有被载入民法并由主权者强制实施才对臣民有约束力（ibid.，p. 174）。因此，民法"限定"了人们在自然法之下的权利；事实上，这也是创建共和国的原因。臣民可能会保留或多或少的自由，但其范围将由法律界定，或者更准确地说，他们在"法律默许的地方"享有自由（ibid.，p. 143）。

因此霍布斯坚持主权的行使不能受到制度、法律或臣民的限制。这些限制将导致权力分割，并妨碍主权在国家建立统一和秩序。如同博丹一样，霍布斯认为，可行的法律体系依赖于稳定且持久的基础，这只有依靠政府的所有机构和职能掌握在一双手中才能实现。然而，和博丹的立场一样，这项规定不能成为政府暴虐的凭据。尽管臣民不能挑战主权者行使他们的权力，不过霍布斯允许臣民个体解除对他们的主权者的义务，如果主权者直接威胁到他们的生命或他们的根本利益，抑或主权者不能有效地保护他们时（ibid.，pp. 144-145）。尽管相关的个体仍然容易受到前主权者胁迫能力的伤害，但他们不再因被迫服从他的命令受到惩罚或处于不利地位。然而，霍布斯强调，臣民无权集体抵制主权者对他人的虐待，因为他们的安全没有受到威胁，而且任何形式的集体行动的能力只能源于主权的力量和由它产生的统一性。

此外，虽然主权的行使是任意的，即不受法律的规制，也不受其臣民的审查，但霍布斯认为它的行使应当符合政府的基本原理：政治秩序至关重要，因为它为个人提供了比自然状态下或内乱的情况下更大程度的保护。值得注意的是，霍布斯不仅明确了主权者的权利，也

明确了他们的责任。所有这些都包含在一项至高无上的义务之中，

> 主权者的职务……他受信任而行使主权，在于实现某项目的，即保障人民的安全；根据自然法则，他有义务向上帝负责，上帝是自然法的创始人，除上帝之外他不对任何人负责（ibid.，p.219）。

这里讨论的自然法是关于感恩之情的："一个人从另一个人的恩典中获益，应该珍惜这份赠礼，没有理由辜负他的善意"（ibid.，p.99）。从他的臣民那里获得的主权就像一份赠礼，统治者不应当以任何方式行事，使臣民后悔把这份赠礼给予他。如果他滥用这份赠礼，信任、自愿协助和协调一致的基础就会失去，共同体成员因此将被剥夺安全有效政府的心理认同，以及它带来的实际利益（ibid.，p.99）。

霍布斯认为，根据自然法，主权者的义务不仅"与提供保护有关，也关系这所有生活之所需"（ibid.，p.219）。主权者必须保护他们的臣民，引导臣民对他们的统治者和其他人负责，制定良好的法律，并确保它们维系主权者的所有权利。这些法律义务不能由臣民执行，但由于它们依托于自然法，它们的约束力就像在道德上迫使臣民服从主权者并保持对主权者的忠诚和服从一样强大。因此，臣服的逻辑和主权的逻辑之间是对应的：虽然臣民服从主权者是合理的，他们这样做也是恰当的，但主权者以合乎理性和其自身产生的条件的方式行使主权也是合理且恰当的。然而，考虑到同时代人倾向于不服从他们的主权者，霍布斯特别强调服从："无论哪个国家，一旦没有服从，人民将失去安定和谐，繁荣无从谈起，国家也将崩溃"（ibid.，p.222）。但他显然认为，任何一种主权都比没有主权要好，他也同样看待服从——并且因此"得到保护"和"满足"就能实现——如果主权者行使专制权力能够非常显著地满足臣民的福祉，那么服从就更容易得到。

霍布斯的主权理论将国家等同于一个"包含意志与权力统一的结构，并且独立于统治者与臣民"（Tully，1991，p. xxxii）。身为臣民，不能对主权提出要求，但是，作为主权者也不能分割他的权利或让出任何权利；这样做会破坏主权和它所维系的国家。霍布斯的同时代人——德国思想家塞缪尔·普芬道夫也提出了类似的国家概念，但他设计的理论是为了修正他对霍布斯理论的不满意之处。

◇ 自然法、社会性与专制政府：普芬道夫

和霍布斯一样，普芬道夫认为主权共享的理念等同于混乱和无序。他认为，至高无上的主权是解决自然状态的不足的唯一可行的办法，并且能够被自然法证明其合理性。然而，正如我们所看到的，普芬道夫认为法律源于社会性的需要，而不是自我保存的自然权利（pp.174-175）。这一判断的重要后果是，普芬道夫将国家视为促进自然法所规定的一般目标的手段，并且从这个作用中获得其合法性："对于人类倾向于危害自己同胞的病症，其最有效

的治疗需要从人类本身寻找，通过组成国家、建立主权来对治"（Pufendorf，1934，p. 959）。国家通过惩罚那些破坏自然法基础上的社会性的益处的人，来促进建设性的人际关系；社会性的益处包括提供稳定、安全的环境，从而可以最有效地对桀骜不驯的人类开展公共的和家庭的教育，同时人们也能够从社会生活的文明中获益匪浅。正如普芬道夫所言："这是文明社会的首要果实，人们可以在其中习惯于过有秩序的生活。"（ibid.，p. 956；Tully，1991，p. xxxi）

塞缪尔·普芬道夫（1632—1694）

普芬道夫是撒克逊人，他一生大部分时间为瑞典王室服务。他撰写了瑞典和其他一些欧洲国家的通史。他的最重要的政治作品——《论自然法和国际法》（*The Law of Nature and of Nation*，1672），对现代早期自然法理论具有重要贡献。凭借自然法理论，他发展了重要的主权理论，其在许多重要方面与霍布斯提出的主权理论存在差异。

关键阅读：Tuck，1993；Tully，1991.

矛盾的是，普芬道夫不接受霍布斯关于国家形成的理论，因为他认为据此产生的主权概念是不够有力的。他认为霍布斯没有意识到，由于自然人之间的契约是相互的，如果任何一个人不服从主权者，那么契约就失效了。为了解决这个问题，普芬道夫认为，政治权力的创建不仅包括一份协议和赠礼，还涉及两项协议和一项法令（Pufendorf，1991，pp. 135 - 137；Tully，1991，p. xxxi）。第一，每个家族成员的领袖——自然状态下社会交往的主体——通过互相订立协议而明确他们将寻求共同的领导者以确保他们的安全。第二，该协议的成员（或大多数成员）发布一项法令，规定他们认为将确保这个目的的政府形式。这样创建的政府可能是传统意义上的专制政府，也可能受到固定的或基本的法律的约束。第三，共同体经由协商同意将至上主权授予某个人或某些人。普芬道夫坚持认为，与霍布斯的主权者被授予的免费赠礼不同，这项协议是互惠的。臣民承诺服从主权者，并且配合他、尊重他；主权者承诺对国家安全负责，并在法令确定的限制范围内行使权力。在做出承诺后，各方都受自然法的约束，以维护他们所创建的统一结构。没有安全保障，社会性将难以存续，而没有主权就不可能有安全保障，可以说"至高的主权来自上帝——这位自然法的创造者"。尽管主权是由人类创建的，"上帝创建国家的命令是通过理性的支配而体现的，通过理性，人们认识到自然法的目的是秩序与和平，没有公民社会，秩序与和平就不能实现"（Pufendorf，1934，p. 1001）。

与霍布斯不同的是，普芬道夫并不认为主权形成的互惠过程，会让主权者受臣民的审查。它也不会为叛乱提供基础。主权者的豁免权可以追溯到自然状态中的权利。普芬道夫认为，由于在这种情况下，个人缺乏立法或惩罚的权力，即使他们认为主权者的行为使他们和主权者之间的协议无效，他们也不能"收回"这些权利。更重要的是，人们在脱离自然状态、自

214

行组成一个联盟或共同体时，这个联盟没有至高的权力。相反，这种权力只有在与主权者达成协议后才会产生。人民从未拥有过至高权力，因此不能说他们把它赋予了主权者，并且也不能收回它。最后，由于公民必须服从其主权者，在普芬道夫的理论中，没有公民与统治者分享主权和服从的观点（Tully，1991，p. xxxiv）。

因此，普芬道夫将主权者隔绝在臣民的审查之外，坚持认为政治权力为前者所独享。他的主权者在专制方面不亚于霍布斯的主权者，同样不受民法力量的约束，也不会受到臣民的惩罚（Pufendorf，1934，pp. 1055 - 1056）。然而，普芬道夫在坚持主权至高无上的同时，认同两种对主权行使的限制条件，但这两种都与臣民的政治权力无关。第一条，个体自卫的自然权利可以证明他们抵制主权者的"极端和不公正"的暴力是正当的，这项权利是自然法的产物，而不是政治权力。第二条，普芬道夫认为，"至高权力"能够以"专制政府"或"有限政府"的形式出现：

> 专制权力就是君主掌握至高权力并根据自己的判断行使它，不是通过遵循固定的法规，而是根据实际情况的需要，必要之时，凭自己的判断保障国家的安全（Pufendorf，1991，p. 147）。

215 相反，当赋予主权者的权力是由法律限定在固定的范围之内时，就形成有限的至高权力，它是共同体决定采取的一种政府形式。这些法律构成主权产生的互惠协议的组成部分。这些限制条件对于君主制尤为合适，因为"单个人的决断容易出错，而且他的意愿可能倾向于邪恶"（ibid.，p. 147）。既然主权者承诺采用服从这些限制的权力形式，根据自然法则，他有义务按照这些条款进行统治。在这些限制条件下，出现威胁到国家安全的情况，只有在人民或其职责允许的情况下，主权者才能采取行动。就像自卫的权利，这些限制条件产生于国家形成之前，并不依赖于臣民的政治权力。就像博丹的基本法一样，它们界定国家，但没有挑战至高的主权。

◇ 主权至上与君权神授：菲尔默和波舒哀

当霍布斯和普芬道夫将主权至上看作理性的必然时，他们赞成这样的权力既可以被一人掌握，也可以掌握在少数人或多数人组成的团体中。因此，他们关于主权至上的理论，可以与英国和法国的两位他们的同时代人的理论进行比较：罗伯特·菲尔默爵士和雅克-贝尼涅·波舒哀。这两位思想家不接受自然自由的观点，否认政府的合法性来源于社会契约。他们认为唯一恰当的政体是君主制，是君权神授，即对臣民行使至上的统治权。用男性中心论来形容这些思想家非常恰当，因为他们认为《圣经》是政治原则的唯一合法来源，并且宣称，根据《圣经》，政治权力的起源和形式都是父权式的。尽管菲尔默批判霍布斯国家脱胎于自然状态的理论，但他赞赏霍布斯对主权的处理，因为他认为主权之所在是任何可行的政治权力运行理论的核心要素，"据我所知，还没有人如此充分地和有见识地处理这个问题"（Filmer，

1949，p.239）。菲尔默同样佩服博丹在这个问题上的思想，并且以赞同的和长篇幅的方式引用他的话（ibid.，pp.304ff）。从菲尔默的角度来看，博丹尤为重要，因为他以父亲在家庭行使的权力来界定政治权力。

菲尔默认为君主制是唯一合法的政府形式，并且他认为君主有毫无疑问的权利对他们的臣民行使控制权。例如，他声称，民主政体或混合政体，都没有《圣经》的依据，而且他认为这些政体的弱点在经验中得到了清晰的证明。民主制表明它自身完全不适合于建立秩序，甚至于表面上好的政府也达不到，原因很简单，"所有人的本性都渴望不受约束的自由，只有在邪恶统治的地方才能实现这样的情况"（ibid.，p.89）。混合政体在这方面也难有改善，因为在这种政体下主权的行使受到"人民"施加的限制，他们最终必须根据自己的能力和他们自己的良心来评判统治者。菲尔默对"人民"的气质禀赋的看法，意味着他认为人民在混合政体中的作用必然会导致"彻底的混乱和无政府状态"（ibid.，p.297）。

对于菲尔默而言，统治是一种意志的实现，只有当主权者的意志是单一的、统一的，才会有效。他的意志不受法律的约束，他是法律在人间的唯一来源、解释者和施行者（ibid.，pp.96，106）。和博丹一样，菲尔默强调专制统治者在自然法下的普遍义务，并通过指出政治权力的父权性质强调了这种义务：

> 如同父亲为一家之主，国王像是许多家庭的父亲，他关心安全、食物、衣服，指导和保卫整个共和国……国王的所有职责可以概括为对人民普遍的父亲般的照顾（ibid.，p.63）。

主权者可以任命法官和顾问大臣，并且召集议会，但菲尔默认为由于这些官员和机构是由主权者创建的，他们不能被视为对主权者专制权力的外部制约。主权者对于他的臣民的职责不能由他们来执行：主权是由上帝指定的，只受到上帝的控制。

尽管菲尔默的专制政府理论有普遍的意义，但他对自然自由和混合君主制这一新颖而危险的思想的攻击，首先是针对 17 世纪中叶英国王室面临的威胁。波舒哀的《源于圣经的政治》（*Politics Drawn from the Very Words of Holy Scripture*），着重具体地解释和证明了他认为由法国路易十四领导的令人钦佩的政府制度。而且，波舒哀认为这个政权符合君主专制的君权神授模式，他强调君主和上帝之间的相似性，而不是（像菲尔默那样）专注于上帝赋予亚当权力，并由他传承给他的继承人。波舒哀的著作充分反映了路易十四和那些认同他的政府理念的人所使用的语言和意象。

雅克-贝尼涅·波舒哀（1627—1704）

虽然波舒哀是天主教会的主教，但他坚持法国国王掌握对新教和罗马天主教对手的专制权力。17 世纪 70 年代，波舒哀担任法国王位继承人的家庭教师。他的主要政治著作《源于圣经的政治》在他去世后于 1709 年出版，他在该著作中提出一种父权制政府理论，在某些重要方面与菲尔默爵士的理论相似。

关键阅读：Keohane，1980；Bossuet，1990.

在为其继承人撰写的帝鉴录中，路易将君主称为"凡间的神"（human god）。像神一样，国王是他的王国内部秩序的主动创建者，并对其事务不断保持警惕。时人把路易称为"太阳王"，与其说是因为他个人和宫廷的辉煌，不如说是因为他本人的旺盛的生命力和充沛的活力。最贴切的就是朕即国家；政府只不过是一台信息收集的机器，让他能够为了臣民的最佳利益而行事（Keohane，1980，pp. 245 - 249）。波舒哀赞同这种皇权的理念，但他是通过详细分析《圣经》的政治意义来支持这一观点的。

²¹⁷ 虽然上帝创造的人类是一种社会性存在，但只有受到政府的约束，他们才能从这一境况下受益。与早期将政治机构视为主权者的缰绳的理论不同，波舒哀将其描述为人类"激情的缰绳"（Bossuet，1990，p. 14）。为了发挥这一作用，实现统一和安全，所有的权力都必须掌握在一个人的手中，他被赋予对臣民行使的权力，就像上帝对他的所有被造物行使的权力一样：

> 陛下是上帝的伟岸形象的投射……上帝的权力掌管着天界和凡间：皇权同样地掌管整个王国。它掌控整个王国，就像上帝掌控着整个世界一样。如果上帝袖手旁观，整个世界将归于虚无；如果王国的权力终止，举国上下将陷入混乱（ibid.，p. 160）。

与菲尔默一样，波舒哀坚持认为君主专制制度是理想的政体，虽然他也将此与父权制联系在一起，但他强调这是对上帝本身的模仿。菲尔默非常重视的亚当在波舒哀这里被冷落了。上帝是第一个和真正的王，他自己对臣民实行父权统治："上帝指定我们的父母，在某种程度上，他是生命的创造者、一个创造凡间一切的权力象征，他也通过他的被造物彰显权力的形象"（ibid.，p. 41）。这个形象就是君主专制："没有这种专制权力，他（君主）既不能行善，也不能惩恶：他的权力是任何人都不可能逃脱的；任何个人对抗公权力的只能是因为他的无辜"，且这是由君王所判断的（ibid.，p. 81）。这一主张削弱了政府理论（当时由一些新教思想家所倡导的），这些理论认为侵犯基本权利，臣民可以进行防御性抵抗。然而，尽管波舒哀强调主权者无须对人民负责，但他否认这意味着专制政府等同于恣意的统治（arbitrary rule）。相反，专制统治者必须珍惜臣民的自由，保护他们的财产。波舒哀认为，公开的和稳定的法律是好政府的一项重要特征，而且当制定和执行这些法律是主权者的特权时，他们有强烈的道德和宗教义务进行理性和公正的治理。他认为对上帝的敬畏，是"（人类）力量的真正的制衡物"，并警告说，上帝"是永恒的；他一旦发怒将无法平息，而且震慑灵魂；他的力量是不可战胜的；他从不会遗忘；他也从不妥协；没什么能够逃脱他的惩罚"（ibid.，p. 101）。

◆ 主权至上与功利主义：圣皮埃尔和边沁

正如我们所看到的，一些 18 世纪和 19 世纪初的思想家试图重新阐述传统理论，即政府应确保臣民的幸福，使这种理论更加精确和科学，从而作为一种实用工具来测量各种政府形式的效能。这种工具的作用是能够构成行政、司法与政治改革计划的基础。有关政治目的的功利主义论述的一个重要方面是,它们往往与主权的概念联系在一起,功利主义理论的主权观念与现代早期的专制政府理论相呼应。

功利主义的早期表述出现在 18 世纪上半叶圣皮埃尔神父的著作中。如上所述,圣皮埃尔的功利主义理论不同于之后的杰里米·边沁的表述,因为它保留了宗教审判。尽管如此,圣皮埃尔认为,人的能动性在以下方面发挥着重要作用,包括抑制人们的破坏性激情方面,以及确保他们对自身利益的理解能够融入一个和谐的系统,最大限度地实现个人利益和普遍幸福的最大化。圣皮埃尔重视和平与秩序——"慈善、和谐和宁静比真理更有益"(Keohane,1980,p.369)——并认为只有专制统治者掌握和行使权力,才能实现这一目标。权力之源唯一,将确保和平,权力的行使将促进人类养成习惯,这种习惯将导致效用最大化的行为。*218*

圣皮埃尔认为分权是良好政府的障碍,但他也强调专制权力行使的效果取决于统治者和政府机构的理性。法国早期的君主专制主义倡导者试图将专制统治与传统宪制理论中的自我约束结合起来,但圣皮埃尔坚持认为,有效政府必然是专制的。因此,理想情况下,国家应该由一个开明的专制君主统治,他的统治是不受约束的权力、高度发展的理性、广泛的信息和专业能力的结合:"当权力与理性相结合时,越是专制统治就越能实现最大的社会效益。"(ibid.,p.370)

除了将这一理念应用于传统的开明君主制,圣皮埃尔建议将君主置于政府体系内并不是因为君主的个人品质。这个体系是一个行政机器,由法律和执行机构组成,协调个体间的利益,从而使公共效益最大化。这个体系也包括确保官员将自身利益与社会利益相统一的机制。如果实现这些目标,就无须再关注权力行使的限制问题,因为官员的行为必然有利于公共福祉(ibid.,pp.370 - 372)。

圣皮埃尔的政府形式可以被恰当地描述为"一部永不停歇的机器",这个细节反映了它的创造者的异乎寻常的思想。尽管如此,后来——也不那么奇怪——功利主义的表述包含了对主权至上的关注,而主权至上构成圣皮埃尔政府理论的核心元素。因此,杰里米·边沁在《政府片论》中驳斥了英国自然权利和自然法,理由是它们妨碍了政府制定效用最大化法律的能力。边沁认为,自然权利是一种过时的、毫无意义的政治方法的一部分,这种方法将注意力集中在政府的起源和政治义务的基础上。对于边沁而言,这些问题并不重要,因为政府必然存在而且臣民习惯于服从他们的政治上级。关键问题不在于政治权力的来源,而在于政府的倾向(Francis,1980)。好政府是那些通过制定法律促进最大多数人最大幸福的政府,这种法律能够始终如一地促进个人追求最大的效用(Bentham,1967,pp.281 - 435)。

如果法律要为效用最大化行为提供有效刺激,它们的制定和执行方式必须使它们成为人类行为的理性的和确定的指南,以及一种有效的"制裁"(或惩罚)的来源,适用于违反法律的人。这些要求导致边沁坚持法律必须清晰合理,这样它们就能向那些行为受其监管的人发出明确而一致的号令。因此,边沁要求法律要以成文法典化的形式呈现,并且对于英国普通法的神秘、无所适从且立场摇摆的特征不屑一顾。此外，他还认为英国法律没有达到清晰的、理性的结构，其障碍（以及其实践上的和理论上的荒谬的主要原因之一）在于它缺乏统一和确定的来源。当时的英国法律由不合理且令人困惑的议会法规，以及基于先例和法官对立法意图的解释所形成的各种变化的法规所组成。这些做法令人困惑不已；它们未能对个人行为提供明确的指导。这也反映了对主权性质及其影响的理解的失败。与霍布斯一样，边沁认为法律的逻辑及其现实效果，都要求主权者是他们国家权力的独一、绝对和最终的来源。主权者是一个或部分确定的人，臣民习惯服从于他。只有这种主权观才能确保法律成为它应该成为的样子，也就是说，成为一种促进最大多数人最大幸福的工具。

边沁在提出这一点时，并没有暗示立法权的任何行使方式都是可以被接受的。相反，他对法典化的要求和认为效用是政府唯一合理的目的，都清晰地表明专制主权者（可以是一人、一个群体或全部人）是良好政府的唯一要求。有时，他甚至暗示，主权没有必要是无限和不可分割的（Bentham，1967，pp. 98-99）。不过，他似乎认为，如果主权是专制的，那么效用最有可能被最大化："任何对主权的限制都与普遍的幸福原则相矛盾"（Bentham，1843b，p. 119）。主权不应受到其他权力的限制（例如混合政体理论），也不应受制于规则（如自然法中体现的规则），那些规则构成一个支配性的权威结构，合法统治者的行为和法令必须符合这个结构。与博丹和霍布斯一样，边沁认为法律应该被视为主权者的命令，这些命令的目标是实现功利原则的效果。

◇ 结论

专制政府理论的根本假设是，有效的统治体系需要最终的裁决者。这个角色，即主权者，拥有排他性的责任制定和执行法律，这些被制定的法律旨在维持秩序和促进其他目标的实现。从历史上看，这一理论往往具有强烈的君主制色彩。然而，正如博丹和霍布斯都明确指出的那样，主权至上的逻辑适用于所有稳定有效的政体。现代早期主权理论融合了自然法和自然权利，但这并不是对主权强加的政治约束。自然权利解释了主权产生的过程，但它们在调节政治权力方面并没有发挥权威作用。同样，尽管自然法被认为对主权者有约束力，但是臣民无权监督主权者的行为。违反自然法的主权者将受到上帝而不是臣民的审判和惩罚。

现代早期专制政府理论非常关注臣民服从主权者的义务，这一学说的现代倡导者往往忽略了这个问题。功利主义者认为政府的存在是理所当然的，并关注其趋向和效果。霍布斯的主权概念对这些思想家来说很有价值，因为它界定了有效政体的关键要求。法律被视为一种发布明确指令的方式，以确保他们的行为符合效用的要求。我们将在下一章看到，法律因其命令式的理念以及政府有责任指导臣民行动的假设而受到了挑战，这些挑战来自有些人认为政治权力的行使应该建立在一个让政府成为法律的仆人而不是主人的框架内。

12 法治与统治受到约束的秩序

专制政府理论打破了长期以来强调统治者行为受法律制度约束的政治思想传统。法律规定了统治者进行统治的环境的特点，以及他们行使权力的边界。自然法和混合政制都发挥了这方面的功能，前者确定了人类法律必须遵守的客观标准，后者通过官职和权力安排有效地规制政治行为者的行动。虽然这些规范政治权力行使的方法与本章讨论的方法有一些共同点，但本章讨论的理论是不一样的，因为它们将人定法本身视为规制的源头。

这里的关键理念——"权力应该在制度规定范围内行使"（Lloyd，1994，p. 255）——通常用"法治"（rule of law）来表达。也就是说，政治权力必须根据已知的、固定的规则来行使，而偏离这些标准会受到法律质疑。这些理论强调规律性和已知条件的重要性，反对任意或反复无常地行使权力。由于法治原则意味着法律本身是至高无上的，它与专制政府理论存在深刻的矛盾，有些情况下是公开的敌对关系。专制政府理论将法律视为主权的产物，而不是规范主权行使的方式。

本章讨论了一些突出强调人类法律调节和约束作用的理论。我们将首先研究柏拉图和亚里士多德的观点，即需要法律来抵消即使是好的统治者也可能产生的"激情"。亚里士多德在这个问题上的观点尤其重要，因为它们在中世纪有关统治者和法律之间关系的讨论中起着直接的作用。在中世纪晚期和现代早期，这种法律概念常常被构建在宪制理论中，对主权设置限制，使之受到法律约束。

博丹和霍布斯认为对主权的限制是混乱的、危险的想法，并提出主权至上理论以反对这类思想。尽管他们极力反对，但法治的传统观念仍然在随后的政治思想中发挥着作用。最有趣的发展集中在讨论统治者权力的法律性质上，也集中在下述思想中，即一个受到恰当管理的国家呈现出"统治受到约束的秩序"（rule-bound order），而不是统治者的命令所创造的秩序。这一立场的重要表述出现在18世纪苏格兰哲学家大卫·休谟的著作中。有必要在法律体系内行使政治权力的思想在 18 世纪和 19 世纪早期的法国与德国思想中占有重要地位。在 20 世纪，这些理论为弗里德里希·A. 哈耶克（Friedrich A. Hayek）的统治受到约束的秩序理论提供了灵感。哈耶克试图重振法治理念，因为将法律与那些占据政治权力地位的人的决定等同起来的理论广泛传播带来了危险。他的批评既适用于极权主义政府理念，也适用于他所认为的现代民主政体的威权主义倾向。

◇ 古代政治理论中的法治：柏拉图和亚里士多德

221　　法治对于"美尼亚"的存续至关重要，柏拉图在《法律篇》中重点讨论第二等好的城邦。在这部作品中，柏拉图认为维护政权是法律的主要作用："立法的目的，不应该是发动战争或获得完全的美德，而应该是维护既有政治制度的利益，不论如何，这样它才永远不会被推翻，并且永远有效。"（Plato，1980，p. 172）然而，由于大多数法律体系和正义理论的解释是为了维护城邦内部统治集团的利益而设计的，它们本身就是有问题的。它们不会带来稳定，因为它们常常受到那些在现存法律结构内利益得不到保护的人的挑战，而且它们无法满足城邦为所有成员的利益而存在的要求。正如柏拉图所说：

> 我们立场是，这种安排远远不是真正的政治制度；我们认为，不是为了整个国家的利益而制定的法律是虚假的法律，而且当它们偏向于共同体的特定的部分人时，它们的制定者就不是公民而是派系成员；那些声称这些法律应该得到遵守的人是在白费唇舌（ibid.，p. 173）。

然而，相反的，好的法律可以为找不到哲学王而提供补救，为所有人争取正义，从而消除煽动和暴乱行为的理由。为了达到这个目的，法律必须公正，并且要脱离那些把它作为获得私利的工具的人的控制。这些要求反映在柏拉图的法律中，这些法律规范规定着官职的分配，而且美尼亚官员的行为必须遵守固定的规范。简言之，

> 法律必须成为主权者：如果法律受制于其他权威，而失去自己的权威，那么城邦的崩溃……就不远了；但如果法律是政府的主宰，而政府是法律的奴仆，那么情况就充满了希望，人们将享受诸神赐予城邦的所有祝福（ibid.，p. 174）。

《法律篇》的大部分内容致力于确定法律条款以确保城邦尽可能不受个人和阶层偏见的影响。因此，柏拉图坚持认为，城邦一旦建立，必须提供广泛的法律体系，以规范所有最重要的政治、法律、教育、社会和经济活动。这些安排的一个核心特征是确定一个特殊的群体，即"法律的守护者"，他们负责维护城邦的基础架构，并确保法律法规的任何延伸都符合它建立的基本原则（ibid.，p. 227）。

　　亚里士多德关于法治的论述构成了他的一人之治理论的一部分，像柏拉图的《法律篇》一样，它们基于这样一种信念，当政治权力掌握在那些无法满足柏拉图式的监护者阶层的要

求的人手中时，统治者就必须受到制约。亚里士多德在其论述中，区分了行使不受法律限制的"帝王"权力的专制统治者，和由法律规定的"政治"制度内的领导者之间的区别。就纯粹而完整的形式而言，"帝王"政府可以发挥一个卓越领导人的智慧和美德。然而，亚里士多德认识到，即使是那些适合成为君主的人，也可能会受到激情的影响进而使他们不能做出正确的判断。这一认识意味着，一种在法律框架内建立一人之治的政治的君主制是有充分理由的。统治者是城邦中最顶端的人物，但法律本身才是真正的主权者。

这种安排的优势很大程度上取决于法律的特性。亚里士多德认为，好的法律必须提供"不偏不倚的权威"，即它们应当是合理和公正的（Aristotle，1958，pp.147，173）。如果政治权力的行使是为了国家的正义，那么这样的权威就必不可少。

> 法律统治，被认为是上帝和理性独自统治；某个人统治，可能增添了野兽的特性。本性就是如此；即使有高尚的精神，官员也会堕落，尽管他们是优秀的人（ibid.，p. 146）。

尽管政治权力的行使通常是通过所谓的"宪法"来规范的，但法律不可能涵盖所有的情况。它可以处理一般事务，但不能具体说明在特定的情况或特殊的环境下什么才是合适的。因此，亚里士多德试图将法律的规律性和公正性与统治者的个人主动性结合起来，在平等、正义和良善需要的时候，准许他脱离严格的法律条文。因此，他得出结论，

> 最良善的人必须成为立法者，并且必须要有一套法律……如果这些法律没有达到良善的目标，就不能成为主权者——在所有其他情况下都必须如此（ibid.，p. 142）。

这个规定适用于成文法和不成文法，但亚里士多德认为，这对于"不成文的习俗"尤其适用（ibid.，p. 147）。亚里士多德没有解释为什么他认为习惯法具有特殊地位，但他可能认为，这些法律代代相传的事实意味着，它们是公共产物，而不是私人产物。因此，他们比源自特定个人的法律更可能是公正的。

亚里士多德对习惯法的偏爱在西塞罗那里产生共鸣，虽然，正如我们所看到的，西塞罗倾向于通过将习惯法看作自然法的表现。它也在中世纪和现代早期有关统治和法律间关系的理念中发挥着作用，这种关系依赖于亚里士多德对"帝王的"和"政治的"君主制的区分。

◇ 中世纪与现代早期政治理论中的法治：布雷克顿、阿奎那、马西利乌斯、西耶斯和胡克

由于大多数中世纪的政治思想都是以君主制的优越性为前提的，关于统治者的法律约束问题，必然是指国王和法律之间的关系。中世纪早期的王权思想借鉴了日耳曼的观念，强调习惯法的权威，统治者的立法创新需要得到代表机制的认可，这些代表机制能够代表其臣民同意对习惯法的补充或背离。这个传统，部分地被罗马法理论的继承者取代，后者使皇帝成

为法律的源头（同时也规定皇帝应该依法进行管理），部分地被自然法的作用取代（Penning-ton，1991，p. 426）。然而，应该指出的是，尽管自然法为"正确的"法律提供了客观标准，但仍然存在判断人定法是否与自然法相符合的问题。人们普遍认为王权是人定法的最佳来源，这使得在不挑战统治者的主权，并确保统治者实现团结和秩序的能力的前提下，使之服从法律是很难的。客观法理念与统治者维系他们创设的法律的需要之间的矛盾，以及挑战王室至高权力的理论上的和实际上的危险，都意味着中世纪政治思想包含着许多方面，不同方面对这些考虑给予的权重是不一样的。这些理论可以为主权至上理论或将主权行使置于法律限制框架内的宪制理论的发展提供基础。然而，在中世纪和现代早期的思想中，人们普遍认为，政治权力的行使应限于规范的框架内，即将遵守这些准则归于统治者自己的责任。王权与法律相互依存的困境在 13 世纪的英国著作中得到了讨论：

> 君王接受法律所赋予的统治权柄，以便维护法律的尊严，如果不顾法律而仅凭个人意志，就不配再称王（Black，1993，p. 153）。

这部不知作者是谁的著作［通常被错误地归为亨利·布雷克顿（Henry de Bracton）］解决了这个矛盾，他认为如果君王不自己戴上法律之"轭"，他的最重要的臣民（"伯爵"和"男爵"）就应当给君王戴上法律之"轭"。这种理念显然与后来的宪制观念有关，尤其是提倡"混合"政制的理论。然而，无论其在未来如何重要，这一表述并没有对统治者与法律之间的关系给出充分的解释。特别是，它没有认识到这种可能性，即君王与法律有着复杂的关系，他们在某些方面可能受到法律的约束，在其他方面又可能僭越法律，或"摆脱"法律。

一些中世纪思想家借助亚里士多德对"帝王的"和"政治的"统治的区分讨论了这种可能性。有人声称，虽然君王通常应该表现得好像他们受到自己制定的法律的约束，但在某些情况下，他们应当表现得很有威严。最常见的情况是，当平等、慈善或危急时刻的要求出现时，统治者可以背离法律条文。值得注意的是，有人认为，这些行动不必被视为君王"意志"的表达；它们与君王的个人利益或少部分人利益无关，而是基于公正的理由，并从中获得合法性。正如阿奎那所言：

> 如果意志……要拥有法律的权威，它必须在发号施令时受到理性的约束。正是在这个意义上，我们应该理解这样一种说法，即君主的意志具有法律的力量。否则，君主的意志就是罪恶，而非法律（Aquinas，1959，p. 111）。

和许多其他中世纪思想家一样，阿奎那指出，虽然合法统治者既进行"帝王的"统治，也进行"政治的"统治，但他们通常局限于后者，而且是在不依赖于统治者意志的法律框架内行事。然而，在 13 世纪的第二个十年，劳伦修斯·伊斯帕努斯（Laurentius Hispanus）声称"君主的意志"是"合于理性的"，这标志着向专制主义迈出了一步，因为它使"意志"成为衡量理性的标准，并因此打破这个传统观念，即理性是衡量意志合法的标准。不过，劳伦修斯仍然主张将君主的意志与公共福祉联系在一起，并支持主张将统治者限定在法律范围之内的其他一些思想（Pennington，1991，pp. 427 - 428）。

通常在权力的行使受到法律限制的情况下，王室至高无上的理念是通过区分"君权神授"和"封建共主"两种王权观念而得以树立的。君权神授是无须质疑的，但国王也是封建领主。因此，他们与他们的臣民之间的关系是通过一系列复杂的又都具有法律效力的契约安排来确定的，并且不能被其中一方随意推翻（Ullmann，1975，pp. 146 - 147）。1215 年，适用此类思想的重要实践出现在英格兰。这一年，英国的主要的男爵利用他们与约翰王的封建关系，迫使他接受《自由大宪章》（Magna Carta）。这份文件表明，国王承认其臣民的权利，并愿意采取各种措施保护它们，但这没有使他的至高无上的地位受到挑战。

《自由大宪章》其中一章规定，某些类型的税收只能在大议会同意的情况下征收，这意味着该文件可以被视为宪制理念发展的一个重要阶段。然而，宪制理论关注的是国家中不同要素之间的关系，并且只是间接地解决了法律和政治权力之间的关系问题。特别是，这类理论不一定涉及政治权力是否应服从和受到法律的约束。换言之，虽然宪制理论明确了谁可以制定法律，但它们不一定把立法和一套预先存在的规则联系起来。

中世纪晚期，帕多瓦的马西利乌斯在阐述法律在正义国家中的作用时，借鉴了亚里士多德的观点：

> 有必要在政体中确立这样一种观念，没有这种观念，民事判决就不能做到完全公正……这就是法律……因此，在政体中建立法律的地位刻不容缓（Marsilius，1956，vol. ii，p. 37）。

法律不受"坏情绪"的影响；它往往体现着过往经验中的智慧，而且它使得政府在一定程度上稳定和平稳，因为它减少了不公正的和愚昧的统治带来的风险（ibid.，pp. 38，39 - 42）。为了证明法律的重要性，马西利乌斯采取了不同寻常的做法，对人定法的起源做了有力的实证主义解释，虽然他坚持认为人定法的内容可以通过更高级的、非法律的形式来评价（Canning，1991，pp. 460 - 461）。在多数情况下，中世纪晚期的现代早期思想家倾向于认为维护统治者的合法的至高无上地位与立法活动应限定在合法框架之内，同时实现这两者是很艰难的。这种倾向在赛斯尔对法国君主制的分析中体现得非常明显。只有臣民完全服从国王，"和谐"与"统一"才可能实现，但君王本人受到宗教、正义和"治安"（police）的"束缚"。正义和"治安"（维持社会和经济秩序）都有赖于"法律、条例和值得称赞的习俗"（Seyssel，1981，pp. 49 - 57）。博丹从主权者的命令角度定义法律，没有得到赛斯尔和他同时代大部分人的认可。不管怎样，即使博丹承认主权者的私人交易应遵守法律规定，但他们没有权利无视那些规定了国家范围和他们的统治权的基本法。

帕多瓦的马西利乌斯（1275/80—1342/43）

马西利乌斯出生在帕多瓦，并接受教育，他在这里成为一名医生，之后他在意大利行医，并到巴黎的艺术学院任教。他的主要政治著作《和平的保卫者》（*Defender of the Peace*，1324），攻讦教皇在意大利事务中发挥破坏性的作用，因此被谴责为异端，后被迫去巴伐利亚寻求庇护。1327—1330年，巴伐利亚的刘易斯远征意大利期间，马西利乌斯为罗马建立共和国发挥了重要作用。马西利乌斯为国家提供了一幅图景，将其与美好生活的理念联系起来，这在许多方面呼应了亚里士多德的政治理论，但他同时强调尘世的幸福与政治共同体中的生活，对于关注天堂救赎的基督徒具有有益的作用。

关键阅读：Gerwith, 1956; Lewis, 1954.

赛斯尔的同时代人，对之前存在的"法律、条例和值得称赞的习俗"三者构成的框架在多大程度上与政治最高权力有关，持不同的观点。例如，一些作者认为习惯法（体现着共同体的共同意见）在共和国是至高无上的，但在君主制中则不然。另一些人则认为，虽然习俗在私人事务中具有约束力，比如"合同、遗嘱、土地占有的责任和义务、继承惯例"，但当公共福祉受到威胁时，统治者的特权可能会推翻习俗（Lloyd, 1994, pp. 267 - 269）。

到中世纪晚期，英国习惯法的多样性在很大程度上已让位给更统一的普通法。普通法通常被认为与习惯法相关，因为它是在共同体的实践中产生的。正如后来的一位思想家所言，"它如此有条理，如此地适合人民的本性和性格，可以说，它是民族固有的，因此这个民族不可能适合其他法律的管理"（Pocock, 1957, p. 33）。普通法被赋予了特殊的地位，甚至国王的行为也受到普通法的约束。对于16世纪末的思想家理查德·胡克（Richard Hooker）来说，

> 对于国王和人民而言，受到约束的权力是最好的；受到约束的就意味着精简政务，就是实现最健全、最完美且最公正的统治；也就是法治。我指的不仅是自然法和神法，还有与之相一致的所有国家或地方法律。比之于国王成为人民的法律，法律为王，人民会更加快乐（Hooker, 1989, p. 146）。

理查德·胡克（1554—1600）

16世纪70年代到80年代初，胡克在牛津教授希伯来语、逻辑学和神学。他是英格兰教会的新教激进人士，受清教主义影响，著有《教会组织法》（*Laws of Ecclesiastical Polity*，1593—1597），该著作通常被视为现代早期英国教会与国家最重要的辩护作品。

关键阅读：McGrade, 1898.

与中世纪晚期一样，在现代早期，政治思想，王室至高无上、统一与秩序之间的关系，自然法的地位，以及深入人心的政府基于同意的理念，使得同时持有强有力的统治理念与不受制于主权者意愿的法律理念是很难的。博丹默许了一些关于法律在规范政治权力行使中的

作用的传统智慧，这既证明了这些理念的韧性，也证明了它们形成的复杂而有条理的方式。霍布斯的激进怀疑主义在动荡的 17 世纪中的应用，打破了这些纠葛并且产生了一种纯粹的合法性主权的论断：统治已经成为衡量法律的标准。尽管如此，霍布斯的立场并没有取代融合了中世纪晚期和现代早期思想元素、以传统色彩达到法治理念的理论（如约翰·洛克提出的理论）。霍布斯可谓孤掌难鸣。当苏格兰哲学家大卫·休谟以决策和特殊的一般规则的推行来界定正义的政治秩序时，这个思想脉络直到 18 世纪中叶才受到严重的挑战。休谟在坚持法治的同时，也对法律的本质做出了新的、重要的解释。

◇　休谟的正义法则

休谟的政治思想反映了人们对宗教真理日益增长的怀疑，这标志着欧洲知识文化以"启蒙"的名义重新定向。这个词最初由法国思想家伏尔泰使用，但法国的启蒙思想只是一场普遍的欧洲运动的一种表现，该运动试图将人类思想和人类社会建立在一个新的科学基础上。休谟也有兴趣向同时代的人解释政治社会的真正基础，这样他们就不会被危险和错误的学说引入歧途，这些学说在现代早期欧洲和英国的历史上发挥了如此强大的作用（Forbes，1975，pp. 91-101）。

休谟认为，科学的政治观需要抛弃他所说的"宗教的两种错误观念"所支持的观点，即"迷信"和"狂热"。这些观点不仅是错误的（即概念不合乎逻辑，经验上不成立），也会损害人类的精神健康。"迷信"是人类"软弱、忧郁和无知"的结果，表现在想通过"典礼、宗教仪式、羞耻、牺牲、献祭"来告慰不可理解的力量。它把政府交给宗教僭主，制造"无休止的争论、迫害和宗教战争"，而不是产生秩序（Hume，1994，pp. 46，49）。

"狂热"——一种"希望、骄傲、自信、热情的想象，以及无知"的产物——引起的危险，与个人的自我主张引发的冲突所带来的危险一样。狂热者相信，只有他们自己与上帝有着特殊的关系，他们有责任使世界符合他们先验的基督教美德所要求的观点。休谟认为，在 16 世纪和 17 世纪的新教宗派主义者的历史中，可以看到狂热的性质和结果的数不清的例子。虽然这些狂热的例子的影响相对短暂，但它们证明了"蔑视理性、道德和谨慎的普遍规则"的危险，这导致了"人类社会最残酷的无序状态"（ibid.，p. 48）。

迷信和狂热的不良后果都是由于未能对政府的性质和目的做出合乎逻辑的解释。对于那些迷信的人来说，政治权威只能用神秘的术语来解释；对于宗教狂热者来说，它是为了满足那些令人担忧的自负的人而量身定做的，这些人自命不凡的德行使他们非常自恋。休谟对许多现代早期欧洲社会史的反思使他认为，狂热者纵容这些幻想，而牺牲共同体的其他人。然而，从某种意义上说，这并不奇怪，因为无论是他们还是狂热的迷信者，都无法对政府的目的形成正确的看法。那些处于无知和疑惑中的人，无法对国家做出合乎逻辑的解释。

休谟对迷信和狂热分子的指责，并不适合其他不那么极端的政治理念。然而，他认为，这些理论缺乏哲学逻辑性，因为它们建立在宗教假定之上，经不起理性审视。针对这些不足，

227

休谟提出一种独立于基督教的政治理论，聚焦于人类利益、道德和政治权力之间的关系。休谟的思想有功利主义的色彩，但如上所述，他不认为直接追求幸福或快乐是政治的目的。相反，政治是促进和保护"公共利益"的一种手段，公共利益是特定社会成员的利益和"正义规则"所确定的、符合形式公正、指向公共福祉并由政府强力保障的利益的组合（Haakonssen，1981，pp. 39-41）。

休谟的理论以一系列论点为出发点，表明诸如"正义"等基本道德观念是"人为的"而非"自然的"；事实上，它们是使社会生活可行且普遍有益的必要条件。休谟认为，社会生活是一种方式，人们可以通过这种方式来弥补自己无法充分满足基本需求的不足。在比较了人类和各种动物所处的情况后，他将人类能够赶上和超越其他物种的原因归于社会生活：

> 社会能够弥补他的所有不足；尽管如此，他的欲望每时每刻都在增加，不过他的能力也得到了增强，使他在各个方面比他在野蛮和孤独的状态下时更加满足和幸福（Hume，1962，p. 56）。

赞赏社会交往的益处的人，希望人类认识到的普遍利益和他们自身的利益是一致的。然而，为了确保前者不受后者狭隘和片面观念的破坏，人类制定了正义的准则，使社会交往稳定且普遍有益。如果社会生活要提供人类追求自身利益的方式，那么制定准则、培养正义感、使其对特定社会成员具有约束力，就是非常必要的。

休谟看不出促使人类追求公共利益的自然动机：对于实际目的而言，这是一个太遥远的目标，而且也无法克服大多数人对自己利益的普遍的和自然的偏爱（ibid.，pp. 52，58-59）。因此，正义是"教育和人类习俗"的结果，而并非人类所固有的特质（ibid.，p. 54）。尽管如此，休谟认为，正义的人为特性丝毫不影响其重要性。相反，

> 我用自然这个单词，是相对于人为而言的。换句话说，正如人类精神的原则中没有比美德更自然的一样，因此美德中没有比正义更自然的了。人类是有创造力的物种；而且如果一项发明是显而易见且绝对必要的，那它就可以被恰当地认为是自然的，就像任何直接从原初的原则出发的事物一样，无须思想或反思的介入（ibid.，pp. 54-55）。

休谟将正义思想的起源追溯到物质占有纠纷所产生的问题。没有固定的财产规则，规定财产属于谁，防止干扰他人的占有，这样的社会生活实际上是不可能的。因此正义源于人们普遍对"远离他人财产"的需要。这种需要促使人们就实现这一目标的规则达成一致，并形成正义和非正义观念的基础（ibid.，pp. 59-60）。休谟认为正义规则本质上是消极的。也就是说，它们告诉人们，如果他们的行为要避免损害公共利益，他们就不应该做什么（Haakonssen，1981，p. 39）。符合正义规则的行为很可能会受到其他形式的道德评估——举个例子，正义的行为可能并不仁慈——但这些考虑与正义无关，因此，不属于可以通过法律制度强制执行的范围。所有法律，

都是普遍性的，并且只是考虑一些基本的情形，而没有考虑具体的人物、条件及其与相关人员之间的联系，以及这些法律在特定情况下所导致的任何特殊的后果之间的联系……如果整个计划或方案对公民社会的支持是必要的，并且如果善在总体上超过了恶，那就足够了（Hume，1962，pp.277-278）。

尽管遵守正义规则对社会所有成员都有利，但人们有时可能倾向于不正义以获得直接利益。因此，正义规则必须强制实行，而政府是实现这一点的手段。通过维护这些规则，通过建立这些规则所含有的秩序，并且通过提供公共福祉，政府进而为受它管辖的人的利益所服务。然而，由于全体人民直接地和一致地将他们的直接利益与正义的法律相符是不可能的，因此，社会必然处于那些其境况使其对正义有兴趣的人的管控之下。休谟写道，"他们就是那种人"，

我们称之为执政官、国王和他们的大臣，我们的管理者和统治者，他们是与国家绝大部分人不同的那些人，他们对任何不正义的行为都没有兴趣，而只有一个远大的兴趣；而且，他们对他们目前的境况和社会角色感到满意，对维护社会所需要的每一次正义的实现都有直接的兴趣（ibid.，pp.99-100）。

休谟认为政府是正义法律的捍卫者，这个观点排除对建设性的和特殊利益的追求，这是与迷信和狂热导致的行为相区别的。这些人没有把自己局限于维护人为规则的体系，而是将政府视为产生自然情感效果的制度（Whelan，1985，p.354）。

休谟认为，政府所坚持的特定原则，反映了特定社会所坚持的价值体系（Haakonssen，1981，p.43），他坚持认为，它们的一般形式是促进公共利益。当休谟试图将这一理念运用到当时的社会中时，他想找出有助于"文明"发展的合法管理形式。这一术语，指的是物质、文化和科学能力，其产生的公共效益水平要高于欠发达条件下的。基本要求是，法律和政治管理体系应当产生确定性和安全性；也就是说，它们应该符合正义规则的一般结构，而不是无端地和不确定性地强加于社会。休谟因此界定了他所说的与政府有关的"艺术与科学"，是建立在能够既规范臣民也规范统治者的法律体系的基础之上："法律产生安全，安全萌生好奇，好奇酝酿知识。"（Hume，1994，p.63）这个过程的第一阶段——法律的进步使之作为社会交往的调节者——在专制或"野蛮"君主制下不会发生，在这里"只有人民受到执政官的权力的约束，而执政官不受任何法律或法规的约束"（ibid.，p.63）。不过，休谟认为，在君主制下能够采纳首先出现在共和国中的法律实践，从而为文明的繁荣提供适宜的环境。在"文明君主制"中，

只有君主才能不受约束地行使他的权力……每一位官员或执政官，无论多么显赫，都必须服从普遍的法律，它管理着整个社会，并且这些官员都必须按照规定的方式行使授予他的权力。为了财产的安全，人民只能依靠他们的主权者。主权者与他们相距甚远，而且完全不受私人嫉妒或利益的影响，因此几乎感觉不到这种依赖。因此，在剧烈的政治动荡中出现了一种政府，我们称之为僭主制，但通过正义和审慎管理的政府，可以为人民提供安全，并且回应政治社会的大多数目标（ibid.，p.69）。

229

换句话说，符合正义规则的法治，可能存在于各种宪制架构中。关键的问题是，政府的运作是否基于已知的、公正的和确定的规则，这些规则能够提防其他人和政府本身带来的危险从而提供安全。如果这些条件得到满足，人们就可以确保政治权力的行使是朝向公共利益的。休谟认为，像英国这样的宪制为防止滥用政治权力提供了最好的保障，但他认为政府可以是专制的，只要不是肆意妄为的。通过法律手段行使权力，比权力掌握在专制统治者手中更为重要。

◇ 18 世纪与 19 世纪早期法国和德国政治理论中的法治：孟德斯鸠、贡斯当和法治国

休谟认为，对正义法则的详细阐述，反映着特定社会的价值体系，这意味着法律结构将因地、因时而异。休谟的同时代人，法国思想家孟德斯鸠男爵也提出了类似的观点。尽管孟德斯鸠采纳了传统自然法理论的某些方面，但他更强调实体法律体系的独特性："法律一般体现着人类的理性……而且每个民族的政治的和民事的法律都应当是人类理性的具体应用"。这些具体应用要考虑不同政体的性质和原则、人民的性格特征、他们的历史以及他们国家的地理和气候特征（Montesquieu，1977，p. 177）。

从这一前提出发，孟德斯鸠界定了一系列确立政府形式、与宪法有关的臣民的自由（"政治自由"）以及作为臣民的自由的基本法律。政治自由存在于"任何人都不必被迫做法律规定不必做的事情"的地方，并且最有效的保障是宪制体系，它能够防止或至少使政治权力被滥用的风险最小化（ibid.，p. 244）。虽然政治自由是一个纯粹的法律问题，但臣民的自由建立在更广泛的法律基础上，包括"礼仪、习俗和判例"。它包括"安全，或者人们对自身安全的看法"（Montesquieu，1949，vol. i，p. 183）。因此，对于孟德斯鸠而言，法治受到公共舆论和能够确保政府的行为合乎理性以及法律的其他非正式限制条件的支持。

孟德斯鸠的理论的重要方面，被吸收到了由他的后继者邦雅曼·贡斯当所提出的君主立宪制理论之中。贡斯当指出，宪制政府给予臣民自由明确的法律认可，并通过政府官员无法操控的法律程序来保护它。它最终的目标是建立"法律为王之下的人类共同体"，它禁止滥用政治权力或司法权力（Constant，1988，p. 292）。

这种雄心壮志也隐藏在"法治国"（Rechtsstaat）① 的理念背后，该理念是由贡斯当的同时代的德国学者提出的。考虑到 19 世纪早期德国存在的各种政府形式，毫不奇怪，这一理念并不与任何特定的政治制度挂钩，而是适用于通过法律管理所有公民的任何政府形式。与休谟提出的消极性法律概念不同，"法治国"所支持的法律能够产生强烈的积极影响，通过国家的积极行动实现社会目标（Krieger，1972，p. 260）。在某种程度上，这种法律理念的应用产

---

① "法治国"是德语中最先使用的一个概念，早期的法治国是指中世纪欧洲的某种国家形式，尤其是德意志帝国，康德是法治国的理论先驱。——译者注

生了规则性和统一性，标志着专制统治者的专断行为有所改善。然而，其积极影响意味着"法治国"与"文化国"（Kulturstaat）①的理念是一致的，后者指的是一种致力于在其公民中发展特定生活方式的国家。这种转变之所以可能，是由于在 19 世纪早期"法治国"的论述中缺乏对于法律普遍性的明确规定：它们只是要求法律应平等地适用于所有臣民。哈耶克对这种法治观点的局限性做了尖锐的批判。

哈耶克的正义法则

　　哈耶克的政治理论著作，与他主要是一名经济学家之间具有密切联系。例如，他的政治思想的许多方面受到他对市场经济中商品和服务自由交换产生的秩序类型的理解的影响。哈耶克认为他延续了休谟发挥了重要影响的思想传统，但他的法治观念更多地应用于推进对行使政治权力的限制方面。他对正义规则的理解，涉及对合法的政治管理进行严格的限制，这些限制远远超出了传统的宪制或法治理论。对于哈耶克而言，法治意味着一种特定类型的法律的统治，而不仅仅是遵守法律规定的准则。

弗里德里希·冯·哈耶克（1899—1992）

　　哈耶克出生于奥地利，曾在英国、德国和美国教授经济学，并于 1974 年因其在经济学领域的贡献而获得诺贝尔奖。他最重要的政治著作是《通往奴役之路》（The Road to Serfdom，1944）和《自由秩序原理》（The Constitution of Liberty，1960）。哈耶克试图从公开否认它们的社会主义者，以及破坏它们的所谓自由主义者之中，恢复他认为的自由主义的珍贵的真理。他认为，个人自由的思想和现代国家有义务为其成员实现"社会正义"的期望，这两者是不相容的。对哈耶克来说，社会正义根本上是不合逻辑的，因为它意味着更重视结果正义而不是程序正义；将其作为政治行动和合法管理的目标也是极其危险的，因为这意味着个人的行动要受到限制以实现其支持者推动的结果。

　　无论社会正义的支持者最初是多么善意，对这一虚假理想的追求使人类走上了哈耶克所谓的"奴役之路"。这条道路使福利国家走向了 20 世纪的极权制度，因为控制的逻辑是无情的。为了应对因个人追求其偏好而导致的"意外结果"，国家无休止地扩大对人们生活的干预。哈耶克认为，个人自由只有在受"法治"约束的社会中才能得到尊重，这里的法治就是为人类行为提供框架，但不寻求将其导向既定的结果。哈耶克认为，自由市场是反映自由的典范，也是人类行为的有益的系统，因为自由市场中的交换源于个人对他们的需求和偏好的看法，并且为满足他们的愿望提供了最有效的方式。他们这样做没有诉诸国家计划或胁迫，而当国家采取这些做法时，他们确实受到了致命的损害。

关键阅读：Barry，1979；Kukathas，1989.

_231_

---

　　①　19 世纪初，德国倡导在国家和文化间建立联系，哲学家费希特（J. G. Fichte）便首先提出了"文化国"的概念。——译者注

哈耶克的这一观点是在公开反对"建构理性主义"（constructionist rationalist）传统的情况下发展而来的，他认为这一传统与霍布斯和边沁以及他们认同的法律命令理论（the command theory of law）相关。他还认为，他们对法律的思考方式，"污染"了现代民主政治的理论和实践。哈耶克对这些传统的批判的要点在于，这些传统基于一种错误的假设，即秩序必须通过政治权威的命令来实现，而不论政治权威是君主制的主权者，还是民选的立法机构。

虽然哈耶克毫不怀疑通过法律的命令系统可以创造和维持某种秩序，但他不认为这种秩序可能既是有效的，同时也是普遍有益或道德上可接受的。自由的个人，能够对其同胞的新需求，以及在复杂社会中的无数次交易所带来的不可知后果做出迅速而合理的敏锐回应。由命令简单创建的秩序，不能使人类交往的效益最大化；当它试图这样做时，会导致非生产性的不确定性、效率低下和任意的压迫。对哈耶克而言，试图通过主权者的命令来创建秩序的矛盾性本质，表现为这样的制度往往像霍布斯的"利维坦"一样具有压迫性，并且它在"战争状态"才具有的许多剥夺现在再次出现。他也指出了西方福利国家更具善意地承诺通过对经济利益在其成员之间的再分配来实现"正义"这一逻辑背后潜在的危险。为了追求这一理念，民主政权或多或少地压迫其民众，阻碍技术和物质的发展，并抑制人类进步关键的自发试验进程。

这些结果源于试图通过一个全能的政治人物的行动创造和维持一个有益的秩序。通过命令创造的秩序来满足此要求，就必须预设发出命令的人的知识范围非常广泛，而且能够通过无止境的管理引导和抑制人类的期望并且控制他们的行为。如果无法知道人类想要什么，那么就必须使他们的生活符合一种能够被知晓的模式。简言之，一个创造出来的秩序在愿望上是乌托邦式的，在实践中必须是压迫性的和徒劳的。哈耶克提出的"自发"秩序理念，是霍布斯提倡的强迫、低效和无休止压迫模式的唯一替代方案，霍布斯的方案被"文化国"的拥护者和现代社会民主党人无意识地实践过，并在东欧共产主义国家的"计划经济"的历史中得到了体现。自发秩序非常不同。它们是以往行为的无意识的结果，使得各种各样的个人意愿和行动成为可能，这些行动受到规则的约束，但并非由规则指导以实现某些特定的目的。哈耶克通过直接引用纯市场经济所特有的一系列愿望驱动和满足愿望的行为，来论证自发秩序的概念。但他认为，这类经济只是在人类生活中以及自然界中发现的各种各样的利益最大化的秩序的一个例子。

哈耶克在其主要政治理论著作《自由秩序原理》中对这种路径的政治含义进行了最充分的探讨，并在他后来的著作中做了重述。在《通往奴役之路》中，这项工作的关键建立在哈耶克早期对理性建构主义阐释的基础上，尤其是它的极权主义后果。在《自由秩序原理》中，哈耶克相信他在为政治思想的某种长期以来的传统做出贡献，该传统侧重于将政治权力置于固定法律力量的监管之下的必要性，这从历史上众多的思想家的名言中可以看到，包括出自中世纪思想家亨利·布雷克顿作品中的名言。值得注意的是，这句名言提醒人们注意未履行义务的危险后果，即导致一种绝对的奴役状态，被施加不确定的和非自主的劳役，在这种状态下，今晚不知明早又会被指派什么劳役，但是人们必须遵守施加于他的命令（Hayek，1960，p. 133）。

哈耶克认为，无限制的政治权力在现代国家中产生了一种奴役形式，这种奴役对自由的危害，与封建领主对他们的"封地"行使的奴役一样严重。只有在哈耶克所说的"法律规则"或"正义行为规则"的政治共同体中，才能实现自由、个人选择最大化和普遍的福祉。这些法则是"规范性"的；它们告诉个人"该做什么、不该做什么"（Hayek，1982，vol. i，p. 45），并且当合法要求与其个人利益冲突时，一些社会成员可能被迫遵守这些要求。不过，哈耶克认为，对这些法则的需要，并没有减损其所创造的秩序的自发特性："其特殊之处在许多情况下是这些法则的制定者所不知道也不可能知道的。"（ibid.，p. 46）因此，整个的秩序得益于法律规则的推进，但并非由其直接创造。此外，哈耶克也认为，最能产生有益的自发性的法律规则，其本身是自发秩序的产物，而不是立法制定的产物。与霍布斯有权创造秩序的"利维坦"不同，在哈耶克的自发秩序中，政府只是负责执行，并且在有些情况下"改进"已经被证明是有益的法则（ibid.，p. 51）。

正义规则的目的是划定一个私人领域，保护个人免受其他个人或政府的强迫。哈耶克坚持这一领域的范围和权利内容只能用一般的术语来概括，而巨细靡遗地具体化本身就是强制性的。因此，他主张制定一般规则，

规定在何种条件下，客体或环境成为个人或人们的受保护领域的一部分。接受这些规则，能够使社会的每个成员，构建其受保护的领域的内容，并且所有成员都能够认识到什么属于他们的这个受保护的领域、什么不属于（Hayek，1960，p. 140）。

这些规则有一种消极影响，使其与"命令"截然不同。命令是指向性的；它们针对特定的个人，旨在产生一种由发出命令的人决定的状态。相比之下，一般规则"针对的是非特定的人，……从所有特殊的时间和地点抽象出来，并且仅仅指向任何时间任何地点满足这种条件的情况"（ibid.，p. 150）。

在一般规则构成的框架内行事时，个体必须满足其规定的基本的消极条件。如果他们如此行事，他们就是自由地行动，因为这是他们的选择。由于这些规则同样规范其他人的行为，它们使得个体可以假设，能够预判他们的计划和行动。正如哈耶克所说，一般规则是"工具性的，是供人们使用的手段，能够提供部分信息，以及帮助人们对具体时间和地点环境进行了解，以此为决策的基础"（ibid.，p. 152）。当人们服从命令时，他们是在追求他人的目的，但当他们按照正义的规则行事时，他们是在遵循自己的目标。因此，哈耶克认为，作为命令规则的理念只适用于管理体系中的行政人员和政府官员：指导这些人员的工作是必要的，以便他们能够完成指定的任务。但是，如果同样的模式适用于广大公民，他们就会沦为国家的

免费的奴隶。

哈耶克的法治理念对政府权力如何行使具有重要影响。个人只能被迫遵守已公开的法律，而且这种法律必须采取一般规则的形式。因此，除非是公职人员，否则政治权力必须限制在公正法律规定的范围之内。为了其他更广泛的目的而使用强制力的政府，其行为超出了其合法权限的范围，那就是正走上一条在概念上与"专横暴政"无法区分的道路（ibid., p. 206）。这个道路往往是基于错误和危险的假设，即假设政府所做的一切都是正确的和合法的。哈耶克认为，在 19 世纪末和 20 世纪初，以法治思想为基础的悠久而健全的传统，受到霍布斯主义的法律理念有意或无意的支持者的破坏。英美法学界对法律实证主义的广泛认可，19 世纪末和 20 世纪初德国的法治国思想蜕变为文化国思想，以及在西方民主国家接受分配正义的理念，都是通过否定法治的本质理念而造成的。

哈耶克否认命令式的法律体系能够自我约束。例如，主权者不可能创建和维持一个最小化的秩序体系，同时为臣民的自发行动留下空间。这是因为命令理论基于这样的假设，即有益的人类安排是因为人类的意图本身；而正如我们所看到的，哈耶克否认这个判断。自发秩序的许多特征本身就是自发的产物。命令理论忽视了这一点，并基于一个有着致命缺陷的假设，即有益的秩序是通过秩序者的预先判断创造的。正如哈耶克认为，预先判断是非常不完善的，依赖预先判断的秩序体系会产生低效和压迫，而不是普遍的福利。

◇ 结论

哈耶克将受法律约束的秩序的理念，与将政治权力限制在法律框架的传统联系起来。这一传统在西方政治思想史上源远流长，但是古代和现代早期的法治理念倡导者并没有试图提出合法性法律的严格标准。法治的历史学概念强调人类法律连贯的重要性，以及需要以规范的和非任意的方式应用它。这一观点与自然法理论家提出的法律理念是一致的，但他们认为统治者应当保留相当范围的自由裁量权，而且他们没有限制合法性法律的指导范围。他们主要关心的是确立一项原则，即政治权力的行使必须促进公共福祉，而不仅仅是统治者的特殊利益。

虽然哈耶克赞同对法律作用的这种普遍的看法，但他以休谟关于正义理念的人为本质的论断为基础，制定与"正义规则"的要求相关的合法性法律规范。哈耶克有关正义规则的理念，对法律的范围以及法律能够在多大程度上引导人类的行为朝向追求特定的目的，产生了重要影响。这个挑战，明显地体现在他对功利主义政治理论中的建构主义法律观的尖锐批评中，也体现在对社会自由倡导者的工作的批评中，他们期待现代国家帮助人们追求公共福祉。哈耶克认为，他的正义规则体现了良法服务于社会所有成员的普遍利益的原则。在过去，这些利益受到君主和贵族的威胁，但在致力于将法律视为直接工具的政治理念主导的现代民主国家中，这些利益也被视为处在风险之中。

第四部分

挑战政治权力

在政治思想史上，维持合法统治、稳定和秩序的难点，一直是人们关注的焦点。宪制的安全保障可能受到人类奸猾手段的腐蚀而被规避，或者它们——以及它们所构成的法律体系——可能受到立法者偶然或有意的短视而致使实质性的正义无法实现。无知，或者对自然法的基础的神圣理性的漠不关心，也可能使规范统治者行为的方法失效。为了回应这些问题，许多理论家提出一些理论以论证对滥用手中权力的统治者的反抗的合理性。除了针对合法性权力被腐化的预防之外，也出现了一系列具有明显革命性意义的理论。这些理论推进了重建公正的社会秩序，从而使人类福祉最大化。

对政治权力的挑战通常集中在以下一个或多个问题上。首先，他们质疑政治权力是否按照正式或非正式的规则被获得和行使。其次，他们考虑这些规则是否符合人们普遍认同的信念，这些信念是关于统治者的素质和恰当行使政治权力的结果。最后，经常有人认为，上下级关系必须得到处于从属地位者的同意（Beetham，1991，pp. 16 - 19）。规则、信念和同意的模式，通常具有特定的文化特征，但在某些情况下，它们可能被视为普遍有效的标准在具体地方的应用。例如，如前所述，赋予支持自然法的政府或统治者合法性，反映了关于人类行为与普遍约束性规则之间关系的假设，并非人类决定的事物。

有关政权和统治者合法性的问题，往往与"政治义务"的问题联系在一起。政治义务理论包括义务的客体（"我对谁或有什么政治义务？"）及其范围、限制和正当性（Horton，1992，pp. 12 - 13）。合法性理念和政治义务，都取决于人们对政治权力的正当行使、来源和目的的信念。然而，在认识到这一点的同时，重要的是要意识到，与政治义务相关的问题相比，合法性理念与政治权力的行使更为密切。这些义务不仅涉及服从和正义地征服，而且有可能扩展到道德性而不是法律性的义务。此外，政治义务通常是在"政治共同体"的背景下设定的，而政府只是"政治共同体"这个实体中的一部分。这种更广泛的关系的重要含义是，虽然政治义务通常是指服从那些处于政治权威地位的人，但在这种情况下却不是必然如此。正如我们接下来将要讨论的，人民对他们政治共同体的义务，可能会迫使他们违反特定的法律，甚至试图推翻统治者，或者用更可被接受的政体替换现有政体（ibid.，p. 166 - 167）。换言之，政治义务的相关问题可能会破坏特定规则的合法性，并可能迫使主体寻求更令人满意的替代方案。

第 13 章探讨了一系列理论，这些理论试图证明反抗不公正的统治者是正当的，但是这种反抗并不挑战这些统治者所处的政体的合法性。在中世纪和现代早期的政治思想中，这种路径引发了一些争论，集中在如何应对这些统治者，他们使君主制政体腐化堕落为"僭主制"。革命理论与反抗理论不同，它鼓励推翻政体，而不仅仅是规范统治者的行为，或者在某些情况下，让统治者下台。现代早期的反抗理论可能意味着革命，但成熟的和公开的革命理论是现代世界的。它们在 19 世纪和 20 世纪初的无政府主义和社会主义理论以及非洲和亚洲的反殖民运动中发挥着重要作用。

13 反抗不公正的统治者

反抗理论依据政府的基本原理证明反抗是正当的，它们界定了反抗可能发生的条件、采
取的形式以及有权利进行反抗的人们。在西方政治思想史上，思想家们也提出了"谁能够反
抗？"的问题，一些作者将这项权利限制在有限的人口中，而另一些作者则认为，在某些情况
下，这项权利是一个政治共同体中所有人或绝大多数人所拥有的。

对这些问题的思考，与政府的目的、政治权力掌握在谁手中以及政治权力的运行等相关
思想有着密切的关系。对于将秩序视为政治目的的大多数人而言，反抗是必然成问题的；对
于专制主权理论的支持者而言也是如此。然而，由于反抗可能危及国家的存续，因此毫不奇
怪的是，专制主义的批评者在这个问题上也非常谨慎。这些作者并不比霍布斯或菲尔默更迷
恋无政府状态，他们经常竭尽全力地表明，反抗不公正的统治者，对于巩固政治秩序是很有
必要的，因此，在某种情况下这是一种义务。在这些情况下，反抗理论意味着政治共同体成
员追求的宏大目标以及政治权力的运行方式存在差别，也揭示了臣民和统治者之间的关系。

尽管反抗常常有重要的政治意义，但区分将反抗视为政治之外的理论和将反抗置于国家
结构内的理论是必要的。许多中世纪的理论属于第一类，因为反抗被描述为用于纠正政治的
一种手段。相比之下，一些现代早期思想家指出反抗源于统治者的错误行径，这是国家结构
的一部分。这些理论常常被称为"宪制理论"，因为它们设定合法的政体允许存在有权遏制君
主不当行为的机构和官员。因此，反抗机制是合法的和政治的；它们是国家结构的一部分，
而不是政治外的。

 ## 中世纪政治理论中的反抗学说：阿奎那、索尔兹伯里的约翰、奥卡姆的威廉和马西利乌斯

在中世纪早期，对恰当地应对滥用政治权力，日耳曼王权思想给出了相对直接的和无争

议的理解。日耳曼王权依赖民众的认可，通常通过喝彩和致敬的方式来表达。如果国王的行为明显不公正，那效忠就会被中止；他会被整个共同体或其中的大部分剥夺权力，并提名一位继任者来替代他（Franklin，1969b，p.11）。中世纪后期的基督教王权思想以及政治社会日趋复杂和成熟使得传统的这种方法不再适用。特别是强调"和平与统一"作为主要的政治目标，以及对国家与国王的认同，意味着反抗（伴随着冲突、流血和"动乱"的风险）被视为非常有问题。《圣经》的命令"服从存在的力量"强调了这一点，因为他们认为自己是神选的，并通过神的裁判来维持其地位。圣奥古斯丁的观点也支持这一点，他认为地上之城中已经堕落的成员，应服从严厉的权威，并且由于他们有缺陷的性格和罪恶的行为而应当承受不公正。在这些情况下，统治者的合法性并不取决于其臣民的同意。相反，臣民有普遍的义务服从那些掌握权力的人。

这些关于政治权威的来源和功能的理念，很少或根本没有给合法反抗不公正的君主留下余地。然而，与此同时，人们认识到，统治者可能滥用他们的地位，以至于他们破坏了国家的基本原理。这些互不相容的思想同时存在，意味着中世纪有关反抗的理论具有模棱两可的特征。然而，一些有影响力的思想家谨慎地支持反抗不公正的统治者，他们具体说明在什么情况下可以采取这种行动，并确定了有权从事这项工作的人。这些理论通常专注于臣民应该如何应对"暴政"的问题，或持续地、极端地和广泛地滥用政治权力的问题，这些行为通常蔑视法律且残忍。

阿奎那的禁令反映了中世纪的立场，即臣民有服从世俗统治者的普遍义务。阿奎那将人类社会的统治者与宇宙的管理者上帝相提并论，从而强调这个普遍义务：

> 同样，在上帝创造的自然秩序中，低等级必须处于高等级之下，在人类事务中，下级必须服从上级，这是由自然的和神圣的法律建立的秩序（Aquinas，1959，p.177）。

阿奎那强调，这一义务与人类的宗教义务或基督教自由的理念并不矛盾。因为人类"因基督的恩典而从灵魂的缺陷中解脱出来，而不是从身体的缺陷中解脱出来"（ibid.，p.179），所以世俗统治者有必要管理"外在的"行为。不过，阿奎那认为，对世俗统治者的服从是有限的。例如，基督徒没有义务遵守与上帝命令相冲突的人类法律，他们的"内在行为"也不能受其他人的管理。此外，由于所有人"在本质上是平等的"，统治者不能在诸如生殖等自然功能方面预先对他们进行管理（ibid.，p.177）。然而，如果统治者在这些问题上超越了他们的合法权限，他们应当遭遇"消极的不服从"，而不是反抗。也就是说，臣民应该拒绝服从某些特定的命令，但不要试图直接纠正统治者的行为，或挑战其整体的权威，他们仍然可能受到统治者的惩罚。阿奎那把消极的不服从比作"神圣的殉道者遭受死亡，而不是服从暴君不虔诚的命令"（ibid.，p.183）。然而，他承认，在某些情况下，反抗可能是合理的。

阿奎那借鉴了古希腊的观点，即暴君将统治者的私利置于臣民的福祉之上。因此，暴政与国家的基本原理背道而驰，反抗暴政不是"动乱"，因为暴君危害了共同体的和平与安全，而那些反抗不公正的人只是对滥用政治权力的回应。同样地，不公正的法律不是正当的法律，

不公正的统治者不应被视为政治权力的真正来源。他们的合法性受到破坏，因为他们的行为 *239*
与有关公共福祉本质的被普遍接受的信念背道而驰。

阿奎那关于反抗的讨论集中在暴君的问题上，这反映了他的信念，即自然法加诸人类的
义务，意味着权力是由国王与共同体其他成员所共享的。在大多数情况下，这种安排很难说
反抗是正当的，但暴君的法不是真正的法，因为它不是为了共同体的福祉，凭这一条就解决
了这个复杂的问题。暴君可以被以同样的理由反抗，这些理由证明采取反对任何其他不法之
徒的强制行动是正当的。正如我们将看到的，这一立场的变化，在现代早期的反抗理论中起
着重要的作用。

被称为"索尔兹伯里的约翰"（John of Salisbury）的中世纪英国哲学家，为反抗暴君和
篡位者辩护，理由是这些形式的统治未经臣民的同意。从篡位者的定义来看，这是正确的，
因为他们用武力夺取权力，而暴君也是如此。因为暴虐的统治者不公正地对待他们的臣民，
追求自己的私利，无视共同体的利益，他们必须依靠残酷手段迫使臣民服从，而不是依靠他
们的同意（John of Salisbury，1990，pp. 49 - 50）。约翰明确表示，无论是"有头衔的"暴君
还是篡位者，都能够被他们压迫的臣民合法地反抗和处死：臣民没有义务服从那些制度性不
公正的人，或者那些没有权利统治的人（ibid.，p. 25）。暴君无视正义，歪曲了上帝赐予他
们的权力："作为神的象征，君主应该受到爱戴、拥护和尊敬；而暴君是堕落了的，在很大程
度上甚至会被处死。"（ibid.，p. 191）不过，需要注意的是，约翰认为，暴君是上帝的代理
人，而不是政治共同体的成员。换句话说，他们并非被处死的暴君的臣民；他们是置身于国
家之外行事（Lewis，1954，vol. i，p. 249）。

索尔兹伯里的约翰（1115/20—1180）

约翰在巴黎学习，之后担任教皇和坎特
伯雷两位大主教的秘书。他从 1176 年起担任
夏尔特（Chartres）教区大主教。约翰在他最
重要的政治著作《论政府原理》（*Policraticus*，
1159）中指出，臣民可以反抗并且必要时可以
处死暴君和篡位者。

关键阅读：Nederman，1990.

与下文将要讨论的"宪制性"反抗不同，索尔兹伯里的约翰提出的理论，严格说来并非
政治理论。上帝的代理人不是政治共同体的组成部分，他们与政治共同体的关系不涉及政治
义务问题。约翰的反抗者的私人身份，以及他们是上帝授权的事实，反映出他的信仰，即无
视正义就是亵渎神明。基于这种观点，更加准确地说，反抗的责任是来自人类对上帝的义务，
而不是来自臣民享有的反抗权利。正如我们将要看到的那样，现代早期反抗理论的重要发展，
是从反抗是一种具有政治含义的宗教义务的思想，转变为反抗是一种权利的政治观念。这些
理论是在 16 世纪和 17 世纪发展起来的，但中世纪的两位思想家，奥卡姆的威廉（William of
Ockham）和帕多瓦的马西利乌斯的著作中对该理论的某些方面已有预示。

奥卡姆的威廉 （1280/85—1349）

威廉是方济各会成员，与教皇在阿维尼翁（Avignon）就其著作内容发生争执之前，他曾在牛津任教，之后被迫寻求巴伐利亚的刘易斯的庇护。在剩余的大部分人生中，他抨击自命不凡的教皇。作为一名著名的逻辑学家和神学家，他的主要政治著作是《僭主政体短论》（*A Short Discourse on the Tyrannical Government of Things Divine and Human*，1346）。

关键阅读：William of Ockham，1992.

威廉的《僭主政体短论》主要讨论教皇主张自己对神圣罗马帝国享有世俗的至高无上的地位。威廉在书中主张后者有权反抗前者虚假的和不公正的苛政。不过，威廉在讨论这种情况的时候，提出了一个可以适用于其他政治关系的反抗理念。他否认任何统治者对其臣民拥有专制权力，因为这种关系与基督教自由不相容。"基督的法"（Christ's law）乐见人们自由，并且规定只有在这种情况下，服从身处高位的人才是正当的，即能够促进臣民自身的福祉（William of Ockham，1992，pp. 25 - 28）。威廉认为，在许多情况下，主权是由人类创造的，因此他认为这意味着政治权力能够为创建它的人所反抗。虽然主权者有权对其臣民行使"最高管辖"（*regular* superiortiy），但主权者严重违反正义，为推翻这种关系提供了理由。也就是说，臣民能够偶尔对他们（假定）的上级行使至高无上的权力，以确保权力的行使符合共同体的公共福祉（ibid.，p. 112）。

奥卡姆的威廉的反抗理论的重要特征是它为这项权利提供了一种普遍的基础。在考虑对帝国异端做出适当的回应方面，奥卡姆承认，在这种情况下，教皇有权做出决断，因为他拥有在精神层面至高无上的地位。然而，惩罚非正统皇帝的权利不在罗马教廷（Holy See），而在于选举的君主共同组成神圣罗马帝国的"元老院"。如果这个机构在监督纠正皇帝方面疏忽大意，那么惩罚的职责就转移到"人民"手中，因为他们是皇权和监督皇权的最初来源（ibid.，pp. 159 - 160）。至少在这种情况下，奥卡姆确定了民众反抗的法律和宪制基础，使其成为国家结构的一部分。这一立场在帕多瓦的马西利乌斯的《和平的保卫者》中以一种较为清晰的形式得到呼应。

马西利乌斯在中世纪的众多思想家中显得与众不同，因为他把"和平与秩序"与共和国而不是君主国联系在一起。在马西利乌斯的共和国中，最高统治者受民选议会制定的法律约束（Marsilius，1956，vol. ii，p. 45）。该机构有权规范统治者的行为，并且有权纠正、惩罚或罢免他，如果他的行为违法的话：

> 因为统治者是一个人，他有理解力和欲望，这可能以其他形式（并非法律的形式）比如错误的观念或变态的欲望，或者两者兼而有之，导致他开始做与法律规定相反的事情。因为这些行为，统治者或他的非法行为，将受到那些有权力衡量和监管他的其他人通过法律进行的制裁（ibid.，p. 87）。

对马西利乌斯而言，遵守法律是合法政治行动的关键，并且如果统治者无视这一规定，他们 *241* 的权力就必须被削弱。

马西利乌斯的论述预示了后来的反抗理论，因为它基于这样一种理念，即统治者的非法行为能够通过法律机制被反抗，这种法律机制体现着人民主权原则。因此，人民既是法律之源，也是（通过他们选举的代表）审判和纠正统治者的手段。严格来讲，该理论的特点是，它不能证明反抗统治者是正当的。相反，它是政府的一部分（立法机构）反对另一部分，即统治者。这个过程，类似于混合政体中各要素之间的相互作用，这一点在现代早期的"宪制反抗"理论中非常显著。

◆ 早期革命政治理论中的反抗学说：路德和加尔文

新教改革引发了反抗政治权力的问题，因为在超国家实体如神圣罗马帝国，和统一国家如英格兰、法兰西、苏格兰，对宗教改革的接受和反对并不是一致的。因此，主权者的宗教观念并非常常与其所有臣民的宗教观念一致。当统治者试图将他们的"真正的"宗教观念强加于人时，人们提出了这样的问题，即臣民是否有权抵制那些与狂热的、宗教的正义观念背道而驰的措施。在宗教改革的政治含义中，出现了两种不同的反抗观。第一种立场主要是宗教取向的。它涉及新教徒应该如何回应那些统治者，这些统治者试图将不可接受的宗教教义和实践强加给他们。这些强加的要求与人们对上帝的义务的看法相冲突，并导致他们质疑以这种方式使用权力的统治者的合法性。对这个问题的考虑有时会引发一个单独的问题，即是否应该服从异端的君主，即那些仍然依附于罗马天主教并服从教皇的君主。这个问题意味着坚持一个"真正的"基督教概念是政治合法性的必要条件。

除了这些关于人类对上帝义务的政治含义的问题外，宗教改革时期还出现了一种以统治者的行为和臣民对行为不公正的君主的反抗为重点的观点。这一思想脉络最终导致反抗理论的形成，该理论将服从和真正政治共同体的成员身份联系起来，并拒绝承认那些特征和行为不符合这一要求的政权和统治者的合法性。

处理这些问题的方法受到欧洲各国不同群体所面临的情况的影响。特别是，它们反映了他们对改革者在改革和反对改革的过程中的关键阶段所面临的各种问题和各种可能性的看法。一个重要的问题是，改革者在精英和普通民众中获得的支持的程度。这些背景因素有助于解释为什么许多反抗理论都具有很高程度的矛盾特性，而且措辞含糊不清。然而，即使考虑到这一点，也可以确定许多不同的立场。其中第一种出现在马丁·路德和约翰·加尔文的著作中，他们是"宗教改革之父"；他们的思想提供了一个基准，可以和后来德国与法国更激进的观点进行比较。

在《论世俗权威》（*On Secular Authority*，1523）中，路德提出了一种基于区分世俗政府和精神政府的管辖权的宽容主义，来应对政治当局（这种情况下是皇帝）对宗教改革构成

242 的威胁（Hopfl，1991，p. xviii）。路德界定了不同的权力范围，而不是建立一个与统治者的权力和臣民的宗教义务相关的标准，这意味着他能够拒绝帝国的要求，但是不会削弱他对反抗的普遍性的敌视。路德对已建立的政治当局的支持，以及他强调监管的必要性，反映了他对民众行动的潜在的混乱十分厌恶。他相信上帝创造世俗权威来遏制人类社会的无秩序倾向，进而他认为人类权威的不可抗拒的根源对于实现这个目标是必要的。与后来的专制主权的支持者一样，路德强调统治的个体性质（ibid.，p. xiv），并坚持认为臣民有义务完全服从其主权者。无论是《论世俗权威》的论点，还是路德随后对 1546 年马德堡（Madelburg）发布的反抗理由的认可，都是基于对以下两种反抗的区分，即君主和半主权的行会实体（semi-sovereign corporate entities）对教皇的反抗，以及民众对君主和行会权力的反抗。就普通民众而言，关于政治权力的正当来源以及应该如何行使政治权力的问题，都包含在一种压倒一切的义务之中，即通过无条件地服从"当权者"来过有秩序的生活。

马丁·路德（1483—1546）

路德是撒克逊人，在维滕贝格大学（the University of Wittenberg）学习和教授神学，并接受僧侣的教诲。1517 年，他公开反对天主教的神学基础，标志着西方欧洲基督教分裂为罗马天主教和新教。在应对这种分裂的政治影响的过程中，路德写了许多政治论著，包括《论世俗权威》。

关键阅读：Hopfl，1991.

1525 年的农民起义（Peasants' Revolt），使路德对民众反抗的敌意更趋紧张，一场挑战新教君主权力的运动引起了对路德学说的强烈反对。例如，《致 1525 年 5 月普通农民集会》（*To the Assembly of the Common Peasantry May* 1525）的作者认为，尽管政治权力对于规制不虔诚的人和保护虔诚者是必要的——"如果没有现世的恐惧和惩罚，地狱的酷刑从来就没有那么可怕从而能够使我们远离罪恶"（Anon，1991，p. 105）——但只有真正的基督教权威才是合法的。"真正保护兄弟般的友爱，热心侍奉上帝，他的主，并以父亲般的身份照顾基督的子民"，只有这样类型的统治者才能享有权威（ibid.，p. 106）。这个规定强调了共同体的精神利益和世俗利益，并促进了这样的思想，即合法的统治是基于管理的理念（the concept of stewardship）。它要求拒绝基于虚假的优越性假设的权力理论，这种理论主要是为了统治者的扩张：

> 所有教皇、国王，他们压榨那些虔诚而贫穷的基督徒从而扩大自己的价值，还声称自己是一个更好的人——好像他们的统治权和统治他人的权力是与生俱来的——而并不想承认自己是上帝的服侍者和官员。并且他们没有遵照上帝的命令来管理，以维护我们之间的公共福祉和兄弟般的团结。上帝只是为此而建立和任命权威，而不是为了其他原因。但是，那些为了自己的利益而想成为世俗和精神两方面的权威的统治者，都是虚假

243

的统治者，不配在基督徒中担任最低级的职务（ibid.，pp. 107－108）。

面对政治权力的腐化，臣民有义务进行防御性的反抗。他们有权废黜不虔诚的、没有履行对其臣民和上帝的义务的暴君，这些行径否定了他们政治权力的道德基础。

路德对激进的民众反抗思想的敌意得到了约翰·加尔文的回应。在《基督教要义》（*Christian Institutes*，1559）中，加尔文建立了一种严格的非反抗学说，这种理论基于他的政治权威的必要性理论。他强调，作为"个人"臣民必须完全服从他们的统治者，无论权力是如何被使用的；只有上帝有权惩罚那些滥用政治权力的人。在列举了许多神圣惩罚的例子后，加尔文命令君主"倾听并敬畏"，但他也向臣民发出了严厉的警告：

> 至于我们，……让我们尽最大努力，永远不要控制或侵犯官员的权威，我们应该尊重他们的威严……即使是那些不配掌握权力的人在行使权力，即使他极尽可能地以他的邪恶玷污权威。即使对肆无忌惮的暴政的惩罚是上帝的报复，我们也不能想象，是我们自己被召唤去实施它（Calvin，1991，p. 82）。

然而，加尔文同时也承认，在民选治安官有义务约束不公正统治者的政府体系中，反抗可能是恰当的（ibid.，p. 82）。这种让步是基于这样一种假设，即由于这些地方治安官是权力结构的一部分，严格来说，统治者没有受到他的臣民的反抗。此外，民选治安官的反抗并没有引起政府的合法性问题；它仅仅利用政府的一个要素来纠正另一个要素所犯下的错误，本质上是修复性的。

加尔文对这一问题的处理说明宗教改革派对反抗的模糊态度，但这也标志着一系列理论的开始，这些理论在混合政体中加入了反抗的正当理由。在某种程度上，加尔文支持名义上下级治安官挑战上级的权利，他为与他的法国追随者"胡格诺派"（Huguenots）相关的思想家提出的不那么保守的反抗理论奠定了基础。

◇ 16 世纪晚期的反抗理论：贝萨、奥特芒、莫奈

加尔文关于反抗的言论之所以模棱两可，是因为他坚持认为政治权威是由神定的，即使是不公正的统治者也常常被上帝用来代理他惩罚那些特别糟糕的臣民。加尔文的立场也反映了人们对社会有序改革的威胁所带来的一种广泛的恐惧，这种威胁是由激进的、大众宗派主义者试图掌控改革的进程，以及掌控改革后的"神圣"社会的现任政府所带来的。在加尔文的祖国法国，新教徒，或"胡格诺教徒"，是一个少数群体，但他们由高级贵族成员领导，并怀揣希望，他们的信仰能为信奉天主教的君主所宽容。这些因素加强了那些在实践中敦促谨慎和适度的人的力量，并在提出其政治主张时，表现出一定程度的理论模糊性。然而，时不时地发生的事件带来的压力迫使胡格诺派思想家采取鲜明的立场。1562 年，天主教徒与新教徒之间爆发了军事冲突，由吉斯（Guise）贵族领导的暴力反对胡格诺派发挥了越来越重要的

244

作用，以及诸如 1572 年圣巴托罗缪大屠杀（St Bartholomew's Day Massacre of 1572）等创伤性事件（在巴黎和各省，成千上万的新教徒被杀害）使胡格诺派有必要找到反抗政府的理由，因为政府放任对手的暴力行径。值得注意的是，这一时期的法国政府因宗教思想和专制政府理论而得到加强。正如我们所看到的，对待臣民与君主之间的关系，这些理论的核心是毫无疑问地服从。这种统治形式的基本原理被认为如此令人信服，它克服了所有有关合法性的传统疑问。

在应对这些困难的过程中，与胡格诺派有关的许多思想家发展了重要的反抗理论。这些论述避免了德国某些教派内部的极端民粹主义，在政治思想史上取得了重要而持久的影响。法国的发展，与当时的英国和苏格兰是并行的，后者仍然令人担忧，但敌对环境没有那么一致和具有压倒性。然而，各种胡格诺派的思想家的作品尤其重要，因为它们形成了鲜明的反抗政治概念。这些思想家的理论越来越关注臣民与世俗统治者之间的关系，不认为主权或服从是上帝优先义务的结果。反抗被视为对人类订立的契约关系中的违约行为的回应；这是一项由于人类在创建政治权力中发挥的作用而属于他们的权利，而不是源于基督徒对上帝的责任。因此，服从问题是在政治义务的框架内设定的，而有关权力运行的信念与人们对他们在政治共同体中负有的职责的理解有关。

在这个复杂而又常常踌躇不前的过程中，可以找到四条主要的论证脉络，形成了成熟的反抗概念。第一种观点利用了将反抗视为自卫权利的理论，这种理论通过诉诸个体权利的司法概念来证明反抗的合理性。第二种是建立在路德教理论中"下级行政官"的角色基础上的，即公共官员一般服从君主，但也对普通民众行使权力。下级行政官的角色可以与"监察官"（ephoral）角色的观点相对照，后者是第三条论证路线的核心。"监察官"（该术语源自古代斯巴达的政制）是官员或人民组成的议会，而不是上帝出于宗教目的所任命的。最后一个论点利用自然法的天主教理念来构建国家的契约理论，并以此作为义务和反抗的基础。这些理论证明反抗是正当的，原因在于滥用政治权力意味着违背信仰，臣民会做出惩罚，以纠正或废黜君主（Skinner，1978，vol. ii，pp. 319 - 321）。

诉诸私法是基于这样一种假设，即受到统治者非法侵害者有权行使自卫权，而这种自卫权在个人受到他们的同伴攻击时更为常见。例如，有人声称，皇帝超越其管辖权的行为是私人犯罪而不是合法的主权者的行为（ibid.，pp. 197 - 201）。虽然这一理论对确定谁可以反抗有着根本性的影响，但可以从中得出的个人主义的结论通常被一些论证回避，这些论证表明自卫的主体不是个人，而是下级官员或代表整个社区的法人团体。

与路德有关的温和派使用了这一脉络的论证——通常臣服于皇室的邦君反抗帝国的侵略——但这种论证的更激进的版本是由苏格兰和英国思想家提出的。例如，为了回应玛丽女王（Queen Mary）对英国新教徒的迫害，克里斯托弗·古德曼（Christopher Goodman）得出结论认为这"对于人民而言是合法的，甚至这就是他们的职责"，以确保"每个腐化的成

245

员"被"拿掉,并且上帝的法律既被施加于他们的统治者和治安官,也被施加于其他统治成员"(ibid., p.235)。在古德曼和苏格兰加尔文主义者约翰·诺克斯的理解中,这一论证得到了上帝与臣民之间的"契约"或协议的支持。在这个论证的脉络中,反抗被视为对上帝的责任,而不是人民拥有的权利(ibid., p.236)。因此,路德教徒和加尔文主义者希望建立权威,而不是私人采取反抗行为。

这一转变的优势在于,它避免了私人反抗的危险影响,并且符合传统上给予"掌权者"的优先地位。下级治安官的反抗利用上帝赋予的权力惩罚那些特定的和广泛的不法行为者,他们的不法行为使他们不能再要求其臣民和那些通常从属于他们的治安官继续忠诚于他们。根据路德的助手马丁·布策尔(Martin Bucer)的说法,基督徒治安官有责任维护上帝对普通臣民和拒不服从的上级治安官的明确命令(ibid., pp.205-206)。约翰·诺克斯详细阐述了这一论点,区分了"个人"和"公职",并认为对个人的反抗不会削弱公职的权威。诺克斯采取这种区分的重要一点是,它挑战了圣奥古斯丁(Augustinian)的观点,即暴君是上帝任命来惩罚罪人的:现在可以宣称,尽管统治者的公职是由上帝任命的,但无视上帝意图的统治者应当受到反抗(ibid., pp.225-226)。

无论是其原初的表述还是经过修改的表述,下级治安官被赋予的角色都没有偏离传统观念,即所有级别的统治者都是由上帝任命的。这也适用于那些将核心角色归于"监察官"的权威的理论。这类理论为以主张人民主权为基础而不是君权神授为基础的反抗理论的发展提供了沃土。关于民选议会在反抗统治者不公正强权方面的尝试性和有限的讨论,是加尔文在其《基督教要义》中提出的。这一理论对加尔文的胡格诺派继任者很有吸引力,因为它允许他们向法国贵族中的非新教徒提出请求,这些法国贵族反对法国政府的专制倾向。这一发展的关键人物是弗朗索瓦·奥特芒、菲利普·莫奈(Philippe Mornay)和西奥多·贝萨(Theodore Beza)。

弗朗索瓦·奥特芒 (1524—1590)

奥特芒是一个皈依新教的法国人,他在生命的最后三分之一时间流亡瑞士。他最著名的政治著作《论法兰西宪政》(Francogallia, 1573),深入思考了基督徒应该如何应对暴君统治者的问题。

关键阅读:Franklin, 1969b.

在《论法兰西宪政》中,奥特芒讲述了《圣经》的、欧洲的和法国的历史,强调代表会议在遏制暴君所起的作用。奥特芒指出,对议会的依赖限制了不稳定危险,因为它避免了直接诉诸普罗大众。例如,他指出,在1460年的"共和国战争"(War of the Commonweal)中,武装反抗路易十一,是由"合法的公民大会",即三级会议(Estates General)发起和指导的。这显然不是"全体人民"自发行动的结果(Hotman, 1972, p.443)。但是,尽管他们急于否认莫奈所谓的"多头怪物"人民（"many-headed monster"the people）的反抗权利，加尔文的法国继承者坚持认为，不应容忍暴政。正如贝萨在《治安官的权利》（*The Right of Magistrates*，1574）中所言：

> 我憎恶各种各样的动乱和无秩序，它们像可怕的怪物，而且我同意在苦难中我们所能依赖的只有上帝。我承认，祈祷与忏悔是对暴政的适当的和必要的补救措施，因为它往往是上帝为了惩罚国家而带来的苦厄与灾难。但即使如此，我不认为被众所周知的暴政所压迫的人民除了忏悔和祈祷之外采取合法的补救措施是违法的（Beza，1969，pp. 104 - 105）。

这一论述体现了贝萨在承认传统反对暴政的力量的同时，肯定反抗暴政的决心。这也指出了反抗的本质上的法律和宪制理念，这是 16 世纪后期胡格诺派对该问题的处理方式的特点。最后一点在某种程度上因贝萨的矛盾态度更为突出，贝萨的矛盾态度体现在他坚持，尽管忍受和保持耐心是对宗教迫害的唯一合法的回应，而对暴政的反抗——也就是说，"公认的邪恶包括对政治秩序和王国基本法律的颠覆——建立在"人类制度"（human institution）的基础之上（ibid.，pp. 132，103）。在《论反抗暴君之权》（*Vindiciae contra tyrannos*，1579）中，莫奈提出了非常相似的观点，但他的论点是基于两种不同形式的契约之间的区别：其一是在上帝、君主和臣民之间；另一个只包括臣民和主权者之间。第一个契约，其目的是义务性的"宗教虔诚"，仅由上帝执行其强制力。第二个契约是被设计用来确保尘世的正义，必须由人类机构来执行其强制力（Mornay，1969，p. 181）。

西奥多·贝萨（1519—1605）

贝萨是加尔文教徒，跟随他的导师从法国来到日内瓦，并在 1564 年接替他成为日内瓦归正会（Reformed Church）的领袖。他的政治思想在《治安官权利》中得到了最充分的阐述。

关键阅读：Franklin，1969b；Skinner，1978.

贝萨和莫奈不仅区分了宗教的和政治的君权滥用，他们也认为有必要区分入侵和暴政。关键是，实施入侵者和受害者之间没有契约，这不存在后者必须服从前者的义务问题：他们不是相同政治共同体的组成部分，并且没有权利行使政治权力。任何个人都可以反抗入侵者，因为他们对文明社会造成了威胁。在这种情况下，反抗对于人类生活的基础是必要的（Franklin，1969b，p. 34）。莫奈的这一论述特别明确和有力。他认为"没有头衔"（without title）的暴君只是侵略者。因此，他们可能会因为国际公法（the universal law of nations）所承认的自卫权而受到反抗。入侵也恰恰违反了民法，因为其统治不是名正言顺的。对侵犯宪制性和法律性基础的政治权力的反抗，并非一项权利，因为没有契约，没有基于集体认可的关系，就没有权利。然而，这里有反抗入侵者的义务，因为他们威胁到有益的和有序的人际

交往的基础。入侵者，

> 破坏我们拥有的一切所赖以为基础的社会联合，因为他颠覆了祖国的根基——依据自然、法律和我们的誓言。因此，如果我们不反抗，我们就是国家的背叛者、人类社会的逃兵和法律的蔑视者（Mornay，1969，p. 188）。

然而，莫奈坚持认为，正是基于这些理由，个人有义务反抗没有头衔的暴君，使得他们反抗合法确立的统治者对政治权力的严重滥用是不合法的。他认为，有头衔的暴君是法律的和宪制的结构的一部分，因为他们和他们的臣民之间有一个契约，这使得统治者对权力的主张是合法的。由于私人在这个结构中没有被分配权力，他们就没有权利或义务反抗暴虐的统治者："私人没有权力，没有司法权，也没有统治权或惩罚权。"（ibid.，p. 154）因为个人不掌握"司法之剑"，上帝不能要求他们使用它。但是，既然个人既没有权利也没有义务以臣民身份反抗暴君，但他们有义务追随反抗君主滥用权力的治安官。莫奈强调个人在宪制结构中的无能为力，他指出，在司法主动权不会到来的地方，普通民众只能选择自我放逐或默默忍受。他允许这项禁令的唯一例外是那些特殊情况，即个体受到来自上帝的"召唤"。在这种情况下，他们成为上帝的代理人（而非私人的），并被上帝授予正义之剑。莫奈意识到这种例外可能会被滥用，所以他警告自我欺骗的危险，并制定了严格的标准来界定是真实的来自上帝的召唤（ibid.，pp. 155 - 156）。

菲利普·杜普莱西斯-莫奈（1549—1623）

莫奈是法国新教的主要军事领导者和政治人物，被认为是《论反抗暴君之权》的作者。　　关键阅读：Franklin，1969b.

莫奈和贝萨在他们的反抗理论中，将宪制性角色赋予治安官，这种理论基于一些假设，这些假设与国家性质、主权的目的以及权力运转的结构相关。他们都认为，国家的存在是为了促进公共利益，合法的主权必须为臣民的福利而行使，事实上，主权是臣民为了这个目的而创设的。无论继承的方式如何，君主的权力都取决于人民的同意，这一点通过加冕宣誓等手段来表示和确认，这表明在臣民和他们的主权者之间有了"协议"（pact）和契约。与所有契约安排一样，臣民与主权者之间的契约规定必须实现并受到监督，并在必要时强制实行。在政治上，核心的义务是通过维护公共的法律体系来确保正义。正如莫奈所言， *248*

> 法律就像一种工具，是上帝赐予的……一个国王如果认为服从法律是有辱人格的……那就像一个测量员认为熟练尺子、指南针和其他几何仪器是可耻的和荒谬的一样（ibid.，pp. 169 - 170）。

他认为，由于主权和法律是由共同体所创造的，它们只能通过体现其利益的（相对于个人和私人）合作途径来得到有效的管理和维护。"人民"并不是"整体的，多头的怪物"，而是指"全体人民的集合"，或者"那些从人民那里获得权力的人，即由人民选举或通过其他方式创设的国王之下的官员"（ibid.，p. 149）。作为共同体的代表，这些官员被赋予反抗滥用手中权力的君主的专属权利。只有他们有责任确保契约的条款得到维护，以及主权被用于它被创立的目的。

贝萨提出了这种观点的另一种版本。他区分了可以反抗但不能废黜暴君的、权力更少的治安官，和享有更广泛权力的"三级"代表或会议。这些权力是这样一个事实的结果，即特定的主权者直接从三级会议那里获得他们的权力，而三级会议的责任是人民赋予的：在授权所附加的条件被严重违反时，"那些有权赋予〔君主〕权力的人，也有权力剥夺它们"（Beza，1969，pp. 114，123）。在莫奈的表述中，治安官和议会被描述为王国的"共同保护者"；在正常情况下，他们臣服于主权者，但统治者一旦成为暴君，他们有责任反抗他（Mornay，1969，pp. 191-192）。作为共同保护者，治安官和三级会议拥有独立于君主的权力，但属于国家主权的一部分。正如富兰克林所说，它并不是孤立于国家结构的；他们为选举行为中"隐含"的一系列特定权力控制提供了最终保障（Franklin，1969b，p. 37）。

因此，胡格诺派后期的反抗理论，既是宪法性的，也是大众性的。然而，出于安全和效率的原因，有必要用代表会议将"人民"从无数个个体转变为一个共同的整体。当这些观念被应用到这个问题，即应如何反抗暴君时，它们明确了宪制性的部门作为制衡权力被滥用的合适的机构。通过这样做，他们对政治权力的持续运转给出了一种理解，这种理解符合混合政制的假设。莫奈通过对比合法的"王国"和暴君国来说明这一点：

> 一个构建良好的王国包含了其他良好政制的所有优点，而暴君国包含了坏政制的所有罪恶。王国看起来像贵族制，因为优秀的人被邀请参加皇家议会，而暴君国像是寡头制，最坏的和最腐化的人在其中……王国也像立宪民主制，因为这里有一个议会，所有阶层的优秀分子都被派来审议共和国的事务。暴君国类似于无法无天的民主制，或暴民统治……因为，只要它不能阻止议会，它就会竭尽全力，使用各种竞选和欺骗手段，确保最坏的人被送到议会中。因此，国王的行为类似暴君，王国就会成为一个暴君国（Mornay，1969，pp. 186-187）。

贝萨和莫奈提出了许多论点，这些论点在后来的反抗理论的发展中发挥了重要作用。尽管依附于胡格诺派使他们的方法很大程度上是世俗的或至少是非宗派的，但他们的论点可以被那些不仅仅关心保护新教徒的人所运用（Skinner，1978，vol. ii，p. 321）。此外，这两位思想家都用明显的政治术语论述反抗，不仅把它与宗教迫害联系起来，而且与更普遍的不公正联系起来，这种不公正破坏了国家存在的理由。这一点在莫奈的重点论述中得到了非常明确的体现，即暴政涉及主权者和臣民之间的双边关系，而不是包含上帝、统治者和臣民的三边关系。暴政是错误的，因为它与统治一个政治共同体的成员的条件相背离，而不是因为它扰乱了人类履行对上帝的义务。当然，胡格诺派的思想家认为正义是人类关系的神圣特征，从这个意义上说，他们的反抗理论并不能脱离其宗教观点。然而，与此同时，他们对反抗的政治处理意味着这可以为后来承认个人的反抗权利的说法提供依据。贝萨和莫奈避免了这一激进的结论，他们坚持认为，虽然主权有大众基础，但"人民"在国家的日常管理或用来反抗暴君的矫正过程中不起作用。此外，虽然这些思想家将主权追溯到人民的创设，但他们强调将共同体纳入特定的历史制度中，这意味着他们不需要对个人的原初作用、国家概念产生的条件的性质，或者共同体反抗的权利和创设者的道德地位之间的关系做出明确的论述。胡格诺派思想家因此能够将反抗的权利与一种将这种权利追溯到人民主权理论的危险的潜在的民粹主义隔离开来。然而，他们反抗的方法的特点，可以作为一种更激进的人民主权理论的基础，如英国思想家约翰·洛克在 17 世纪最后几十年提出的理论。

◇　人民主权和反抗理论：洛克

洛克的《政府论（下篇）》写于 17 世纪 80 年代初，但是直到 1689 年詹姆士二世从英格兰、苏格兰和爱尔兰的王位上被罢黜之后才出版。在这本书的最后一章"关于解散政府"中，洛克提出作为一种托管形式的主权论证，他认为，当这种托管关系的条款被违反时，公民社会的纽带就被"解散"了。对于洛克而言，不存在非法政治统治；当统治者的行为或政府结构不符合良好政府的要求时，臣民和统治者之间的关系就不再是政治关系，而是一种非政治的形式，最常见的是奴役和被奴役的关系。托管关系解散的同时也解除了臣民对主权者的义务，并且允许他们反抗不再忠于职守的主权者发出的命令。洛克认为，反抗是个人的权利，但他也认为个人有义务反抗不公正的统治者。

与胡格诺派的前辈一样，洛克将反抗视为对无权或越权行使政治权力的合法回应。不过，他将这一思想从传统的篡权和暴政的范围，扩展到包括某些形式的外来征服。在考虑最后一个问题时，洛克区分了合法的征服，即入侵者的意图是惩罚对其权利的侵犯或其他严重违反自然法的行为，以及入侵构成对权利的破坏的那种情况。行为合法的入侵者有权将违法者置于专制统治之下，但洛克强调这是惩罚制度的一部分；这不应被视为一种政治关系：政治关系涉及臣民和主权者，而不是违法者和惩罚他们的人。然而，如果征服者的行为不公正，如果他攻击那些不应该受到惩罚的人，他们就只是服从他的权力，而不是权威，而且他们也不应服从他（Locke，1967，pp. 412 - 413）。通过让别人恐惧而获得的任何服从的承诺都是无效的，因为征服者和他的受害者之间的关系没有权利基础，被征服者可能在机会出现时推翻征服者。就像反抗篡夺者一样，

要摆脱强权，强权是强力而不是凌驾于任何人之上的权利，尽管反抗它会被污蔑为**反叛**，但在上帝面前反抗强权并不是犯罪，而是他允许和容许的，尽管承诺和契约存在，

当用强力维系的时候，承诺和契约就已经失效了（ibid.，pp. 414 - 415）。

严格说来，征服和篡夺不会产生政治关系，因为征服者和篡夺者所掌握的权力并不是由那些受其支配的人所控制的。暴政的情况有所不同，因为暴君滥用合法获得的权力。暴政是以损害臣民利益的方式"越权行使权力"。正如洛克所言，"法律的消失，就是暴政的开始，如果违反法律，就是伤害他人"（ibid.，p. 418）。统治者的法外行为，洛克认为偶尔可能是必要的，但他坚持认为，只有在符合臣民利益的情况下，才是可以被接受的。在所有其他情况下，"越权行使权力"是暴政性质的，因为它涉及统治者背信弃义，与政治权力的基本原理背道而驰。因此，暴君可以被反抗，就像"任何以武力侵犯他人权利的人"一样（ibid.，pp. 418 - 419）。

洛克关于反抗的言论远没有他的法国前辈那样模棱两可，因为这与他的如下观点有关，即掌握权力的统治者通常信任那些臣服于他的人：

> 谁来判断君主或立法行为是否违背了对他们的信任？……人民应当判断；谁来判断他的受托人或代理人的行为是否良好、是否符合对他的信任，那就是谁授权给他，谁就应该在他失去信任的时候有权收回授权？（ibid.，pp. 444 - 445）

此外，虽然洛克认为臣民应该准备好容忍"轻微的管理不善"和偶尔的"重大错误"，但他强调需要法律的补救途径，并警告那些进行不必要反抗的人将受到人世和上帝的惩罚，他允许臣民有权进行所谓的"防卫式反抗"（anticipatory resistance）。统治者的行动表明他们打算建立一个专制的和专横的统治体系时，臣民可以反抗统治者的强制行为（ibid.，pp. 423, 429）。洛克回应了他的立场可能被视为无政府状态的理由，他指出，"人民"通常对重大的不公正现象反应缓慢，并且指出，不公正的主权者才是真正的叛乱分子，因为他们的行为威胁到共同体的和平，而且无视自然法（ibid.，pp. 433 - 434）。

与本章中其他理论家一样，洛克的反抗理论非常强调其防御性质。也就是说，尽管他承认反抗可能会改变政府的人员和结构，但他暗示反抗行动的目的是恢复现存政制，而不是创建新的政府形式，通过这一点来抵消前述立场的激进影响（ibid.，p. 432）。在这些方面，他讨论了与现存政制结构相关的反抗问题。然而，与此同时，他的理论强调了即使是宪制内的反抗也有超政治层面的问题，因为滥用职权的统治者已不再是"真正的"主权者。

这一点源于洛克对"社会解体"和"政府解体"之间差异的描述。前者的发生，是外国入侵者使臣民沦为奴隶并破坏社会联合，从而导致政治社会或政府解体。然而，除此之外，当社会纽带——每个社会成员同意与同胞联合在一起——保持完整时，政府也可能被解散。立法机构的强行改变、共和国的核心或者最高行政长官的离任，会通过剥夺合法权威者的权力使政府解散。这使得人民可以自由组建新政府或任命新的国家官员。由于社会没有解体，这一过程可能是相对平稳的，并且可能不会对国家保障的成员的普遍利益造成重大破坏。虽然这种可能性消除了霍布斯的《利维坦》的臣民所面临的具有威胁性的选择，但它在政治上和宪法上对统治者提出了挑战。由于政治权威已不复存在，反抗是对合法权力消失所造成的真空的宪法外回应的一种形式。不过，这些回应并非来自自然条件下的孤立的个人，而是来自"人民"，也就是，来自通过协议组成的集体的成员，该协议将个人权力汇集起来并交给主权者。从这个角度看，反抗发生在构成国家基本组成部分的社会框架内，尽管它暂时缺乏自愿的服从和合法统治的独特政治品质。

洛克反抗理论的激进主义明显体现在他的论点中，即"人民"有权评判其统治者的行为，并决定反抗是否必要（ibid., p. 445）。事实上，洛克的论证并没有因为提到低级治安官的作用而受到限制，这标志着他超越了早期法国思想家提出的反抗的宪制性概念。洛克认为，如果统治者拒绝接受人民的评判，他们之间的政治关系就被破坏了："双方剑拔弩张，一方不知道有上级存在，或者另一方不接受评判，这就陷入了战争状态，这样的状态只能诉诸上天，受害一方必须自己做出决断。"（ibid.）当政府仍然存在时，个人不能将立法权掌握在自己手中，但政府解散时，这项权力就转移到他们手中了。因此，政府的解散使得反抗不可能保留给那些在法国反抗理论中起着如此重要作用的低级官员。当"由于当权者的失误（立法权）被剥夺，……它被归还给社会，人民有权作为最高权力继续立法，或建立一个新的形式，或在旧的形式中将其置于新人手中，只要他们认为是良好的"（ibid., p. 446）。

◇ 结论

虽然洛克理论的某些方面讨论的是不一定会导致新的政府形式产生的各种形式的反抗，但他的信念，即政府的解散能够为建立新的政治结构提供机会，意味着它可以被用来证明国家的革命性转变。然而，在很大程度上，洛克延续了他的中世纪和现代早期的前辈，认为反抗是对不公正行使权力的官员，和在篡夺的情况下非法占有权力的回应。当暴君"越权"行使权力时，篡夺者就是在"无权利"行使权力。允许反抗篡夺者的理论反映了一种广泛的假设，即那些非法夺取权力的人不可能以一种可接受的方式使用权力。它们还基于对政治关系必须满足的条件的理解。政治社会由主权者和臣民组成；前者有权进行被后者接受的统治，而且某些情况下可以通过被统治者的同意的概念来解释。然而，主权者的合法性取决于行使权力的方式和目的。

反抗行为具有重要的政治含义，但它们并不总是被视为政治进程中的一部分。理论家将反抗者视为上帝的代言人，那些认为反抗是个人对上帝的义务的理论家，可能会与那些严格以政治术语对待反抗的理论家相冲突。在前一种情况下，反抗是政治关系之外的：它被运用到政治关系中。相比之下，胡格诺派理论家提出的宪制性理论，将反抗与政府制度联系起来：宪制结构中的组成部分，有责任反抗不当行使的政治权力。因此，反抗被视为一种矫正机制，旨在确保普遍合法的结构。反抗理论的这个特征，使它与下一章的革命理论相区别。

14　革命政治思想

上一章讨论的反抗理论和本章将要讨论革命政治思想有很大不同。反抗理论关注的是统治者的行为，而革命的政治思想则涉及对现行政治和社会结构的根本批判，以及提出对其截然不同的替代方案。正如我们已经看到的，许多反抗理论都有宪制性基础，因此反抗是国家结构的一部分。相比之下，革命性变革是宪法外的，因为它旨在对国家进行根本性的改变，所以它认为有必要暴力挑战现有的政治体系和其中掌握政权的人。

本章首先简要论述了古代、中世纪和现代早期的革命理论。然后详细介绍了 18 世纪晚期美国和法国的革命政治思想，以及马克思主义的革命理论和无政府主义者对这些理论的回应。最后介绍了一种重要的革命思想，即 20 世纪下半叶战后反殖民运动背景下的革命思想。

◆ 古代、中世纪与现代早期革命理论：柏拉图、亚里士多德、激进的新教徒和平等派

革命一直是政治史上反复出现的现象，但自觉的革命理论直到最近才发展起来。虽然柏拉图和亚里士多德讨论过革命，但他们无意发展革命理论。柏拉图将革命视为民众道德败坏的结果，这一进程开启了无法无天的暴民统治，并以僭主制告终。亚里士多德将其归因于人群中部分人的欲望——特别是富有的少数人和占大多数的穷人——为了他们不正义的欲望而在城邦中垄断权力。他也将革命与城邦的社会-经济结构的变化联系起来（Aristotle, 1958, p. 213）。在这些情况下，以及在某些部分被完全忽略的情况下，某种意义上革命是合理的。不过，亚里士多德的政治立场是保守的，所以他通常是带着偏见看待革命的。他的观点反映在如下的观察中，虽然只有少数有美德的人才能掌握权力，但他们的道德感，以及他们对革命活动会破坏稳定的认识，意味着他们不会滥用手中的权力（ibid., p. 204）。波利比乌斯和

马基雅弗利也讨论了革命，但他们的重点，就像柏拉图和亚里士多德一样，主要是阻止革命行动。对这些思想家而言，革命是政治变革过程的一部分，这个过程伴随着国家的腐化且其堕落到不可忍受的地步。

在宗教改革期间，革命政治理论首次在一些激进的新教徒中被直接地提出来。虽然主流的新教思想家只是非常试探性地在宪法基础上为反抗辩护，但那些与他们宗教信仰相同的激进人士，则对现有政治秩序提出了革命性的挑战。例如，1525 年德国农民暴动期间，由不知名的作者发表的《致普通民众大会》，反对世袭统治权，理由是它与基督教不相容。他认为这些 "不合法" 的统治者应该被罢免，基督徒应当建立与他们的信仰相适应的新形式的政治权威（Anon，1991）。这类观点认为，个人不必对不公正、不虔诚的统治者承担任何义务，有权根据自己的——上帝赋予的——权利重建自己的政治制度。

在 17 世纪中叶的英国，当国王和议会之间长期的冲突达到顶点时，政治革命的宗教理由也发挥了作用。虽然许多反对国王的人这样做仅仅是因为他们希望恢复被国王及其代理人破坏的宪制，但其他一些人采取了显著的革命立场。在英国内战的早期阶段，一些新教教派的成员认为议会和国王之间的冲突标志着基督和反基督势力之间斗争的 "末日"。他们期待着《圣经》中预言的千禧年，那将是基督本人或他的圣徒开创的正义和繁荣的时代（Wootton，1994，pp. 421 - 422）。虽然宗教因素几乎总是英国革命者的政治思想的核心，但这一时期的两种发展趋势具有更加显著的政治影响。

内战的结果是处死国王，否决君主制和贵族制，建立共和国。虽然共和主义的支持者在某些方面是保守的，但从君主制到共和制是一场革命。平等派（Levellers）提出的一些思想也具有同样的观点。一些平等派成员主张基于自然权利的选举权，而不是基于传统的财产资格的选举权，而且他们也认为，完全基于人民主权的议会应该掌握国家的最高权力。值得注意的是，这些主张并没有试图恢复已经腐化的政制，而是彻底背离当时政府的理念和实践（Foxley，2015）。

从 17 世纪 40 年代后期开始，平等派的幽灵就一直是激进政治的经常性的警告。当他们的思想最终开始获得同情时，先是在 19 世纪早期威廉·戈德文的著作中，之后更多地在社会主义思想家的著作中出现，他们的论述是在革命政治思想变得自觉、明确和相对普遍的情况下产生的。这一发展在很大程度上归功于 1789 年的法国大革命，这一事件标志着现代思想的确立，即革命对于确保以前被排斥和受压迫的大多数人在国家中享有其应有的地位是很有必要的。在一些重要的情况下，革命思想是以对民众受压迫的经济、社会和政治根源的全面论述为基础的。

◇ **自然权利和 19 世纪晚期美国与法国的革命政治理论：奥蒂斯、西耶斯和巴贝夫**

那些抵制英国议会试图向北美殖民地征税的人，常常将他们的主张诉诸历史上的宪制原则。这意味着美国革命的各个方面反映了旧的观念，即革命恢复了先前存在的和优先的事态。
然而，在某些方面，无论是建立一个共和的美利坚合众国，还是用来证明反对英国议会权威
的理由，都意味着英国与其殖民地之间的决裂构成了现代意义上的革命。这种可能性内在于
约翰·洛克的反抗理论中，也存在于源于"自然"而不是法律或习俗的权利诉求中。然而，
除此之外，关于威斯敏斯特宫与北美殖民地之间关系的辩论，指出英国与其殖民地之间政治
分裂的更深层次的社会经济原因。

　　詹姆斯·奥蒂斯的著作可以说明第一点。虽然奥蒂斯的立场不是公开的革命，但他坚持
认为殖民地有权维护他们的自然权利，即使这需要从根本上改变他们的政治体系。在为这一
点辩护时，奥蒂斯基于洛克理论为反抗提出了一种直接的理由："当管理者……背离真理、正
义和公平，他们就走向了暴政，就应该被反对；而如果他们是不可救药的，人民可以废黜他
们，就像 1688—1689 年光荣革命中的英国一样。"（Otis，1766，pp. 21 - 22）臣民反抗的权
利是其自然自由和合法政府必须以同意为基础的要求的结果。因此，个人可以自由选择他们
将服从的政府形式："政府的形式在本质上和权利上是留给每个社会的每个人的，他们可以把
它从一个简单的民主制……变成他们乐意的任何其他形式。这种改变，可以并且应当通过明
示的同意来实现。"（ibid.，p. 16）

　　除了明确政府源于契约，以及人民废黜统治者并建立新政府形式的权利之外，一些美国
殖民地权利的捍卫者认为，殖民地的发展削弱了早期殖民地屈从于英国的根基。这些人认为，
由于合法政府是为了社会的"公共福祉"，如果两个社会之间已经不存在利益的共识，那么其
中一个社会对另一个社会的统治就不是正当的。在 18 世纪 60 年代，这一论证被用来否定英
国政府的合法性，并为在北美重建一个基于当地居民自然权利的政治权威奠定了基础。距离
问题在殖民地与英国的利益相分离中发挥了作用，但这一过程也被视为殖民地经济和社会发
展的结果。它们已经成为不同的社会，而且英国政治精英所坚持的公共福祉的概念已经无法
包括殖民地的利益。在这种情况下，与英国的革命性决裂是唯一恰当的反应（Miller，
1994）。

　　在 18 世纪 60 年代和 70 年代，关于北美政府的政治辩论中的模棱两可的观点，在 18 世
纪 90 年代让位于新的、明确的革命政治理论。如上所述，托马斯·潘恩反对君主制和贵族
制，认为只有代议民主制才与人权相适应。鉴于当时英国政府的结构，潘恩的立场无疑是革
命性的。神父西耶斯对 18 世纪 80 年代和 90 年代法国政府和社会所面临的危机的反应也是一
样的。在《什么是第三等级?》（*What is the Third Estate?*）中，西耶斯认为，传统上对三个
等级（"第三等级""贵族""教士"）的划分是不可持续的，因为现在法国只有一个等级。西
耶斯认为，第三等级就是"国家"，即由自愿参加形成的每个人的平等的联合。由于贵族赖以
存在的封建结构已经不复存在，这个阶层没有权利要求特殊的政治地位。在体现国家"公意"
的平等联合中，没有特权阶层的位置（Sièyes，1963，p. 58）。

阿贝·西耶斯（1748—1836）

西耶斯在巴黎大学（Sorbonne）接受教育，并于 1772 年被任命为教士，在法国大革命爆发前，他担任了许多教士职务。在 1789 年初，西耶斯发表了《什么是第三等级?》，随后通过选举进入三级会议，在这里他拟定了将三级会议并入国民议会的决议。西耶斯在 18 世纪 90 年代的政治中发挥了重要作用，他与拿破仑一起建立了督政府，为帝国的兴起铺平了道路。1815 年波旁王朝复辟时，他因参与反对路易十六的斗争而被迫流亡。

关键阅读：Forsyth, 1987；Rubinelli, 2018；Sonenscher, 2015.

256

在反对贵族和教士的政治主张时，西耶斯提出法国政府的革命性变革方案。他主张"国家"应建立一个适合于实现其利益的政治结构，这一主张加强了这种变革的影响。这个结构由制宪会议建立，它维护和发展公民的自然和公民权，并以服务于这些目的的方式分配政治权利。虽然西耶斯认为君主制在代议制政府中有其作用，但他并非从传统的角度来考虑这个问题。对他而言，君主制是有价值的，因为它避免了将所有行政权和立法权置于单一议会所固有的危险。因此，西耶斯建议大臣应该由君主选任，但应该对议会负责。国王不对议会负责，而是对制宪会议负责，他的权力来自制宪会议（Forsyth, 1987，pp. 176 - 179）。君主，如同政府的其他分支，是由人民创设的并且应当对人民负责。

西耶斯政治思想的革命性也体现在他的如下假设中，即人类有权自行重建他们的政治制度。在他的论证中，西耶斯诉诸"理性"和"平等"原则，作为体现真理和正义的永恒标准的新秩序的基础。这种愿望在当时法国革命人物中很常见，罗伯斯庇尔（Maximilien de Robespierre）（激进的反贵族雅各宾派的主要成员）在 1789 年末对国民议会的演讲最有力地表达了这种愿望："从世界的起源始，永恒的天意就在召唤你，靠自己在人间重建正义和自由的国度。"罗伯斯庇尔认为，这项事业是制度和人性本身的再生。以往，人性被不平等的政府形式的压迫和不公正的影响腐蚀。现在有必要用"共和国的所有美德和奇迹代替君主制的所有邪恶和愚昧"（Tholfsen, 1984，pp. 64，69 - 70）。

然而，在大革命后期，巴贝夫（Gracchus Babeuf）和他的追随者认为，仅仅政治革命是不完整的也是不稳定的。巴贝夫坚持认为，1794 年的新宪法标志着对真正的革命原则的倒退，因为它放弃了男性普选权，而支持选民要具备相对较高的财产资格。他主张彻底的民主，主张利用民主的国家力量来消除严重的不平等，这种不平等破坏了法兰西共和国所确立的形式平等。正如巴贝夫所言，"人类联合的首要和基本前提是承认这项隐含的权利，即改造社会和政治体系的目的是促进每个人的幸福。这项权利通常是不成文的，但它是绝对不可被剥夺的"（Babeuf, 1972，pp. 35 - 36）。

257

巴贝夫的"平等派的密谋"（conspiracy of the equals）在采取行动实现其目标之前就被揭破了，但必须在社会和政治革命中实现自由和平等的思想，成为 19 世纪社会主义政治思想的一个重要特征。社会主义者将现存社会描述为存在着固有的不公平，他们试图用各种安排取代不平等和压迫性的社会和政治制度，从而实现所有社会成员的自由和平等。19 世纪一些重要的社会主义思想家认为，为了达到这些目的，必须采取暴力行动。最重要的社会主义理论，是由马克思主义者和无政府主义者提出的。

◇ 马克思主义革命理论：马克思和恩格斯、考茨基、列宁、斯大林、托洛茨基、葛兰西

和他同时代的许多人一样，马克思希望推动人类社会的彻底变革，从而实现人类的真正解放，而不只是将其当作一种梦想。马克思认为，农业革命和工业革命意味着现在有可能满足所有人的物质需求，但他认为，只有从所有先前存在与现有的社会和政治结构的压迫性不平等中解放出来，这些好处才能实现。因此，革命的马克思主义者呼吁废除私有财产和国家，同时呼吁物质资源的共同控制，并且建立旨在满足人类需求的分配制度。

马克思和恩格斯相信，他们为理解资本主义和摧毁资本主义的革命进程，建立了科学的基础。这一理论建立在对欧洲社会历史发展的分析基础上，形成了他们的历史唯物主义的概念。他们认为，资产阶级是通过成功地剥削那些没有资本的人的劳动力，从以前封建的生产方式中产生的。随着时间的推移，这个过程产生了包括两个主要阶级的社会结构——资本家或资产阶级和无产阶级。无产阶级是一个没有财产的阶级，为了获得最低限度的物质生存资料，不得不出卖自己的劳动力。

作为在经济上占主导地位的资产阶级，其发展壮大为最终统治现代国家奠定了基础。这一过程的标志是革命的爆发（17 世纪的英国和 18 世纪晚期的法国），它使这些国家的社会和政治结构发生了改变。英国革命和法国革命标志着封建精英阶层的覆灭，他们被控制着现代社会的主要生产资料的阶级——资产阶级取代。资本主义挣脱了封建社会强加给它的束缚，建立了政治制度，这种政治制度以或多或少公开的方式，确保国家成为"管理整个资产阶级的共同事务的委员会"（Marx，1973，p. 69）。马克思和恩格斯的历史理论，为指出资本主义生产方式所固有的发展趋势提供了基础。他们的分析侧重于资本主义生产方式的基本原理，及其对现代社会的阶级结构和资本主义自身的发展与灭亡的影响。

卡尔·马克思（1818—1883）和弗里德里希·恩格斯（1820—1895）

马克思（与弗里德里希·恩格斯）是以他名字命名的政治思想学派的创始人。他在德国出生并接受教育，但后半生流亡伦敦。他在伦敦撰写了大量关于经济学、社会学和政治学的文章，并在欧洲各种社会主义运动的内部政治中发挥了积极作用。他的政治著作包括《德意志意识形态》（The German Ideology，在他死后出版）和《共产党宣言》（The Communist Manifesto，1848），两本书都是与恩格斯合著的。恩格斯也出生在德国，他的大部分时间是

在英国度过的,在那里他管理着家族庞大的纺织企业中一个成功的分部。除了与马克思合著的作品,他还写了《家庭、私有制和国家的起源》(*The Origin of the Family*, *Private Property and the State*, 1884),这是一部关于资本主义的兴起对家庭和性别关系的影响的富有影响力的著作。从 19 世纪 60 年代开始,马克思和恩格斯就积极参与欧洲社会主义政治。

在《资本论》中,马克思对"资本主义"的方方面面进行了批判性的论述,资本主义是 19 世纪欧洲经济最发达国家所特有的社会和政治关系体系。他引用的大部分经济和社会数据都是来自英国的资料,但马克思将他的论述置于一个广阔的历史框架中,并引用了一系列古代和现代的资料来阐述他的观点。他认为,到 19 世纪,西欧社会从中世纪承继的信仰体系、社会关系和政治结构已经发生了翻天覆地的变化。这一转变带来了生产力的惊人增长和巨大的技术进步,但它也导致了财产所有者之间的巨大鸿沟("资产阶级"成员)和大多数贫穷劳动者("无产阶级")——他们靠向资本家出卖劳动力为生。随着资本主义的发展,这些阶级变得越来越公开敌对,将社会分成两大阵营。剥削、对抗和贫困化意味着,尽管资本主

义社会的大多数成员创造了经济资源,但他们无法实现自身的潜力,也无法在与人类同胞的关系中找到满足感。在资本主义社会,就像在它之前的那些社会一样,统治阶级利用国家权力来保护自己的利益,并创造复杂的意识形态结构来使其统治地位合法化。

无产阶级是为了满足资本需求而产生的,他们日益经历的贫困状况,将消除任何挥之不去的对现代国家是无私利的幻想,这会帮助巩固其阶级认同感和共同利益,并将其塑造成一支革命力量。最终,无产阶级将利用资本家之间日益激烈的竞争造成的资本主义的脆弱性,发动一场成功的革命,并夺取国家的控制权。革命者将利用国家权力摧毁资本主义制度,同时利用其生产潜力,通过建立在自由人自愿合作基础上的社会关系来满足人类的需求。

虽然马克思主义只是 19 世纪从社会主义角度对资本主义进行批判的众多理论之一,但在 20 世纪,当 1917 年俄国十月革命的主要领导人以及中国和南美的其他革命者开始接受马克思主义时,它就具有重大影响力了。

关键阅读:Avineri, 1968;Carver, 1991;Elster, 1986;Hunt, 2009;McLellan, 1986;Stedman Jones, 2017;Wright, 2015.

为了最大限度地提高资本和劳动力的盈利能力,资产阶级发展社会生产能力,从而到现在能够满足人类的基本物质需要。然而,资本主义的发展导致了人数众多的被残酷剥削的贫困阶层——无产者。中世纪的处理雇主和雇员关系的惯例的腐化,经济增长刺激下的人口增长,以及机器的使用,都促进了剥削。这些发展工人阶级的传统保护形式被破坏,削弱了他们在不受管制的劳动力市场中的谈判地位;它们导致工人之间的激烈竞争和工资下降到维持人类生活所必需的最低水平。除了这些物质形式的赤贫之外,还增加了由绝望的过度工作所带来的贫困,由使人类的劳动屈从于机器超人能力的趋势所带来的贫困,以及由使人类活动、人类需求的满足和社会交往成为痛苦而不是利益来源的生产系统所带来的人类精神的贫困(ibid., pp. 70 - 76)。

马克思和恩格斯认为，理解资本主义的潜在的基础，是解释由此产生的革命力量的关键。其中最主要的是人数众多且日益增长的不满的无产阶级，他们被剥夺了经济和技术发展带来的物质利益，遭受着资本主义生产方式特有的非人的生活和劳动条件。这一潜在的革命无产阶级对资本主义构成的威胁，将因资产阶级内部运作的失败而加剧。例如，资本家之间日益激烈的竞争产生了商业危机，

> 社会所拥有的生产力已经不能再促进资产阶级文明和资产阶级所有制关系的发展；相反，生产力已经强大到这种关系所不能适应的地步，它已经受到这种关系的阻碍；而它一着手克服这种障碍，就使整个资产阶级社会陷入混乱，就使资产阶级所有制的存在受到威胁。资产阶级的关系已经太狭窄了，再容纳不了它本身所造成的财富了（ibid., p. 73）。

马克思和恩格斯分析的结果是，革命行动被赋予了强烈的积极意义。革命对于人类社会发展的进程是必要的，而且是造福全人类的。在资本主义制度下，无产阶级被剥夺了所有的特殊利益，只剩下人性。因此，马克思和恩格斯认为，无产阶级的事业是全人类的事业，无产阶级的解放将意味着人类的解放。

马克思和恩格斯认为资本主义是一种全球现象，而不仅仅是一个国家或欧洲的现象。由于欧洲增长的最发达经济体中的资本家之间的竞争，导致他们在海外寻求新的市场，某些情况下，他们在那里建立生产和贸易业务。由于资本回报是主要目标，这些发展没有顾及现有的民族生产地位，而对欧洲国家内部的经济造成严重压力。不过，它们也创造了对新产品的需求，改变和同质化了民族文化。

260

> 过去那种地方的和民族的自给自足和闭关自守状态，被各民族的各方面的互相往来和各方面的互相依赖所代替了。物质的生产是如此，精神的生产也是如此。各民族的精神产品成了公共的财产。民族的片面性和局限性日益成为不可能，于是由许多种民族的和地方的文学形成了一种世界的文学（ibid. , p. 71）。

对于那些成为资本家、寻求新市场的国家和帝国而言，变革同样意义深远。资本主义"迫使一切民族——如果它们不想灭亡的话——采用资产阶级的生产方式；它迫使它们在自己那里推行所谓的文明，即变成资产者。一句话，它按照自己的面貌为自己创造出一个世界"（ibid.）。这种强迫有时仅仅是由于欧洲将资本主义的力量强加于前资本主义社会，但也是欧洲资本和欧洲国家联合的结果。因此，在印度次大陆（Indian sub-continent），资本家、（英国）东印度公司（政府创造的垄断企业）和英国政府在当地的统治者，以及商人的联合影响力，摧毁了印度共同体的传统结构，并使印度人的经济活动完全服从于英国资本的需要。马克思和恩格斯认为这些发展对于全球资本主义的出现是至关重要的，并由此为革命性的变革准备了条件。

对于印度这样一个和欧洲一样大的、幅员 15 000 万英亩的国家，英国工业的破坏作用是显而易见的，而且是令人吃惊的。但是，我们不应当忘记：这种作用只是整个现存的生产制度所产生的有机的结果。这个生产建立在资本的绝对统治上面。……资产阶级历史时期负有为新世界创造物质基础的使命（ibid., p. 324）。

因为全球资本主义被认为是一个恶性的相互依赖的系统，马克思和恩格斯预计，遥远而不发达的国家发生的事件将对西方最发达的经济体产生造成危机的冲击波。因此，在 1853 年，马克思预言中国会发生大规模的农民起义，并由此导致茶叶贸易的中断和对英国商品需求的下降，进而将会引起英国制造业和农业领域的劳动力危机（ibid., p. 330）。

通过将革命与资本主义社会的发展联系起来，马克思和恩格斯确信无产阶级革命可能发生的条件。（革命的）关键是资本主义的充分发展，即它成为全世界的而不仅仅是在某个国家范围内的主导生产方式，并将无产阶级转化为有效的革命力量。

如果还没有具备这些实行全面变革的物质因素，就是说，一方面还没有一定的生产力，另一方面还没有形成不仅反抗旧社会的个别条件，而且反抗旧的"生活生产"本身、反抗旧社会所依据的"总和活动"的革命群众，那么，正如共产主义的历史所证明的，尽管这种变革的**观念**已经表述过千百次，但这对于实际发展没有任何意义（Marx & Engels，1968，pp. 29 - 30）。

马克思和恩格斯在其最早的著作中提出，一旦这些条件得到满足，无产阶级革命将成为不可避免的"历史必然"。1848 年的《共产党宣言》强调无产阶级夺取国家权力，并利用这一权力为无阶级、无国家的社会革命创造必要条件：

工人革命的第一步就是使无产阶级上升为统治阶级，争得民主。

无产阶级将利用自己的政治统治，一步一步地夺取资产阶级的全部资本，把一切生产工具集中在国家即组织成为统治阶级的无产阶级手里，并且尽可能快地增加生产力的总量。

．．．．．．．．．．．．

当阶级差别在发展进程中已经消失而全部生产集中在联合起来的个人的手里的时候，公共权力就失去政治性质。……如果说无产阶级……用暴力消灭旧的生产关系，那么它在消灭这种生产关系的同时，也就消灭了阶级对立的存在条件，消灭了阶级本身的存在条件，从而消灭了它自己这个阶级的统治。

代替那存在着阶级和阶级对立的资产阶级旧社会的，将是这样一个联合体，在那里，每个人的自由发展是一切人的自由发展的条件（Marx，1973，pp. 86 - 87）。

马克思后来完善了这一说法。他认为，无产阶级不仅要掌握现存的国家机器，而且需要将其转变为真正民主的政府制度。因此，他在晚年反思 1870—1871 年的巴黎公社（Paris Commune）时，非常强调"工作"，而不是公社的单纯的"议会"性质。巴黎公社为真正的民族的政府提供了一种模型："公社体制会把靠社会供养而又阻碍社会自由发展的国家这个寄生赘瘤迄今所夺去的一切力量，归还给社会机体"（Marx & Engels, 1973, vol. ii, p. 222）。虽然早期的革命者错误地试图控制现存政府机器并完善其运作，但公社试图将其转变为激进的社会和政治变革的工具（ibid., p. 224）。传统的资产阶级国家是一种阶级工具，对它的控制不是一场可行的革命的组成部分。相反，马克思认为革命是一个超越阶级利益的过程；因此，有必要建立一个民主结构，将政治权力导向普遍目标的实现。

资本主义的全球影响造就了一个国际工人阶级和一个世界性的资产阶级。马克思和恩格斯将这两大敌对阶级视为国家和国际舞台上的主要行动者。随着世界各地的工人越来越多地受到国际资本主义的控制，在人们越来越认识到劳动力对资本的普遍服从，以及所有工人的共同利益不断获得理解之前，任何残存的民族团结意识都消失了。1864 年，马克思在国际工人协会（the International Working Men's Association）的一次演讲中，敦促该协会采取共同的反外交政策，以对抗西欧的资产阶级政权。这种方法反映了"使私人关系间应该遵循的那种简单的道德和正义的准则，成为各民族之间的关系中的至高无上的准则。为这样一种对外政策而进行的斗争，是争取工人阶级解放的总斗争的一部分"（Marx & Engels, 1973, vol. ii, p. 18）。

马克思和恩格斯理论的影响在德国最为直接，一个非常大的在选举中获胜的政党——社会民主党（SPD）应运而生。1891 年，该党采纳了《爱尔福特纲领》（Erfurt Programme），这标志着该党将自己定位为一个革命的党，而不是"改良的"党。在对该纲领的评论中，出生在捷克的马克思主义"修正主义者"卡尔·考茨基（Karl Kautsky）将"改良主义"（试图从现有结构中缓解资本主义的问题）与社会民主党采取的革命立场进行了对比（Kautsky, 1971, p. 89）。然而，尽管考茨基接受了马克思主义的思想，即革命地废除私有财产是不可避免的，但他认为实现这一目标可能需要几个阶段。而且，他认为，如果将社会改革放在最终革命斗争的背景下来看，它可以成为可行的社会主义计划的组成部分。它将为工人阶级提供部分的和暂时的救济；它可能刺激经济发展，也可能通过加速资本主义中小的和日益边缘化的部门的消亡而加速革命的进程（ibid., p. 184）。

卡尔·考茨基（1854—1938）

考茨基出生于布拉格，在维也纳大学接受教育，19 世纪 70 年代末，他从激进的捷克民族主义转向社会主义。考茨基最初与奥地利社会党有联系，后来成为德国社会民主党的主要成员。考茨基的《无产阶级专政》（*The Dictatorship of the Proletariat*，1918）标志着他对革命进程的理解，与共产党领袖列宁所宣扬的观点之间存在明显的分歧。

关键阅读：Salvador, 1979.

在提出这些观点时，考茨基向当时的马克思主义思想家提出了挑战，他认为工人阶级试图在资本主义社会的结构中追求的社会和政治目标，本质上是相互矛盾的。相反，他认为参与工会活动在组织的和教育的收获，可以提高无产阶级的政治效力。这一点对考茨基来说非常重要，因为他认为活跃的、有政治意识的无产阶级可以利用议会制度来推进其革命愿望。例如，他坚持认为，无产阶级将通过选举手段控制一个国家，议会行动将带来社会的革命变革。考茨基含蓄地背离了马克思对巴黎公社的立场，他认为无产阶级参与选举政治，可以改变议会的性质，并且极大地增加工人的政治影响力：

> 每当无产阶级作为自觉的阶级参与议会活动时，议会的性质就发生了变化。它就不再仅仅是资产阶级手中的工具。事实证明，这种参与……是最有效的手段，可以打破无产阶级至今仍存的冷漠分化，并给他们以希望和信心。它是使无产阶级摆脱经济、社会和道德堕落的最有力的杠杆（ibid.，p. 188）。

考茨基的评论发表十年之后，列宁在其发表的宣言中含蓄地挑战了这一立场，他是布尔什维克的领导成员，布尔什维克在当时还是一个相对微不足道的俄国马克思主义政党。在《怎么办?》中，列宁声称，只有当无产阶级的行动由注重反对资本主义斗争的"政治"方面而非"经济"方面的理论知识精英领导时，无产阶级的革命潜力才能得到发挥。这些精英必须推翻国家，而不是仅仅试图从资产阶级那里获得经济上的让步。列宁在这一点上的论述涉及对工人阶级冒进主义（working-class activism）的批评。他声称，工人阶级的自发活动只会产生有限的"工联主义的意识"。"阶级政治意识**只能从外面**灌输给工人，即只能从经济斗争外面，从工人同厂主的关系范围外面灌输给工人"（Lenin，1975，vol. i，pp. 152 - 153）。这一立场与考茨基的观点大相径庭，考茨基认为工人阶级意识可以在整个劳动运动中发展。考茨基相信，马克思主义的科学细节将由知识分子来研究，但他坚持认为，对于社会主义者，没有必要从经济斗争之外引入革命意识（Kautsky，1994）。

1917 年，由于列宁试图将其思想应用于俄国革命，列宁和考茨基的立场之间的冲突达到了顶点。布尔什维克夺取政权后，列宁发现自己不得不将马克思主义的革命思想与一种情况联系起来，即主要的革命力量是致力于保留其最近获得的土地所有权的农民，而不是致力于改造社会和国家的无产阶级。列宁和考茨基对社会主义革命的不同理解，导致他们在 1917 年至 1918 年的公开决裂。在《国家与革命》一书中，列宁对"考茨基主义"发起了攻击，声称这一派别的马克思主义者"忘记、抹杀和歪曲这个学说的革命方面，革命灵魂"（Lenin，1975，vol. ii，p. 240）。列宁反对这种所谓的马克思主义中立化，坚持认为有必要进行一场暴力革命，摧毁资产阶级国家政权的机器，取而代之的是一套新的但仍然是强制性的、拥有权力和意愿来促进被压迫群众的利益机构（ibid.，pp. 243 - 244）。必须摆脱资产阶级国家其独特的官僚、军事和政治结构，取而代之的是模仿巴黎公社的真正民主的管理形式。这一新的政治实体——不再是"国家本身"——将反映先前受压迫的大多数人的意愿，并追求其利益。

因此，革命国家将实现列宁所声称的革命马克思主义的本质，即将革命前的阶级斗争扩展为革命后的"无产阶级专政"（dictatorship of the proletariat）。这一时期，不可避免地会出现：

> 实际上，这个时期必然是阶级斗争空前残酷、阶级斗争的形式空前尖锐的时期，因而这个时期的国家就不可避免地应当是**新型**民主的（对无产者和一般穷人是民主的）和**新型**专政的（对资产阶级是专政的）国家（ibid., p. 262）。

264　列宁对这种新民主形式的结构和目的的论述，反映了他对当时俄国革命无产阶级数量不足的认识。这也反映出俄国的经济发展水平与马克思认为是革命共产主义出现的先决条件的经济发展水平之间的差距。在这种情况下，列宁将无产阶级专政的领导角色确定为其革命先锋队——共产党。列宁不接受无政府主义者关于革命性的社会变革需要人性变革的主张，列宁坚持认为，

> 我们希望由现在的人来实行社会主义革命，而现在的人没有服从、没有监督、没有"监工和会计"是不行的。但是所需要的服从，是对一切被剥削劳动者的武装先锋队——无产阶级的服从……我们工人**自己**将以资本主义创造的成果为基础，依靠自己的工人的经验，建立由武装工人的国家政权维护的最严格的铁的纪律，来组织大生产，把国家官吏变成我们的委托的简单执行者，变成对选民负责的、可以撤换的、领取微薄报酬的"监工和会计"（当然还要用各式各样的和各种等级的技术人员），——这就是**我们**无产阶级的任务，无产阶级革命实现时就可以而且应该从这里**开始**做起（ibid., p. 273）。

列宁将这些严格的措施与后革命进程的开始联系起来，并将其置于"原始民主"最终复兴的乌托邦式的背景之下，"在社会主义下，'原始'民主的许多东西都必然会复活起来，因为人民**群众**在文明社会史上破天荒第一次站起来了，不仅**独立地**参加投票和选举，**而且独立地**参加**日常管理**"（ibid., p. 324）。他还设想有一天，甚至作为一种统治形式的民主本身也会消亡（ibid., p. 303）。但是，近期社会革命的进程必须由无产阶级先锋队的专政来推进。这股力量将消灭资产阶级，并领导全体人民。

列宁对考茨基的论战包括攻击他对马克思革命理论的国际关系含义的观点，以及对资产阶级国家内部发展的观点。在《帝国主义是资本主义的最高阶段》（*Imperialism, The Highest State of Capitalism*，1916）中，他列举了所谓的考茨基对马克思主义的偏离，并指出他没有看到欧洲金融资本（相对于工业资本）的大规模输出必然会使欧洲主要大国在争夺帝国主义主导权中互相对抗（Lenin, 1975, vol. i, pp. 702-703）。正如他的著作的标题所表明的，列宁将英国、法国、德国和俄国之间的帝国主义竞争视为资本主义全球化的高级阶段，这一点马克思曾在半个世纪前描述过：

> 帝国主义是发展到垄断组织和金融资本的统治已经确立、资本输出具有突出意义、国际托拉斯开始瓜分世界、一些最大的资本主义国家已把世界全部领土瓜分完毕这一阶

段的资本主义（ibid.，p. 700）。

在列宁所说的"百万富翁们的全国委员会即所谓的政府"（ibid.，p. 630）的帮助下，资本主义体系达到了它的最高阶段。因此，它越来越容易受到经济竞争和政府支持者之间的冲突所引发的危机的影响。虽然资产阶级政府可能会结成旨在镇压无产阶级的临时联盟，但国际环境不可避免地动荡不安，而战争和经济危机之后只会恢复短暂的平衡。

在1916年写的一篇文章中，列宁指出，资本主义在全球的不平衡发展意味着社会主义革命将首先在少数最先进的资本主义国家发生，并将受到其他资本主义国家的进攻。这种情况将需要一个"革命社会民主的国际性方案"，包括革命的社会主义政权和资本主义国家之间的战争，以抵抗其对革命的威胁，并协助无产阶级获得解放（ibid.，p. 742）。这些冲突是"唯一正当的革命战争，即反对帝国主义资产阶级的国内战争"（ibid.，p. 744）。列宁将国际政治的这些发展与革命政权在国内政治中发挥的作用等同起来，他在一次批评不重视国际非军事化观点的社会主义者时提到这一点。这样的举动只会使政权落入资产阶级之手。就像无产阶级专政利用国家的强制力来维护社会主义革命对反政府武装的直接成果一样，为向共产主义过渡创造条件，因此革命的共和国武装起来对于保证全球的革命浪潮是必要的。

考茨基极力反对列宁关于革命进程的构想。在《无产阶级专政》中，考茨基重申了他早期关于非暴力革命可能性的观点，并且肯定了资产阶级议会制度在组织工人阶级和培养觉醒意识方面的作用（Kautsky，1983，pp. 101，114）。他还指出，列宁关于无产阶级专政的思想与社会主义者的革命的本质的理念是不相容的。社会主义包括废除"一切形式的剥削"，也包括废除列宁的无产阶级专政。考茨基声称，马克思曾用"无产阶级专政"一词来描述每当无产阶级获得政权时必然出现的一种状态，而列宁则将其转变为政党代表阶级进行统治的政府形式（ibid.，pp. 114，116）。这种统治体制与向社会主义的转变是完全不相容的。

> 长期的内战状态，或作为替代的独裁统治的状态，以及大众的完全的冷漠和无望，使建设社会主义的生产体系几乎是不可能的。然而，少数人的专政……必然导致内战和冷漠（ibid.，p. 120）。

针对这种彻底变革的错误和危险的理念，考茨基强调有必要区分"社会革命"、"政治革命"和"内战"。内战是列宁理论的结果，也是考茨基同时代的德国人罗莎·卢森堡（Rosa Luxemburg）和她的革命的斯巴达克联盟（Spartacus League）中的同盟所追求的目标（Luxemburg，1971，pp. 371-373），内战将阻碍革命进程。虽然考茨基承认"政治革命"可能会有暴力，但他认为，除非资产阶级拒绝接受民主议会的合法措施，否则"社会革命"的过程基本上可以避免内战的危险。也就是说，

> 创造新的生产方式，带来了整个结构的深刻变革。这是一个可以持续数十年的漫长的过程……执行的方式越平和，就越成功。内战和对外战争是其致命的敌人（Kautsky，

1983，p. 121）。

因此，"社会革命"只有在其最后的远期阶段才是真正革命的，而不是眼前的或短期的。考茨基认为应该采取谨慎的态度，因为社会主义的最终胜利将取决于普通民众的启蒙，而这一过程不能仓促进行。

列宁的政治思想主要集中在俄国马克思主义者面临的独特问题上。他们还要应对革命后的局势。然而，在某些方面，被压迫的民众的代表夺取权力仅仅是革命的马克思主义最终目标——共产主义社会——实现过程中的第一步。由于这些原因，列宁主义可以被视为一种发展的理论，以及一种革命的政治理论，这一点也适用于列宁的继任者（Kautsky，1994）。共产主义的实现，需要俄国经济基础设施的发展和普遍的无产阶级意识的增长。第一项任务意味着共产党必须利用农民的劳动来养活民众，并提供盈余以支持工业和基础设施的发展。

后列宁主义思想认为无产阶级革命的国际层面被放弃了，或者至少被推迟了。约瑟夫·斯大林采用的"社会主义在一个国家内胜利"的观点证实了这一点，这个观点最初是由尼古拉·布哈林（Nicolai Bukharin）提出的，试图以此使独自利用俄国资源的经济和政治发展进程变得合法化。斯大林在 1924 年默认了这一学说，并在他的《论列宁主义的几个问题》（*Problems of Leninism*，1926）中对此进行了强有力的阐述。"社会主义在一个国家内胜利"依赖于

> 其他国家无产者的同情和支援⋯⋯但无须其他国家无产阶级革命的预先胜利，无产阶级可能夺得政权并利用这个政权来在我国建成完全的社会主义社会（Stalin，1934，vol. i，p. 300）。

斯大林极为不同意列昂·托洛茨基（Leon Trotsky）提出的"不断革命"（permanent revolution）思想。

托洛茨基被认为对"自马克思（和恩格斯）的《共产党宣言》产生以来所进行的社会主义革命的预测进行了最激进的重构，如果不是修订的话"（Deutscher，1954，p. 150）。他认为，俄国的特殊条件——不平衡的发展产生了一个先进的但是在地理分布和数量上有限的工业资本主义集团，这个集团依附于：一个专制国家；一个相对较小但有凝聚力的城市无产阶级；一个庞大的、不满的、极度落后的农民阶级；和实际上不存在的独立资产阶级——这使得可持续的革命不太可能发生。托洛茨基因此希望俄国无产阶级建立一种消除封建和资产阶级因素的"不断革命"制度，发展社会经济基础，并且培养广大民众的社会主义意识。虽然无产阶级最初会与农民结盟，但它的政策会与农民以及社会中其他"落后"的因素产生冲突。由于无产阶级在数量上是软弱的，而革命只有在外部支持的情况下才能存续，托洛茨基的不断革命思想必然具有国际层面的考虑：

> 如果没有欧洲无产阶级的直接支持，俄国的工人阶级就无法继续执政，也无法将其

暂时的统治转变为持久的社会主义专政（Trotsky，1969，p. 105）。

20 世纪 20 年代，苏联面临的形势，使"社会主义在一个国家内胜利"成为唯一可行的路径，而且托洛茨基也默认了这一点。然而，他仍然严厉批评他的政治对手的革命路线。他警告说，如果不能根除官僚主义，苏联将面临滑向资本主义的危险（McLellan，1979，p. 139）。这些趋势需要通过一场政治革命来扭转，这场政治革命将使无产阶级恢复到其在革命社会秩序中的适当位置。矛盾的是，这种批评显示了一种对革命的政治层面的态度，这种态度与 18 世纪 90 年代在法国首次出现的情况并没有明显不同。

俄国革命是革命的马克思主义政党第一次成功夺取政权，这意味着它提供了一个重点，鼓励、引导并在某些情况下指导其他国家的马克思主义革命者。因此，20 世纪马克思主义传统的理论工作者，试图将他们的立场与马克思主义观点和俄国的经验联系起来。后列宁主义革命理论的一个重要特点是试图确定在俄国的特殊环境下的革命理论和策略上的含义，并衡量在何种程度上有必要产生不同于列宁和他的继任者所提出的各种革命的马克思主义理论。20 世纪马克思主义思想的这一方面在葛兰西（Antonio Gramsci）的著作中表现得很明显。

葛兰西对革命政治思想的主要贡献是对"霸权"（hegemony）思想的发展，葛兰西分析了该观点对进程的影响，在其中政治发挥了重要的作用，并且他试图将革命党的回应与既有的资本主义社会的具体现实联系起来。基于列宁坚持认为无产阶级需要将一系列反资本主义的因素焊接成一支有效的革命力量，葛兰西将霸权思想发展为一种普遍的理论。一方面，该理论解释了不同阶级如何能够在不完全依赖武力威胁的情况下维持其主导地位。例如，葛兰西认为，在西方民主的背景下，

> "正常"实现领导权的特点是采取各种平衡形式的强力与同意的配合，而且避免强力过于显然地压倒同意；相反地，甚至企图达到表面上好像强力依靠大多数的同意；并且通过所谓舆论机关——报纸和社团表现出来。因此报纸和社团的数量在一定条件下人为地增加起来（Gramsci，1971，p. 80）。

268

然而，另一方面，这一理论也为革命活动中设定议程的方面发挥了重要作用。葛兰西拒绝革命变革的确定性解释，他主张资产阶级社会的霸权必须受到体现真正的社会利益的无产阶级反霸权的挑战。革命是一个过程而不是一个事件，需要知识分子和工人在革命党的架构内相互作用而形成反霸权（counter-hegemony）。

安东尼奥·葛兰西（1891—1937）

葛兰西是意大利主要的马克思主义理论家，曾任意大利共产党总书记，并当选为议员。1926 年，他被法西斯监禁，并一直在监狱中直到去世。葛兰西最重要的作品《狱中札记》（*Prison Notebooks*）写于 1929 年到 1935 年，并于死后出版，他试图在马克思主义传统中重新强调知识分子和政治行动的重要性。

关键阅读：Sassoon，1987.

意识形态和文化因素在葛兰西对革命前的、反革命的和革命后的霸权的分析中具有重要地位。因此，他认为反霸权的革命力量的发展需要发展无产阶级文化。只有当政党与大量工人阶级参与的一系列组织和活动互动时，这一要求才能得到满足。

> 首先，[政党]包含了工人阶级中最优秀的那部分，这是一个与非党的无产阶级组织直接相关的先锋队，共产党常常领导这些组织。其次，由于其经验和权威，共产党是唯一能够集中无产阶级斗争组织，并因此将工人阶级的政治组织转变为它自身的管理机构。党是无产阶级的最高级的阶级组织方式（Sassoon，1987，p. 81）。

这些互动的多样性，以及它们必然发生在一个动态的环境中的事实，意味着政党是一个不断发展的实体，而不是一个僵化的固定结构。它承担着政治教育角色，需要互动和参与，而不是集中指导。因此，需要为无产阶级霸权奠定基础，这对党的内部结构和党员在更广泛的工人阶级文化中的互动方式都有重要影响。

269 霸权思想在葛兰西对革命之后的形势的理解中也发挥着重要作用。和其他马克思主义者一样，葛兰西认为夺取政权是革命过程中的一个重要的阶段。他还强调需要利用国家权力来改造社会生产关系，并进一步发展无产阶级文化霸权。这一进程的结果是新型国家的产生（ibid.，p. 132）。

在此处，正如他的理论的其他地方，葛兰西提出要注意革命党所面临的现实的复杂情况。这种考虑，在决定革命党夺取国家政权的斗争过程中也起着作用。在讨论革命策略时，葛兰西提出"运动或机动战"与"阵地战"之间的区别。第一种交战是直接攻击。在葛兰西看来，这种情况只有在类似沙皇俄国这样的社会中才有可能出现，在这种社会中，国家缺乏由资产阶级霸权文化支撑的根深蒂固的社会的支持。在更加发达的社会中，"阵地战"——一个长期的过程，包括寻找针对占据统治地位的资产阶级的更合适的阵地，并发展最终能够削弱它的反霸权的文化结构——更为合适。

葛兰西区分革命性变革的路径基于他对两种危机的辨别，这两种危机为激进运动提供了不同的契机。有机体的危机标志着一个社会的社会结构和上层建筑之间的断裂，这是由统治的霸权内部根深蒂固的错位造成的。这种危机为策略战（wars of manoeuvre）开辟了道路，它不同于葛兰西所说的由统治阶级内部暂时的紧张关系或政治精英中特定的成员失去信心所引起的臆测的危机。臆测的危机经常引起统治人员的变动，但并不威胁统治阶级的霸权。然而，它们可能为从事阵地战提供契机，推进反霸权从而为将来的革命行动提供基础（Gramsci，1971，pp. 232-238）。

◆ **马克思主义革命政治与妇女解放：克拉拉·蔡特金**

271 在《共产党宣言》中，马克思和恩格斯将家庭确定为传统制度之一，这种制度已被资本

主义造成的经济和社会变革有效地摧毁。这一思想在恩格斯后来的著作《家庭、私有制和国家的起源》中得到采纳。他认为，通过摧毁作为经济单位的家庭，资本主义将工人阶级女性从传统的父权制控制下解放出来，并将她们置于与男性同等的地位。在这两种情况下，自由纯粹是形式上的，因为男人和女人现在都受到剥削、剥夺和异化，马克思主义者认为这是资本主义生活不可避免的后果。然而，出于同样的原因，无产阶级男性和女性在为推翻资本主义，以及为共产主义之下人性的解放铺平道路方面有着共同的利益。因此，作为无产阶级的成员，男性和女性具有共同的和互斥性的身份。在恩格斯去世后的几十年里，德国马克思主义社会民主党的领袖克拉拉·蔡特金（Clara Zetkin）运用恩格斯的一些关键思想，确立了无产阶级女性在革命政治中的独特地位。

蔡特金的立场源自她对资本主义社会中不同社会阶层的女性所追求的女性解放思想的分析。对于上层阶级的女性而言，解放意味着她们和她们的财产摆脱了丈夫的控制。一旦这一目标达到，她们将能够控制她们自己的事务，充分享受由丈夫和父亲代表她们行使的特权。中产阶级女性的情况则大不相同。男性在政治上的主导地位使男性垄断了专业性的和管理性的职位，并将女性排除在"职业向人才开放"的竞争原则之外。因此，她们无法改善财务状况，也无法成功地通过教育获得的智识和技术来积累资本。由于中产阶级女性参与的经济活动只能通过政府采取的取缔对她们歧视的行动来保障，这个阶层的女性致力于确保其政治参与的权利。相比之下，无产阶级女性已经充分参与到劳动力市场，并构成不断增加的越来越多的廉价劳动力，使生产成本降低。她们与工人阶级中的男性成员处于平等地位，在竞争日益激烈的劳动力市场自由地与他们竞争就业岗位。

克拉拉·蔡特金（1857—1933）

蔡特金出生于德国萨克森，最初受他的父亲——一名小学教师教育。随后，她在莱比锡的一所师范学院接受高等教育，并在该市担任教师。在职业生涯早期，她与马克思主义德国社会民主党有联系，并开始终身致力于其革命事业。蔡特金在编辑社会民主党的女性杂志和反对试图取缔女性专门组织的行动中发挥了关键作用。1918 年至 1932 年，她流亡苏联，是德国共产党的创始成员，并担任德国议员。在 19 世纪 80 年代的新闻作品和演讲中，蔡特金对激烈的马克思主义辩论做出了贡献，辩论是关于资本主义对女性和家庭地位的影响。她主张女性在革命的政治组织中具有独特的性别角色。

关键阅读：Dollard, 2016; Zetkin, 1984.

272

但是，当无产阶级女性从她们的丈夫和父亲那里获得经济独立时，正如恩格斯所言，她们成了资本的附庸。此外，在她们与男性竞争的范围中，她们的"解放"加剧了她们阶级所有成员所遭受的剥削。"从丈夫的奴隶变成雇主的奴隶……然而，资本家并不满足于仅仅剥削女性本身；他们利用女性劳动力去更加彻底地剥削男性劳动力"（Zetkin，1984，p. 47）。虽然蔡特金认为，工人阶级的女性在经济意义上与工人阶级的男性是平等的，但她认为与传统父权关系中对女性的控制相比，资本主义对女性的利益的影响更为不利。"如果在家庭时代，一个男人有权利……偶尔用鞭子驯服他的妻子，那么资本主义现在是用资本驯服她"。和男性一样，她们形式上的自由是以挫败她们过上人类有价值的生活的能力为代价的。不过，对女性而言，这包括履行特定性别的家庭角色的能力。"无论是作为一个人，还是作为一个女人或妻子，她都有可能发展自己的个性。作为妻子和母亲，她的任务只剩下收拾资本主义生产从桌子上掉下来的面包屑"（Zetkin，1984，p. 77）。因此，在资本主义下，女性处于双重不利的地位：她遭受了作为工人和作为女性的双重痛苦。无产阶级的劳动是一种异化的负担，而不是人类集体满足其物质、社会和心理需求的手段。然而，对于无产阶级女性来说，它还有一个额外的缺点，那就是破坏了她们实现自己独特的诉求，这些诉求源于她们在繁衍后代和养育子女中的角色。

从短期来看，蔡特金认为，通过中产阶级女性运动追求她所确定的政治目标，可以消除女性因性别而带来的劣势。这将允许无产阶级女性组织工会，并寻求合法地减少工作时间，从而在一定程度上减轻女性就业对男性同行工资的不利影响。这也将为她们提供机会，重新承担作为妻子和母亲的一些责任，这些责任由于她们被纳入资本主义劳动力中而受到损害。不过，蔡特金认为，这些责任必须放在工人阶级女性在无产阶级革命斗争中的地位以及这场斗争的更广泛的背景下来看待。因此，社会主义政党应该促进工人阶级女性的社会主义事业，而不允许她们被非革命的女性主义所促进的排他性事业分散注意力："我们不能进行专门的女性宣传，而是在女性中宣传社会主义。……我们的任务必须是把现代无产阶级女性吸收进我们的阶级斗争中！"（ibid.，p. 79）与此同时，蔡特金强调革命社会主义不应忽视无产阶级女性对推进这一事业所能做出的独特贡献。因此，她指出她们在用革命的马克思主义原则教育下一代工人阶级子女，以及支持和鼓励她们的丈夫在有阶级意识的无产阶级中和努力确保共产主义方向中站稳立场方面的关键作用（ibid.，p. 82）。在蔡特金看来，共产主义下人类生活的根本重塑涉及建立在革命进程中预先塑造的形式之上的家庭变革：

> 一旦作为经济单位的家庭消亡，取而代之的是作为道德单位的家庭，女性将成为丈夫的具有平等权利、平等创造力、平等目标导向、不断前进的伴侣；她的个性将蓬勃发展，同时，她将最大限度地完成作为妻子和母亲的任务（ibid.，p. 83）。

◈ 革命无政府主义与马克思主义批判：巴枯宁和克鲁泡特金

社会无政府主义宣扬一种无阶级、无国家的未来愿景，这类似于革命马克思主义的终点。无政府主义者强烈批评资本主义的物质和道德内涵，他们相信，通过工人阶级和受压迫的农民进行的国际革命，资本主义将被推翻。与其他革命社会主义者一样，无政府主义者认为法国大革命既给了他们灵感，也给了他们警告。特别是 18 世纪 90 年代早期的事件凸显了自由和平等的纯粹形式概念的局限性，巴贝夫阴谋失败的结果充分说明了这一点。

无政府主义者的主要目标是普遍的政治权力，特别是最高权力在国家中的来源。无政府主义者将资本主义的强迫视为以国家为中心的普遍压迫体系的一部分，并扩散到各种经济、社会和宗教领域。无政府主义革命的目的是摧毁国家和那些由国家维持并赋予其合法性的压迫性机构。

虽然 19 世纪社会无政府主义的主要人物认为革命迫在眉睫，但他们对革命的原因和性质的看法却大相径庭。例如，蒲鲁东倾向于非政治性倡议的社会变革，他不支持暴力革命。他认为进行这种变革的时机已经成熟，因为当代社会的不公正已经上升到刺激个人克服自私冲动和发展合作能力的程度。相比之下，巴枯宁和克鲁泡特金将革命的思想作为其无政府主义的核心组成部分。虽然这些思想家认为，无政府主义的出现是 19 世纪深层次的历史进程的结果，但他们都没有采纳马克思的历史唯物主义理论。巴枯宁认为无政府主义是人类意识发展的结果，这一发展的条件是，权力是令人遗憾的但又是必要的恶，转变为权力既无存在的必要并且是退化的。例如，在解释"至高无上的存在"或上帝的错误观念的普遍性时，巴枯宁将其归因于"人类发展过程中历史性的必然错误"，这种错误曾被用来解释明显无法解释的自然现象（Bakunin，1973，p. 122）。

克鲁泡特金是从进化论的角度论述无政府主义的。正如我们所看到的，他认为互助是一种自然而有益的互动模式，既有利于动物的繁衍，也有利于人类的发展。克鲁泡特金将权威、压迫和国家视为知识和道德进化进程中的畸变，其发展的结果是无政府主义。这个进程的特点是两个传统之间的一系列冲突：威权主义和帝国统治的"罗马"传统，以及反映互助原则的影响的自由主义和联邦主义的"大众"传统（Kropotkin，1903，p. 41）。互助原则是人类进步的关键，它从未被扼杀，即使在资本主义社会也是如此。不过，资本主义的主要特征——否认平等，依赖国家强制力维系的经济和社会压迫体系——与互助是互不相容的。进步需要摧毁资本主义和国家，建立自由的联合公社体系，让法国大革命的理想——自由、平等和博爱——成为现实。鉴于国家强制力与资本主义的紧密关系，如果不采取革命行动，这种彻底的变革是不可能实现的。

在他们对革命进程的论述中，巴枯宁和克鲁泡特金都高度重视人们本能的正义感和对强制权力的天然厌恶。这些本能意味着，革命是民众的愤怒自动爆发的结果，源自深层次的反抗精神，这种精神在传统政治结构的压制下幸存了下来。这一立场的一个重要结果是，19 世纪无政府主义思想家拒绝依赖搞阴谋的精英，而这正是布朗基革命理念的基石。他们还对他们所认为的马克思主义革命社会主义传统的一些方面抱有敌意，认为这将扭曲革命的进程，仅仅是创造了一个新的政治秩序。这种恐惧在 19 世纪末 20 世纪初的革命史上发挥了重要的作用，引发了马克思主义者和无政府主义者之间一系列的激烈的意识形态对抗。在这些争论中，革命的马克思主义和革命的无政府主义之间出现了一些重大的分歧。

首先，巴枯宁和克鲁泡特金都质疑马克思理论的科学地位。他们声称，马克思的唯物主义没有经验基础，而且其适用方式是教条和机械的。特别是，巴枯宁反对这样的观点，即革命意识的发展需要资本主义的发展。巴枯宁认为，革命意识是本能和永恒的，不必等待特定形式压迫的出现。他认为，真正的科学是从人类存在的事实出发，然后建立起解释和解决问题的思想体系并梳理这些事实。当这种方法应用于政治时，它重视民众的实际愿望、感受和知识——这些是政治事实。无政府主义依赖于

> 275

> 广泛的群众方法，即真正的和完全的解放的方法，接受任何人故而是真正大众的。它是无政府主义社会革命的方法，这种方法在人民内部自发产生，摧毁一切反对适应大众生活的东西，从而在人民生存的深层次中创造出自由社会存在的新形式（Bakunin，1990，p. 133）。

克鲁泡特金认为，马克思主义的科学地位，因其忽视经验数据和未能考虑进化论的经验而受损（Crowder，2015；Kropotkin，1970，p. 152）。

巴枯宁将他的一般方法与马克思及其追随者的著作的方法进行了对比，认为无政府主义的革命观反映了大众对自由、平等和博爱的本能，并认识到，人民愿望的实现必须通过发展和运用人民自身的意识来实现。无政府主义的关键洞见是：

> 相信大众在他们自己或多或少的历史进化的本能中，在他们的日常需求中，在他们有意识和无意识的欲望中，含有他们未来的组织形式的所有要素，我们在人们自身中寻找这个理想（Bakunin，1990，p. 135）。

克鲁泡特金也提出了类似的观点，他声称无政府主义"起源于人民的建设性、创造性活动，所有公共生活的制度都是通过这种活动在过去发展起来的"（Kropotkin，1970，p. 149）。

尽管巴枯宁革命生涯的大部分时间致力于建立等级化的革命组织，但他认为这些组织不会在革命过程中起领导或指导作用。例如，他拒绝尝试激进地教育农民。尽管表面如此，但这些善意的姿态也包含着精英对人民的强制。巴枯宁坚持认为，精英唯一可以发挥的作用是煽动"人民"采取独立行动，并让他们看到解放的可能性（Bakunin，1990，p. 200）。

◆ 反殖民与革命政治理论：法农

> 276

鉴于马克思所认为的帝国主义的作用，即通过获得新市场和新投资领域来维持资本主义赢利能力的战略，毫不奇怪的是，反殖民主义者经常采纳马克思著作中的观点。第二次世界大战后，西欧主要大国影响力下降，激发了非洲、中东和东南亚当地原有的独立运动。从 20世纪 40 年代末开始，出现大量致力于将殖民势力驱逐出去的独立运动。由于这些运动必须与当地的和列强的势力抗争，同时，也由于争取独立的斗争伴随着从根本上重组国家政治、社

会和经济组织的愿望，追求独立需要发展和宣传革命纲领。在一些国家，特别是印度，解放和革命变革主要通过非暴力手段，并产生了一套独特的理论。

　　然而，在其他地方，反殖民被认为需要暴力革命行动。接下来的讨论考虑了弗朗茨·法农（Franz Fanon）的思想，他的思想涉及阿尔及利亚试图摆脱法国国家政治统治的行动，以及阿尔及利亚当地人的利益屈从于众多法国殖民者的利益。他认为，外部的和内部的直接统治的综合影响，导致殖民地内部社会深刻的和普遍的非人化（dehumanisation），只有在殖民力量和殖民者被驱逐时才能解决这一问题。当地人民的完全解放，需要重建前殖民地的社会、经济和政治生活，使人们能够发展过上不受任何形式统治的生活的能力。虽然法农对这一目标的理解是通过他对马克思著作的研究得出来的，但他认为，本土文化中包含着这种生活方式得以生长的种子。

弗朗茨·法农（1925—1961）

　　法农出生于马提尼克岛（Martinique），在法国接受过医学和精神病学方面的培训，之后，在阿尔及利亚反抗法国殖民统治期间，服务于一家医院。经历了这场非常残酷的冲突，他成了阿尔及利亚的代言人。法农最重要的政治著作《全世界受苦的人》（*The Wretched of the Earth*，1961）和《为了非洲革命》（*Towards the African Revolution*，1964）探讨了殖民地和后殖民地背景下人类解放的条件。在某种程度上，法农的政治思想得益于马克思，但也融入了他在精神病学训练和实践中获得的对人类福祉状况的洞见。

　　关键阅读：Hansen，1977；Guegan，2015.

277

　　法农对传统的马克思主义关于革命过程的论述提出了三点修正。第一，他认为殖民社会中统治阶级与从属阶级之间的关系，与马克思在他对资本主义，甚至前资本主义社会的描述中所描述的关系有很大不同。殖民地没有占统治地位的资产阶级和可识别的无产阶级，也不符合前资本主义生产方式的传统论述。欧洲在资本主义社会之前，统治阶级被文化上根深蒂固的观念（如神权观）合法化，这些观念反映了被人们普遍接受的人类道德联合的信念。相比之下，殖民地社会的特点是统治精英（来自当地文化之外）和当地人之间存在着分明而不可逾越的区别，他们公开和系统地剥削当地人民。资本主义和前资本主义社会中决定阶级成员身份的特征，与殖民地社会是不相干的：

　　　　在殖民地，来自别国的殖民者用枪和机器实行统治。无视其成功的移民，也不考虑他侵占资源，他也仍然是一个外国人。区分统治阶级的既不是其拥有工厂，也不是不动产，也不是银行存款。统治阶级首先是那些来自其他地方的人，那些与原住民不同的"其他人"（Fanon，1967，p. 31）。

　　第二，殖民者统治的外来性质及其对暴力的依赖，意味着解放需要驱逐殖民者，并由当地人开垦殖民地及其资源。暴力革命是一种自发的产物，是对殖民遭遇的回应，不需要精英的培育：“摧毁殖民世界……是一幅非常清晰、非常容易理解的行动的精神图景，它可以由殖民地的每个人所构想”（ibid.，p. 31）。

第三，因为殖民地缺少传统的无产阶级，他们只能通过以农民为基础的革命才能获得解放。尽管法农在这个问题上的观点与毛泽东在 20 世纪 30 年代和 40 年代所坚持的观点相似，但他并不认为建立资产阶级民主是革命活动的合适的目标。相反，他认为，将殖民地从殖民主义的桎梏中解放出来，仅仅是人类不断解放过程中的第一步，这一过程与传统的马克思主义模式不同。法农声称，由于前殖民地缺乏真正的资产阶级，它们往往会走向经济停滞和政治压迫。为了避免这些结果，有必要利用争取民族独立的斗争作为文化和政治革命的跳板（launching pad），这将开创一种类似于马克思所认为的真正民主的解放形式。不过，对于法农而言，这个目标可以通过社会交往的合作传统来实现，这种传统植根于殖民地社会的农村地域的大众文化之中。

在法农的分析中，剥削是殖民地社会的特征，它被视为殖民化非人化本质的最明显表现。反殖民对于摆脱这一桎梏并建立创造“新人”所需要的条件是必要的：“被殖民化的‘物’在解放自身的同一过程中成为人”（ibid.，p. 28）。法农将革命理解为一个过程，这对革命的开展方式有着重要的影响。反殖民的革命目标应该是彻底破坏殖民地社会的关系结构——“最后的目标应该是第一位的，第一个目标应该是最后一位”（ibid.，p. 28）——以及破坏殖民者传入且为殖民地精英和从属阶级的特权成员所采用的意识形态上层建筑（ibid.，p. 36）。

当地（但主要是西化的）精英的行动和言论往往在大众中形成一种势头，这种势头很快就会超过那些在民族主义政治政党中占据领导地位的人的有限的（且大部分是自利的）意图。这些政客寻求与他们的殖民统治者妥协，以维护他们的地位和城市中的拥护者，他们试图利用大众暴力的爆发作为这一进程中的工具。在这种情况下，法农希望农民成为反殖民主义的革命的核心：

> 处于阶级体系之外的饥寒交迫的农民，是首先能够从暴力革命中获得回报的被剥削者。对农民而言，没有妥协，也没有达成协议的可能性；殖民和反殖民只是力量的角逐。被剥削者明了，他的解放意味着要使用一切手段，而首要的就是武力（ibid.，pp. 47－48）。

在他对独立战争的论述中，以及在他对后殖民时期继续革命进程的必要性的批判中，法农强调斗争进程对农民意识的积极影响：“群众动员……将共同事业、国家命运和集体历史的观念引入每个人的意识”（ibid.，p. 73）。法农认为，这些观念源于社会价值观，这些价值观在农村仍然占主导地位，但移居城市的人已经抛弃这套价值观了。革命经历使人们对这些价值观的普遍依恋重新焕发活力。因此，革命行动被视为驱逐殖民势力和净化当地人民现有生活的一种方式，从而为新解放的国家内集体革命意识的进一步发展提供基础（ibid.，p. 105）。

不过，法农警告，解放可能受到前殖民国家传统的政治、经济和意识形态影响的威胁，也可能受到当地文化中潜在的剥削因素"民族资产阶级"的威胁。在西方资本主义的背景下，资产阶级发挥着重要的作用，但后殖民世界的"民族资产阶级"除了与那些自私自利和自我维持的军事及政治精英狼狈勾结外，不能要求任何统治权：

> 在欠发达国家……不存在真正的资产阶级；只有一小撮贪婪的特权阶层，寡廉鲜耻且贪得无厌，以唯利是图的心态，攫食前殖民强权余留的蝇头小利。这个暴发户式的中产阶级毫无伟大理想和创造力。这……细微地……甚至不是欧洲的模仿，而是一幅讽刺漫画（ibid.，p. 141）。

279

法农认为，以地方为基础的管理系统（一个"自下而上"的政党）和农民之间的有益的互动，是基于当地主动性的自然发展的结果，能够为革命进程的第一阶段提供驱动力。后殖民社会必须利用争取独立斗争的经验来推动革命目标，包括重点发展农村经济和人力资源。不过，法农认为，国民革命的物质利益必须置于人类解放的架构之内。在追求这一目标的过程中，革命者必须建立起一种集体利益感，这种集体利益感将普通民众包括在内，使他们成为经济和政治主动权的源泉。促使人类生活发生这种转变的关键是，让公众接触一种互动的和参与式的政治教育方案：

> 对群众进行政治教育并不意味着，也不能意味着只是发表政治演说。这意味着要坚持不懈地、充满激情地说服他们，一切都取决于他们自身；即如果我们停滞不前，那是他们的责任，如果我们不断进步，那也是因为他们，我们没有退路，也没有哪个人能够对一切负责，所以造物主就是人民自己，魔幻的双手最终只能是人民自己的双手（ibid.，p. 159）。

虽然法农的革命理论是从推进民族独立斗争开始的，但重要的是，它赞同马克思主义的伦理目标是推进人类普遍目标的一种手段："个人经验，因为它是民族的，是民族存在链条中的一环，因而不再是个人的、有限的和萎缩的，而是能够揭示民族和世界的真相"（ibid.，p. 161）。因此，对法农而言，民族意识的发展是通往普遍解放道路上重要而短暂的一步。

280

◇ 结论

反抗理论家们界定了统治者应该遵守的一般准则。他们认为现有的制度能够体现这些准则，并且相信它们通常得到了统治者和臣民的认可。相反，革命思想家认为，基本的人类愿望的实现，与传统政治的价值观和实践都是不相容的。必须剥夺阻碍人类进步的个人和阶级的权力，政治和社会关系必须被彻底重组，以便能够促进政治的真正目的的实现。

革命理论指出了现有政治结构的根本缺陷，提出了更令人满意的替代方案，并寻求找到实现革命目标的必要的策略。革命通常被视为创造社会变革先决条件的一种方式，但是现代革命思想的一些形式是不同的，因为它们强调社会和政治结构的相互依存性。因此，有人认为，实质性的政治变革需要从根本上改变社会结构，特别是物质资源的分配，对社会内部的权力关系有很大影响。

社会革命与政治革命之间的联系，是马克思主义传统的显著特征，不过这一思想在革命无政府主义中、反殖民理论中，如法农提出的理论，占有重要地位。除了将革命视为社会和政治事件外，这些思想家还强调革命的普遍意义。虽然早期美国和法国的革命思想基于对"人权"的呼吁，这些呼吁集中在特定的一些州，但马克思主义者、无政府主义者以及反殖民革命理论家，挑战那些在形式和范围上被视为全球性的压迫性制度。

法农关注被剥夺者，视被剥夺者为自己未来的缔造者和变革过程中的推动者，他的反殖民革命理论，与当时探索后殖民世界的内涵与需求的历史学家和政治理论家的关切联系在一起。这种情况只能用"从属性"（subalternity）概念来概括，它既敌视以欧洲为中心的西方自由主义，也敌视激进的变革，包括马克思主义。通过关注被剥夺的人，"从属性研究"试图界定摆脱了殖民统治后的共同体生活的特征。它们被视为与构成西方政治和社会思想的理念截然不同的也不相容的思想。这些思想包括公共和私人之间的区别、传统和现代之间的区别，这些区别在自由主义思想的许多种类中起着重要作用，也包括与马克思主义相关的阶级概念。这种方法的特点与强调"差异"有重要的相似性，"差异"在当代政治理论的其他方面发挥着突出的作用。

尽管法农的反殖民革命理论拒绝一些西方的价值观，并且强调恢复和扩展本土文化的重要性，他对马克思主义总体目标的认可意味着他对革命进程的看法既现代又世俗。

15 政治权力中的公民不服从理论和非暴力反抗理论

本章讨论的思想观念经常被归为"公民不服从"（civil disobedience）理论，并以"原则上"不服从的形式为特征。这个词语指向这样一种事实，即这些不服从行为是由反抗政治不公平的精神所指引的，并且使得政治权力的行使发生改变，而不只是——像传统的破坏法律那样——为了获得一些个人利益（Harris，1989）。"公民不服从"与"消极抵抗"（passive resistance）思想既有联系又是根本不同的，后者在中世纪的政治理论中占据一席之地。"消极抵抗"是指拒绝服从不公正的命令；它通常不包括对统治者的挑战，不涉及试图改变统治者的行为或修正其运行的结构。虽然此处使用"公民不服从"，但应当注意的是，非暴力反抗的支持者认为公民不服从的思想过于消极。正如我们将要看到的，圣雄甘地（Mahatma Gandhi）更倾向于将他的学说描述为"公民不服从"。他这样做只是为了表明积极改变政治的渴望，从而使政治权威变得再次合法化。

本章讨论了公民不服从或非暴力反抗的三种理论。19 世纪中期的美国思想家亨利·梭罗（Henry Thoreau）非常关注正义的个体在面对政府的不正义时的道德完整性（moral integrity）。梭罗的公民不服从理念与圣雄甘地的非暴力反抗思想形成对照。甘地的理论是在将英国人驱逐出印度次大陆的运动中以及推动印度政治和社会的彻底重构中发展起来的。甘地对非暴力的革命性运用，与 20 世纪中叶小马丁·路德·金（Martin Luther King，Jr.）先生在反对美国法律认可的对黑人的歧视中提倡的非暴力具有很大不同。对于金来说，公民不服从是对自由民主政府施加压力，使其按照道德行事的一种方式，在某些情况下，他们所宣称的准则是在合法范围内的。金的目标反映了道格拉斯和杜波依斯所倡导的黑人解放的愿望，并且和这些早期的思想家一样，他提醒人们注意美国政治价值观和支持对非裔美国公民持续的歧视的态度之间是相冲突的。

◇ 道德完整性与公民不服从：梭罗

梭罗的《反抗公民政府》（*Resistance to Civil Government*）于 1849 年作为演讲稿发表，次年出版，通常被视为第一部现代公民不服从理论著作。梭罗的文章被甘地引用，其在当代公民不服从问题中受到广泛关注。然而，很明显的是，梭罗的立场，与后来将不服从视为推动民主制度改革路径的理论家的观点有很大不同。此外，与甘地和金不同，梭罗并不反对在某些情况下使用暴力。《反抗公民政府》中的不服从行动是非暴力的，但是在后来的作品中，他支持约翰·布朗（John Brown）上尉，一个在美国废除奴隶运动中极为激进的成员（Thoreau, 1996, pp. 139 - 140）。

在《反抗公民政府》中，梭罗试图证明他拒不缴纳马萨诸塞州征收的人头税是正当的，但他的这一行为明显违反了州法律。梭罗明确表示，他无意遵守法律，结果他被监禁了。虽然他已经做好了服满刑期的准备，但他只在监狱里待了一个晚上，因为他的纳税义务在未经他同意的情况下由他的家人完成了。

亨利·梭罗 （1817—1862）

梭罗出生并终身居住在马萨诸塞州的康科德（Concord），他曾在哈佛大学接受教育。与拉尔夫·沃尔多·爱默生（Ralph Waldo Emerson）一起，是"新英格兰超验主义"（New England Transcendentalist）团体的关键成员，他也是一位散文家、译者和诗人。他与美国的反奴隶制运动有着密切的联系。他最重要的政治论文发表于 1849 年，题为《个人与国家的关系》；随后出版，即《反抗公民政府》或《论公民不服从》（*Civil Disobedience*）。

关键阅读：Rosenblum, 1996.

梭罗之所以拒绝缴纳人头税，是因为他憎恶美国在 1846—1848 年的墨西哥-美国战争中的侵略行径，以及美国持续存在的奴隶制。梭罗希望通过拒绝纳税，引起人们对帝国主义者的冒险和奴隶制的根本不公正的关注，并与一个如此粗暴地侵犯其邻国和臣民权利的政府划清界限。在《反抗公民政府》的一些段落中，梭罗指出，他的动机是希望纠正联邦政府和州政府的行为。例如，他呼吁他的读者否认美国政府的权威："让你的生活成为使机器停止的反向摩擦力"（Thoreau, 1992, p. 233）。他还表示，如果像他这样的行为变得普遍，它们将"阻塞"整个政府机器；如果所有正义的人都得被监禁，那么国家将会立即废除奴隶制（ibid., p. 235）。

然而，这些主要地对公民不服从的工具性解释，似乎与梭罗更为一贯的立场无关。这一论点载于文章的开篇，其中隐含着他对无政府主义的偏好——"什么都不管的政府才是最好的"（ibid., p. 226）——他呼吁不远的将来会出现"更好的政府"，并敦促他的同胞们"明了什么样的政府会赢得（他们的）尊重"。他希望他不遵守人头税法的姿态将是"迈向实现这样一个政府的一步"（ibid.，p. 227）。值得注意的是，梭罗并不是在谈论政府体制，而是在谈论公民和公职人员对它的态度。在很大程度上，他的呼吁主要是面向公民，而不是管理者，并旨在鼓励前者表明他们对正义准则的认可，该准则是他们希望公职人员遵守的准则。

梭罗认为正义的思想根源于普通人未被腐化的意识，他坚持认为，正是这一点——而不是管理者的要求，也不是多数人的说法，也不是人们有首要的义务服从政府的管理的思想——提供了个人道德和集体政治责任的准则。"公民必须在一瞬间，或者至少在某种程度上，将他的良知交给立法者吗？"在回应这个问题时，梭罗看到"我们首先要做个人，然后才是公民"（ibid.，p. 227）。他认为，一个容忍奴隶制或加入侵略战争的国家是无视正义的，不值得受到公民的尊重或服从。

然而，更重要的是，梭罗主要关注维护正直的个人的道德完整性，而不是关注改革政府体制，或者纠正目前控制政府的人的行为。梭罗声称，与美国现任政府的关联包含着这样的"耻辱"，那就是"我一刻也不能承认这个政治组织是我的政府，而这个政治组织同时也是奴隶的政府"（ibid.，p. 229）。他为自己的公民不服从行为辩护，理由是，政府的行为和正义所要求的道德准则不一致。因此，梭罗认为，他拒绝缴纳人头税应该被视为对政府权威的"深思熟虑的和实际的否定"。这一行为向其他正直的人发出信号，表明他不会向他所谴责的政府让步（ibid.，p. 233）。

梭罗准备好遭受监禁的事实并不意味着认可法律惩罚和法律背后的国家；相反，他希望被排除在社会之外是他否认不公正国家的合法性的结果：

> 生活在一个可以不公正地监禁任何人的政府之下，一个公正的人的真正去处也会是监狱。今天，马萨诸塞州为她提供的唯一一个自由而不那么绝望的地方是在监狱里，这是因她自己的行为被逐出并封锁在国家外，就如她们已经根据自己的原则将自己排除在国家之外一样（ibid.，p. 235）。

即使那些被梭罗称为国家"教唆者"的人缴纳了抗议者的欠税并确保他从监狱中被释放，也不会改变"正义之士"的立场。他仍然保持与国家的分离，不会做任何妥协的事情。

因此，梭罗的不服从理念的关键是，公正的个人将他们自己从不公正的国家中分离出来的决心。不过，他明确表示，不服从的公民不会参与传统政治进程中的行动。与投票不同，投票只是表达了一种希望，即"权利将占上风"（right will prevail），但这要由大多数人来决定，而公民不服从的行为是将个人从国家的道德领域脱离出来（ibid.，p. 230）。梭罗坚持"民主个人主义"（democratic individualism）的理念，这意味着个体的良心不能被选举过程的结果代表。民主的共同体是由对自己的道德正义感负责的个人组成的。公民不服从是这样的共同体中良好成员的责任的一种表现（Rosenblum，1996，pp. xxv‐xxvi）。因此，对于梭罗而言，不服从是一种人类行为，它基于对更高的正义法则的呼吁，这种正义超越了国家的能力范围，但应该得到国家的支持。显然，这并不是一种赢得国家对某一种特定观点的支持的策略："我只是希望拒绝效忠国家，退出并有效地远离它。"（Thoreau，1992，p. 241）

就这一行为对其他正直的个人的吸引力而言，这种退出的人数的实际结果可能是制造足够的"阻力"来"阻塞"国家机器。不过梭罗认为，这种可能性不应当成为决定公民不服从是否恰当的因素。相反，他认为个人应该忠实于远高于国家的权威，即使他们的行为对国家行为没有明显影响，也必须坚持它。不是个人必须寻求国家的认可，而是国家必须认识到，个人才是正义的公断人："在国家没有认识到个人才是更高的和独立的力量，并以此相应地对待个人时，国家就永远不会是自由和开明的"（ibid.，p. 245）。

在当代政治理论中，"公民不服从"一词经常被用来描述给民主国家的运转带来压力的不正常的、某些情况下非法的行为。静坐、阻碍性的游行示威和蔑视不公正的法律，旨在干扰政府的运转，通过唤起民主社会所共有的正义感引起立法者和选民对不公正的关注。这一立场与梭罗的立场不同。他的公民不服从使他和国家分离，而且他的监禁正是这种分离的写照。此外，如上所述，梭罗认为个人是正义思想的来源，并且国家能做的最好的事是认识到这一点，并且避免建立独立于它的标准，从而保持与这一点的正向关联。即使是最民主的国家也只是偶尔关心正义，因为它们的主要决策机制——多数人的意愿——将正义留给了机运。由于个人是正义思想的宝库，个人对更高的权力、对永恒的更高的权威的道德责任感，国家不能干涉。梭罗认为，所有的政治权力都是有前提条件的；根本没有服从政府的义务这回事（Rosenblum，1996，p. xxv）。

公民不服从学说对传统的民主国家提出了潜在的革命性挑战，因为它将政治义务视为道德良知危机产生的根源。当这种危机成为现实时，个人有义务断绝与国家的联系，并反抗国家的不公正措施。梭罗学说下的个人不必为公民不服从辩护；相反，国家必须使自身值得个人有条件地服从它。因此，在梭罗的理论中，对行使政治权力者的挑战的永久性来源是正义之士的良知。如果他们希望确保那些名义上服从他们的人的服从，他们必须以符合其公民的良知的方式行事。对梭罗来说，公民对他们的政治上级的义务是如此有条件，以至于人们几乎可以认为，那些在政治权威中的人必须确保他们的行动值得那些公民服从。

◈ 非暴力反抗与反殖民主义：甘地与"公民抗争"

梭罗的文章为圣雄甘地提供了精神之源，他是20世纪上半叶印度独立运动的主要领导人。虽然甘地钦佩梭罗的立场，但他提出了一种针对不公正权力的非暴力反抗理论，与他美国前辈的学说在一些重要方面存在不同。甘地的目标显然是革命性的，因为他寻求将印度和其他第三世界国家从殖民统治中解放出来。因此，非暴力反抗旨在为政治行动方案提供基础，而不仅仅限于表达正义之士的道德完整性。在发展这一理论的过程中，甘地清楚地表明该理论的关键——"非暴力不合作"（*satyagraha*）——与梭罗的公民不服从理念是不同的。

甘地首次提出这一概念，是为了回应 20 世纪初南非纳塔尔（Natal）殖民当局的不公正 *285*
行为。不过，之后它被更普遍地运用在印度次大陆的整个独立斗争中。为了实现印度独立，
必须摒弃 20 世纪 20 年代和 30 年代的各种方案，诸如与统治当局分享权力，争取像澳大利
亚、加拿大和新西兰以白人为主的殖民地所享有的"自治领"地位，或者任何防止摆脱英国
统治后陷入艰难境地的措施。正如甘地在 1930 年所写的，这并不是决定"印度应不应该享有
多少权力的问题，而是……（考虑）制订完全独立计划的方式方法的问题"（Gandhi，1986，
vol. iii，pp. 103 - 104）。

这个要求是基于对帝国主义统治者权力的普遍的批判，特别是反对英国在印度的统治。
甘地认为，尽管个别官员的意图良好，但英国的统治体制本质上是专制和不公的。英国"分
而治之"的政策鼓励了印度国内种族和宗教团体之间的对立，并使外部干预的需要成为内部
发展的自然结果（ibid.，p. 281）。英国主人的庇护使当地精英可以残酷地剥削共同体的其他
人，并在这个统治体制中为使印度利益屈从于英国利益提供了重要便利。他们自诩是大不列
颠帝国的同路人，是稳定和秩序的护卫者，实则代表了殖民统治的虚幻利益：

> 它对印度的价值不亚于奴隶在庄园中的价值，庄园的主人防止奴隶们互相争斗，保
> 护庄园免受外来入侵，并使奴隶们有规律地工作，这足以使庄园符合庄园主的利益
> （ibid.，p. 595）。

莫汉达斯·卡拉姆昌德·甘地（1869—1948）

甘地，出生于印度，在英国学习成为一名
律师，他最初在南非的纳塔尔从事反对针对印
度人的种族歧视的运动时，提出了非暴力反抗
理念。在甘地后来参与将印度从英国统治下解
放出来的长期斗争过程中，这一理论得到了完

善。在这场运动中（1947 年圆满结束）甘地获
得了政治和精神领袖的地位，因此被称为"圣
雄"（Mahatma），或"伟大的灵魂"。

关键阅读：Bondurant，1965；Parekh，
1989.

虽然甘地是以印度为背景发展他的有关公民反抗的思想，不过，他将独立运动视为世界
范围内反对殖民主义斗争的一部分。在印度和第三世界的其他国家，这场斗争首先为了将这
些国家从帝国主义的直接的政治、经济和道德影响下解放出来。此外，独立运动也重视解决
根深蒂固的腐败问题，腐败使殖民地国家形象受损，阻碍了当地发展为可行的、道德上可被
接受的社会。正如甘地在 1928 年所说："我的抱负不仅仅是寻求国家独立。通过拯救印度，
我希望把世界上所谓的弱小种族从剥削压迫中解救出来，而英国是造成压迫的最大国家。"
（ibid.，p. 255）这个目标要求摆脱外来的西方价值观。根据甘地提出的计划，他相信争取独 *286*
立的斗争会使英国人和其他欧洲人认识到他们给殖民地带来的罪恶，这将促使他们放弃全球
的帝国主义（ibid.，p. 255）。这个愿望是甘地信念中的核心，他坚信最有效的和道德上能够
被接受的反殖民主义形式，是建立在非暴力反抗原则的基础之上的。

甘地提倡非暴力反抗的一个原因是，他在南非的经历使他确信了它的实际优势。在纳塔尔，甘地领导了一场运动，以对抗殖民政府、白人定居者和大量的土著居民，土著居民被挑拨反对占少数的印度人。在这种情况下，如果说有什么可以加强殖民政府在处理印度人口问题上的影响力的话，暴力反抗必然失败，后来，在印度，支持独立的人不得不与一个庞大的、高度军事化的殖民政府抗衡，这个政府受到拥有世界上最有影响力的海军和陆军力量的大国的支持。他们还面临着这样一种情况，即一个人为地撕裂的社会，它经常被种族和宗教对立所煽动的"群体"暴力分裂。甘地认为暴力在道德上和实际上都是徒劳的：那些诉诸暴力的人被贬低和非人化了，它限制了他们诉诸其他人的道德感的能力，而且它也腐蚀了为独立斗争的结果。

界定印度和西方传统中非暴力支持者的渊源在甘地的理论中起到了重要的论证作用。西方传统中的人物包括来自古代世界的人物（苏格拉底），《圣经》中的人物（但以理），和现代人物如梭罗、英国女权主义者（suffragettes）。虽然甘地认为这个传统是非暴力反抗精神和合法性的重要来源，但他对其态度在某些方面是批判性的。在阐述他的批判中，甘地区分了对待非暴力的不同态度。首先，他不赞同当代对"消极反抗"的理解，他将这一理念与女权主义联系在一起。甘地认为，由于一些女权主义者使用暴力，她们很难被描述为消极反抗。此外，甘地拒绝接受消极反抗的思想，是因为他想建立的非暴力行动的模式是极为积极的，而不是消极的。独立运动的支持者必须充分意识到自己的个人和集体的力量：非暴力运动不是弱者的避难所，而是那些在数量、决心和道德正直方面强大的人所使用的策略（ibid.，pp. 44 - 45）。

虽然有时甘地似乎赞同梭罗的公民不服从的形式，但他最终没有接受这个术语本身和它所描述的路径。取而代之的是，他发展了一种学说，他认为在英语中最好用"公民反抗"（civil resistance）来表达。与公民不服从不同，公民反抗不仅仅是一种道德感的表达，是积极地反抗特定的不公正，而且也反抗本来就不公正的体制。反抗的目的是破坏现状，引入一种不同的和积极的替代方案。驱逐英国人必须被视为整个过程的一部分，这个过程将建立一个新的、公正的秩序，摆脱西方唯物主义和个人主义文化的束缚。最后，使用"公民"一词强调了反抗的非暴力性：

> 当前的用语是"消极反抗"。但我的反抗方式或我信中的力量并不是消极的。它是积极的，但"积极的"也可能意味着暴力。"公民"一词主要是表达非暴力，因此我用它和反抗一起表达我的主张（ibid.，p. 112）。

287　甘地的公民反抗概念是一种更宽泛学说的组成部分，这种学说被称为非暴力不合作，其中包含着对印度教徒普遍有效的一些戒律的重新解释。"satya"指真理至上，通常被赋予与个人自我完善有关的个人主义色彩，甘地则赋予其强烈的社会性含义。在非暴力不合作中，追求真理成为彻底的政治和社会改革方案的关键要素（Bondurant，1965，pp. 109 - 110）。取代非暴力主义（ahimsa，非暴力或避免伤害他人）的传统含义和大部分消极含义，甘地设想了一种积极的力量，这种力量成为追求社会和政治真理不可或缺的一部分，并且带有对英国统治以及传统的革命思想的革命性挑战（ibid., p.112）。最后，甘地在他的学说中融入自我牺牲（*tapasya*）的思想，但将其与实现社会和政治革命纲领联系起来。

这种对传统印度教概念的重新表述的一个中心点是，非暴力被赋予积极的而非消极的内涵，尤其是这一概念被扩展到包含对反对者福祉的真正关切。甘地拒绝在炎热的白天或在英国与德国、日本交战时采取罢工行动，这反映出甘地立场的特点。这一点也隐含在他试图将传统抗议手段——静坐示威（*dharna*）和罢工（*hartel*）——融合到一个更加广泛的进程中，包括发现真理并使反对者接受真理（ibid., pp.118-119）。

此外，虽然非暴力不合作是一种在面对镇压大众的敌对势力和压倒性军事力量时锻造的武器，但它并非弱者的武器。相反，拥有它的人是认识到道德权利高于殖民当局掌握的强制权力的那些人。非暴力不合作的这个特点，即其吸引力和灵活性，可以通过普什图人（Pathans）采纳它的例子来说明，普什图人多信伊斯兰教，因此在他们中间发展非暴力反抗的观念就需要诉诸伊斯兰教价值观，特别是《古兰经》中对和平的强调。这也需要有关力量和勇气的观念的转变，强调通过道德力量而不是物质力量来追求和平，强调面对挑衅和伤害时需要忍耐。忍耐并非软弱无助的表现；相反，它依赖于一种勇气，这种勇气远胜于暴力实施者所表现出的勇气（Gandhi, 1986, vol.iii, pp.131-144）。

忍耐是力量的产物，因为它能够使受害者改变表面上强大的人的行为。受害者没有采用武力反抗强加于他们的痛苦，反而抑制了压迫者的行为；他们的强权被否定了。此外，甘地认为，受害者的忍耐，引起了许多曾经支持帝国统治的人的同情。这种同情可以削弱敌对各方的仇恨情绪，并且因此增加各方对殖民体制固有的不公平的共识。这个判断源于甘地对非暴力不合作在识别真理和促使真理被普遍接受方面发挥的作用的理解。

甘地认为非暴力行动是最恰当的反抗形式，因为它允许探求真理，揭露殖民主义的不公正，并因此使探求真理成为共同的事业。在探索过程中，参与的各方，无论是压迫者还是被压迫者，都可能改变甚至放弃先入为主的观念。反抗的过程始于追求真理的邀请，甚至当它采取直接行动时，对话的渠道也是敞开的。因此，非暴力不合作需要一种谦卑和开放的态度来寻求真理，真诚地努力理解他人的立场，并且真诚善意地对待他们（Parekh, 1989, pp.143-144）。这些要求来自这样的结论，即甘地通过观察殖民地精英和独立运动的支持者之间的争论所体现的尖锐对立的立场得出的结论。暴力往往被视为打破僵局的唯一途径，但甘地认为，发现真理和互相接受真理，是和暴力不相容的：暴力是非理性的，它假定达成一致是不可能的，它暗含着贬低对手的观点并且制造敌意而非善意。为了避免这些适得其反的结果，有必要采取一种理性的观点，这种观点认识到既要打动对手的心，又说服他们的头脑，要考虑到他们的合法利益，并且确保这种强烈的反抗不会消弭反抗者对他们误入歧途的对手的同情心。正如帕雷克（Parekh）所言，非暴力不合作将耐心和理性的说服力与暴力的紧迫感和能量结合在一起。它尊重并协调有关各方的正直，挖掘并调动他们道德和精神的力量，并且为更好地相互理解铺平道路……它不是去替代而是增添理性（ibid.，p.148）。

实际上，非暴力不合作经历了许多阶段。在发表明确声明和为目标辩护后，民众骚动以使当局相信局势的严重性。反抗者随后发出最后通牒，最后采取直接的大规模行动。在每个阶段，解决问题的大门都敞开着。甘地强调，应该灵活地接受针对特定问题的折中解决方案，因为直接的结果，是仅次于总体进程产生的效益的。

甘地后来将非暴力不合作描述为对殖民统治的支持者施压的一种方式，这种方式认识到强权最终在一定程度上取决于显然没有权力的被统治者的合作。非暴力行动中断了这种合作，从而削弱了统治精英的权力（ibid.，pp.153-156）。甘地对非暴力不合作的这种发展，在一定程度上涉及将压力作为武力的一种形式，它倾向于削弱甘地立场的纯粹的道德性。然而，这是真实的，即这种压力仅仅被视为一种道德角度的斗争策略。此外，施加压力使帝国主义强权意识到其地位的不稳定本质，并有助于最大限度地减少暴力镇压公民反抗。因此，它增加了向独立的非暴力过渡的前景，而这些是在这种环境下尤其难以实现的，这种环境是指族群冲突构成对生命和追求集体目标的始终存在的威胁。

◇ 种族歧视、公民不服从与正义的民主：小马丁·路德·金

甘地以公民反抗思想应对他认为存在根本缺陷的统治体制：非暴力反抗是将印度（和其他殖民地国家）从殖民统治下解放出来的一种手段。这也是一项旨在建立正义的政治秩序的方案的组成部分。甘地理论的这些特点限制了其在西方国家的应用。西方政府已经是民主的；它们有着调节权力运行的机制，并确保官员作为选民的代理人来行动。在某种意义上，民主国家的成员既是统治者，也是被统治者。不过，值得反思的是，梭罗的思想是在民主的背景下发展起来的，但他否认民主政府的存在，使得公民不服从变得不必要或不合法。从这个角度看，梭罗对有原则的公民不服从的辩护，构成了传统的一部分，这一传统在现代美国历史上发挥了重要作用。

现代美国有关公民不服从的论点（如道格拉斯和杜波依斯）将其与被视为美国民主政府基础的价值观联系在一起。人们认为，支持这些价值观的政府是合法的，因此共同体的成员有义务支持这种政治体制，遵守它制定的法律。其中一些论点将无视法律视为旨在对传统政治进程施加压力的策略。然而，其他人更赞同梭罗所倡导的公民不服从是一种抗议根本的不公正的方式。不同之处在于，许多现代思想家比梭罗更乐观地看待民主与正义的关系。更重要的是，他们认为人民对民主政府制度负有积极义务。最近的一段时间，公民不服从的学说与小马丁·路德·金博士的观点最为接近。

金是 20 世纪 50 年代末 60 年代初的民权领袖。尽管道格拉斯和杜波依斯等思想家做了努

力，但对黑人的种族歧视仍然是美国文化中的一种普遍现象，而且在政策上明显得到公众认可，即在美国南部的教育、公共交通和公共设施方面维持着种族隔绝。在某些情况下，州和市的法律支持种族隔离；在其他地方，即使美国最高法院认为它违宪，它也没有被当地的立法机构废止。重要的是要反思，这些制度化的种族歧视，反而在至少名义上是完全民主的政治体制中很普遍。

小马丁·路德·金（1929—1968）

金出生于佐治亚州亚特兰大的一个黑人牧师家庭，金曾被任命为基督教牧师。后来在浸礼会教堂担任牧师，并在黑人社区的政治和民权运动中发挥越来越重要的作用。金是全美有色人种协进会的成员，也是美国南部反对种族歧视抗议活动的领导人物。他后来也参加了反越南战争运动，并于 1964 年获得诺贝尔和平奖。1968 年，他在孟菲斯（Memphis）竞选时被一名白人极端分子暗杀。金的《伯明翰监狱来信》（*Letter from Birmingham Jail*）阐述了他对非暴力公民反抗的观点。

关键阅读：Ansbro, 1983；Harris, 1989.

金和他的支持者发起了一系列抗议活动来挑战对有色人种的歧视，其中最突出的是示威、静坐和尝试占据隔离区。其中一些行动违反了州法律和地方法令，导致抗议者被监禁。1963年，金和他的一些支持者被当局监禁在亚拉巴马州的伯明翰。在狱中，金发表了《伯明翰监狱来信》，在信中他阐释了公民不服从并为之辩护。这封信是写给当地神职人员的，他们认为金的行为是"不明智和不合时宜的"。严重的不公正说明了对法律形式和执法方式的挑战是正当的，这是金拒绝对他的指控的核心观点。

金确定了四个步骤，这些步骤是非暴力公民不服从运动的道德合法性的特征：界定严重的不公正；协商解决；自我净化，以确保未来任何行动的道德纯洁性；最后，是抗议行动。当行为不公正的统治者拒绝改变他们的行为或调整不公正的法律规范时，就有必要采取直接行动。公民不服从行动的目的，是造成一种金所谓的创造性的、非暴力的紧张态势，这种紧张态势介于寻求公民权利得到承认的那些人的需求和种族隔离者之间。由于这种紧张态势采取了直接的政治形式，也涉及了那些经济利益可能因抗议行动而受损的人。金比甘地更为宽泛地认识到公民不服从包含着强制，但他否认这会使之具有暴力性。相反，甘地的思想对金的政治行动观念产生了显著影响（Ansbro, 1983, pp. 3-7）。他坚持认为，如果民权活动家固守目的的道德性和实现这些目的的手段的道德性之间的必然关系，他们就必须避免暴力形式的抗议。因此，金否认公民不服从产生的力量是暴力性的：它不会造成人身伤害，也不会剥夺人们合法的经济和政治权利。相反，它造成这样一种局面，即支持不公正的人，由于其不妥协而遭受公民不服从的结果。公民不服从是对不公正的回应，符合正义原则（King, 1989, p. 70）。

保守派和激进派的批评者都拒绝金对非暴力的呼吁，原因在于这和他的理想的革命特性不相符。他们还认为，他的策略忽视了他周围的政治、社会和经济环境中的顽固的敌对性（Storing，1989，p. 76）。然而，对金而言，非暴力的公民不服从是正当的，因为它旨在实现美国政治的核心价值观。他在回应伯明翰神职人员的批评中，强调了这种关系的四个重要影响。

第一，他试图证明像他这样的局外人，卷入伯明翰神职人员所描述的地方问题中是合理的。这些批评者暗示，伯明翰发生的事只与该城市的居民有关；全国性的抗议活动是对他人事务的无理干涉。对这一说法，金认为，某些不公正的行为是被普遍关注的事务："所有社区和州的关联性意味着任何地方的不公正对任何地方的正义都是一种威胁。"这种威胁在一定程度上是现实的——不公正会在其他地方助长非正义——但这也是这种观念的结果，即一个政治共同体的某些部分存在显著的不公正，那么它就不能被认为是正义的；正义是全体性的。因此，金认为，他不应该

> 在亚特兰大（他的居住地）袖手旁观，也不应该不关心伯明翰发生的事情……我们被困在一个无法逃脱的相互依存的网络中，我们的命运紧紧连在一起。任何直接影响一个人的事物，都会间接影响所有的人。我们再也不能忍受狭隘的、偏狭的"外来煽动者"的想法了。任何居住在美国境内的人，在美国的任何地方都不应该被视为外来者（ibid.，p. 58）。

虽然这一论点确立了反对特定不公正行为的一般义务，但金的第二回应是针对公民不服从在民主环境中不适用的观点。这种反对公民不服从的观点的理由是民主制包含着矫正不公正的机制，民主法律是基于受其约束的人的同意，因此故意无视法律是没有理由的（Harris，1989，pp. 22-23）。金认为这种观点不适用于当前的情况，因为亚拉巴马州并不是一个真正民主的州。由于黑人被禁止登记为选民，制定亚拉巴马州种族隔离法的立法机构不能说代表了该州的所有居民："在这种情况下制定的任何法律能被认为是民主结构的吗？"（King，1989，p. 62）

第三，金区分了"逃避"或"藐视"法律与自觉地和公开地违反法律之间的差异。逃避或藐视法律——例如，当种族隔离主义者无视支持和平集会及抗议权的联邦法律时——是不可接受的，因为它会导致无政府状态。相比之下，公民不服从性质的违反法律是"公开地、友善地，并且愿意接受惩罚"（ibid.，p. 63）。它旨在唤醒社会的道德意识，意识到法律或实践的不公正，而不是通过逃避公正的法律来延续不公正，或者通过犯罪来获取个人利益。

公正和不公正的法律之间的区别构成小马丁·路德·金公民不服从的第四条也是最后一条辩护理由。他认为，被公民不服从所破坏的法律本身就是不公正的，并诉诸圣奥古斯丁的格言"不公正的法律等于没有法律"（an unjust law is no law at all）（ibid.，p. 61）。对金和圣奥古斯丁而言，公正的法律是和道德法、神法相一致的法律；它们"提升了人类的人格品

质"。相反，"任何贬低人类人格的法律都是不公正的"（ibid., p.62）。然而，与奥古斯丁不同的是，金坚持认为，不公正的法律对适用这些法律的人没有合法的约束力。金和道格拉斯同样认为，由于美国宪法承认上帝赋予的权利，因此与这些权利不相容的法律在美国法律体系中是没有位置的。因此，从宪法和道德的角度来看，支持种族隔离的法律是不合理的，而依据构成美国政府体制基石的根本原则来挑战这些不合理的法律是正当的："美国的目标是自由。尽管我们可能受到虐待和蔑视，但我们的命运与美国的命运息息相关"（ibid., p.69）。从这个角度可以说，公民不服从通过公开地挑战不公正的法律和心甘情愿地接受对他们的惩罚，来显示他们对美国民主原则的尊重。当呼吁共同体其他成员的良知时，正义事业中遭受的不公正被金认为是表明接受法律原则的一种方式。

　　与梭罗不同的是，金似乎并不认为公民不服从是将正直的个人与道德存疑的政治文化隔离开来的一种方式。相反，他的论述表明，公民不服从是合理的，因为它呼吁人们支持美国的民主价值观。公民不服从是一种适用于本质上是正义的政府体制的纠正机制。因此，它应被视为一种公民行动，旨在实现政治社会的道德利益。

◇　结论

　　由于梭罗没有提出非暴力理论——他的论述没有涉及非暴力和暴力问题——他的思想对甘地的影响非常有限。事实是，在某种程度上，梭罗的公民不服从理念强调它的防御性和反馈性，正如甘地所意识到的那样，这并不是适合他的追随者所采纳的模式。甘地的非暴力理论反映了他对这一问题的理解，即政治有效性与道德真诚性（veracity）连接的必要性。非暴力旨在实现传统上以暴力手段追求的目标，而不会成为暴力途径在道德上和实践上存在短板的牺牲品。

　　甘地将非暴力反抗视为革命计划的一部分，这意味着他的立场与梭罗和金的立场有很大不同，因为后两者都不希望推动社会的全面变革。相反，梭罗和金试图呼吁反对与他们认同的美国民主正义观背道而驰的特定行为。然而，金并没有质疑政治义务的传统观念。相比之下，梭罗的立场得到了公民身份概念的支持，公民身份所确立的义务，是以政府行为与个人良知之间的契合为条件的。

　　这些立场之间的差异在金关于民主的言论中显而易见。虽然金认为，由于亚拉巴马州选举机制的腐败，公民没有义务遵守亚拉巴马州的种族隔离法，但梭罗否认通过民主程序可以代表个人的良知。即使得到合法程序的认可，金也不接受种族隔离是合法的，因此这种对比不应过分强调。然而，事实仍然存在，那就是，金的民主观并不基于梭罗所坚持的民主个人主义观念。此外，虽然金将公民不服从行为视为民主政治实践的组成部分，梭罗则主要将其视为维持个人道德独立性的一种方式。

结语　后现代主义与后殖民主义

　　本书最后讨论了"后现代主义"和"后殖民主义"对西方政治思想史的挑战。前缀"后"表明，新的发展标志着影响过去西方政治思想的视角发生重大转变。

　　后现代主义"转向"指的是对自我、社会和国家思想的批判视角，这些观念被视为启蒙和后启蒙政治思想的核心，即自17世纪中期以来的西方思想。"现代主义"思想以下述假设为前提：政治思想具有客观和普遍的基础，这些基础应支撑政治行动并反映在政治制度中（Bennett，2006，pp. 211 - 213）。后现代主义批评家认为自由主义和马克思主义都是典型的现代性产物，虽然它们对美好生活的看法截然不同，但它们以相似的方式对待政治思想。

　　现代主义的批评者诉诸一种复杂的智识和文化的发展，它们和20世纪后期西方社会的其他显著特征有关。因此，"后现代问题"所关注的是斯蒂芬·怀特（Stephen White）所描述的"对元叙事（metanarratives）的日益怀疑、对社会理性化造成的新问题的日益觉察，以及新信息技术的爆炸和新社会运动的涌现"（White，1991，p. 4）。所有这些现象都具有重要的政治意义，其中第一种现象与政治思想史相关。

　　这一点在法国思想家让-弗朗索瓦·利奥塔尔（Jean-Francois Lyotard）的作品中得到了说明。和其他后现代主义者一样，利奥塔尔将现代性和对科学、理性主义的强调联系在一起。他认为，这种思维方式为"宏大叙事"（grand narratives）提供了基础，而这种叙事方式是后启蒙政治思想的特征：

> 在伟大的历史和科学叙事中，锚定真理和正义的社会史……可以被称为现代性。法国的雅各宾派不像黑格尔那样说话，但正义和善总是被发现展开一场伟大的进步之旅（Sarup，1988，p. 132）。

黑格尔和马克思被视为元叙事原型的创造者，这种元叙事反映了推进大规模的社会和政治重建方案的普遍主义概念。这些方案被认为本质上是压迫性的，因为它们基于"真理"的单一性（unitary）。后现代主义反对普遍主义，他们对所谓的真理持讽刺态度，他们提倡基于差异和特殊性局部行动，而不是基于共同身份和普遍性。对"真理话语"（discourse of truth）的后现代回应的一个核心要素是，试图揭示自由主义作为虚构主体的统一的、理性的、自我本质的"真理"。

虽然这种批评的某些方面似乎呼应了伯克和哈耶克著作中对普遍性的否定（ibid.，p.133），但是后现代主义的观点使当代政治思想发生了独特的转向。其中包括女权主义者关于差异重要性的观点，并试图通过探索"全球化"的含义来寻求对后现代条件的理解，或超越民族国家，特别是西方世界的地理、文化和知识边界的相互依存和渗透的形式（Rengger，1992，p.570）。后现代主义也促使人们重新评估西方传统中具有历史意义的思想家的思想（Connolly，1988；Shankman，1994）。例如，威廉·康诺利（William Connolly）认为黑格尔的国家理念和马克思的共同体思想是"不合时宜的"（anachronistic）。两者都是作为普遍可获得的生命形式出现的，但在现代晚期生活的条件下，都不可能实现。黑格尔的国家将不得不与全球国家和非国家行动者的复杂网络抗争，这些行动者追求各种各样的往往是互不相容的利益。马克思普遍的无国家共同体的愿景的实现，面临着同样棘手的挑战，它同时追求人类的解放和社会对生产的直接控制。康诺利认为，在现代晚期，进步和生产力的迫切需要必然会阻碍这些19世纪项目的实现，并使这些项目中不可或缺的真理观念丧失信誉（Connolly，1988，pp.133-134）。

当后现代思想家质疑启蒙的元叙事时，"后殖民主义"关注的是现代早期以来西方国家在世界历史中占主导地位的智识的内涵，它尖锐地批评了欧洲国家、经济和移民对美洲、印度次大陆、东南亚、澳大利亚和太平洋地区的土著社区和文化的影响。顾名思义，后殖民主义受到关注，特别是在西方长期控制影响下的社会，他们现在不再受殖民国家的正式政治权力的支配。然而，可以通过追溯欧洲早期扩张时期的作品来确定后殖民的主题（Gilroy，2008）。例如，阿奎那不相信欧洲人有权将非基督徒置于他们的控制下，因为非基督徒能够充分理解自然法维护合法的政治统治形式的要求。这一立场在16世纪上半叶得到了西班牙神学家和哲学家弗朗西斯科·德·比托里亚（Francisco de Vitoria）的支持。他为美洲印第安人的财产权辩护，否认教皇或皇帝有任何权利要求推翻他们的酋长统治（Pagden，1991）。在法国启蒙运动的鼎盛时期，狄德罗驳斥了欧洲人在文化和道德上优于太平洋岛民的说法。在他的一段对话中，狄德罗嘲笑了一个天主教牧师的困惑，牧师在面对一位美拉尼西亚（Melanesian）酋长具有讽刺意味的质疑时，试图维护传统的西方个人道德观。在被告知基督教对性行为的规定，以及"文明"社会中家庭和性关系的实际状况后，酋长感叹道，

还有什么比禁止我们改变感情的戒律更荒谬的呢？是什么样的命令，欲使我们表现出一种我们无法做到的恒常性，这种命令将男女一生都拴在一起，这违反了男性和女性的天性与自由……？相信我，你使人类的困境比动物的更糟。我不了解你的伟大的造物者（基督教上帝），但我很高兴他从未对我们的祖先发表过讲话，我希望他永远不会对我们的孩子说话；因为他可能会对他们同样胡言乱语，他们可能会愚蠢地相信他（Diderot, 1992, pp. 50 - 51)。

当代后殖民主义思想的一个重要方面是关注西方持续的经济统治以及由此导致的持续的文化和物质匮乏。尽管后殖民主义思想家拒绝这样的假设，即马克思对英国扩张主义对印度工业影响的观察中，隐含着对资本主义变革作用的元叙事，他们中的许多人接受了马克思对资本主义全球扩张的论述，以及资本主义对价格有竞争力的劳动力和原材料以及扩大市场的不可遏制的需求。他们指出，前殖民地仍然是全球资本主义经济的一部分，仍然受到各种形式的控制和剥削，这在许多方面与他们作为西方国家殖民地的经历有关。此外，在政治上没有被殖民化的非欧洲社会仍然受制于资本主义势力，这对 19 世纪和 20 世纪的它们产生了深远影响。

后殖民主义的批判政治经济学与马克思主义不同，但并不排斥马克思主义，它关注的是西方文化和价值观对前殖民地和附属国的持续统治。爱德华·赛义德（Edward Said）的著作在建构这种方法方面尤为重要。在《东方主义》（*Orientalism*）一书中，赛义德试图通过参考欧洲人对亚洲历史的研究，用观念和思想的持续渗透来解释殖民化及后殖民时代的遗留问题，这些观念和思想掩盖了被殖民化的文化和历史的多样性，并为所谓的"普世"形式所取代，而这些"普世"形式实际上是西方价值观的表达。

> 东方主义……是将东方带入西方知识的一整套力量构成的代表体系……它助长了普遍的文化压力，反过来文化压力也助长了它，它倾向于更严格地理解欧洲和亚洲地区之间的差异。我的观点是，东方主义从根本上说是一种政治学说……它消除了东方的差异和弱点（Said, 2003, pp. 202 - 203, 204）。

对启蒙思想的普遍主义主张的后现代和后殖民批评是在以特殊性和多样性为特征的背景下进行的，并表现出与西方过去的政治思想的矛盾关系，在某些情况下甚至是敌对关系。一些后殖民批评涉及对启蒙元叙事的部分地和高度选择性地重新加工，并将本土的观点和价值观纳入其中。然而，在其他情况下，后殖民思想坚决反对这些方法，并且完全地和彻底地摆脱西方政治思想传统的假设和偏见。

正如我们所看到的那样，法农在批判殖民者的影响时，运用了马克思主义的多方面内容。他还探讨了殖民者对本土居民的态度造成的心理影响，以及对当地社会集体意识和本土居民个体意识造成的影响。对法农而言，臣服于殖民政府的本土居民，受到了分裂和疏远的自我意识影响，这与杜波依斯的判断相似，杜波依斯从美国南部各州白人统治和损害下的非裔美国人身上看到这种现象。法农指出，殖民主义含有对"人格的系统性否定"，剥夺了被殖民地人民的"人性"。在殖民者的眼里和心中，本土居民只是他们不得不与之竞争的外来势力之一：

> 事实上，殖民地的丛林、蚊子、土生土长的人和热病，代表着敌对性质、顽固和桀

骛不驯，当所有这些懒惰的本性最终被驯服时，殖民是成功的。穿越丛林的铁路、排干水的沼泽，以及政治上和经济上不再存在本土居民，实际上是相似的事情（Fanon，1967，p. 201）。

法农认为，家长式殖民当局对本土居民的习俗和价值观的承认加剧了本土居民的从属地位，而不是提供一条未来解放的道路。它强化了殖民者和未分化的本土"他者"之间的分歧，证实了他们被排斥在一个本应基于自由和平等理念的社会之外。如上所述，法农对这种情况的回应是寻求驱逐殖民者，并铲除他们所培养的去本土化的当地精英。他将本土革命视为打造未来的一种方式，在这样的未来里，自由和平等社会的正式成员身份使得在文化、经济和政治上受殖民统治的主体的异化分裂意识的恢复成为可能。法农认为，只有当本土价值观与真正的民主社会主义相融合时，非异化的自我意识才可能实现。

法农关注的是被剥夺者作为自己未来的缔造者和变革过程中的行动者，这将他的反殖民革命理论与后来的后殖民理论联系在一起。后殖民社会成员的状况以"从属地位"的批判思想为特征，这种批判思想不仅敌视西方自由主义的欧洲中心论，也敌视其激进的替代方案，包括源自马克思主义的方案。通过关注被剥夺者，"底层研究"（subaltern studies）试图确定前殖民社会的思想特征，这些特征与西方政治和社会思想截然不同，并与之完全不相容。这些思想包括公共和私人之间的、传统和现代之间的差异，其在各种类型的自由主义思想中发挥着重要作用。它们还包括与马克思主义相关的阶级和阶级冲突的概念。正如我们所看到的那样，这种方法产生了一种独特的民主政府思想，而这些思想适合于那些寻求恢复与欧洲人干预其事务之前的价值观相联系的社会。它也与强调"差异"有着重要的相似之处，而"差异"在当代政治理论的其他方面发挥着重要作用。正如霍米·巴巴（Homi Bhabba）所说，"文化共同体的语言本身需要从后殖民的角度重新思考，类似于 20 世纪 70 年代女权主义者和 20 世纪 80 年代同性恋群体对性、自我和文化共同体的语言"（Bhabba，1994，p. 175）。

延伸阅读

"总体目录"(General Surveys)部分概述了古代和中世纪、现代早期和现(当)代的政治思想家的思想。"书目注释"(Bibliographical Notes)部分指出了一些关键的次级文献,这些作品与书中每章涉及的思想家和主题相关。这些作品可以在"参考文献"中找到。

读者能够在六卷本的《剑桥政治思想史》、《剑桥合订本》和网络版的《斯坦福百科全书》中找到一系列关于历史人物或主题的权威论文。Bloomsbury 出版社的"政治思想史中的文本时刻"(Textual Moments in the History of Political Thought)系列丛书提供了关于审查制度(Kemp,2015)、保守主义(Garnett,2018)、民主(Márquez,2018b)、女权主义(Bruce and Smits,2016)、自由主义(Atanassow & Kahan,2017)、父权主义(Cuttica & Mahlberg,2016)、革命(Hammersley,2015),以及乌托邦(Avilés & Davis,2012)等内容的关键历史文本的有针对性的阅读指南。布朗等人(Brown et al.,2002)出版了一系列关于国际关系历史观的文本摘录,并提供了易于理解的评论。邦尼·霍宁(Bonnie Honig)和安妮·菲利普斯(Anne Philips)的《牛津政治理论手册》(The Oxford Handbook of Political Theory)是研究当代政治思想的非常有用的文本。最后,读者会发现,"参考文献"中列出的许多现代版本的历史文本包括有价值的传记和背景材料,以及批判性思考的介绍性文章。

总体目录
古代和中世纪(约公元前400—公元1500年)
Barker, 1959; Black, 1991; Berki, 1977; Coleman, 2000a; Boucher, 1998; Burns, 1991; Lewis, 1954; McClelland, 1996; Redhead, 1984; Skinner, 1978; Ullman, 1975.

现代早期(约公元1500—1800年)
Allen, 1951; Berki, 1977; Burns with Goldie, 1994; Boucher, 1998; Coleman, 2000b; Hampsher-

Monk, 1992; Keohane, 1980; McClelland, 1966; Plamenatz, 1966; Redhead, 1984; Skinner, 1978; Skinner 1992a; Tuck, 1992.

现代时期（公元1800— ）

Berki, 1977; Boucher, 1998; Francis and Morrow, 1994; Hampsher-Monk, 1992; McClelland, 1996; Plamenatz, 1966; Redhead, 1984; Shapiro, 2003; Skinner, 1992b.

书目注释

第1章：政治与秩序。关于柏拉图和亚里士多德政治思想的雅典背景，参见：Farrar (1992)，Jones (1957)，Annas (1981)，Mulgan (1977)，这些作品对他们的思想进行了极好的概述。Black (1993) 和 Burns (1991) 是中世纪政治思想许多方面很好的资源。关于奥古斯丁的思想参见：Doody (2005)。关于阿奎那的思想参见：Finnis (1998)。对博丹政治理论的概述参见：Franklin (1992)。对霍布斯政治理论的概述参见：Baumgold (1988。Brooker (1991) 提供了关于现代极权主义的完整论述，而 Wokler (1994)，Murphy (1970)，Vincent 和 Plant (1984) 分别对卢梭、康德和格林作了很好的介绍。Miller (1984) 考察了现代无政府主义，Singer (1980) 对马克思的思想作了有帮助的简要的介绍。

第2章：政治与美德。关于古典的和中世纪主题的文献，参见与第1章相关的作品。参见 Skinner (1981) 对马基雅弗利思想的介绍，以及 Skinner (1978) 对意大利和新教层面的权威论述。Baylor (1991) 和 Hopfl (1981) 简明扼要地介绍了新教改革的政治思想的各个方面。参见 Kliengeld (2006) 有关康德的国家间关系思想的介绍。

第3章：政治与自由。参见 Skinner (1978) 论古典共和传统，Parry (1978) 论洛克，Claeys (1989b) 和 Philp (1989) 论潘恩，以及 Thomas (1985) 论穆勒。Lokke (2016) 和 Zizeck (2016) 分别简明扼要地介绍了沃斯通克拉夫特与道格拉斯。参见 Lloyd (2016) 论道格拉斯，Gooding-Williams (2008) 论杜波依斯。

第4章：自由、政治和社会。Wood (1991) 简要而精妙地介绍了黑格尔政治哲学的各个方面，包括他的自由观。参见 Shklar (1969) 论卢梭，Vincent 和 Plant (1984) 论格林。Avineri (1968) 对马克思的思想进行了详细考察，而 Crowder (1991) 思考了古典无政府主义的系列论述。

第5章：政治、幸福和福利。Miller (1981) 考察了休谟的政治思想，而 Keohane (1980) 探讨了法国的功利主义传统。Hume (1993) 思考了边沁功利主义的政治含义；Thomas (1985) 考察了穆勒对边沁学说的改进。有关边沁的法律、道德和政治哲学的简要概述，参见：Crimmins (2004) 和 Scholfield (2006)。参见 Hoogensen (2005) 关于边沁国际关系观的论述。

300

第6章：一人之治。参见 Annas（1981）和 Mulgan（1977）关于古代世界一人之治思想，以及 Black（1993）和 Burns（1991）关于中世纪的君权思想。Goldie（1994）讨论了伯恩斯关于 17 世纪的君主专制思想；也可参见 Schochet（1975）对 17 世纪菲尔默政治理论的分析。Keohane（1980）讨论了现代早期法国君权思想。参见 Lebrun（1988）和 Wilson（2011）关于梅斯特的政治思想，Maurras（1971）对法国右翼思想的介绍，以及 Beiser（1996；2003）和 Morrow（2011）关于政治浪漫主义的介绍。

第7章：少数人统治。参见 Annas（1981）和 Mulgan（1977）关于柏拉图和亚里士多德的论述，以及 Burns（1991）和 Black（1993）关于中世纪少数人统治思想的论述。Skinner（1992a）和编辑在 Harrington（1992）中所作的引言提供了对古典共和贵族观的概述。有关伯克政治思想的概述参见：Macpherson（1980），Garnett（2018），Hampsher-Monk（2014），Morrow（1990）中的 Coleridge，Morrow（2018）。参见 Thomas（1985）论穆勒，Ansell-Pearson（1994）论尼采，Parry（1970）论现代精英理论。

第8章：多数人统治。Dunn（1992）包含一系列讨论民主的历史和理论的非常有用的文章。关于普罗塔哥拉，参见：Kierstead（2018）；关于苏格拉底和柏拉图，参见：Arendt（2005）。参见 Baylor（1991）论激进的新教思想家，Skinner（1978）论古典共和主义者，Wotton（1994）论平等派，以及 Claeys（1989b）和 Feit（2018）论潘恩。关于詹姆斯·穆勒的立场的讨论，参见：Macpherson（1975）、Thomas（1979）和 Sieyes 在 Forsyth（1987）和 Rubinelli（2018）当中的论述。参见 Rosen（1993b）论边沁，Thomas（1985）论约翰·斯图尔特·穆勒，以及 Nicholson（1990）论格林。

第9章："自然"的约束。Mulgan（1977）思考了亚里士多德的自然法思想，而 Wood（1988）详细介绍了西塞罗对自然法的运用。参见 Burns（1991），Black（1993），Copleston（1975）和 Finnis（1998）有关中世纪的介绍。现代早期自然权利理论的探讨，参见：Tuck（1979），Baumgold（1988），Haakonseen（1985）。Tully（1991）和 Tully（1980）详细论述了霍布斯、格劳秀斯、普芬道夫和洛克各自关于自然法和自然权利的思想。Lloyd（2016）探讨自然法思想在黑人解放支持者的工作中的作用。

第10章：混合政体、均衡政制与分权。对于混合政体的经典观点参见：Fritz（1954），以及对西塞罗的观点的讨论参见：Wood（1988）。Skinner（1978）以及编辑在 Harrington（1992）中所作的引言思考了古典共和主义理论。参见 Hampsher-Monk（1992）论《联邦党人文集》以及 Zuckert（2017）论麦迪逊。对 Constant（1980）的介绍和 Forsyth（1987）思考了 18 世纪末和 19 世纪初法国人的观点。

第11章：专制政府。对于法国的专制政府理论，参见对 Seyssel（1981）和 Bossuet（1990）的介绍，以及 Franklin（1992，1994）和 Keohane（1980）。参见 Baumgold（1988）论霍布斯，以及 Schochet（1975）和 Cuttica（2016）论菲尔默。Tully（1991）简要介绍了

普芬道夫的立场。Francis（1980）和 Lee（1990）思考了霍布斯对于法律实证主义的一些贡献。

第 12 章：法治与统治受到约束的秩序。参见 Mulgan（1977）关于亚里士多德的观点以及 Burns（1991）对于中世纪思想家的观点的阐述。对 Seyssel（1981）的介绍和 Hooker（1989）思考了关于法治的现代早期的两种观点，而 Miller（1981）思考了休谟的理论以及 Kreiger（1972）考察了这一理论在 18 世纪德国思想界的地位。Gray（1984）和 Barry（1979）提供了有关哈耶克政治理论的有价值的介绍。

第 13 章：反抗不公正的统治者。对中世纪晚期和现代早期的反抗理论的详细讨论参见：Skinner（1978）。Franklin（1969b）对法国理论的论述特别有价值，而 Hopfl（1981）简要介绍了加尔文和路德的政治思想。参见 Parry（1978）对洛克思想的有价值的介绍。

第 14 章：革命政治思想。Tholfsen（1984）提供了对 18 世纪末和 19 世纪初欧洲革命思想的有益考察。Avineri（1968）和 McLellan（1986）很好地介绍了马克思政治思想的各个方面，而 Deutscher（1966），Adamson（1980），McLellan（1979），Lees（2015）and Wright（2015）思考了马克思主义革命传统的各个方面。对革命无政府主义的讨论参见：Cahm（1989）；对非洲的革命思想，特别是法农的讨论，参见：Jindaus（1986）和 Guégan（2015）。

第 15 章：政治权力中的公民不服从理论和非暴力反抗理论。Harris（1989）提供了一篇关于公民不服从的有价值的历史性和哲学性的文章和一系列重要文本。Rosenblum（1996）介绍了梭罗的政治思想，包括论述公民不服从，而 Parekh（1989）审视了甘地的思想并对其进行了评价。参见 Ansbro（1983）对金的思想的论述。

结语。论后现代主义的几个方面参见：Connolly（1988），White（1991），Rengger（1992）和 Bennett（2006）；论后殖民主义，参见：Ivison（1997），Gilroy（2008）和 Kohn（2017）。

参考文献

参考文献包含正文中提及的主要文献（Primary works）和次级文献（Secondary works），

以及其他有用的参考文献。主要作品根据原作者列出，即使它们出现在选集里。此处给出的日期是参考版本的日期，年表中注明了原始出版社日期或撰写日期。

主要文献

Anon (1991) To the Assembly of the Common Peasantry 1525, in Michael Baylor (ed.) *The Radical Reformation* (Cambridge: Cambridge University Press).

Aquinas, St Thomas (1959) *Selected Political Writings*, ed. A. P. D'Entreves, trans. J. G. Dawson (Oxford: Basil Blackwell).

Aristotle (1958) *The Politics*, ed. and trans. Ernest Barker (Oxford: Clarendon Press).

Aristotle (1975) *Ethica Nicomachea*, ed. and trans. W. D. Ross (Oxford: Oxford University Press).

Augustine (1972) *City of God*, ed. David Knowles (Harmondsworth: Penguin).

Augustine (2001) *Political Writings*, ed. E. M. Atkins and Robert Dodaro (Cambridge: Cambridge University Press).

Austin, John (1995) *The Province of Jurisprudence Determined*, ed. Wilfred E. Rumble (Cambridge: Cambridge University Press).

Babeuf, François-Noel (1972) *The Defence of Gracchus Babeuf*, ed. and trans. John Anthony Scott (New York: Schocken Books).

Bakunin, Michael (1970) *God and the State*, ed. Paul Avrich (New York: Dover).

Bakunin, Michael (1973) *Selected Writings*, ed. Arthur Lehning (London: Jonathan Cape).

Bakunin, Michael (1990) *Statism and Anarchy*, ed. and trans. Marshall S. Shatz (Cambridge: Cambridge University Press).

Beccaria, Cesare (1995) *On Crimes and Punishments and Other Writings*, ed. Richard Bellamy, trans. Richard Davis (Cambridge: Cambridge University Press).

Bentham, Jeremy (1843a) 'Anarchical Fallacies', 'Principles of International Law' in John Bowring (ed.) *The Works of Jeremy Bentham*, 10 vols (Edinburgh: William Tait), vol. 2.

Bentham, Jeremy (1843b) 'Constitutional Code', in John Bowring (ed.) *The Works of Jeremy Bentham*, 10 vols (Edinburgh: William Tait), vol. 9.

Bentham, Jeremy (1952–54) *Economic Writings*, 3 vols (London: Allen & Unwin).

Bentham, Jeremy (1967) *A Fragment on Government with an Introduction to the Principles of Mor-*

als and Legislation, ed. Wilfred Harrison (Oxford: Basil Blackwell).

Bentham, Jeremy (1995) *Colonies, Commerce and Constitutional Law*, ed. Philip Schofield, *Collected Works of Jeremy Bentham* (Oxford: Clarendon Press).

Bernstein, Eduard (1972) *Evolutionary Socialism*, trans. Edith C. Harvey (New York: Schocken Books).

Beza, Theodore (1969) The Right of Magistrates, in J. H. Franklin (ed. and trans.), *Constitutionalism and Resistance in the Sixteenth Century: Three Treatises by Hotman, Beza & Mornay* (New York: Pegasus).

Bodin, Jean (n.d.) *Six Books of the Commonwealth*, ed. and trans. M. J. Tooley (Oxford: Basil Blackwell).

Bodin, Jean (1992) *On Sovereignty. Four chapters from The Six Books of the Commonwealth*, ed. and trans. Julian H. Franklin (Cambridge: Cambridge University Press).

Bosanquet, Bernard (1899) *The Philosophical Theory of the State* (London: Macmillan).

Bossuet, Jacques-Bénigne (1990) *Politics Drawn from the Very Words of Holy Scripture*, ed. and trans. Patrick Riley (Cambridge: Cambridge University Press).

Burke, Edmund (1834) *Works*, 2 vols (London: Holdsworth & Bell).

Burke, Edmund (1969) *Reflections on the Revolution in France*, ed. C. C. O'Brien (Harmondsworth: Penguin).

Calvin, Jean (1950) *Institutes of the Christian Religion*, ed. John T. McNeill, trans. Ford Lewis Battles, 2 vols (Philadelphia, PA: The Westminster Press).

Calvin, Jean (1991) *De Politica Administrione*, in Harro Hopfl (ed.) *Luther and Calvin on Secular Authority* (Cambridge: Cambridge University Press).

Carlyle, Thomas (1980) *Selected Writings*, ed. Alan Shelston (Harmondsworth: Penguin).

Chateaubriand, François (1816) *Monarchy According to the Charter* (London: T. Davison).

Cicero (1970) *De Re Publica and De Legibus*, trans. C. W. Keyes (Cambridge, MA: Harvard University Press).

Cicero (1991) *On Duties*, ed. E. M. Atkins (Cambridge: Cambridge University Press).

Cobbett, William (n.d.) *Cobbett's Political Works*, 6 vols (London: John and James Cobbett).

Cole, G. D. H. (1935) *The Simple Case for Socialism* (London: Victor Gollancz).

Coleridge, S. T. (1990) *Coleridge's Writings. Volume I: On Politics and Society*, ed. John Morrow (London: Macmillan).

Condorcet, Antoine-Nicolas de (1955) *Sketch for a Historical Picture of the Progress of the Human Mind*, trans. June Barraclough, ed. Stuart Hampshire (London: Weidenfeld & Nicolson).

Constant, Benjamin (1988) *Political Writings*, ed. and trans. Biancamaria Fontana (Cambridge: Cambridge University Press).

Diderot, Denis (1992) *Political Writings*, ed. and trans. John Hope Mason and Robert Wokler (Cambridge: Cambridge University Press).

Douglass, Frederick (1996) *The Oxford Douglass Reader*, ed. William L. Andrews (New York: Oxford University Press).

Douglass, Frederick (2000) *Selected Speeches*, ed. Philip S. Foner and Yuval Taylor (Chicago, IL: Chicago Review Press).

Douglass, Frederick (2013) *Great Speeches by Frederick Douglass*, ed. James Daley (New York: Dover).

Du Bois, W. E. B. (1920) *Darkwater. Voices from Within the Veil* (New York: Harcourt, Brace and Howe).

Du Bois, W. E. B. (1966) *Black Reconstruction in America* [1934] (London: Frank Cass).

Du Bois, W. E. B. (1986) *Writings* (New York: Library of America).

Du Bois, W. E. B. (1989) *The Souls of Black People* [1903] (London: Penguin Bks).

Fanon, Frantz (1967) *The Wretched of the Earth*, trans. Constance Farrington (Harmondsworth: Penguin).

Fanon, Frantz (1970a) *A Dying Colonialism*, trans. Haakon Chevalier (Harmondsworth: Penguin).

Fanon, Frantz (1970b) *Toward the African Revolution*, trans. Haakon Chevalier (Harmondsworth: Penguin).

Filmer, Sir Robert (1949) *Patriarcha ... and Other Political Works*, ed. Peter Laslett (Oxford: Basil Blackwell).

Galston, William A. (1992) 'Introduction', in J. W. Chapman and William A. Galston (eds) *Virtue, Nomos,* vol. 34 (New York: New York University Press), pp. 1–23.

Gandhi, Mahatma (1986) *The Moral and Political Writings of Mahatma Gandhi*, 3 vols, ed. Raghava Iyer (Oxford: Clarendon Press).

Gewirth, Alan (1981) 'The Basis and Content of Human Rights', in J. Roland Pennock and John W. Chapman (eds) *Human Rights, Nomos XXIII* (New York: New York University Press), pp. 119–47.

Godwin, William (1969) *An Enquiry Concerning Political Justice*, 3 vols, ed. F. E. L. Priestley (Toronto: University of Toronto Press).

Goldman, Emma (1911) 'Anarchism: What It Really Stands For', in Emma Goldman (ed.) *Anarchism and Other Essays*, 2nd edn (New York: Mother Earth), pp. 53–73.

Goodin, Robert E. (1995) *Utilitarianism as a Public Philosophy* (Cambridge: Cambridge University Press).

Gouges, Olympe de (2011) The Rights of Women, in John R. Cole *Between the Queen and the Cabby. Olympe de Gouge's Rights of Women* (Montreal & Kingston: McGill-Queen's University Press), pp. 27–42.

Gramsci, Antonio (1971) *Selections from the Prison Notebooks*, ed. and trans. Quinton Hoare and Geoffrey Nowell Smith (London: Lawrence & Wishart).

Green, T. H. (1986) *Lectures on the Principles of Political Obligation and Other Political Writings*, eds Paul Harris and John Morrow (Cambridge: Cambridge University Press).

Grotius, Hugo (1738) *The Rights of War and Peace in Three Books* (London: W. Innys).

Guicciardini, Francesco (1994) *Dialogue on the Government of Florence*, ed. and trans. Alison Brown (Cambridge: Cambridge University Press).

Gutmann, Amy (1992) 'Communitarian Critics of Liberalism', in Shlomo Avineri and Avner De-Shalit (eds) *Communitarianism and Individualism* (Oxford: Oxford University Press), pp. 120–37.

Hamilton, Alexander, John Jay and James Madison (1942) *The Federalist* (London: J. M. Dent).

Hampshire, Stuart (1978) 'Morality and Pessimism', in Stuart Hampshire (ed.) *Public and Private Morality* (Cambridge: Cambridge University Press), pp. 1–22.

Harrington, James (1992) *The Commonwealth of Oceana and A System of Politics*, ed. J. G. A. Pocock (Cambridge: Cambridge University Press).

Hayek, Friedrich A. (1960) *The Constitution of Liberty* (Chicago, IL: University of Chicago Press).

Hayek, Friedrich A. (1982) *Law, Liberty and Legislation*, 3 vols (London: Routledge).

Hazlitt, William (1819) *Political Essays* (London: William Hone).

Hegel, G. W. F. (1991) *Elements of the Philosophy of Right*, ed. Allen W. Wood, trans. H. B. Nisbet (Cambridge: Cambridge University Press).

Henkin, Louis (1981) 'International Human Rights as "Rights"', in Roland J. Pennock and John W. Chapman (eds) *Human Rights, Nomos XXIII* (New York: New York University Press), pp. 257–80.

Hitler, Adolf (1969) *Mein Kampf*, trans. Ralph Manheim (London: Hutchinson).

Hobbes, Thomas (1960) *Leviathan, or the Matter, Forme, Power of a Commonwealth Ecclesiastical and Civil*, ed. Michael Oakeshott (Oxford: Basil Blackwell).

Hobbes, Thomas (1983) *De Cive*, ed. Howard Warrender (Oxford: Oxford University Press).

Hobhouse, L. T. (1909) *Democracy and Reaction*, 2nd edn (London: T. Fisher Unwin).

Hobhouse, L. T. (1990) *Liberalism and Other Writings*, ed. James Meadowcroft (Cambridge: Cambridge University Press).

Hooker, Richard (1989) *Of the Laws of Ecclesiastical Polity*, ed. Arthur Stephen McGrade (Cambridge: Cambridge University Press).

Hopfl, Harro, ed. (1991) *Luther and Calvin on Secular Authority* (Cambridge: Cambridge University Press).

Hotman, François (1972) *Francogallia*, trans. J. H. M. Salmon (Cambridge: Cambridge University Press).

Hume, David (1962) *Moral and Political Philosophy*, ed. Henry D. Aiken (New York: Hafner).

Hume, David (1987) *Essays. Moral, Political and Literary*, ed. Eugene F. Miller (Indianapolis, IA: Liberty Press).

Hume, David (1994) *Political Essays*, ed. Knud Haakonssen (Cambridge: Cambridge University Press).

Huxley, T. H. (n.d.) 'Struggle for Existence', in Peter Kropotkin (ed.) *Mutual Aid* (Boston, MA: Extending Horizon Books).

Ingram, Attracta (1994) *A Political Theory of Rights* (Oxford: Clarendon Press).

John of Salisbury (1990) *Policraticus*, ed. Cary J. Nederman (Cambridge: Cambridge University Press).

Kant, Immanuel (1971) *Political Writings*, ed. Hans Reiss, trans. H. B. Nisbet (Cambridge: Cambridge University Press).

Kant, Immanuel (1972) *Groundwork of the Metaphysic of Morals*, trans. H. J. Paton (London: Hutchinson).

Kant, Immanuel (1975) 'Conjectural Beginning of Human History', in Lewis White Becker (ed.) *Kant: On History* (Indianapolis, IN: Bobbs-Merrill).

Kant, Immanuel (1996) *Practical Philosophy*, ed. and trans. Mary J. Gregor (Cambridge: Cambridge University Press).

Kautsky, Karl (1971) *The Class Struggle*, ed. Robert C. Tucker, trans. William E. Bohn (New York: W. W. Norton).

Kautsky, Karl (1983) *Selected Political Writings*, ed. and trans. Patrick Goode (London: Macmillan).

King, Martin Luther (1989) 'Letter from Birmingham Jail', in Paul Harris (ed.) *Civil Disobedience* (Latham, MD: University Press of America).

Kropotkin, Peter (1903) *The State: Its Historic Role* (London: Freedom Press).

Kropotkin, Peter (1970) *Revolutionary Pamphlets*, ed. Roger N. Baldwin (New York: Dover).

Kropotkin, Peter (1971) *In French and Russian Prisons* (New York: Shocken Books).

Kropotkin, Peter (n.d.) *Mutual Aid* (Boston, MA: Extending Horizon Books).

Kymlicka, Will (1992) 'Liberal Individualism and Liberal Neutrality', in Shlomo Avineri and Avner De-Shalit (eds) *Communitarianism and Individualism* (Oxford: Oxford University Press), pp. 165–85.

Kymlicka, Will (1995) *Multicultural Citizenship: A Liberal Theory of Minority Rights* (Oxford: Oxford University Press).

Lenin, V. I. (1971) *Selected Works* (Moscow: Progress Publishers).

Lenin, V. I. (1975) *Selected Writings*, 3 vols (Moscow: Progress Publishers).

Locke, John (1967) *Two Treatises of Government*, ed. Peter Laslett (Cambridge: Cambridge University Press).

Loyseau, Charles (1994) *A Treatise of Orders and Plain Dignities*, ed. and trans. Howell A. Lloyd (Cambridge: Cambridge University Press).

Luxemburg, Rosa (1971) 'What does the Spartacus League Want?', in Dick Howard (ed.) *Selected Political Writings of Rosa Luxemburg* (New York: Monthly Review Press).

Macaulay, T. B. (1984) 'Mill's Essay on Government: Utilitarian Logic and Politics', in Jack Lively and John Rees (eds) *Utilitarian Logic and Politics* (Oxford: Clarendon Press), pp. 97–130.

Macedo, Stephen (1992) 'Charting Liberal Virtues', in J. W. Chapman and William Galston (eds) *Virtue, Nomos*, vol. 34 (New York: New York University Press), pp. 204–33.

Machiavelli, Niccoló (1988) *The Prince*, eds Quentin Skinner and Russell Price (Cambridge: Cambridge University Press).

Maistre, Joseph de (1965) *The Works of Joseph de Maistre*, ed. and trans. Jack Lively (New York: Macmillan).

Mao Tse-tung (1957) *On the Correct Handling of Contradictions Among the People* (Peking: Foreign Languages Press).

Mao Tse-tung (1967) *Selected Military Writings* (Peking: Foreign Languages Press).

Marsilius of Padua (1956) *The Defender of the Peace*, 2 vols, trans. Alan Gewirth (New York: Columbia University Press).

Marx, Karl (1973) *The Revolutions of 1848*, ed. David Fernbach (Harmondsworth: Penguin).

Marx, Karl (1975) *Early Writings*, ed. Lucio Colletti, trans. Rodney Livingstone and Gregor Benton (Harmondsworth: Penguin).

Marx, Karl and Friedrich Engels (1968) *The German Ideology*, ed. R. Pascal (New York: International Publishers).

Marx, Karl and Friedrich Engels (1973) *Selected Works*, 3 vols (Moscow: Progress Publishers).

Maurras, Charles (1971a) 'Dictator and King', in J. S. McClelland (ed.) *The French Right from de Maistre to Maurras* (London: Jonathan Cape), pp. 215–380.

Maurras, Charles (1971b) 'Romanticism and Revolution', in J. S. McClelland (ed.) *The French*

Right from de Maistre to Maurras (London: Jonathan Cape), pp. 239–63.

Mill, James (1984) 'Essay on Government', in Jack Lively and John Rees (eds) *Utilitarian Logic and Politics* (Oxford: Clarendon Press), pp. 53–130.

Mill, John Stuart (1983) *Utilitarianism, On Liberty and Considerations on Representative Government*, ed. H. B. Acton (London: Dent).

Mill, John Stuart (1859) *On Liberty, with the Subjection of Women and Chapters on Socialism*, ed. Stefan Collini (Cambridge: Cambridge University Press).

Mill, John Stuart (1850) 'The Negro Question', *Fraser's Magazine*, 45, 25–31.

Millett, Kate (1970) *Sexual Politics* (Garden City, NY: Doubleday).

Montesquieu, Charles-Louis (1949) *The Spirit of the Laws*, 2 vols, trans. Thomas Nugent (New York: Hafner).

Montesquieu, Charles-Louis (1977) *The Political Theory of Montesquieu*, ed. Melvin Richter (Cambridge: Cambridge University Press).

Mornay, Phillipe (1969) *Vindiciae contra tyrannos*, ed. and trans. J. F. Franklin, *Constitutionalism and Resistance in the Sixteenth Century: Three Treatises by Hotman, Beza & Mornay* (New York: Pegasus).

Mosca, Gaetano (1939) *The Ruling Class*, trans. Hannah D. Kahn (New York: McGraw-Hill).

Müller, Adam (1955) 'Elements of Politics', in H. S. Reiss (ed.) *Political Thought of German Romantics* (Oxford: Basil Blackwell).

Mussolini, Benito (1935) 'The Doctrine of Fascism', in Benito Mussolini (ed.) *Fascism: Doctrines and Institutions* (Rome: Ardita).

Nietzsche, Friedrich (1967) *Beyond Good and Evil*, trans. Marianne Cowan (Chicago, IL: Henry Regnery).

Nietzsche, Friedrich (1968) *The Will to Power*, trans. Walter Kaufmann and R. J. Hollingdale (New York: Vintage Books).

Novalis (1996) Faith and Love, in Frederick C. Beiser (ed. and trans.), *The Early Political Writings of the German Romantics* (Cambridge: Cambridge University Press).

Nozick, Robert (1974) *Anarchy, State, and Utopia* (Oxford: Basil Blackwell).

Otis, James (1766) *The Rights of the British Colonies Asserted and Proved* (London: J Williams).

Owen, Robert (1991) *A New View of Society and Other Writings*, ed. Gregory Claeys (Harmondsworth: Penguin).

Paine, Thomas (1976) *The Rights of Man*, ed. Henry Collins (Harmondsworth: Penguin).

Paley, William (1803) *The Principles of Moral and Political Philosophy*, 2 vols, 14th edn (London: R. Faulder).

Pareto, Vifredo (1966) *Sociological Writings*, ed. S. E. Finer, trans. Derick Mirfin (London: Pall Mall Press).

Pateman, Carole (1970) *Participation & Democratic Theory* (Cambridge: Cambridge University Press).

Phillips, Anne (1991) *Engendering Democracy* (Cambridge: Polity Press).

Pizan Christine de (1982) *The Book of the City of the Ladies* (New York: Persea Books).

Pizan, Christine de (1994) *The Book of the Body Politic*, ed. and trans. Kate Langdon Forham (Cambridge: Cambridge University Press).

Plato (1960) *The Gorgias*, trans. Walter Hamilton (Harmondsworth: Penguin).

Plato (1970) *The Republic*, trans. M. D. P. Lee (Harmondsworth: Penguin).

Plato (1980) *The Laws*, trans. T. J. Saunders (Harmondsworth: Penguin).

Plato (1991) *Protagoras*, trans. C. C. W. Taylor, revised edn (Oxford: Clarendon Press).

Plato (1994) *Republic*, trans Robin Waterfield (Oxford: Oxford University Press).

Polybius (1979) *The Rise of the Roman Empire*, ed. F. W. Walbank, trans. Ian Scott-Kilvert (Harmondsworth: Penguin).

Proudhon, P.-J. (1923) *General Idea of the Revolution in the Nineteenth Century*, trans. John Beverley Robinson (London: Freedom Press).

Proudhon, P.-J. (1979) *The Principle of Federation*, trans. Richard Vernon (Toronto: University of Toronto Press).

Pufendorf, Samuel (1927) *The Two Books on the Duty of Man and Citizen According to the Natural Law*, trans. Frank Gardner Moore (New York: Oxford University Press).

Pufendorf, Samuel (1934) *On the Law of Nature and Nations, Eight Books*, trans. C. H. Oldfather and W. A. Oldfather (Oxford: Clarendon Press).

Pufendorf, Samuel (1991) *On the Duty of Man and Citizen*, ed. James Tully, trans. Michael Silverthorne (Cambridge: Cambridge University Press).

Rawls, John (1973) *A Theory of Justice* (Oxford: Oxford University Press).

Ritchie, D. G. (1894) *Natural Rights* (London: Allen & Unwin).

Ritchie, D. G. (1902) *Studies in Social and Political Ethics* (London: Swan Sonnenschein).

Rosenberg, Alfred (1971) *Selected Writings*, ed. Robert Pois (London: Jonathan Cape).

Rousseau, Jean-Jacques (1987) *The Basic Political Writings*, trans. Donald A. Cress (Indianapolis, IN: Hackett).

Rousseau, Jean-Jacques (2005a) 'Abstract of Monsieur the Abbé de Saint-Pierre's Plan for Perpetual Peace', in Jean-Jacques Rousseau (ed.) *The Plan for Perpetual Peace, On the Government of Poland, and Other Writings on History and Politics, The Collected Writings of Rousseau*, vol 11, ed. Christopher Kelly, trans. Christopher Kelly and Judith Bush (Hanover, NH: Dartmouth College Press), pp. 27–49.

Rousseau, Jean-Jacques (2005b) 'Polysnody By the Abbé de Saint Pierre', in Jean-Jacques Rousseau (ed.) *The Plan for Perpetual Peace, on the Government of Poland, and Other Writings on History and Politics, The Collected Writings of Rousseau*, vol 11, ed. Christopher Kelly, trans. Christopher Kelly and Judith Bush (Hanover, NH: Dartmouth College Press), pp. 77–99.

Said, Edward (2003) *Orientalism [1978]* (London: Penguin).

Saint-Pierre, Charles (1714) *A Project for Settling an Everlasting Peace in Europe* (London: J Watts).

Sandel, Michael (1992) 'The Procedural Republic and the Unencumbered Self', in Shlomo Avineri and Avner De-Shalit (eds) *Communitarianism and Individualism* (Oxford: Oxford University Press), pp. 12–28.

Sattler, Michael (1991) *The Schleitheim Articles*, in Michael B. Baylor (ed.) *The Radical Reformation* (Cambridge: Cambridge University Press), pp. 172–80.

Schlegel, F. (1964) *Die Entwicklung Der Philosophie In Zwolf Buchern*, in *Philoso-phische Vorlesungen* (ed.) Jean-Jacques Ansttett, *Kritsche Friedrich-Schlegel-Ausgabe,* vol. 13 (Munich: F. Schoningh).

Schumpeter, Joseph, A. (1954) *Capitalism, Socialism, and Democracy* (London: George Allen & Unwin).

Seyssel, Claude de (1981) *The Monarchy of France*, ed. Donald A. Kelly, trans. J. H. Hexter (New Haven, CT: Yale University Press).

Sidgwick, Henry (1891) *The Elements of Politics* (London: Macmillan).

Sièyes, Emanuel Joseph (1963) *What is the Third Estate?*, ed. S. E. Finer, trans. M. Blondel (London: Pall Mall Press).

Siltanen, Janet and Michelle Stanworth (1984) 'The Politics of Private Woman and Public Man', in Janet Siltanen and Michelle Stanworth (eds) *Women and the Public Sphere* (London: Hutchinson), pp. 185–208.

Stalin, Joseph (1934) *Leninism*, 2 vols (Moscow and Leningrad: Co-operative Publishing Society).

Stirner, Max (1995) *The Ego and Its Own*, ed. David Leopold (Cambridge: Cambridge University Press).

Suàrez, Francisco (1856–78) *De Opere Sex Dierum, in Suàrez, Opera Omnia*, 27 vols, ed. Carolus Berton (Paris: Apud Ludovicum Vives), vol. iii.

Taylor, Charles (1992) 'Atomism', in Shlomo Avineri and Avner De-Shalit (eds) *Communitarianism and Individualism* (Oxford: Oxford University Press), pp. 29–50.

Taylor, Harriet (1993) *The Enfranchisement of Women*, in Marie Mulvey Roberts and Tamae Mizuta (eds) *The Disenfranchised. The Fight for the Suffrage* (London, Routledge/Thoemmes Press; Tokyo: Kinokuniya).

Thompson, Willam and Anna Wheeler (1970) *Appeal of One Half of The Human Race, Women, Against the Pretensions of the Other Half, Men*, in Marie Mulvey Roberts and Tamae Mizuta (eds) *The Reformers. Socialist Feminism* (New York: Burt Franklin).

Thompson, Willam and Anna Wheeler (1993) *Appeal of One Half of The Human Race, Women, Against the Pretensions of the Other Half, Men*, in Marie Mulvey Roberts and Tamae Mizuta (eds) *The Reformers. Socialist Feminism* (London: Routledge/Thoemmes Press; Tokyo: Kinokuniya).

Thoreau, Henry D. (1992) *Walden and Resistance to Civil Government*, ed. William Rossi (New York: W. W. Norton).

Thoreau, Henry D. (1996) *Political Writings*, ed. Nancy L. Rosenblum (Cambridge: Cambridge University Press).

Tocqueville, Alexis de (1945) *Democracy in America*, 2 vols, trans. Henry Reeve (New York: Vintage Books).

Trotsky, Leon (1969) *The Permanent Revolution and Results and Prospects*, 3rd edn (New York: Labour Publications).

Tucker, Benjamin (1970) 'State Socialism and Libertarianism', in Irving L. Horowitz (ed.) *The Anarchists* (New York: Dell), pp. 169–82.

Walzer, Michael (1992) 'Membership', in Shlomo Avineri and Avner De-Shalit (eds) *Communitarianism and Individualism* (Oxford: Oxford University Press), pp. 65–84.

Warren, Josiah (1970) 'True Civilisation and Personal Liberty', in Irving L. Horowitz (ed.) *The Anarchists* (New York: Dell), pp. 321–9.

Webb, Beatrice (1948) *Our Partnership* (London: Longman).

Webb, Sidney (1889) 'Historic', in G. Bernard Shaw (ed.) *Fabian Essays in Socialism* (London: The Fabian Society), pp. 30–61.

Weber, Max (1994) *Political Writings*, eds Peter Lassman and Ronald Spiers (Cambridge: Cambridge University Press).

William of Ockham (1992) *A Short Discourse on the Tyrannical Government of Things Divine and Human, but Especially over the Empire*, ed. A. S. McGrade, trans. John Killkullen (Cambridge: Cambridge University Press).

Wollstonecraft, Mary (1790) *A Vindication of the Rights of Men* (London: J. Johnson).

Wollstonecraft, Mary (1983) *A Vindication of the Rights of Women*, ed. Miriam Brody (Harmondsworth: Penguin).

Wollstonecraft, Mary (1995) *A Vindication of the Rights of Men and A Vindication of the Rights of Women*, ed. Sylvana Tomaselli (Cambridge: Cambridge University Press).

Woodhouse, A. S. P. (ed.) (1951) *Puritanism and Liberty* (London: Dent).

Young, Iris Marion (1990a) *Justice and the Politics of Difference* (Princeton, NJ: Princeton University Press).

Young, Iris Marion (1990b) 'Polity and Group Difference: A Critique of Universal Citizenship', in Cass R. Sunstein (ed.) *Feminism & Political Theory* (Chicago, IL: University of Chicago Press), pp. 117–42.

Zetkin, Clara (1984) *Selected Writings*, ed. Philip S. Foner (New York: International Publishers).

次级文献

Abrahamian, Ervand (1988) 'Ali Shari'ati: Ideologue of the Iranian Revolution', in Edmund Burke III and Ira M. Lapidas (eds) *Islam Politics and Social Movements* (Berkeley, CA: University of California Press), pp. 289–97.

Adams, Tracy (2014) *Christian de Pizan and the fight for France* (University Park, PA: Pennsylvania University Press).

Adamson, W. L. (1980) *Hegemony and Revolution: A Study of Gramsci's Political and Cultural Theory* (Berkeley, CA: University of California Press).

Akhavi, Shahrough (1990) *Religion and Politics in Contemporary Iran* (Albany, NY: University of New York Press).

Allen, J. W. (1951) *A History of Political Thought in the Sixteenth Century* (London: Methuen).

Anderson, Olive (1991) 'The Feminism of T. H. Green: A Late Victorian Success Story?', *History of Political Thought*, 12, 671–694.

Annas, Julia (1981) *An Introduction to Plato's Republic* (Oxford: Clarendon Press).

Ansbro, John J. (1983) *Martin Luther King Jr: The Making of a Mind* (New York: Orbis Books).

Ansell-Pearson, Keith (1994) *An Introduction to Nietzsche as Political Thinker* (Cambridge: Cambridge University Press).

Atanassow, Ewa (2017) 'Tocqueville's New Liberalism', in Ewa Atanassow and Alan S. Kahan (eds) *Liberal Moments* (London: Bloomsbury), pp. 51–57.

Avilés, Maguel and Davis, J. C. (eds) (2012) *Utopian Moments* (London: Bloomsbury).

Avineri, Shlomo (1968) *The Social and Political Thought of Karl Marx* (Cambridge: Cambridge University Press).

Avineri, Shlomo (1972) *Hegel's Theory of the Modern State* (Cambridge: Cambridge University Press).

Avineri, Shlomo and Avner De-Shalit (eds) (1992) *Communitarianism and Individualism* (Oxford: Oxford University Press).

Avrich, Paul (1988) *Anarchist Portraits* (Princeton, NJ: Princeton University Press).

Baker, Keith Michael (1975) *Condorcet: From Natural Philosophy to Social Mathematics* (Chicago, IL: University of Chicago Press).

Balfour, Lawrie (2011) *Democracies Reconstruction* (New York: Oxford University Press).

Balfour, Lawrie (2010) 'Darkwaters' Democratic Vision', *Political Theory*, 38(4), 537–63.

Balot, Ryan K. and Tong, Zhichao (2018) 'The Puzzle of Leadership in Toquevellie's Democracy in America', in Xavier Márquez (ed.) *Democratic Moments* (London: Bloomsbury), pp.113–22.

Barker, Ernest (1959) *The Political Thought of Plato and Aristotle* (New York: Dover).

Barnes, Jonathan (ed.) (1995) *The Cambridge Companion to Aristotle* (Cambridge: Cambridge University Press).

Barrow, Robin (1991) *Utilitarianism: A Contemporary Statement* (Aldershot: Edward Elgar).

Barry, Norman (1979) *Hayek's Social and Economic Philosophy* (London: Macmillan).

Bathory, P. D. (1981) *Political Theory as Public Confession: The Social and Political Thought of Augustine of Hippo* (New Brunswick, NJ: Transaction Books).

Baumgold, Deborah (1988) *Hobbes' Political Theory* (Cambridge: Cambridge University Press).

Bax, Ernest Belfort (1911) *The Last Episode of the French Revolution* (London: Grant Richards).

Beale, Derek (2006) 'Philosophical Kingship and Enlightened Despotism', in Mark Goldie and Robert Wokler (eds) *The Cambridge History of Eighteenth-Century Political Thought* (Cambridge: Cambridge University Press), pp. 497–524.

Beetham, David (1991) *The Legitimation of Power* (London: Macmillan).

Bell, Duncan (2016) *Reordering the World: Essays on Liberalism and Empire* (Princeton, NJ: Princeton University Press).

Beiser, F. C. (1996) 'Introduction', *The Early Political Thought of the German Romantics*, ed. and trans. F. C. Beiser (Cambridge: Cambridge University Press).

Beiser, F. C. (2003) *Romantic Imperative: The Concept of Early German Romanticism* (Cambridge, MA: Harvard University Press).

Beiser, F. C. (ed.) (1993) *The Cambridge Companion to Hegel* (Cambridge: Cambridge University Press).

Beiser, Frederick C. (1992) *Enlightenment, Revolution & Romanticism. The Genesis of Modern German Thought* (Cambridge, MA: Harvard University Press).

Bennett, Jane (2006) 'Modernity and its Critics', in John Dryzek, Bonnie Honig and Anne Phillips (eds) *The Oxford Handbook of Political Theory* (Oxford: Oxford University Press), pp. 211–24.

Berki, R. N. (1977) *A History of Political Thought: A Short Introduction* (London: Dent).

Bernstein, Samuel (1972) *Auguste Blanqui and the Art of Insurrection* (London: Lawrence & Wishart).

Bhabba, Homi (1994) *The Location of Culture* (London: Routledge).

Black, Anthony (1992) *Political Thought in Europe 1250–1450* (Cambridge: Cambridge University Press).

Blight, David W. (2018) *Frederick Douglass. Prophet of Freedom* (New York: Simon and Schuster).

Bondurant, Joan V. (1965) *Conquest of Violence. The Gandhian Philosophy of Conflict*, 2nd edn (Berkeley, CA: University of California Press).

Bottomore, T. B. (1966) *Elites and Society* (Harmondsworth: Penguin).

Boucher, David (1998) *Political Theories of International Relations* (Oxford: Oxford University Press).

Brooker, Paul (1985) 'The Nazi *Fuehrerprinzip*: A Weberian Analysis', *Political Science*, 37(1), 50–71.

Brooker, Paul (1991) *The Faces of Fraternalism: Nazi Germany, Fascist Italy and Imperial Japan* (Oxford: Clarendon Press).

Brown, Chris, Nardin, Terry and Rengger, N. (2002) *International Relations in Political Thought: Texts from the Ancient Greeks to the First World War* (Cambridge: Cambridge University Press).

Bruce, Susan and Smits, Katherine (eds) (2016) *Feminist Moments* (London: Bloomsbury).

Burgess, Glen (1992) *The Politics of the Ancient Constitution. An Introduction to English Political Theory, 1603–1642* (London: Macmillan).

Burgess, Glen (2013) 'Bodin in the English Revoution', in Howell A. Lloyd ed. *The Reception of Bodin* (Leyden: Brill), pp. 387–408.

Burns, J. H. (ed.) (1991) *The Cambridge History of Medieval Political Thought c. 350–c.1450* (Cambridge: Cambridge University Press).

Burns, J. H. with Mark Goldie (eds) (1994) *The Cambridge History of Political Thought 1450–1700* (Cambridge: Cambridge University Press).

Cahm, C. (1989) *Kropotkin and the Rise of Revolutionary Anarchism* (Cambridge: Cambridge University Press).

Canning, J. P. (1991) 'Law, Sovereignty and Corporation Theory, 1300–1450', in Burns (ed.) *The Cambridge History of Medieval Political Thought*, pp. 454–77.

Capaldi, Nicholas (2017) 'John Stuart Mill', in Ewa Atanassow and Alan S. Kahan (eds) *Liberal Moments* (London: Bloomsbury), pp. 69–75.

Carroll, John (1974) *Break-out from the Crystal Palace: The Anarcho-psychological Critique; Stirner, Nietzsche, Dostoevsky* (London: Routledge).

Carver, Terrell (ed.) (1991) *The Cambridge Companion to Karl Marx* (Cambridge: Cambridge University Press).

Chapman, J. W. and Galston, William (eds) (1992) *Virtue, Nomos*, vol. 34 (New York: New York University Press).

Chappell, V. C. (1994) *The Cambridge Companion to Locke* (Cambridge: Cambridge University Press).

Claeys, Gregory (1989a) *Citizens and Saints. Politics and Anti-politics in Early British Socialism* (Cambridge: Cambridge University Press).

Claeys, Gregory (1989b) *Thomas Paine* (Boston, MA: Unwin, Hyman).

Cohen, Joshua (1989) 'Deliberation and Democratic Deliberation', in Alan Hamlin and Philip Pettit (eds) *The Good Polity: Normative Analysis of the State* (Oxford: Basil Blackwell), pp. 17–34.

Cole, John R. (2011) *Between the Queen and the Cabby. Olympe de Gouge's Rights of Women* (Montreal & Kingston: McGill-Queen's University Press).

Coleman, Janet (2000a) *A History of Political Thought from Ancient Greece to Early Christianity* (Oxford: Basil Blackwell).

Coleman, Janet (2000b) *A History of Political Thought: From the Middle Ages to the Renaissance* (Oxford: Basil Blackwell).

Collini, Stefan (1977) 'Liberalism and the Legacy of Mill', *Historical Journal*, 20, 337–54.

Collini, Stefan (1979) *Liberalism and Sociology: L. T. Hobhouse and Political Argument in England, 1880–1914* (Cambridge: Cambridge University Press).

Connolly, William E. (1988) *Political Theory & Modernity* (Oxford: Basil Blackwell).

Coole, Diana H. (1988) *Women in Political Theory. From Ancient Misogyny to Contemporary Feminism* (Brighton: Wheatsheaf).

Copleston, F. C. (1975) *Aquinas* (Harmondsworth: Penguin).

Cross, R. C. and Woozley, A. D. (1971) *Plato's Republic: A Philosophical Commentary* (London: Macmillan).

Crowder, George (1991) *Classical Anarchism* (Oxford: Clarendon Press).

Crowder, George (2015) 'Revolution and Evolution: Kropotkin's Anarchism', in Rachel Hammersley (ed.) *Revolutionary Moments* (London: Bloomsbury).

Cullen, D. E. (1993) *Freedom in Rousseau's Political Philosophy* (DeKalb, IL: Northern Illinois University Press).

Cuttica, Cesare (2016) 'Filmer's Patriarcha (1680): Absolute Power, Political Patriarchalism and Patriotic Language', in Cesare Cuttica and Gaby Mahlberg (eds) *Patriarchal Moments* (London: Bloomsbury), pp. 65–72.

Cuttica, Cesare and Mahlberg, Gaby (eds) (2016) *Patriarchal Moments* (London: Bloomsbury).

Davis, J. C. (1994) 'Utopianism', in J. H. Burns with Mark Goldie (eds) *The Cambridge History of Political Thought, 1450–1700* (Cambridge: Cambridge University Press), pp. 329–46.

Davis, J. C. (1981) 'Pocock's Harrington: Grace, Nature and Art in the Classical Republicanism of James Harrington', *Historical Journal*, 24, 683–97.

Deane, Herbert (1963) *The Political and Social Ideas of Saint Augustine* (New York: Columbia University Press).

Detwiler, Bruce (1990) *Nietzsche and the Politics of Aristocratic Radicalism* (Chicago, IL: University of Chicago Press).

Deutscher, Isaac (1954) *The Prophet Armed: Trotsky, 1879–1921* (New York: Oxford University Press).

Deutscher, Isaac (1966) 'Maoism – its Origins and Outlook', in Isaac Deutscher (ed.) *Ironies of History: Essays on Contemporary Communism* (Oxford: Oxford University Press), pp. 88–120.

Dietz, Mary (ed.) (1990) *Thomas Hobbes and Political Theory* (Lawrence, KS: University of Kansas Press).

Dinwiddy, J. R. (1993) 'Early-Nineteenth-Century Reactions to Benthamism', in Bhikhu Parekh (ed.) *Jeremy Bentham: Critical Assessments* (London: Routledge) vol. 1, pp. 255–76.

Dollard, Catherine (2016) 'German Maternalist Socialism: Clara Zetkin and the 1896 Social Democratic Party Congress', in Susan Bruce and Katherine Smits (eds) (2016) *Feminist Moments* (London: Bloomsbury), pp. 91–98.

Donaldson, P. S. (1988) *Machiavelli and the Mystery of State* (Cambridge: Cambridge University Press).

Doody, John et al. (2005) *Augustine and Politics* (Lanham, MD: Lexington Books).

Drolet, Michael (2003) *Tocqueville, Democracy, and Social Reform* (New York: Palgrave Macmillan).

Dunbabin, Jean (1991) 'Government', in Burns (ed.) *The Cambridge History of Medieval Political Thought, c.350–c.1450* (Cambridge: Cambridge University Press), pp. 477–519.

Dunn, John (1984a) *The Politics of Socialism* (Cambridge: Cambridge University Press).

Dunn, John (1984b) *Locke* (Oxford: Oxford University Press).

Dunn, John (ed.) (1992) *Democracy. The Unfinished Journey, 508 BC to AD 1993* (Oxford: Oxford University Press).

Dwan, David and Insole, Christopher (eds) (2012) *The Cambridge Companion to Edward Burke* (Cambridge: Cambridge University Press).

Dyck, Ian (ed.) (1988) *Citizen of the World: Essays on Thomas Paine* (New York: St Martin's Press).

Elster, Jon (1986) *An Introduction to Karl Marx* (Cambridge: Cambridge University Press).

Farrar, Cynthia (1992) 'Ancient Greek Political Theory as a Response to Democracy', in John Dunn (ed.) *Democracy. The Unfinished Journey,508 BC to AD 1993* (Oxford: Oxford University Press), pp. 17–40.

Ferejohn, John (2000) 'Instituting Deliberative Democracy', in Ian Shapiro and Stephen Macedo (eds) *Designing Democratic Institutions* (New York: New York University Press), pp. 75–104.

Fidler, David P. (1999) 'Desperately Clinging to Grotian and Kantian Sheep: Rousseau's Attempted Escape from the State of War', in Clark, Ian and Neuman, Iver B. (eds) *Classical Theories of International Relations* (Basingstoke: Macmillan), pp. 120–41.

Fiet, Mario (2018) 'Thomas Paine and Democratic Contempt', in Xavier Márquez (ed.) *Democratic Moments* (London: Bloomsbury), pp. 81–88.

Finnis, John (1980) *Natural Law and Natural Rights* (Oxford: Clarendon Press).

Finnis, John (1998) *Aquinas* (Oxford: Clarendon Press).

Fontana, Biancamaria (1992) 'Democracy and the French Revolution', in John Dunn (ed.) *Democracy. The Unfinished Journey, 508 BC to AD 1993* (Oxford: Oxford University Press), pp. 107–24.

Forbes, Duncan (1975) *Hume's Philosophical Politics* (Cambridge: Cambridge University Press).

Forsyth, Murray (1987) *Reason and Revolution. The Political Thought of the Abbé Sièyes* (Leicester: Leicester University Press).

Foxley, Rachel (2015) 'From Native Rights to Natural Equality: The Agreement of the People (1647)', in Rachel Hammersley (ed.) *Revolutionary Moments* (London: Bloomsbury), pp. 11–18.

Francis, Mark (1980) 'The Nineteenth-Century Theory of Sovereignty and Thomas Hobbes', *History of Political Thought*, 1, 517–40.

Francis, Mark and Morrow, John (1994) *A History of English Political Thought in the Nineteenth Century* (London: Duckworth).

Franklin, J. H. (ed. and trans.) (1969a) *Constitutionalism and Resistance in the Sixteenth Century: Three Treatises by Hotman, Beza & Mornay* (New York: Pegasus).

Franklin, J. H. (1969b) 'Introduction', in Franklin (ed.) *Constitutionalism and Resistance in the Sixteenth Century: Three Treatises by Hotman, Beza & Mornay* (New York: Pegasus).

Franklin, J. H. (1973) *Jean Bodin and the Rise of Absolutism* (Cambridge: Cambridge University Press).

Franklin, J. H. (1992) 'Introduction', in Jean Bodin *On Sovereignty. Four chapters from The Six Books of the Commonwealth*, ed. and trans. Julian H. Franklin (Cambridge: Cambridge University Press).

Franklin, J. H. (1994) 'Sovereignty and the mixed constitution: Bodin and his critics', in J. H. Burns with Mark Goldie (eds.) *The Cambridge History of Political Thought 1470–1700* (Cambridge: Cambridge University Press), pp. 299–328.

Fritz, Kurt von (1954) *The Theory of the Mixed Constitution in Antiquity* (New York: Columbia University Press).

Garnett, Mark (2018) 'Edmund Burke (1729–1997)', in Mark Garnett (ed.) *Conservative Moments* (London: Bloomsbury).

Garnett, Mark (ed.) (2018) *Conservative Moments* (London: Bloomsbury).

Gay, Peter (1953) *The Dilemma of Democratic Socialism: Edward Bernstein's Challenge to Marx* (New York: Columbia University Press).

Gewirth, Alan (1954) *'Introduction', Marsilius of Padua, The Defender of the Peace*, 2 vols, trans. Alan Gewirth (New York: Columbia University Press).

Gilby, Thomas (1958) *Principality and Polity: Aquinas and the Rise of State Theory in the West* (London: Longman).

Gilroy, Paul (2008) 'Multiculturalism and Post-colonial Theory', in Bonnie Honig and Anne Phillips (eds) *The Oxford Handbook of Political Theory* (Oxford: Oxford University Press).

Gooding-Williams, Robert (2009) *In the Shadow of Du Bois. Afro Modern Political Thought in America* (Cambridge, MA: Harvard University Press).

Grant, R. W. (1987) *John Locke's Liberalism* (Chicago, IL: University of Chicago Press).

Gray, John (1983) *Mill on Liberty: A Defence* (London: Routledge & Kegan Paul).

Gray, John (1984) *Hayek on Liberty* (Oxford: Basil Blackwell).

Green, Martin (1986) *The Origins of Nonviolence: Tolstoy and Gandhi in their Historical Setting* (University Park, PA: Pennsylvania University Press).

Guégan, Xavier (2015) 'Frantz Fanon's The Wretched of the Earth: Embodying Anti-Colonial Action', in Rachel Hammersley (ed.) *Revolutionary Moments* (London: Bloomsbury), pp. 165–74.

Gunn, J. A. W. (1983) *Beyond Liberty and Property. The Process of Self-Recognition in Eighteenth-Century Political Thought* (Kingston and Montreal: McGill-Queen's University Press).

Gutmann, Amy and Thompson, Dennis (1996) *Democracy and Disagreement* (Cambridge, MA: Harvard University Press).

Haakonssen, Knud (1981) *The Science of a Legislator: The Natural Jurisprudence of David Hume & Adam Smith* (Cambridge: Cambridge University Press).

Haakonssen, Knud (1985) 'Hugo Grotius and the History of Political Thought', *Political Theory*, 13, 239–65.

Haakonssen, Knud (1993) 'The Structure of Hume's Political Theory', in David Fate Norton (ed.) *The Cambridge Companion to Hume* (Cambridge: Cambridge University Press), pp. 182–221.

Halévy, Elie (1972) *The Growth of Philosophical Radicalism* (London: Faber).

Hall, Edith (2016) 'Citizens But Second Class: Women in Aristotle's Politics', in Cesare Cuttica and Gaby Mahlberg (eds) *Patriarchal Moments* (London: Bloomsbury), pp. 35–42.

Hammersley, Rachel (ed.) (2015) *Revolutionary Moments* (London: Bloomsbury).

Hampsher-Monk, Iain (1987) *The Political Philosophy of Edmund Burke* (London: Longman).

Hampsher-Monk, Iain (1992) *A History of Modern Political Thought. Major Political Thinkers from Hobbes to Marx* (Oxford: Basil Blackwell).

Hampsher-Monk, Iain (2014) 'Introduction', in Iain Hampsher-Monk (ed.) Edmund Burke, *Revolutionary Writings* (Cambridge: Cambridge University Press).

Hampson, Norman (1991) *Saint-Just* (Oxford: Basil Blackwell).

Hansen, Emmanuel (1977) *Frantz Fanon: Social and Political Thought* (Columbus, OH: Ohio State University Press).

Harding, Neil (1992) 'The Marxist Leninist Detour', in John Dunn (ed.) *Democracy. The Unfinished Journey, 508 BC to AD 1993* (Oxford: Oxford University Press), pp. 155–88.

Harris, Paul (ed.) (1989) *Civil Disobedience* (Latham, MD: University Press of America).

Hart, H. L. A. (1982) *Essays on Bentham. Jurisprudence and Political Theory* (Oxford: Clarendon Press).

Havelock, Eric A. (1964) *The Liberal Temper in Greek Politics* (New Haven, CT: Yale University Press).

Hillerbrand, Hans, J. (ed.) (1968) *The Protestant Reformation* (New York: Harper & Row).

Hont, Istvan (2015) *Politics and Commercial Society: Jean-Jacques Rousseau and Adam Smith* (Cambridge, MA: Harvard University Press).

Hoogensen, G. (2005) *International Relations, Security, and Jeremy Bentham* (London: Routledge).

Hopfl, Harro (1982) *The Christian Polity of John Calvin* (Cambridge: Cambridge University Press).

Hopfl, Harro (1991) 'Introduction', in Harro Hopfl (ed.) *Luther and Calvin on Secular Authority* (Cambridge: Cambridge University Press).

Horowitz, Irving, L. (1954) *Claude Helvetius: Philosopher of Democracy and Enlightenment* (New York: Paine-Whitman).

Horton, John (1992) *Political Obligation* (London: Macmillan).

Hume, L. J. (1993) 'Bentham as Social and Political Theorist', in Bhikhu Parekh (ed.) *Jeremy Bentham: Critical Assessments* (London: Routledge), vol. 3, pp. 482–500.

Hunt, Tristram (2009) *The Frock-coated Communist: The Revolutionary Life of Frederick Engels* (London: Allen Lane).

Ivison, Duncan (1997) 'Postcolonialism and Political Theory', in Andrew Vincent (ed.) *Political Theory: Tradition and Diversity* (Cambridge: Cambridge University Press), pp. 154–71.

Jinadu, L. A. (1986) *Fanon: In Search of the African Revolution* (London: KPI).

Jones, A. H. M. (1957) *Athenian Democracy* (Oxford: Basil Blackwell).

Jose, Jim (2016) 'Giving Voice to Feminist Political Theory: The Radical Discourse of Anna Doyle Wheeler and William Thompson' in Suan Bruce and Katherine Smits (eds) (2016) *Feminist Moments* (London: Bloomsbury), pp. 59–66.

Kautsky, John H. (1994) *Karl Kautsky: Marxism, Revolution and Democracy* (New Brunswick, NJ: Transaction Publishers).

Kemp, Geoff (ed.) (2015) *Censorship Moments* (London: Bloomsbury).

Keohane, Nannerl O. (1980) *Philosophy and the State in France: The Renaissance to the Enlightenment* (Princeton, NJ: Princeton University Press).

Keyt, David (1991) *A Companion to Aristotle's Politics* (Oxford: Basil Blackwell).

Khilnani, Sunil (1992) 'India's Democratic Career', in John Dunn (ed.) *Democracy. The Unfinished Journey, 508 BC to AD 1993* (Oxford: Oxford University Press), pp. 189–205.

Kierstead, James (2018) 'Protagoras' Cooperative Know-how', in Xavier Márquez (ed.) *Democratic Moments* (London: Bloomsbury), pp. 18–23.

King, Preston (1974) *The Ideology of Order: A Comparative Analysis of Jean Bodin and Thomas Hobbes* (London: George Allen & Unwin).

Kleingeld, Pauline (2006) 'Kant's Theory of Peace', in Peter Guyer (ed.) *The Cambridge Companion to Kant and Modern Philosophy* (Cambridge: Cambridge University Press), pp. 477–504.

Klosko, George (1986) *The Development of Plato's Political Theory* (London: Methuen).

Kohn, Margaret (2017) 'Colonialism', *Stanford Encyclopaedia of Philosophy* https://plato.stanford.edu/entries/colonialism/ accessed 18/07/2018.

Kraut, Richard (ed.) (1992) *The Cambridge Companion to Plato* (Cambridge: Cambridge University Press).

Krieger, Leonard (1972) *The German Idea of Freedom* (Chicago, IL: University of Chicago Press).

Kukathas, Chandran (1989) *Hayek and Modern Liberalism* (Oxford: Clarendon Press).

Lahidji, Abdol Karim (1988) 'Constitutionalism and Clerical Authority', in Said Amir Arjomand (ed.) *Authority and Political Culture in Shi'ism* (Albany, NY: State University of New York Press), pp. 133–58.

Laslett, Peter (1949) 'Introduction', in Sir Robert Filmer (ed.) *Patriarcha ... and Other Political Works*, ed. Peter Laslett (Oxford: Basil Blackwell).

Lebrun, R. A. (1988) *Joseph de Maistre: An Intellectual Militant* (Kingston and Montreal: Queens-McGill University Press).

Lederman, S. (2016) 'Philosophy, Politics and Participatory Democracy in Hannah Arendt's Political Thought', *History of Political Thought*, 37(3), 480–508.

Lee, K. (1990) *The Legal-Rational State: A Comparison of Hobbes, Bentham and Kelsen* (Aldershot: Avebury).

Leese, Daniel (2015) 'Between Socialist Futures: Mao Zedong on the 'Ten Major Relationships', in Rachel Hammersley (ed.) *Revolutionary Moments* (London: Bloomsbury), pp. 159–66.

Leopold, David (1995) 'Introduction', in David Leopold (ed.) *Max Stirner, The Ego and Its Own* (Cambridge: Cambridge University Press).

Lewis, Ewart (1954) *Medieval Political Ideas*, 2 vols (London: Routledge & Kegan Paul).

Lichtheim, George (1968) *The Origins of Socialism* (London: Weidenfeld & Nicolson).

Lively, Jack and John Rees (eds) (1984) *Utilitarian Logic and Politics* (Oxford: Clarendon Press).

Lively, Jack (1965) *The Social and Political Thought of Alexis de Tocqueville* (Oxford: Clarendon Press).

Lloyd, Howel, A. (2017) *John Bodin, 'this pre-eminent man of France': An intellectual biography* (Oxford: Oxford University Press).

Lloyd, Howell A. (1994) 'Constitutionalism', in J. H. Burns with Mark Goldie (eds.) *The Cambridge History of Political Thought 1450–1700* (Cambridge: Cambridge University Press), pp. 254–97.

Lloyd, Vincent (2016) *Black Natural Law* (New York: Oxford University Press).

Lokke, Kari (2016) 'Radical Spirituality and Reason', in Susan Bruce and Kathy Smits (eds) *Mary Wollstonecraft's A Vindication of the Rights of Women Feminist Moments* (London: Bloomsbury), pp.51–58.

Lyons, David (1973) *In the Interests of the Governed. A Study of Bentham's Philosophy of Utility and Law* (Oxford: Clarendon Press).

Macpherson, C. B. (1965) *The Real World of Democracy* (Toronto: CBC).

Macpherson, C. B. (1977) *The Life and Times of Liberal-Democracy* (Oxford: Oxford University Press).

Macpherson, C. B. (1980) *Burke* (Oxford: Oxford University Press).

Maier, Charles S. (1992) 'Democracy Since the French Revolution', in John Dunn (ed.) *Democracy. The Unfinished Journey 508 BC to AD 1993* (Oxford: Oxford University Press), pp. 125–44.

Mansbridge, Jane J. (1980) *Beyond Adversary Democracy* (New York: Basic Books).

Markus, R. A. (1970) *Saeculum: History and Society in the Theology of Saint Augustine* (Cambridge: Cambridge University Press).

Markus, R. A. (1991) 'The Latin Fathers', in J. H. Burns (ed.) *The Cambridge History of Medieval Political Thought, c.350–c.1450* (Cambridge: Cambridge University Press), pp. 92–122.

Márquez, Xavier (2018a) 'Max Weber's Charismatic Democracy', in Xavier Márquez (ed.) *Democratic Moments* (London: Bloomsbury), pp. 145–52.

Márquez, Xavier (ed.) (2018b) *Democratic Moments* (London: Bloomsbury).

Masters, R. (1968) *The Political Philosophy of Rousseau* (Princeton, NJ: Princeton University Press).

McClelland, J. S. (1996) *A History of Western Political Theory* (London: Routledge).

McGrade, Arthur Stephen (1989), 'Introduction', in Richard Hooker, *Of the Laws of Ecclesiastical Polity*, ed. Arthur Stephen McGrade (Cambridge: Cambridge University Press), pp. xiii–xxxx.

McLellan, David (1979) *Marxism After Marx: An Introduction* (London: Macmillan).

McLellan, David (1986) *Karl Marx* (London: Fontana).

Miller, David (1981) *Hume's Political Thought* (Oxford: Clarendon Press).

Miller, David (1984) *Anarchism* (London: J. M. Dent).

Miller, Peter N. (1994) *Defining the Common Good. Empire, Religion and Philosophy in Eighteenth-Century Britain* (Cambridge: Cambridge University Press).

Monoson, Susan Sara (2000) *Plato's Democratic Entanglements: Athenian Politics and the Practice of Philosophy* (Princeton, NJ: Princeton University Press).

Morrow, John (2006) *Thomas Carlyle* (London: Continuum).

Morrow, John (2011) 'Romanticism and Political Thought in the Early Nineteenth Century', in Gareth Stedman Jones and Gregory Claeys (eds) *The Cambridge History of Nineteenth-Century Political Thought* (Cambridge: Cambridge University Press), pp. 39–76.

Morrow, John (2017) 'T. H. Green', in Ewa Atanassow and Alan S. Kahan (eds) *Liberal Moments* (London: Bloomsbury), pp. 83–90.

Mulgan, R. G. (1977) *Aristotle's Political Theory* (Oxford: Clarendon Press).

Mulgan, Tim (2007) *Understanding Utilitarianism* (Stocksfield: Acumen).

Murphy, Jeffrie G. (1970) *Kant: The Philosophy & Right* (London: Macmillan).

Nederman, Cary J. (1990) 'Introduction', in *John of Salisbury, Policraticus*, ed. Cary J. Nederman (Cambridge: Cambridge University Press).

Nelson, Janet (1991) 'Kingship and Empire', in J. H. Burns (ed.) *The Cambridge History of Political Thought, c.350–c.1700* (Cambridge: Cambridge University Press), pp. 211–50.

Neumann, F. (1944) *Behemoth: The Structure and Practice of National Socialism, 1933–1944* (London: Victor Gollancz).

Nicholson, Peter (1990) *The Political Philosophy of the British Idealists* (Cambridge: Cambridge University Press).

Nursey-Bray, Paul (1983) 'Consensus and Community: The Theory of African One-party Democracy', in Graeme Duncan (ed.) *Democratic Theory and Practice* (Cambridge: Cambridge University Press), pp. 96–114.

Okin, Susan Mollor (1992) *Women in Western Political Thought* (Princeton, NJ: Princeton University Press).

Omid, Homa (1994) *Islam and the Post-Revolutionary State in Iran* (London: Macmillan).

Orend, Brian (2000) *War and International Justice: A Kantian Perspective* (Waterloo: Wilfred Laurier University Press).

Parekh, Bhikhu (1989) *Gandhi's Political Philosophy. A Critical Examination* (London: Macmillan).

Parekh, Bhikhu (ed.) (1973) *Bentham's Political Thought* (London: Croom Helm).

Parekh, Bhikhu (ed.) (1993) *Jeremy Bentham: Critical Assessments*, 4 vols (London: Routledge).

Parry, Geraint (1970) *Political Elites* (London: George Allen & Unwin).

Paterson, R. W. K. (1971) *The Nihilistic Egoist: Max Stirner* (London: Hull University Press).

Pennington, K. (1991) 'Law, legislative authority and theories of government, 1150–1450', in J. H. Burns (ed.) *The Cambridge History of Medieval Political Thought c.350–c.1700* (Cambridge: Cambridge University Press), pp. 424–53.

Pennock, J. Roland (1981) 'Rights, Natural Rights, and Human Rights – A General Overview', in Pennock, J. and John W. Chapman (1981) *Human Rights, Nomos xxiii* (New York: New York University Press), pp. 1–28.

Pettit, Philip (1997) 'Republican Political Theory', in Andrew Vincent (ed.) *Political Theory: Tradition and Diversity* (Cambridge: Cambridge University Press), pp. 112–31.

Philip, John (2004) *Stalin* (London: Collins).

Philp, Mark (1986) *Godwin's Political Justice* (London: Duckworth).

Philp, Mark (1989) *Paine* (Oxford: Oxford University Press).

Pitts, Jennifer (2003) 'Legislator of the World? A Rereading of Bentham on Colonies', *Political Theory*, 31(2), 200–34.

Plamenatz, John (1963) *Man and Society: A Critical Examination of Some Important Social and Political Theories from Machiavelli to Marx*, 2 vols (London: Longmans).

Plummer, Alfred (1971) *Bronterre* (London: Allen & Unwin).

Pocock, J. G. A. (1957) *The Ancient Constitution and the Feudal Law* (Cambridge: Cambridge University Press).

Pocock, J. G. A. (1975) *The Machiavellian Moment* (Princeton, NJ: Princeton University Press).

Pocock, J. G. A. (1985) *Virtue, Commerce and History* (Cambridge: Cambridge University Press).

Quillet, Jeannine (1991) 'Community, Counsel and Representation', in J. H. Burns (ed.) *The Cambridge History of Medieval Political Thought c.350–c.1700* (Cambridge: Cambridge

University Press), pp. 520–72.

Redhead, Brian (1984) *Political Thought from Plato to Nato* (London: Ariel).

Reed, Adolph (1997) *W. E. B. Du Bois and American Political Thought: Fabianism and the Color Line* (New York: Oxford University Press).

Reeve, C. D. C. (1988) *Philosopher-Kings: The Argument of Plato's Republic* (Princeton, NJ: Princeton University Press).

Reiss, Hans (1971), 'Introduction', in *Immanuel Kant, Political Writings*, ed. Hans Reiss, trans. H. B. Nisbet (Cambridge: Cambridge University Press).

Rengger, N. J. (1992) 'No Time Like the Present? Postmodernism and Political Theory', *Political Studies*, 40(3), 561–70.

Richter, Melvin (ed.) (1977) *The Political Theory of Montesquieu* (Cambridge: Cambridge University Press).

Rosen, Allan D. (1993a) *Kant's Theory of Justice* (Ithaca, NY: Cornell University Press).

Rosen, F. (1993b) 'Jeremy Bentham and Democratic Theory', in Bhikhu Parekh (ed.) *Jeremy Bentham: Critical Assessments* (London: Routledge), vol. 3, pp. 573–92.

Rosenblum, Nancy L. (1996) 'Introduction', in Henry D. Thoreau *Political Writings*, ed. Nancy L. Rosenblum (Cambridge: Cambridge University Press).

Rowen, Herbert H. (1980) *The King's State: Proprietary Dynasticism in Early Modern France* (New Brunswick, NJ: Rutgers University Press).

Rubinelli, Lucia (2018) 'Of Postmen and Democracy: Siéyes Theory of Representation', in Xavier Márquez (ed.) *Democratic Moments* (London: Bloomsbury), pp. 97–104.

Salvador, Massimo (1979) *Karl Kautsky and the Socialist Revolution, 1880–1938*, trans. Jon Rothschild (London: New Left Books).

Sartori, G. (1965) *Democratic Theory* (New York: Praeger).

Sassoon, Anne Showstack (1987) *Gramsci's Politics*, 2nd edn (London: Hutchinson).

Schneewind, J. B. (1977) *Sidgwick's Ethics and Victorian Moral Philosophy* (Oxford: Clarendon Press).

Schochet, Gordon J. (1975) *Patriarchalism in Political Thought: The Authoritarian Family and Political Speculation and Attitudes Especially in Seventeenth-Century England* (Oxford: Basil Blackwell).

Schofield, T. P. (1993) ' "Economy as Applied to Office" and the Development of Bentham's Democratic Thought', in Bhikhu Parekh (ed.) *Jeremy Bentham: Critical Assessments* (London: Routledge), vol. 3, pp. 868–78.

Scholfield, Philip (2006) *Utility and Democracy: The Political Thought of Jeremy Bentham* (Oxford: Oxford University Press).

Scott, Jonathan (1988) *Algernon Sidney and the English Republic 1623–1677* (Cambridge: Cambridge University Press).

Shankman, Steven (ed.) (1994) *Plato and Postmodernism* (Glenside, PA: Aldine Press).

Shapiro, Ian (2003) *The Moral Foundations of Politics* (New Haven, CT: Yale University Press).

Shklar, J. N. (1969) *Men and Citizens: A Study of Rousseau's Social Theory* (Cambridge: Cambridge University Press).

Shulman, Alix Katz (1971) *To the Barricades: The Anarchist Life of Emma Goldman* (New York: Crowell).

Siedentop, Larry (1994) *Tocqueville* (Oxford: Oxford University Press).

Sigmund, Paul E. (1971) *Natural Law in Political Thought* (Cambridge, MA: Winthrop).

Simhony, Avital and Weinstein, David (eds) (2001) *The New Liberalism: Reconciling Liberty and Community* (Cambridge: Cambridge University Press).

Sinclair, R. K. (1988) *Democracy and Participation in Athens* (Cambridge: Cambridge University Press).

Singer, Peter (1980) *Marx* (Oxford: Oxford University Press).

Singer, Peter (1983) *Hegel* (Oxford: Oxford University Press).

Skinner, Quentin (1978) *The Foundations of Modern Political Thought*, 2 vols (Cambridge: Cambridge University Press).

Skinner, Quentin (1981) *Machiavelli* (Oxford: Oxford University Press).

Skinner, Quentin (1992) 'The Italian City Republics', in John Dunn (ed.) *Democracy. The Unfinished Journey, 508 BC to AD 1993* (Oxford: Oxford University Press), pp. 57–70.

Skinner, Quentin (1996) *Reason and Rhetoric in the Philosophy of Hobbes* (Cambridge: Cambridge University Press).

Skinner, Quentin et al. (1992) *Great Political Thinkers* (Oxford: Oxford University Press).

Smits, Katherine (2008) 'John Stuart Mill on the Antipodes: Settler Violence against Indigenous Peoples and the Legitimacy of Colonial Rule, *Australian Journal of Politics and History*, 54(1), 1–15.

Sonenscher, Michael (2015) 'Revolution, Reform and the Political Thought of Emmanuel-Joseph Sieyés', in Rachel Hammersley (ed.) *Revolutionary Moments* (London: Bloomsbury), pp. 67–76.

Spinner-Halev, Jeff (2006) 'Multiculturalism and Its Critics', in John Dryzek, Bonnie Honig and Anne Phillips (eds) *The Oxford Handbook of Political Theory* (Oxford: Oxford University Press), pp. 546–63.

Stedman Jones, Gareth (2017) *Karl Marx* (London: Allen Lane).

Storing, Herbert J. (1989) 'The Case Against Civil Disobedience', in Paul Harris (ed.) *Civil Disobedience* (Latham, MD: University Press of America), pp. 73–90.

Ten, C. L. (1999) *Mill's Moral, Political and Legal Philosophy* (Aldershot: Ashgate).

Tholfsen, Trygve R. (1984) *Ideology and Revolution in Modern Europe. An Essay in the History of Ideas* (New York: Columbia University Press).

Thomas, William (1979) *The Philosophic Radicals: Nine Studies in Theory and Practice, 1817–1841* (Oxford: Clarendon Press).

Thomas, William (1985) *Mill* (Oxford: Oxford University Press).

Tooley, M. J. (n.d.) 'Introduction', in Jean Bodin (ed.) *Six Books of the Commonwealth*, ed. and trans. M. J. Tooley (Oxford: Basil Blackwell).

Tuck, Richard (1979) *Natural Rights Theories: Their Origin and Development* (Cambridge: Cambridge University Press).

Tuck, Richard (1984) 'Thomas Hobbes: The Sceptical State', in Brian Redhead (ed.) *Political Thought from Plato to Nato* (London: Ariel).

Tuck, Richard (1989) *Hobbes* (Oxford: Oxford University Press).

Tuck, Richard (1993) *Philosophy and Government 1572–1651* (Cambridge: Cambridge University Press).

Tudor, H. and Tudor, J. M. (eds) (1988) *Marxism and Social Democracy* (Cambridge: Cambridge University Press).

Tully, James (1980) *A Discourse on Property: John Locke and His Adversaries* (Cambridge: Cambridge University Press).

Tully, James (1991) 'Introduction', in James Tully (ed.) *Samuel Pufendorf, On the Duty of Man and Citizen according to Natural Law* (Cambridge: Cambridge University Press).

Ullmann, Walter (1975) *Medieval Political Thought* (Harmondsworth: Penguin).

Vanden Bossche, Chris (1991) *Carlyle and the Search for Authority* (Columbus, OH: University of Ohio Press).

Vincent, Andrew (1997) *Political Theory: Tradition and Diversity* (Cambridge: Cambridge University Press).

Vincent, Andrew and Plant, Raymond (1984) *Philosophy, Politics and Citizenship: The Life and Thought of the British Idealists* (Oxford: Basil Blackwell).

Whatmore, Richard (2015) 'Rousseau and Revolution', in Rachel Hammersley (ed.) *Revolutionary Moments* (London: Bloomsbury), pp. 45–52.

Whelan, Frederick G. (1985) *Order and Artifice in Hume's Political Philosophy* (Princeton, NJ: Princeton University Press).

White, N. P. (1979) *A Companion to Plato's Republic* (Indianapolis, IN: Hackett).

White, Stephen, Gardner, John and Schopflin, George (1982) *Communist Political Systems* (London: Macmillan).

Williams, H. L. (ed.) (1992) *Essays on Kant's Political Philosophy* (Chicago, IL: University of Chicago Press).

Wilson, Bee (2011) 'Counter Revolutionary Thought', in Gareth Stedman Jones and Gregory Claeys (ed.) *The Cambridge History of Nineteenth-Century Political Thought* (Cambridge: Cambridge University Press), pp. 9–38.

Wilson, Brett, D. (2016) 'Nothing Pleases Like an Intire Subjection: Mary Astell Reflects on the Politics of Marriage', in Cesare Cuttica and Gaby Mahlberg (eds) *Patriarchal Moments* (London: Bloomsbury), pp. 89–96.

Wokler, Robert (1994) *Rousseau* (Oxford: Oxford University Press).

Wood, Allen W. (1991) 'Introduction', in G. W. F. Hegel, *Elements of the Philosophy of Right*, ed. Allen W. Wood, trans. H. B. Nisbet (Cambridge: Cambridge University Press).

Wood, Allen W. (2006) 'The supreme principle of morality', in Peter Guyer (ed.) *The Cambridge Companion to Kant and Modern Philosophy* (Cambridge: Cambridge University Press), pp. 342–80.

Wood, Ellen Meiskins and Wood, Neal (1978) *Class Ideology and Ancient Political Theory: Socrates, Plato and Aristotle in Social Context* (Oxford: Basil Blackwell).

Wood, Gordon S. (1992) 'Democracy and the American Revolution', in John Dunn (ed.) *Democracy. The Unfinished Journey, 508 BC to AD 1993* (Oxford: Oxford University Press), pp. 91–106.

Wood, Neal (1988) *Cicero's Social and Political Thought* (Berkeley, CA: University of California Press).

Woodcock, George (1965) *Pierre-Joseph Proudhon: A Biography* (London: Routledge & Kegan Paul).

Wootton, David (1992) 'The Levellers', in John Dunn (ed.) *Democracy. The Unfinished Journey, 508 BC to AD 1993* (Oxford: Oxford University Press) pp. 71–90.

Wootton, David (1994) 'Leveller Democracy and the Puritan Revolution', in J. H. Burns and Mark Goldie (eds) *The Cambridge History of Political Thought*, pp. 412–42.

Wright, Julian (2015) 'A Lesson in Revolution: Karl Mark and Friedrich Engels, *The Communist Manifesto*, in Rachel Hammersley (ed.) *Revolutionary Moments* (London: Bloomsbury), pp. 109–16.

Zizek, Joseph (2016) 'Justice and Gender in Revolution: Olympe de Gouges Speaks for Women', in Susan Bruce and Kathy Smits (eds) *Feminist Moments* (London: Bloomsbury), pp. 43–50.

Zuckert, Michael P. (2017) 'James Madison', in Ewa Atanassow and Alan S. Kahan (eds) *Liberal Moments* (London: Bloomsbury), pp. 43–50.

人名索引

Note: **bold** type indicates biographical information is available in Thinker boxes.

主题索引